Richard Matheis
Leadership Revolution

RICHARD MATHEIS (Hrsg.)

LEADERSHIP REVOLUTION

AUFBRUCH ZUR WELTSPITZE MIT NEUEM DENKEN

Frankfurter Allgemeine
ZEITUNG FÜR DEUTSCHLAND
GABLER

Die Deutsche Bibliothek – CIP-Einheitsaufnahme

Leadership Revolution : Aufbruch zur Weltspitze mit neuem Denken / Richard Matheis (Hrsg.). – Frankfurt am Main : Frankfurter Allg. Zeitung ; Wiesbaden : Gabler, 1994
ISBN 3-409-19151-8
NE: Matheis, Richard [Hrsg.]

Belichtung und Abbildungen: Satzstudio RESchulz, Dreieich
Druck: Wilhelm & Adam, Heusenstamm
Buchbinderei: Osswald & Co., Neustadt/Weinstraße

Printed in Germany

ISBN 3-409-19151-8

Vorwort

Im Rahmen eines Trainingsprojektes des Marketing Management Institutes MMI bei BP wurde die Idee für ein interdisziplinäres Leadership-Forum geboren. Diese Konferenz fand Ende 1993 im Studienhaus der deutschen BP statt. Teilnehmer waren führende Professoren und Praktiker, Manager, Berater, Physiker, Chemiker, Mathematiker, Künstler, Homöopathen, Musikhochschullehrer, Kybernetiker, Ökonomen und Philosophen. Sie waren folgender Einladung gefolgt:

„Die Verunsicherung und Desorientierung, die sich in fast allen Sphären von Wirtschaft, Politik und Wissenschaft verbreitet, ist mehr als eine *Fin de siècle*-Stimmung. Mit dem zunehmenden Verlust an Identität und Sinngebung in der westlichen Gesellschaft wächst eine Krisenstimmung, die mit herkömmlichem Denken und Handeln nicht zu bewältigen ist. Die chaotisch erscheinende Lage, die vielleicht schon seit einigen Jahrzehnten durch die Avantgarde-Künstler vermittelt wird, greift überall um sich.

Gefragt sind ganzheitliche Konzepte und Aktionsmodelle, um die Zusammenhänge zwischen den Krisensymptomen zu diagnostizieren und zu beeinflussen. Die Spezialisierung der Fachbereiche und die mangelnde Integration verhindern die notwendige Vernetzung des Wissens und der Energie von denjenigen, die zur grundlegenden Erneuerung bereit sind.

Diese Vernetzung könnte sich natürlicherweise ausbreiten auf der Basis von interdisziplinären Begegnungen und Nutzung von allen Chancen, um problembewußte Menschen als Einzelkämpfer in Netzwerke einzubinden. Dort kann Wissen und Energie gebündelt und Bewußtseinsvertiefung ermöglicht werden.

Die Initiative, eine innovative Gruppe zusammenzubringen, ist in diesem Licht zu sehen. Daß diese Initiative aus einem Beratungs- und einem Industrieunternehmen hervorgeht, ist bedeutungsvoll und darf nicht verwundern. In der Wirtschaft ist die Orientierungslosigkeit ein Symptom der breiteren kulturellen Entgleisung. Die einseitige Fokussierung auf Geldkapital, die unzureichende Ausschöpfung des potentiellen menschlichen Geistkapitals und der Mangel an Vernetzung von Märkten, Umwelt, Kunden und Gesellschaft hat viele Unternehmen der ganzen Welt in Krisen und Schwierigkeiten gebracht.“

Auf dieser Konferenz ist infolge ihrer außergewöhnlich positiven Resonanz die Fortsetzung der Treffen beschlossen worden. Über eine weitere Konferenz in Zusammenarbeit mit der Universität Karlsruhe hat sich das Netzwerk vertieft und ausgebreitet. Die dritte Konferenz steht bevor. Sie wird vom Marketing Management Institut zugleich verbunden mit dem 1. Deutschen Leadership Tag 1994 und einem Sammelwerk der Referenten über Leadership an der Jahrtausendwende.

Frankfurt/Hamburg, im Dezember 1994

Richard Matheis
Gilbert Lenssen

Inhalt

Vorwort 5

Zur Einführung: Lead or not to Lead 15
von Richard Matheis

Das Leader-Szenario 2000 15
Omega-Leadership 2000 – Für mehr TeamProfit durch mehr TeamSpirit 24
Das Leadership-Manual 2000 26
2000 Leader – die Elite 2000 27

1. Teil
Mehr Leadership statt Killership 29

Selbsterkenntnis – Der erste Schritt zum Quantensprung ... 31
von Richard Matheis

Die Krise als Warnung und Chance 31
Zentrale Krisenursache ist Leadership-Defizit 33
  Die harte Lektion von Peter F. Drucker 34
Immer neue „Hits“ aus Japan und den USA, aber nichts aus Europa 37
  Business Reengineering – der neue „Hammer“ aus den USA 39
  Der Absturz von Boing und das Erwachen der Manager 45
Europa braucht Konzepte – Made in Europe 49
  Europa braucht eine totale Wende vom Geld- zum Geistkapital-Management 50

Gesunder Geist in einer gesunden Markt- und Mentalwirtschaft ... 52
Rascher Wandel als fundamentale Naturkonstante ... 53
Virtuelles Leadership Szenario 2000 erfahrener Finanzberater ... 55

2. Teil
Das naturwissenschaftlich-revolutionäre Weltbild ... 59

Weltbild und Selbstorganisation im Management ... 61
von Franz Moser

Der Übergang vom alten zum neuen Denken ... 65
Das alte Denken – der Darwinismus ... 65
Das neue Denken – die wissenschaftliche Basis ... 67
Was also ist Selbstorganisation? ... 69
Und wie sieht das Universal-Gesetz aus? ... 72
Selbstorganisation im Management ... 74
Historische Entwicklung ... 74
Vom Machen zum Dienen – die neuen Werte ... 75
Die Organisation ... 78
Das Management ... 80
Wohin geht die Reise? – Der Weg zu einer nachhaltigen Wirtschaftsweise ... 81
Definition des Begriffes „Nachhaltigkeit“ ... 82
Warum ist die derzeitige Entwicklung nicht nachhaltig? ... 83
Szenarien einer möglichen globalen Entwicklung ... 84
Prinzipien einer nachhaltigen Wirtschaft ... 86
Wie realistisch sind Utopien? ... 94
Die „Zauberformel“ ... 95

Die Entdeckung des Primzahlcodes – Eine Welt ohne Zufall ... 101
von Peter Plichta

Wirkungsmechanismen für dauerhaftes Erfolgsmanagement 133
von Edgar Kaucher

Gesellschaftliche Entwicklungsziele 134
Anforderungen an das Management der Zukunft 135
Höhere göttliche Seinsgesetze – in Zukunft das Maß aller Dinge 137
Vertiefte Erkenntnisse sind die Basis dauerhaften Erfolges 139
Wann sind Hochkultur und Lebensqualität von Dauer? 141
Sicherer Erfolg setzt eine geistige und moralische Persönlichkeitsentwicklung voraus 142
Entwicklungsziele des Managements an der Jahrtausendwende 144
Die Bedeutung der Mathematik für Menschen und Organisationen: Beispiele 148
Das kommende Zeitalter 160

Management im Licht der Wechselwirkungskosmologie .. 163
von Jules T. Muheim

Naturgesetz „Wandel" 164
Theoretische Grundlagen 166
Die Gedankenform und ihre Träger 170
Grenzen der Wechselwirkungskosmologischen Beschreibung 171
Morphogenese einer Management-Gedankenform 173
Energetik und Wachtum von Gedankenformen 180
Synopsis der vorliegenden Gedankenformen 183

Genialität durch Synergie aus Geistesstärke und Energie . 189
von Gertje Lathan

Die Nathal-Methode 189
EEG – spektralanalytische Messung der Nathal-Methode 189
Auswertung eines Aktionsprofils 193
Informationen in Form von Kryptogrammen 197

Stadien/Stufen einer Nathalsitzung 198
Innovationsdenken im Management 201
Kreativitätstraining für Problemlösungen 204
Supra-Dialog 207
Evolutionäre Betrachtungen 209
Neudefinition der Realität 212
Primat der Gefühle 214
Das Gehirn als Transformationsorgan 215
Das Raum-Zeit-Gefüge 217
Datenspeicherung mit Hilfe von Licht 219
Vervollkommnung der Persönlichkeit 221
Programm zur Persönlichkeitsentwicklung 223

3. Teil
Markt- und Mentalleadership 227

Mentalmodelle der Leader 229
von Richard Matheis

Das alte Weltbild der Manager – die naive Weltsicht 229
Das neue Weltbild der Leader – die reale Weltsicht 231
  Linear denkende Leader am Steuer der komplexen Welt 231
  Marktkraft durch Mentalkraft 232
  Kybernetisches Denk- und Prozeß-Modell im Management – G.E.I.S.T.-Kybernetik 234
  Manifestationskette 236
  Macht und Magie des Mentalmanagements 238
  Vom Zufall zum programmierten Quanten-Systemfall 239
  Zweifaches Erleben der Realität: Welle und Teilchen 239
  Drei fundamentale Universal-Erfolgsschlüssel 240
  Vernetzte Mentalstrukturen des Universums und aller Management-Systeme 242
  Informations-Management 2000 243
  Machtkampf der lebenden Mentalsysteme 245
  In der Omega-Wellenfunktion liegt die gesamte Physik 248

Modell-Simulation und Emulation ... 248
Leader sitzen am Steuer der Welt ... 249
Quantenphysik – die perfekte Magie im Mentalmanagement ... 251
Mentales Erfolgsprozeß-Management – Mentalkybernetik ... 253
Mentale Power im Erfolgsmanagement 2000 ... 254
Klare und unklare Visionen im Management ... 255
Macht und Magie der mentalen Erfolgsmodelle sind gewaltig ... 255
Die Welt zwischen Haben und Sein ist Schein ... 256
Menschen und Firmen begrenzen sich mental selbst ... 257
Macht und Magie der Mentalmodelle im Miß-Management ... 257
Mentalmodelle von heute programmieren die Zukunft 2000 ... 259
Das Erfolgsunternehmen 2000 ... 260
Marktmodell und Marktleadership ... 263
Das Marktmodell ... 263
Marktleadership: Steuerung des Erfolgs an der Außenfront ... 264
Menschenbild und Mentalleadership ... 265
Das neue Menschenbild ... 267
Das neue Selbstbild ... 272
Selbst-,Team-, Top- und Omegaleadership ... 276
Omega-Leadership ... 280
Leader-Eliten: Zukunftschance von Menschen und Planeten ... 282
Neues Erfolgssystemdenken ... 283
Alte und neue Selbstorganisation ... 284
Systemisches und evolutionäres Erfolgsdenken ... 284
Leader-Gedankenformen und das Universal-Psychefeld ... 285
Mentalmodelle der Triade Europa, USA, Japan ... 286
Deutsch-europäische Mentalmodelle für Erfolg ... 286
Amerikanische Mentalmodelle für Erfolg ... 290
Japanisch-asiatische Mentalmodelle für Erfolg ... 291
Konsequenzen für die Euroleader ... 296

Die zehn fundamentalen Leadership-Prinzipien 299
von Richard Matheis

Das Leadership-Dezimalsystem 299
Seine Bedeutung 299
Seine Theorie 299
Das naturwissenschaftlich-revolutionäre Weltbild 301
Geistkapital – die einzige unerschöpfliche Ressource 302
Europa ist eine geschwächte Mentalmacht 303
Zukünftiger Fokus: Die Erfolgs- und Leadership-Prinzipien .. 304

4. Teil
Leadership-Konzepte aus der Praxis 315

Besinnung in der Wirtschaft 317
von Gilbert Lenssen

Die Rolle des Managers in Wirtschaft und Gesellschaft 317
Ein neues Menschen- und Weltbild drängt sich auf 319
Philosophisches, naturwissenschaftliches und wirtschaftliches Weltbild 319
Das mechanistische Weltbild im Management und seine Folgen 323
Werte und Kultur 325
Neuorientierung am europäischen kulturellen Erbe 328
Informationszeitalter, Bewußtseinszeitalter und Sinnsuche 332
Das ganzheitliche Weltbild in der Wirtschaft 336
Ein pragmatisches Handlungsmodell: Paradigmenwechsel als Prozeß 339
Aktuelle Bestandsaufnahme in der Wirtschaft 340
Erfolgserfahrung durch Lernkultur statt nur Kostenmanagement 341
Handelnde Menschen in kybernetischen Zusammenhängen 346

Paradigmenwechsel als Dialog 349
Prozeßorientierter Wechsel zu einem neuen Weltbild 352
Konsequenzen für die Organisationsentwicklung 355
„Small is powerful“ 356
Virtuelle Strukturen 359
Die potentielle Täuschung der Informationstechnologie 361
Immaterialisierung der Wirtschaft 364
Organisationsentwicklung und Naturgesetze 366
Lean Management und Reengineering neu betrachtet 368
Das Unternehmen als lernendes geistiges Kollektivsubjekt 370
Ein ganzheitliches Marketingmodell 371
Wie sich eine andere Führungskultur ankündigt 375
Der Manager als „Macher“ oder „Diener“ 375
Management und Führungsnachwuchs 377
Management und Bewußtsein 380
Mystik, Kunst und Gottesbild 383
Werteorientierung und Kultur 386
Paradigmenwechsel „im Überblick“ 390

Neue Anforderungen an das Management: Human Resources Reengineering 397
von Joachim Bieker

Sind unsere Führungsstrukturen noch zeitgemäß? 397
Eine neue Unternehmenskultur 399
Die wahre Bedeutung der Mitarbeiter 401
Die neue Rolle der Führungskraft 403
Erfolgreiche Umstrukturierung bei ABB 409
Wettbewerbsfähig durch Human Resources Reengineering 412

Verzeichnis der Abbildungen und Tabellen 415

Richard Matheis, Jahrgang 1932, hat weltweite Industriepraxis in Konzernen und Mittelbetrieben, zuletzt als Vertriebsdirektor und Mitglied der Geschäftsleitung. 1971 gründete er das MMI-Marketing Management Institut in Frankfurt und 1992 das MMi-Leadership Zentrum für Training, Beratung und Coaching. Matheis führte MMI-Seminare für bis zu 70 000 Führungskräfte in Kooperation mit amerikanischen und japanischen Instituten wie Harvard, Stanford und mit dem MIT durch und veranstaltete bisher über 1000 MMI-Firmenworkshops in Europa und Saudiarabien.

Zur Einführung: Lead or not to Lead

von Richard Matheis

Die Krisen von Menschen, Märkten, Unternehmen, Wirtschaft, Politik und Gesellschaft bilden heute ein vernetztes, komplexes System. Die zentralen Krisenursachen liegen in einem lokalen und globalen, wirtschaftlichen und politischen Leadership-Defizit. Eine weltweite Krise ist eine Weltleadership-Krise: Es gibt zu wenig Leadership und zu viel Killership. Deshalb ist die Welt in einer mentalen und materiellen Auflösungsspirale und gleichzeitig in einer steigenden Gewaltspirale. Der Planet und seine Passagiere geraten „out of balance“. Viele Wissenschaftler bezweifeln, ob die Führungsmannschaft das Steuer dieser „Titanic“ noch rechtzeitig herumreißen wird. Es fragt sich, ob das Schiff auf Grund laufen muß, damit der Homo sapiens zwischen Chaos und Ordnung wieder zu mehr Vernunft kommt. Trotzdem wären Resignation und Kapitulation an diesem Bifurkationspunkt das Schlechteste. – Wie lautet der Fahrplan in die Zukunft an der Schwelle zum nächsten Jahrtausend?

Das Leader-Szenario 2000

Die Triade 2000 heißt: Amerika, Japan, China

Europa wird mit großer Wahrscheinlichkeit aus der Triade herausfallen, wenn es weiterhin den Zug der Zeit verpaßt. Naisbitt nennt das 21. Jahrhundert die chinesische Drachen-Ära.

Mit zehn Jahren Verspätung ahmen Deutschland und Europa das japanische Leanmanagement, das im Prinzip nichts als gesunder

Menschenverstand ist, nach. Den fetten Jahren folgen die mageren Jahre, worauf man nur nicht vorbereitet war. Schon kommt zusätzlich der nächste „Hit“ aus den USA, die typisch amerikanische Radikalkur des Business Reengineering mit „hire and fire“. Das Imitieren der Japaner oder Amerikaner ist aber nur ein Reparieren und noch keine europäische Innovations-Offensive im Weltmarkt. Die EU ist in einer Identitätskrise ohne klare Zukunftskonzeption, ohne Vision, Mission und Transmission. Euroleadership existiert nicht. Ideologische Wohlfahrtprogramme und Umverteilungsmentalität rangieren vor Investitionen in die Zukunft. Das lineare Addieren von Ländern ergibt noch keine Euro-Power. Genausowenig gab das jahrelange Addieren von Insellösungen Firmen-Power. United Germany hat als Euro-Motor zu wenig PS. Der Euro-Train fährt mit großer Verspätung ins Jahr 2000. Es wurden Schlüsseltechnologien verpaßt. Es wurde auch versäumt, Gleisanschluß nach Asien zu verlegen. 70 Prozent der Exporte bleiben in Europa.

„Deutschland“, so Naisbitt 1994, „wird schnell der alte, kranke Mann Europas, das insgesamt von Skandalen, Korruption, Soziallasten, Enttäuschungen durch Wiedervereinigung, Arbeitslosigkeit, Probleme von gestern und Selbstüberschätzung geschüttelt wird.“

Viele Euro-Leader haben noch zu viele Mentalmodelle, verkrustete Denkschablonen von gestern im Kopf. „Die europäischen Industrieunternehmen“, so der Europachef von ABB, Eberhard von Koerber, „haben ein Problem. Ihre Sach- und Personalkosten sind zu hoch. Die Entscheidungsprozesse sind zu langwierig und ineffizient. Es gibt zu wenig neue Produktideen – und die werden auch nicht schnell genug umgesetzt. Auf neuen, schnell wachsenden Märkten ist die europäische Industrie nicht präsent genug. Im weltweiten Wettbewerb tragen die Europäer nun mal die rote Laterne.“

Der Lean-Reparatur, der Reengineering-Kur und der technologischen Revolution muß die alles entscheidende mentale Revolution in der Erfolgs- und Leadership-Technologie für einen Quantensprung in Effizienz, Kreativität und Innovation folgen. Andernfalls ist die nächste Krise mit Totalabsturz vorprogrammiert.

Ein Durchbruch zu neuem Erfolgsdenken sowie Führen in allen Bereichen und Ebenen ist gefragt. Mit neuem Spirit und mehr Profit. Wer immer nur in Ausreden flüchtet, bagatellisiert, wer andere in Frage stellt, nur sich selbst nicht, ist kein Leader mit Zukunft. Wenn alle wieder nur der Masse nachlaufen, das gleiche Lean- und Reengineering-Programm durchziehen, dann sind die Deutschen zum Schluß wieder 25 Prozent teurer als die Billiglohn-Länder. Dann bleibt alles beim Alten.

„Wenn wir diese Schlacht verlieren", so Lopez, „werden wir Bürger zweiter Klasse". Nur vier Prozent der Firmen haben laut Droege bisher die notwendigen Konsequenzen wirklich gezogen. „Den meisten", so Dr. Titze von Gemini, „fehlt der Mut. Die Unternehmensführer führen immer noch in den alten Kategorien." McKinsey-Chef Henzler meint, daß gewaltige Anstrengungen notwendig sind, um auf Weltklasse-Niveau zu kommen. Er prophezeit das „Aus" für die Euro-Firmen, die nicht ein Drittel ihres Triade-Geschäftes in Asien abwickeln.

Vom Weltklasse-Niveau ist selbst der einstige Weltmeister, der Deutsche Maschinenbau mit einem Prozent Nettoumsatzrendite noch weit entfernt. „Wenn wir nicht aufpassen", so der Chef H. Hauck von Weingarten AG, „dann verlieren wir den Anschluß an die Elite."

Es ist symptomatisch für Deutschland, daß der einstige Industrie-Diamant Porsche von Japanern neu geschliffen werden muß. Dies hätte niemand je vorauszusagen gewagt. Das langfristige Überleben oder der Weg zurück zur Weltspitze ist nicht möglich durch noch so radikale Kostensenkungen, Umstrukturierungen von Produktionen und Hierarchie. Leader müssen den Mut haben, an die kardinalen Krisenursachen heranzugehen. Krisen sind Leadership-Krisen. Die Europäer müssen mehr schaffen können, als nur nach Japan und USA zu schielen. Der Königsweg ist deshalb nur eine echt europäische, eine hausgemachte und keine nachgemachte Erfolgs- und Leadership-Revolution durch alle Führungsebenen. Mit einem neuen Erfolgsansatz, einem europäischen Welt-, Menschen-, Selbst-, Erfolgs- und Leadership-Modell. Die Elite muß es vormachen, dann folgt die Masse nach.

„Lead lokal and go global" – das ist das Erfolgsmotto 2000

Die Weltmärkte wurden zu einem einzigen Weltmarkt. ABB und Japan sind Meister dieses Prinzips. „Think global and act local" ist der Schlachtruf von gestern. „Lead local – go, gain and grow global", ist das neue Erfolgskonzept. Kleine, sich selbst steuernde, hocheffiziente Unternehmens-Einheiten *„on the spot"* sind markt-, mensch-, system-, natur- und zukunftskonformer. Local Leadership-Power gibt mehr Personal-Power und mehr Team-Power. Beide führen durch Vernetzung zu mehr Global Markt-Power. Erfolgsmaximierung ist nur möglich durch People Power Circles (PPC). Immer noch machen die Menschen die Märkte und Unternehmen. Das Geld der Zukunftsmärkte liegt für deutsche Firmen nicht in billigen Produkten, sondern in hochkarätig-innovativer Software, Brainware und Lifeware für externe Kunden rund um den Globus – produziert von internen Kunden durch hochkarätiges Leadership in Form von Selbst-, Team- und Topleadership.

Der fraktale Globus wird ein Vielstaaten-Netzwerk

Wir sind weltweit in einer politischen Leadership-Krise. Geballte Machtbürokratien sind ineffizient und antidemokratisch. Das Völkerbewußtsein vernetzt sich immer mehr zu einem erwachenden Weltbewußtsein und differenziert sich zugleich in Gruppen-Selbstbewußtsein mit dem Ziel zur autonomen Selbststeuerung. Der Globus löst sich in immer mehr dezentralisierte People Power Centers, Gruppen, Regionen und Teilstaaten auf. Diese wollen sich im Rahmen einer Konföderation immer mehr selbst organisieren und sich immer weniger von egogesteuerten Politikern führen und verschaukeln lassen. Das Schweizer Selbststeuerungs-Modell der Direktmarkt-Demokratie mit wirtschaftlichem Weltnetzwerk ist zeitgemäßer als das schwerfällige EU-Demotech-nokratie-Modell mit dem Größen-Wahn von gestern. Der effiziente Staat 2000 ist ein schlanker, mündiger Kunden- Staat, ein marktorientiertes Qualitäts-Unternehmen, eine Hochleistungsorganisation mit einer Teamspitze und einem Spitzenteam für kundennahe Spitzenleistungen. Die Bürger sind Königs-Kunden und nicht Königs-

Sklaven, die mit endloser Papierflut gemaßregelt werden. Wir brauchen auch in der Politik eine höhere Leadership-Qualität. Lokale Weltwirtschaftspolitik ist wichtiger als Weltkirchtumspolitik mit kleinkarierter Profilneurose. Polit Leadership wird zu One Wold-Leadership. Wettbewerbsfähige Wirtschafts- und Überlebenskraft mit sicheren Arbeitsplätzen ist heute das zentrale Polit-Thema der Menschen. Weltmarktgesteuerte Lokal-, Regional- und Länder-Lernzentren mit lokalen und globalen „MITI-Denkfabriken" und mit stark dezentraler Powershift für Selbstorganisation autonomer Einheiten sind den vielen Teufelskerlen mit ihren zentralen Teufelskreisen weit überlegen. Das Problem der Arbeitslosigkeit würde sich durch freie und flexible Kunden-Demokratien mit freiem Fluß der Angebots- und Nachfrage-Kräfte von selbst lösen. Ritualisierte Fernseh-Verdummungs-Schlachten zum Herausputzen der Ego-Machtfassaden wären überflüssig.

Ohne Macht-Politiker wäre die Welt besser

Die meisten Politiker mit Machtneurose leben von den Problemen, die sie schaffen, aber nicht lösen. Große Politiker sind selten große Leader, eher große Killer, wie Stalin, Hitler, Mao, Castro, Ceaucescu, Milosevic. Insbesondere machtlüsterne Politiker brauchen Waffenarsenale für Machtspiele, ethnische Säuberungen und Kriege. Atom-Macht wird zum Statussymbol. Mit den Milliarden, die für eine sinnlose, unreife, geisteskranke, waffenstarrende Killerwelt mit primitiv-tierischer Bewußtseins- und Leadership-Qualität ausgegeben werden, könnte die Weltarmut auf einen Schlag beseitigt und die Erde von vielen überflüssigen Problemen befreit werden. Seit Tausenden von Jahren ist die politische Lernrate praktisch gleich Null. Die gleichen Polit-Killerdramen wiederholen sich in der Welt endlos. Die Polit-Leader brauchen endlich einen qualitativen Bewußtseinssprung für mehr Leadership-Qualität, damit sie nicht ohne Mut zur notwendigen Wahrheit nur Wählermassen und Wahlprognosen hinterherlaufen. Ohne höhere Bewußtseinsqualität einer besseren politischen Leader-Elite kommt, nach dem Resonanzgesetz, das Massenbewußtsein der Welt nie aus den kollektiven Teufelskreisen von Krieg, Hunger und Not heraus.

Gleiches zieht Gleiches an. Die Politiker brauchen dringend ein besseres Welt-, Menschen-, Selbst-, Erfolgs- und Leadership-Konzept, das über das Wahl-Einmaleins hinausreicht.

Statt effizient zu führen und zu arbeiten, wird allein schon enorm viel Zeit totgeschlagen für kleinkariertes Gezänk auf unterstem Niveau und für immer neue Ausschüsse zur Untersuchung von Fehlleistungen. Der Altbundeskanzler Helmut Schmidt qualifiziert das Bonner Staatstheater als ein nicht zeitgemäßes Affentheater. Andere bemängeln, daß in der Politk der deutsche Geist auf den Hund gekommen sei. Kohls geistige Wende wurde proklamiert, aber nicht realisiert.

Autoritärer Leader-Geist von gestern kann das Partei- und Zukunfts-Potential nicht genügend dynamisieren und nicht in einen sich selbst organisierenden und schnell wandelnden Lern-Staat von morgen transformieren. Der Kanzler-Glanzleistung der materiellen Wiedervereinigung folgte bis heute die mentale Wiedervereinigung nicht. Der materielle Preis für die mentale Fehlleistung ist hoch. Leader sollten wissen, daß mit Geld echte „Liebe" nicht zu kaufen ist. Das mentale Leadership-Vakuum ohne attraktive Zukunftsvision programmierte mit System einen großen Politikverdruß im Volk. Erfolg macht blind für die Realität. Das Erwachen folgt meist zu spät. United Germany hat eine historische Leadership-Chance für Deutschland und Europa verpaßt. Die Liberalen hätten durch individuelle Selbstverantwortung eine große Chance, aber sie sind, so Stefan Baron von der *Wirtschaftswoche*, geistig verlottert.

Die Politiker mit Euro-Kirchturmshorizont leisten sich historische Fehlleistungen. Mit einem hochverschuldeten und hochineffizienten Beamten-Beton-Bürokratiesystem aus dem letzten Jahrhundert stellen sie die Weichen falsch. Ein Entgleisen der deutschen Schlafwagen-Gesellschaft ist nicht mehr ausgeschlossen. Selbst die tüchtigsten Beamten haben keine Chance, dem ewig unveränderbaren Beamten-Paradies eine Schlankheitskur zu verordnen. Gleichzeitig leben 7 Millionen Bundesbürger in Armut. Über 4 Millionen sind arbeitslos. Der soziale Abstieg erreicht den Mittelstand. Laut einer Umfrage von Professor Eberhard Hamer glauben 80 Prozent der Mittelständler, daß Bonner Regierungs- und Sozialträumer die Verschwendung nicht mehr im Griff haben. Der Mittelstand, das Rückgrat der Wirtschaft, ist im Stimmungs- und Konjunkturtief. Lothar Späth prophezeit den Deutschen den wirtschaftlichen Kollaps. Es fehlen 6 Millionen Arbeitsplätze und die Bundesregierung ist konzeptionslos oder baut Luftschlösser. Die europäische Kommission in Brüssel sieht die deutsche Wirtschaft am Scheideweg und einen sich selbst tragenden deutschen Aufschwung gefährdet.

Da helfen auch Brüsseler und Bonner Subventionen nichts. Sie brachten bisher so gut wie keine Innovationen, sondern nur Illusionen hervor.

Der Brüsseler Euro-Koloß wird zum Anachronismus 2000

Mit den Mentalmodellen von gestern im Kopf führen Prestige-Politiker den Euro-Koloß immer mehr in die Drittklassigkeit und machen ihn zum ineffizienten Papiertiger. Der Aufwand steht bis jetzt in keinem Verhältnis zum Gewinn.

Der konzeptionslose EU-„Hickhack" beweist, daß die EU-Politiker nicht wissen, was die richtungweisende EU-Vision und Konzeption 2000 sein soll. Deshalb arbeiten sie auch nicht daran. Es herrscht überwiegend ego- und nationalgesteuerter, kleinkarierter Verteilungs-Aktionismus. Zur MITI-Denkfabrik der „Japan AG" fehlt jedes Gegengewicht einer „Euro-AG". Das verschlechtert immer mehr die *„balance of powers"*.

Die Asien-Tiger gibt es ohne die Vereinigten Staaten von Asien. Der Vereinigte Dinosaurier von Europa hat uns noch nicht die Vereinigte „Euro-Tiger AG" aus schlanken, schnellen, schlagkräftigen Euro Unternehmer-Staaten beschert. Die Euro-Staaten, Kommunen, Länder und alle Großorganisationen sollten so geführt werden, wie Barnevick den ABB-Staat führt: Die meisten Köpfe in der ineffizienten Beamten-Zentrale mußten rollen (von 4000 auf 200), und der schwerfällige Koloß wurde in 2000 Tiger transformiert (Lokale Geschäftseinheiten mit schneller Kundenentscheidung ohne Bürokratie, aber mit globaler Vernetzung).

Statt dessen raubt der deutsche Staat mit 54 Prozent Staatsquote das Volk aus. Deutschland ist auf dem Holzweg zum Sozialstaat mit Low spirit und Low profit. Nach dem ABB-Modell könnten alle Zentralregierungen Europas durch Regierungs-Reengineering schlanker werden und mit 20 Prozent des Personals ihre zentralen Schlüsselaufgaben erfüllen. Das gilt erst recht für den Brüsseler Beamten-Moloch. Wenn ein Konzern nach dem Brüsseler Ineffizienz-Modell geführt würde, wäre sein Ruin programmiert.

In der vernetzten Systemwelt siegt der Netzwerk-Unternehmer

Die Informations-Revolution revolutioniert auch das autoritäre Zentralmanagement. Das mit elektronischem Lightspeed sich selbst organisierende „Unternehmer-Unternehmen" mit Netzwerk-Allianzen und Multimind Power Centers (MPC) macht das Rennen. Zur Informations-Revolution kommt in Zukunft zusätzlich die Energie- und Geistkapital-Revolution. Die integrierte Informations-, Geist- und Energie-Gesellschaft bilden eine Triade. Die Asiaten und Amerikaner sind zur Zeit auf einem höheren Geist-, Energie- und Informations-Level als die Europäer. Das Wohlstands-Establishment wurde von der Hochkonjunktur zu lange verwöhnt und wurde träge. Die Egokultur mit Besitzdenken, hierarchischer Hackordnung, Kommando-Ton, Nero-Diktatorengehabe, Vasallentreue, Profilneurose, Herrschaftsdenken, Privilegiensucht, Meinungsterror, Untertanengeist, „Nickern vom Dienst", Duckmäusern, Intrigantenspielen, Pensions- und Abfindungs-Fixierung, Angst vor Risiko, Verantwortung, vor Kompetenz-, Macht-, Gesichts- und Job-Verlust waren tödlich für Erfolgsdynamik, Visionen, Freiräume, Kreativität und Innovation.

Diese Mentalschwäche des Managements führte zwangsläufig zur globalen Marktschwäche der Firmen. Das mentale Führungsvakuum, so Insider, wurde allzuoft kompensiert durch die Alibi-Spitzenleistung, McKinsey als Spitzenberatung zu engagieren.

Die neue Global Leadership-Ära 2000

Die neue Ära der effizienten, autonomen Selbst- und Teamsteuerung durch unternehmerische Selbstorganisation mit Selbstverantwortung löst die Ära der ineffizienten, autoritären Fremdsteuerung ab. Leadership makes the big difference. Das „Big Business“, schwerfällige Konzerne mit bürokratischer Zentralregierung und Dinosaurier-Speed, sind out. „Small Business“ zieht in Zukunft bessere Unternehmer an, weil sie sich besser entfalten können. High competition und high cooperation is the name of the future game. Die Welt der Unternehmer (statt Unterlasser) macht durch die Selbstleadership-Revolution einen Quantensprung, einen Bewußtseinssprung auf ein höheres Niveau von Leistungs- und Lebensqualität. Die Vernetzung von Unternehmer- und Team-G.E.I.S.T., von Geistkapital (G), Energie (E), Information (I), Stoff/Materie/Cash (S) und Tempo (T) zu einem integrierten, offenen und selbstlernenden Leadership-System für starke, schnelle und schlagkräftige G.E.I.S.T.-Tiger ist die neue Antwort auf die größte Herausforderung aller Management-Zeiten und die der Tiger Asiens. *Mit einem Welt- und Menschenbild von gestern ist die Leadership-Herausforderung von morgen nicht zu meistern.*

Im Zentrum von Lifelong Learning, Rich-Clean und Lean Leadership mit High market change speed muß ein neues *Universal-Weltbild* stehen. Dieses muß den Mikro- und Makrokosmos zu einem ganzheitlichen Universal-Kraftfeld nach Universal-Gesetzen für Menschen, Märkte, Unternehmen und Staaten vereinen und nicht spalten. Unity in Diversity. Die Welt und ihr Wissen ist zersplittert und gespalten genug. Aus einem ganzheitlichen Wissen und Weltbild ergibt sich zwangsläufig ein ganzheitliches Menschen-, Selbst-, Erfolgs- und Leadership-Modell. Mit veralteten Modell-Landkarten müssen sich Leader im komplexen Welt Labyrinth verirren. Blinde aber können Blinde nicht führen. Alte Zöpfe und Rezepte funktionieren nicht mehr. Eine neue Sicht der Teile im Ganzen, der Mikroquanten im Makrokosmos, des Planeten im Universum, der Menschen im Unternehmen, der Teilkonzepte im Gesamtkonzept ist notwendig für mehr Effizienz, Kreativität, Innovation, für das Überleben der Firmen und des Planeten.

Fundament des neuen Weltbildes ist das sich selbst organisierende, superintelligente Quantenuniversum, die Natur, der Superkonzern mit seinen Universal-Gesetzen, der jedem Industriekonzern durch Universal-Psychefeldphysik mit mathematischer Präzision haushoch überlegen ist. Mental-Leadership aus Selbst-, Team-, Top- und Omega-Leaderhsip ist der Schlüssel für Markt-Leadership. Der „Leader-Leader“, der Coach von Spitzenkräften programmiert Teamspirit und Teampower. MegaTeamSpirit bringt MegaTeam-Profit. Gemeinsam bilden sie eine Superpower. Der Virtuelle Cyber Circle (VCC), der Partner-Stärken zu kundenorientierten, temporären und innovativen Projektteams mit Computernetzwerk organisiert, erreicht durch die höchste Erfolgs- und Lernprozeß-Geschwindig-keit das Erfolgsmaximum. Es zählen nicht mehr in erster Linie Economics of scale, sondern Economics of Brainpower und Speed. Die Agilen fressen die Senilen.

Universalinformation, Universalenergie und Universalgeist sind der Universalschlüssel zum Universalunternehmer mit Gewinn- und Sinn-Maximierung um die Jahrtausendwende. Wer diese drei fundamentalen Erfolgs- und Leadership-Technologien in einem vereinheitlichten Managementsystem integriert, der beherrscht das Weltschachbrett 2000.

Omega-Leadership 2000 – Für mehr Team-Profit durch mehr TeamSpirit

Die hochinformierte Gesellschaft zeichnet sich aus durch Low spirit und Low profit, durch zu wenig Gewinn und zu wenig Sinn. „Die Welt ist“, so Scholl Latour, „in Auflösung“. Die Welt der Wirtschaft, der Menschen und Firmen braucht eine mentale Wende, oder sie gelangt immer mehr an ihr materielles Ende. Wir brauchen einen Durchbruch in eine neue mentale Erfolgsdimension. Die beiden intimen Asien- und Japan-Kenner SJ. Lassale und Graf von Dürckheim sprachen vom dringend notwendigen Bewußtseinssprung der gesamten Menschheit und ihrer Leader, ohne den die Überlebensfähigkeit in Frage gestellt wird. Dieser mentale

Quantensprung muß über technische Reformen und materielles Reengineering hinausgehen. Viel wichtiger ist das Mentale Prozeß-Reengineering, die geistige Erneuerung durch alle Führungsebenen. Geld und Geist stehen in einer kausalen Wechselwirkung. Die mentale Stärke von Menschen und Firmen trägt zu 80 Prozent, die materielle Stärke zu 20 Prozent zum Gesamterfolg bei (mind over matter). Die Mentalbilanz programmiert die Kapitalbilanz. In der klassischen Praxis wird die Manager-Zeit meist im umgekehrten Verhältnis investiert.

Es gibt ca. 2,4 Millionen deutsche Unternehmer. 80 Prozent davon verdienen mittelmäßig bis schlecht. Wenig Gewinn macht wenig Sinn. Da „verdienen“ vom Dienst am Kunden kommt, ist der Gewinn dann schlecht, wenn der Dienst am Kunden schlecht ist.

Der Wirkungsgrad von Menschen und Firmen beträgt im Schnitt 33 Prozent. Damit sind 66 Prozent Reibungs-, Zeit- und Energieverluste. Das ist nicht gut genug, um guten Gewinn zu machen. Deshalb brauchen die Firmen einen totalen Turnaround in der Erfolgs- und Leadershiptechnologie. In der Industrietechnologie haben wir längst High tech, in der Erfolgstechnologie von Menschen und Firmen haben wir noch immer Low tech. Insbesondere wird das Rad von allen immer wieder neu erfunden, was eine fatale Ressourcen-Verschwendung ist. Materielle Gewinn- und mentale Sinn-Maximierung bleiben zwangsläufig auf der Strecke.

TeamProfit durch TeamSpirit. MegaTeamProfit entsteht durch MegaTeamSpirit. MegaTeamSpirit entsteht durch OmegaTeam-Leadership. OmegaTeamLeadership bezieht die kreative Kraft nur durch ein neues, naturwissenschaftlich-revolutionäres Omega-Weltbild. Damit werden Selbst-, Team- und Topleadership, Markt-, Mental- und Innovations-Leadership, Rich-Clean und Lean Leadership zum Universalschlüssel für eine erfolgreiche, sinnvolle und lebenswerte Zukunft.

Die geistige Erneuerung von Wirtschaft, Politik und Gesellschaft kann nicht aus einer einseitig-materiellen Dimension, aus kleinkariertem Krämergeist kommen, sondern nur aus einer neuen, hochkarätig-spirituellen Vision einer Leader-Elite.

Das vorliegende Buch soll einen Beitrag für eine bessere Lokal- und Globalsteuerung 2000 durch Leadership leisten. Es beweist in einem naturwissenschaftlich-revolutionären Weltbild zum erstenmal, daß lokale und globale Leader am Steuer der Welt sitzen, was die meisten bisher nicht einmal wissen, geschweige verantworten können. Es geht dabei nicht um das Verstehen der zugrundeliegenden Physik und Mathematik, sondern um die daraus zu ziehenden Konsequenzen. Jeder Beitrag ist ein Baustein für sich. Die Integration geschieht im Leadership-Konzept für die Praxis.

Da Buchwissen nicht Praxiskönnen sein kann und für die Deutschland und Euro AG nur noch fünf Jahre bis 2000 bleiben, kombinieren wir zum Buchimpuls ein Praxis-Projekt für MegaTeam-Profit durch MegaTeamSpirit und OmegaTeamLeadership. Nur praktisches Handeln kann etwas bewegen.

Das Leadership-Manual 2000

Die Vernetzung von Leadership-Konzept mit Leadership-Projekt ist einzigartig auf dem Weltmarkt, weil es sechs Neuheiten zur Leadership-Superpower bündelt:

1. Die erste Entdeckung des Primzahlcodes für eine Welt ohne Zufall. Die Lösung eines Welträtsels.
2. Das erste kosmologische Welt-Wechselwirkungs-Modell mit Selbstorganisation, mathematischer Präzision und Psychefeldphysik.
3. Das erste universelle Erfolgsprozeß-Management, damit das Rad nicht immer wieder neu erfunden werden muß.
4. Das erste Human Ressources Reengineering.
5. Das erste Mentaltraining mit Mentaldatenbank für geniale Innovation.
6. Das erste integrierte Konzept für Marktleadership durch Mental-Leadership mit Leadership-Portfolio.

2000 Leader – die Elite 2000

2000 Leader der rund 2 Millionen deutschen Unternehmer können nach dem Quanteneffekt und dem Resonanzgesetz die deutsche Leistungs-, Lebens- und Erfolgskultur völlig zum Besseren verändern und Deutschland zurück zur Weltspitze bringen. Multipliziert mit 16 EU-Ländern macht dies ein Leader-Dynamitpotential von 32 000 Leadern aus. Sie sind die Motoren und Innovatoren der Zukunft. Eine solche Leadership-Klasse als kritische Masse kann auch Europa wieder zu einer hochkarätigen Mental- und Marktmacht, zu einer „Supermacht" werden lassen. Die dazu notwendige Erfolgs- und Leadership-Technologie ist vorhanden und kann sofort firmenspezifisch umgesetzt werden.

Das MMI-Marketing Management Institut und das MMI-Leadership Zentrum in Frankfurt haben sich zum Ziel gesetzt, die Erfahrungen aus 30 Jahren weltweiter Industrie-, Trainings- und Beratungspraxis, aus der Zusammenarbeit mit internationalen Hochburgen wie Harvard, MIT, Stanford, Club of Rome und mit der Deutschen Lufthansa über alle Weltmärkte kompakt nach 20/80 zu einem neuen revolutionären Erfolgswissen zu bündeln. Dieses Wissen basiert zugleich auf einem völlig neuen, naturwissenschaftlich-revolutionären Weltbild ohne Zufall, das Selbstorganisation, Quantenphysik, Psychefeldphysik, Primzahlcode, Chaosphysik, Evolutionskybernetik und Bewußtseinsforschung berücksichtigt. So entstand eine universell anwendbare Erfolgs- und Leadership-Physik, die auf dem Weltmarkt wohl einzigartig ist. Das Konzept wird in seinen Grundzügen in diesem Buch vorgestellt. Die firmenspezifische Umsetzung kann durch das universell anwendbare, materielle und mentale MMI-Erfolgs- und Leadership-Projekt erfolgen, bei dem je nach Bedarf die Buchautoren und interdisziplinäre Teams mitwirken.

Die aktuelle Bedeutung für die „Deutschland und Euro AG" beleuchtet der folgende Briefwechsel aus Asien an MMI von Mr. Seihtam:

Wanderer, kommst Du aus Europa zurück, so verkünde überall in Asien, Du hast die einst großen Euro-Leader dort liegen gesehen, wie das Trägheitsgesetz es befahl. Nach dem Aufstieg zur Hochkultur begann ihr Fall. Materiell verwöhnt, mental falsch programmiert und spirituell verarmt. Angeschlagene Mentalpower reduzierte ihre Marktpower. Europa wurde auf beiden Beinen schwach. Zu vielen fehlt die Führungskraft für eine geistige Erneuerung. Wenn Euro-Leader das kreative Geistkapital der Menschen, die einzig unbegrenzte Ressource für Euro-Power, nicht ins Zentrum ihrer geistigen Führung stellen, sind sie im Kopf schon mental infiziert. Deshalb wächst dort die Weltmarkt- und Betriebsblindheit infolge Arroganz proportional zur Ignoranz. – Mens sana in eurocorpore sano. Mit Zen und Yen, Konfuziusgeist und Kapitalistengeld sind wir Tiger Asiens dem Euro-Papiertiger mit seinem Mentalvirus weit überlegen.

MMI-Antwort von Richard Matheis

Not macht abendländischen Euro-Geist immer erfinderisch. Wir haben Euren Erfolg studiert und kapiert. Wir haben gerade mit führenden Euro-Experten ein naturwissenschaftlich-revolutionäres Welt-, Menschen-, Erfolgs- und Leadership-Modell entdeckt, das die aufgehende Sonne Asiens in den Schatten stellen kann. Jede Euro-Firma kann damit einen Tigersprung nach vorne machen, wie Ihr es Euch in Eurer neuen Tigerarroganz nicht vorstellen könnt. Selbst ein zweites Wirtschaftswunder ist möglich. Mentalleadership geht vor Marktleadership, wie Ihr selbst erfolgreich demonstriert. Europäischer Unternehmergeist steht im Wettbewerb mit asiatischem Kampfgeist. In Kooperation mit dem vereinheitlichten Quantenfeld ist den Firmen nichts unmöglich. Auch eine neue Euro-Superpower ist möglich. Der Erfolgsfaktor Nummer eins ist Leadership durch alle Führungsebenen.

To lead or not to lead, that is the question!

1. Teil

Mehr Leadership statt Killership

Vor jedem seriösen Konzept steht eine eingehende Analyse der Situation. In diesem ersten Teil untersucht Richard Matheis die Ursachen für die Krise der europäischen Wirtschaft. Sie erfahren, warum die derzeitige Situation – immer noch – von Mißerfolgen, Stagnation, Chaos und Crash geprägt ist und was passieren wird, wenn die Beteiligten vor den nötigen Veränderungen weiterhin die Augen verschließen. Deutlich wird dabei auch, daß Rezepte aus Japan oder den USA der europäischen Wirtschaft nur dann auf die Sprünge helfen können, wenn auch das Management hierzulande ein neues Bewußtsein erlangt.

Selbsterkenntnis – Der erste Schritt zum Quantensprung

von Richard Matheis

Die Krise als Warnung und Chance

Politik, Wirtschaft und Gesellschaft stecken in der stärksten Leadership-Krise der Nachkriegszeit. Sie befinden sich in einer materiellen und mentalen Abwärtsspirale. Auch Deutschland ist in einem Teufelskreis im Wettbewerb mit den erwachenden Amerikanern und den fleißigen, erfinderischen und bescheidenen Asiaten. Deutschland leistet sich enorme Fehlentwicklungen. So „killt" es zum Beispiel seinen Standort und seine Wirtschaftskraft. Der Wohlstandsstaat ist nicht mehr finanzierbar. Die materielle Wiedervereinigung wurde im Politiker-Vollrausch vollzogen, aber die mentale Wiedervereinigung wurde sträflich vernachlässigt. Politiker waren blind für die notwendigen mentalen Veränderungsprozesse in den Köpfen der Menschen. Man glaubte, mit Geld sei alles machbar. Das rächt sich heute und kostet unnötige Milliarden. Deutschland und Europa wurden lahm, ruhten sich auf ihren Lorbeeren aus, die Asiaten wurden schneller und besser. Geld und Erfolg machen bekanntlich satt und blind. Ökonomische Realitäten werden zu oft unter den Teppich gekehrt. Das Kurieren an Symptomen, das Verteilen des Erreichten, das Versprechen von Wahlgeschenken, der Dienst am kleinkarierten Ego ist einfacher und bequemer als der hochkarätige Dienst am Ganzen. Die Parteien versinken im Hick-Hack primitivster Streitkultur und werfen sich gegenseitig Unfähigkeit vor: eine maßlose Verschwendung von Ressourcen, Zeit, Geld und Energie.

Die Medien (*FAZ*, *Spiegel*, *Manager Magazin*, *Wirtschaftswoche*, das Fernsehen etc.) beschreiben zu Recht ein Bild des Euro-Jammers:

Verluste, Entlassungen, Einbrüche und Abstürze von Weltfirmen. Der deutsche Standort ist zu teuer. Die Kosten sind im Schnitt 30 Prozent zu hoch, die Effizienz 30 Prozent zu niedrig. „Made in Germany" wird immer weniger attraktiv. Mit Methoden, Mentalitäten und Produkten von gestern gehen die meisten ins Jahr 2000. Die *Wirtschaftswoche* zweifelt an der Zukunft und beklagt die unverkäuflichen Wunderwerke der Forschung. Professor Engels meint, daß die Europa-Integration bisher keine Impulse brachte und Europa seit Jahrzehnten der Verlierer in der Triade ist. Professor Giersch analysiert, daß die Arbeit zu teuer wird. Üppige Löhne, wuchernde Sozialkosten, ausufernde Bürokratie. Kohl und Krüger beklagen den Innovationsmangel und die wandlungsfeindlichen Kreativitätsmuffel der Industrie. Spöri will mit seiner Industriepolitik, daß wir schneller mit neuen Produkten auf den Markt kommen. McKinsey stellt fest, daß sich die Deutschen überschätzen. Sie würden sich auszeichnen durch Qualitätsmängel, einen unterentwickelten Dienstleistungsmarkt, Produktivitätsmängel und Risikoangst. Deutschland brauche wieder mehr Qualitäts- und Leistungskultur. Viele Deutsche hätten einen mentalen Block im Kopf und verhinderten Wandel und Restrukturierung. Der Dialog zwischen Politik und Wirtschaft sei unterentwickelt.

Hat die vereinigte „Deutschland und Europa AG" die Zukunft verschlafen? Droht jetzt ein Massensterben, ein Abstieg in die Drittklassigkeit oder gar ins Chaos? Haben wir zu viel chirurgisches Kahlschlag-Management, Visions- und Job-Killership? Zu viel lineares Nieten- und zu wenig kreatives Eliten-Management? Machen wir zu viel Reparatur und zu wenig Prophylaxe? Haben die materiellen Kostenmanager überhaupt eine Ahnung von den mentalen Leerkosten? Machen lie meisten Firmen zu wenig Gewinn, weil sie am kurzen materiellen, statt am langen mentalen Erfolgshebel sitzen? Machen sie aus Angst vor Veränderungen nur kleine Schritte, weil der Mut zum notwendigen Quantensprung fehlt? Machen manche Firmen sogar „Harakiri-Marketing", wie ein USA-

geschaukelt. Sie kann durch Reengineering nur noch beschleunigt werden. Das Welt- und Menschenbild von Reengineering braucht Reengineering

Immer wieder ist der Mensch das fünfte Rad am Wagen. Zuerst wird er zum Beispiel an Funktionen, dann an Zielen, Strategien und jetzt an Prozessen reengineert. „Hire and fire“ ist immer dabei. Hamer spricht auch begeistert von „Jobkilling“. Hard Leadership ist zugleich Hard Killership. Die Jobkiller sind die neuen Prozeß-Helden. Das Unternehmen ist nicht für den Menschen, sondern der Mensch ist für die Geldmaschine da. Geldkapital rangiert vor Humankapital. Die Prioritäten werden pervertiert. Das Unternehmen ist nach wie vor eine mechanistische Leistungs-, Geld- und Machtmaschine. Nach dem neuen Modekonzept wird der Mensch wie eine Schraube prozessorientiert angepaßt.

Watermann geht gegen diese Einseitigkeit in den USA mit seinem neuen Buch an. Er stellt die Menschen und nicht die Prozesse ins Zentrum des Erfolgs.

Business Prozeß-Reengineering ist nur die halbe Wahrheit. Schnellere, kostengünstigere Prozesse sind nur ein Teil eines integrierten Erfolgskonzeptes. Zur Zukunftsoffensive gehören verbesserte mentale Erfolgsmodelle in den führenden Köpfen, Visionen, Kollektivintelligenz, Mentalkapital, Bewußtseins-Qualität, Werte, Identifikation, Intuition, Ziele, Strategien, Selbstorganisation, Steuerung, offene Teamkultur, Selbstleadership, Hochleistunsgsteams und vieles mehr. Es gibt auch bereits Beispiele für Firmen, die nach Prozeß-Reengineering Pleite gingen. Der Kardinalmangel aber von Business Prozeß-Reengineering liegt in seinem Fokus auf die materiellen Erfolgsprozesse. Diese aber machen 20 Prozent des Gesamterfolgs aus. Die anderen 80 Prozent sind dic mcntalcn Erfolgsprozesse, die mehr oder weniger ausgeklammert werden. Mentales Business-Prozeß-Reengineering wäre somit viel bedeutungsvoller für die Zukunft. Die Firmen scheitern am Sand im Getriebe, am mentalen Mißerfolg durch mentales Miß-Management. Zu geringe Mental-Power von Menschen, Teams und Firmen führt zu ungenügender Markt-Power, damit zu unbefriedigenden

Gewinnen. Gerade die Stärken der Japaner und Asiaten liegen in den mentalen Prozeß-Stärken.

In einem Interview stellt Rupert Lay folgendes fest: Manager heute haben nur noch formalistische, aber keine inhaltlichen Werte. Man definiert sich von der Funktion oder vom Prozeß her. Es gibt kein Wertekonsens, sondern nur individualistische Ansätze. Man einigt sich auf einige Strukturelemente wie Konsens über die Marktwirtschaft und Demokratie. Die Moral wird domestiziert, das heißt, daß Anpassen an die Gesellschaft Trumpf ist. Mit dieser Denkstruktur lassen sich auch die Natur und die Lebensgrundlagen problemlos vernichten. Die Umwelt-Konferenz in Rio zeigte den Mangel an Leadership. Es gibt kein europäisch-abendländisches, christliches Menschenbild. Das Menschenbild ist materialistisch und funktionsorientiert. Der Mensch hat nach einem Funktionskatalog zu funktionieren. Auch das Selbstbild wird von der Funktion her gesehen. Es geht um Machtmoral und Machterhalt. Die Sinnfrage wird allenfalls in Lebenskrisen gestellt, ansonsten gilt: „So what?“ Jeder muß sich selbst einen Sinn des Lebens geben, sonst gibt es keinen. Grundsätzlich gilt es laut Lay als Maxime, das personale Leben zu entfalten statt zu mindern.

Große Unternehmen setzen keine Werte, sie funktionieren ohne moralische Größen. Die Grenzmoral setzt das allgemeine Bewußtsein, bei dessen Unterschreiten man durch Ertragseinbruch bestraft wird.

Selbstveränderung findet kaum statt. Wenn die Manager sich selbst überlassen bleiben, tut sich wenig. Wir leben heute am Ende der Neuzeit in einem Werte-Vakuum. Wir sind nach der Chaostheorie an einem Bifurkations-Punkt, an dem nichts vorhersehbar ist. Die Evolution hört nicht beim Homo Sapiens auf. Die chemische, biologische und soziale Evolution ist nicht am Ende. Aber sie ist nicht zielursächlich definiert. Es gibt keinen personalen Gott, der die Evolution steuert, nur ein göttliches Prinzip. Für die Evolution von Unternehmen fordert Lay für die Zukunft:

1. Senkung der Sekundärkosten (innerbetriebliche Dienstleistung/ weniger Hierarchieebenen/Freisetzen von dispositiver Arbeit),

2. mehr Marktorientierung (zum Beispiel durch Bilden kleiner Profit-Centers mit mehr Marktnähe),
3. mehr Markterschließung (bisher nur veraltete Marktforschung aber keine Markteroberung, neue Märkte schaffen durch Innovation; Deutschland ist Weltmeister bei veralteten Produkten),
4. Weiterentwicklung des strategischen Dreiecks aus freier Marktwirtschaft, Naturwissenschaft und Demokratie (die Demokratie würde jede Marktwirschaft durch systemfremde Eingriffe sonst auf Dauer zerstören),
5. ein absolut neues, ontologisches, moralisches und religiöses Fundament für die Neuzeit, da wir an einem Zeitbruch stehen.

Wir leben also in einer wertelosen Funktions-Gesellschaft. Dazu zählt auch die Konsumfunktion (hast du was, dann bist du was).

Europa braucht Konzepte – Made in Europe

Was rettet die „Deutschland und Europa AG“? Der Weg zurück zur Weltspitze führt über eine geistige Erneuerung, ein „euromentales Reengineering“, einen revolutionären Bewußtseinswandel zu Hochleistungsteams und sich selbst steuernden Unternehmer-Unternehmen. Für eine Politik der kleinen Schritte ist es längst zu spät. Das Kopieren von amerikanischen und japanischen Konzepten führt zu vielen Euro-Flops. Die „Euro AG“ muß nicht die Hochburg des konzeptionellen Tiefschlafs bleiben und immer nur nach den USA und Japan schielen. Wir brauchen dringend einen hausgemachten, euromentalen Qualitäts- und Quantensprung

- von Flickwerk zu Netzwerk,
- von Killership zu Leadership,
- von USA-Business- zu Euro-Life-Reengineering.

Es ist der Geist, der die Welt bewegt, abendländisch-olympischer Kampf-, Pionier-, Team-, Dichter-, Denker-, Erfinder- und Unternehmer-Geist. Wie der naturfremde Kommunismus sich selbst zerstörte, so kann auch der egokranke Kapitalismus durch Arbeitslosigkeit, Sozialchaos, Naturzerstörung, Nationalkonflikte, Gewaltspiralen, Radikalisierung und Balkanisierung zusammenbrechen. Dies wäre ein hoher Preis für Leadership-Defizit. Einseitige Ego- und Machtleader sind oft nur die größten Ideen-, Werte-, Gewissens-, Job-, Firmen- und Zukunfts-Killer.

Europa braucht eine totale Wende vom Geld- zum Geistkapital-Management

Verspätetes Lean- und verzweifeltes Harakiri-Management (made in Japan) oder Business Reengineering (made in USA) werden für Deutschland und Europa meist Halbheiten und Fehlprogrammierungen in die Zukunft. Europa muß auf der Basis seiner eigenen Mentalität, Denk- und Erfolgskultur seine kreativen Selbstheilungskräfte und Erfolspotentiale mobilisieren. Europa braucht eine Leader-Elite mit Visionen, neuen Ideen, neuen Business- und Life-Leadership-Konzepten und rasch umsetzbaren Quantensprung-Handlungskonzepten für innovative Überlegenheit im Markt. Vom linear-ineffizienten Geldkapital-Management mit schlechten Gewinnen zu hochkarätigen Geistkapital-Leadershipkonzepten mit simultaner materieller und mentaler Gewinnmaximierung. Europa muß wie Japan und die Asientiger seine ureigene Mentalstärke mobilisieren und in Marktstärke ummünzen.

Das Geistkapital von Menschen und Firmen ist die einzige Ressource ohne Grenzen. 60–80 Prozent des kreativen Potentials liegen infolge des einseitigen, materiellen Management-Ansatzes von gestern brach. Es gibt zu viel Flickwerk und zu wenig Netzwerk. Mental-Leadership macht Geistkapital hocheffizient und Geldkapital hochrentabel. Mentalstärke von Menschen und Firmen führt durch ganzheitliche Gewinn- und Sinnmaximierung zur Marktstärke. Linear-materielles Erfolgsmanagement kuriert an den materiellen Symptomen und beseitigt die Probleme nicht an den mentalen Wurzeln. Das Resultat ist die übliche Gewinnminimierung. Ganze Familien, Firmen, Konzerne und Staaten geraten durch destruktives Ego-Powerplay und durch Emotionalisierung der Probleme in die Abwärtsspirale. Für eine Wende in die mentale und dann in die materielle Aufwärtsspirale braucht es eine kritische Leadership-Klasse. Wenn in einem holographischen Quantenfeld sich das Leader-Bewußtsein in allen Führungsebenen durch Vorbildfunktion verändert, verändert sich nach dem Resonanzgesetz das ganze morphogenetische, kollektive Bewußtseins-Feld wie in einem Magnetfeld automatisch mit. Das Mentale bestimmt das Materielle, das Unsichtbare das Sichtbare. Der Kampf um die materiellen Märkte findet mental in den Köpfen der externen und internen Kunden statt.

Die Mentalstärke bestimmt 50 Prozent, die Marktstärke 30 Prozent, die Systemstärke 15 Prozent und die Finanzstärke 5 Prozent des Gesamterfolgs von Menschen, Verkäufern, Leadern und Firmen. Markt- und Mentalstärke allein programmieren 80 Prozent des Erfolgs in allen Bereichen und Ebenen. Die gleichen Zahlen gelten für die Markt-, Mental-, System- und Finanzprozesse.

Mental- und Marktstärke zusammen programmieren somit 80 Prozent des Gesamterfolgs. Die Marktstärke folgt der Mentalstärke. Die Mentalstärke ist aber mangels Mentalmanagement am meisten unterentwickelt. Durch Vernetzen von Markt- und Mentalmanagement, durch einen Fokus auf Geist statt auf Geld (Kosten, Controlling, Abmagerung) lassen sich die größten Reserven aller Zeiten mobilisieren. Die mentalen Erfolgsparameter, die mentalstrategischen Wettbewebsvorteile durch Leadership sind das Erfolgsgeheimnis der Zukunft. Sie bringen eine Wende vom mentalen Flickwerk mit Insellösungen, Symptomkuren, Teiloptimierungen zum mentalen Erfolgsnetzwerk mit ständigen Verbesserungs- und Quantensprung-Prozessen durchgängig durch die Selbst- und Lcrnorganisation.

Gesunder Geist in einer gesunden Markt- und Mentalwirtschaft

Der Bundeswirtschaftsminister hat die Krankheit richtig diagnostiert. Nach ihm steht Deutschland vor drei kardinalen Kernproblemen:

- verlorene technologische Spitzenposition,
- 20–30 Prozent zu hohe Produktionskosten,
- Über(maß)regulierung von Wirtschaft und Gesellschaft.

Kohl fordert die Bereitschaft zum Wandel, um die Zukunft zu sichern. Die Umsetzung von Forschungsergebnissen in marktfähige Produkte habe die Industrie verschlafen. Wandlungsfähigkeit sei noch wichtiger als Kosten und Steuern. Altes Denken müsse überprüft und neue Prioritäten in Wirtschaft und Gesellschaft müßten gesetzt werden. Strukturprobleme wären in Deutschland zu lange verdrängt und wichtige Reformen Jahrzehnte verschleppt worden (leider allerdings auch von Kohl selbst). Rexrodt forderte ein neues Vertrauen in unsere eigene Leistungsfähigkeit anstelle einer Mentalität, die Zukunftssicherung mit staatlicher Fürsorge, allumfassenden Regelsystemen und Schutzzäunen nach innen und außen verwechselt. Die Verteilungsmaschine habe die Menschen nicht zufriedener gemacht, sondern trotz aller Wohltaten Staatsverdrossenheit geschürt. Eine späte Erkenntnis der Tatsache, daß Mentalmanagement wichtiger ist als Geldmanagement. Die Polit-Leader ernten nur, was sie bei der Wählermasse selbst lange vorher gesät haben. Die Leader und die Follower sind ein gegenseitiger Bewußtseins-Spiegel. Wie oben so unten.

Aus der Krise führen nur zwei Wege, nämlich der weiter in die Abwärtsspirale (Verzicht auf Lebensstandard, Lohnniveau) oder der turnaround in die Aufwärtsspirale (geistiges Wachstum, technischer Fortschritt, Hochtechnologie, Produkt-Innovation, hoher Lebensstandard).

Da Märkte, Menschen und Unternehmen die drei Säulen allen Erfolges sind, muß die Erfolgsdiagnose und Erfolgstherapie auch dreifach sein. Europa muß auf der Basis seiner eigenen Geistes-

und Erfolgskultur seine kreativen Selbstheilungskräfte und Erfolgspotentiale mobilisieren. Es gibt kein Gesetz, daß alle Innovationen immer wieder aus den USA oder Japan kommen müssen. In einem von mir besuchten Harvard-Seminar in Boston behauptete ein Professor: „Europe doesn't think." Sicher trifft das auch in vielen Fällen für die USA zu. Dies beweisen zum Beispiel die früher kurzfristig gewinnorientierten Automobil-Dinosaurier oder IBM. Morita sagte sinngemäß ironisch, daß die Amerikaner nur zehn Tage im voraus denken, die Japaner zehn Jahre. Die Weltbühne ist in schnellem Wandel, und auch die Japaner haben heute ihre Probleme.

Rascher Wandel als fundamentale Naturkonstante

Die radikalen Veränderungen von Menschen, Märkten und Unternehmen (Globalisierung der Märkte, neue Märkte, weltweite Konkurrenz, Tempo, interne und externe Netzwerk-Computertechnologie, Hierarchieabbau, Fließ-Organisation, Leanmanagement, Virtuelles Management, Prozeß-Management, Prozeß-Reengineering, Produktivitäts-Sprünge, Wissens-Management, High tech-Kommunikation, Wissenswirtschaft, Mentalwirtschaft, soziale Belastung) verändern sich immer schneller. Die Achillesferse ist dabei der Mensch, der sich grundsätzlich nicht oder nur unter hohem Leidensdruck verändern will. Materielle Veränderungsprozesse auf Kosten des Menschen müssen immer wieder scheitern oder in Halbheiten steckenbleiben. Gegen die Menschen ist auf Dauer auch Reengineering nicht mit Erfolg durchzusetzen. Zumal bis zu 80 Prozent der Jobs total neu verteilt werden. Jahrzehntelang wurde den Mitarbeitern Befehlen und Gehorchen eingetrichtert. Kritisches Mitdenken war existenzgefährdend. Jetzt soll wiederum auf Befehl von oben kreative Mitverantwortung programmiert werden, bloß weil die Bosse vor dem Ruin stehen. Dies schafft natürlich Blockaden und passiven Widerstand. Das amerikanische Prozeß-Reengineering spielt sich überwiegend auf der materiellen Wirkungsebene ab. Die alles entscheidenden Prozesse aber liegen auf der psychomentalen Verursachungsebene. Von dort werden Veränderungen gefördert, bewußt oder unbewußt blockiert. Natürlich beziehen die Amerikaner auch mentale Einstellungen und Verhalten mit ein, aber in der befehlenden, oberflächlichen „Hire and Fire-Mentalität“ von gestern mehr als Restgröße und nicht als Bestimmungsgröße. Es geht eiskalt ums Geld und nicht um Menschen. Das Unternehmen ist nicht für den Menschen da, sondern das Menschenmaterial für das Unternehmen. Der kleine Mann fühlt sich im harten Kampf ums Dasein als Opfer, weil er oft genug geopfert oder durch Maschinen ersetzt wird. Wie es den wechselnden Göttern beliebt. Der Mann auf der Straße zahlt die Rechnung für das Miß-Management der Bosse.

Der abendländisch-europäische Geist sieht den Geist, nicht das Geld im Zentrum des Erfolgs. Der Mensch lernt nicht für die Schule und das Unternehmen, sondern für das Leben, für Life-Leadership. Euromentales Reengineering steuert deshalb materielles Reengineering. Mind over matter, Geistkapital steuert Geldkapital, Teamspirit produziert Teamprofit. Das ist letztlich effizienter, weil ohne seriöse mentale Transformation die materielle Transformation nicht funktionieren kann. Sie bleibt auf der Strecke und wird unterminiert durch Reibungs-, Zeit- und Energieverluste. Wenn man die Rechnung und das Reengineering ohne den Wirt macht, zahlt man zum Schluß drauf. Der schnelle Wandel trifft heute alle, oben wie unten, unvorbereitet. Deshalb müssen alle die Chance bekommen, sich mental und materiell auf das Neue innovativ einzustellen.

Wie wichtig dies ist, zeigt die Lebenserkenntnis von Ludwig Erhard, dem Vater der Marktwirtschaft. Er sagte, es wäre sein größter Irrtum gewesen, zu glauben, daß die Deutschen mit wirtschaftlichem Erfolg zugleich friedlicher, zufriedener und glücklicher würden. Nach den negativen Erfahrungen der Ostdeutschen mit der freien Marktwirtschaft befürworten heute laut Professor Noelle-Neumann 50 Prozent einen dritten Weg zwischen Marktwirtschaft und Sozialismus. Dies ist eine gefährliche Mentalmischung für explosiven Stoff.

Materielle Kräfte mobilisieren heute negativ-mentale Kollektivkräfte in Familien und sozialen Systemen. Die Wohlstandsspirale programmiert die Gleichgültigkeits-, Zerfalls- und Gewaltspirale bei jung und alt in Köpfen und Fäusten. Die harte Ego-, Leistungs-, Konkurrenz- und Überlebens-, Konsum-, Alkohol- und Drogengesellschaft lädt die Sozialgesellschaft mit destruktiven Schatten-Energien negativ auf. Die individuelle und kollektive „balance of powers“ zwischen Ego und Selbst gerät aus den Fugen. Aggression sucht ein verbales, mentales oder physisches Ventil für gestauten Ärger und Frustration. Die Eskalations-Prozesse können sich rasch oder langsam aufschaukeln. Das satanische Ego übernimmt die totale Steuerung der Kettenreaktion von Provokation bis zum totalen Krieg. Der Mensch ist im Akt der Gewalt außer sich, außer Kontrolle. Ein in früher Kindheit programmierter Verhaltenscode sorgt für negative Verstärkung und Schubkraft. Von dem Egomechanismus durch Kernspaltung hat die hilflose Schulpsychologie kaum eine Ahnung. Ego-Autorität dominiert Selbst-Humanität. Die Gewalt in den Medien killt alle positiven Leitwerte und mobilisiert latente Gewaltbereitschaft. Werte- und Autoritätsverfall, Sozialkälte, Orientierunslosigkeit, Kopflosigkeit, Sinnkrise, seelisches Vakuum, Aggression, Korruption, Kriminalität, Brutalität, Kriegsmentalität, Angst, Killership wird zur Alltagserscheinung. Die angekündigte geistige-moralische Wende zum Beispiel von Kohl und Major wurden zur Euro-Farce. Eine High tech-Zivilisation ohne Gewissen, Moral, Tabus, Altruismus, Kooperation, Sinn und Vision stirbt den menschlichen Wärmetod und fällt in ein biologisches und mental-schwarzes Loch.

Virtuelles Leadership Szenario 2000 erfahrener Finanzberater

Was ist erst, wenn alles noch viel schlimmer als bisher kommen könnte? Was muß vielleicht noch alles passieren, damit die Menschen und Leader aus dem materialisierten Wohlstandstraum der Vergangenheit aufwachen?

Szenariotechnik hatte in den letzten Jahren Hochkonjunktur. In fast allen Szenarien fehlte aber der Fall der Mauer und der Zusammenbruch des Kommunismus. Zu viele Szenarien wurden rational und linear-strategisch vom Kopf erstellt. Die Intuition als Radar oder der unternehmerische Riecher funktioniert längst nicht mehr. Ersatzweise müssen Kreativitätstechniken herhalten, die nur Krücken sind. In Szenarien soll das Denkbare und das Undenkbare, das Mögliche und das Unmögliche gedanklich vorprogrammiert werden. Der Fall der Mauer und des Kommunismus, der Aufstieg der Japaner und Asiaten, ihr weltweiter Erfolg in Schlüsselbereichen galt viele Jahre als unmöglich. Zu allen Zeiten wurden fundamentale neue Erkenntnisse zuerst verlacht, verteufelt, verdrängt. Die Fehlermuster von Arroganz und Ignoranz wiederholen sich bei Menschen (auch Wissenschaftlern), Firmen und Staaten immer wieder. Aus Angst vor Neuem nichts lernen zu wollen, ist auch ein zementiertes Denk- und Verhaltensmuster zur Sicherung der eigenen Festung.

Dies gilt auch für Prognosen weltbekannter Finanzberater und Wissenschaftler für das virtuelle Szenario an der Jahrtausendwende. Folgendes Denkbare und Undenkbare wird für möglich gehalten:

- immer mehr weltweite Erdbeben und Überschwemmungen,
- Klimawechsel, Naturkatastrophen, radioaktive Verseuchung,
- immer mehr Nationalkonflikte und Flüchtlingsströme,
- wachsende Korruptions- und Gewaltspirale, Kleinkriege,
- Flüchtlingswellen aus dem Osten in den Westen,
- radioaktive Verseuchung durch Reaktor-Unfälle,
- Zusammenbruch der Währungssysteme wegen weltweiter und verantwortungsloser Überschuldung,
- Zusammenbruch des linearen, platten und korrupten Geld-Kapitalismus durch egogesteuerte Selbstzerstörung infolge eines immer primitiveren Wertsystems und weltweiter Antimoral; politisches Chaos; Konflikte durch immer neue Aufsplitterung von Ländern,
- 1995–99 stark zunehmende Naturkatastrophen mit Dürren, Krankheiten und Hungersnöten, Zusammenbruch der Börsen

und der Wohlstandsgesellschaft, weltweite Bankenkrise; neuer Goldstandard; USA-Big Brother verschwindet,

- Reinigungsprozesse auf dem Planeten in ungeahntem Ausmaße zur Sicherung seines Überlebens; die Natur rächt sich; Zusammenbruch der religiösen Machtsysteme zugunsten einer universellen Bruderschafts-Philosophie; Bewußtseins-Quantensprung der Rest-Menschheit aus der spirituellen Abwärtsspirale; geistige Erneuerung für eine neue Evolution zu höherer Lebensqualität nach der Jahrtausendwende; globaler Friede nach 2000.

Unabhängig davon, wieviele von diesen Voraussagen eintreffen – in jedem Fall braucht die Welt mehr Leadership und weniger Killership. Eine höhere Bewußtseins-Qualität der Leader und ihrer Follower ist „conditio sine qua non" für höhere Leistungs- und Lebensqualität.

Nicht alle Krisen lassen sich mit Kopf, Bauch und Herz vorausschauend und rechtzeitig einschätzen. Dennoch kann der größte Teil kurzfristiger Krisen und Chaos-Szenen durch schnelle Information, flexible Planung und mentale Flexibilität relativ gut gemeistert werden. Besser zu sein als bisher oder als die Konkurrenz, genügt schon. – „Wer immer strebend sich bemüht, den können wir erlösen", so der alte, weise Frankfurter Goethe.

John F. Kennedy – Appell an die Völker:

„Miteinander werden wir unsere Erde retten oder miteinander in den Flammen ihres Brandes umkommen. Aber retten können und retten müsssen wir sie, und damit werden wir uns den ewigen Dank der Menschheit verdienen und als Friedensstifter den ewigen Segen Gottes."

2. Teil

Das naturwissenschaftlich-revolutionäre Weltbild

Ob in Physik, Chemie oder Mathematik – große Ereignisse werfen ihre Schatten voraus. Franz Moser, Peter Plichta, Edgar Kaucher, Jules Muheim und Gertje Lathan sind innovative Naturwissenschaftler, deren Forschungsergebnisse alle eines gemeinsam haben: Sie kündigen paradigmatische Veränderungen an. Ihre Untersuchungen sind jedoch nicht nur für die Naturwissenschaften von Bedeutung. Ihre Kernaussagen zu kennen, ist unerläßlich für alle Manager, die in Zukunft an der Spitze sein wollen: Die Zeit der „Fachidioten“ ist vorbei, das neue, revolutionäre Weltbild verlangt Interdisziplinarität!

Franz Moser, Jahrgang 1928, studierte an der Technischen Hochschule in Graz und an der Princeton University, USA, technische Chemie. Bei der Krauss-Maffei AG in Deutschland und in den Niederlanden bei der Shell AG war Moser aktiv tätig. Seit 1966 ist er Professor für Grundlagen der Verfahrenstechnik an der Technischen Universität in Graz. Neben wissenschaftlichen Arbeiten an praktischen Problemen der Abwassertechnik und Wärmepumpen widmet er sich in der jüngsten Zeit Themen einer zukünftigen, nachhaltigen Technik und Gesellschaft (sustainable development).

Weltbild und Selbstorganisation im Management

von Franz Moser

Wer mit falschen Landkarten ins Gebirge geht, wird sich verirren. Wer mit einem falschen Weltbild Probleme der Wirtschaft oder der Politik zu lösen versucht, wird Schiffbruch erleiden. Wir stehen heute vor den Trümmern einer Welt, die durch Agieren der Verantwortlichen – auf welcher Ebene auch immer – auf Basis einer obsoleten Weltsicht zerstört wurde. Josef II., Kaiser von Österreich, schrieb einige Jahre vor der französischen Revolution seiner Schwester Marie Antoinette, der Königin von Frankreich, sinngemäß folgendes: Wenn ihr die Revolution nicht zu vermeiden versteht, wird sie furchtbar sein. Das war vor ca. 200 Jahren. Ähnliches kann man heute sagen: Wenn wir es nicht verstehen, die ökologische oder die ökonomische Katastrophe zu vermeiden – dann wird sie furchtbar sein. Aber stimmen diese Hiobs-Botschaften? Ist das nicht alles übertriebener Pessimismus? Wer hört denn auf solche negativen Voraussagen? Es geht uns doch noch gut, und bald wird es uns wieder besser gehen, sagen die „Optimisten". Der wirtschaftliche Aufschwung steht vor der Türe. Der vorliegende Beitrag befaßt sich mit diesen Fragen. Die Prämissen unserer Ausführungen seien zu Beginn kurz genannt:

Das heute vorherrschende Weltbild, dem die Mehrheit der Menschen folgt, ist wissenschaftlich überholt. Die wesentlichen Grundzüge unseres heute vorherrschenden Weltbildes stammen aus der Zeit vor der französischen Revolution. Isaak Newton, einer der wesentlichen Begründer unseres Weltbildes, lebte von 1643 bis 1727,

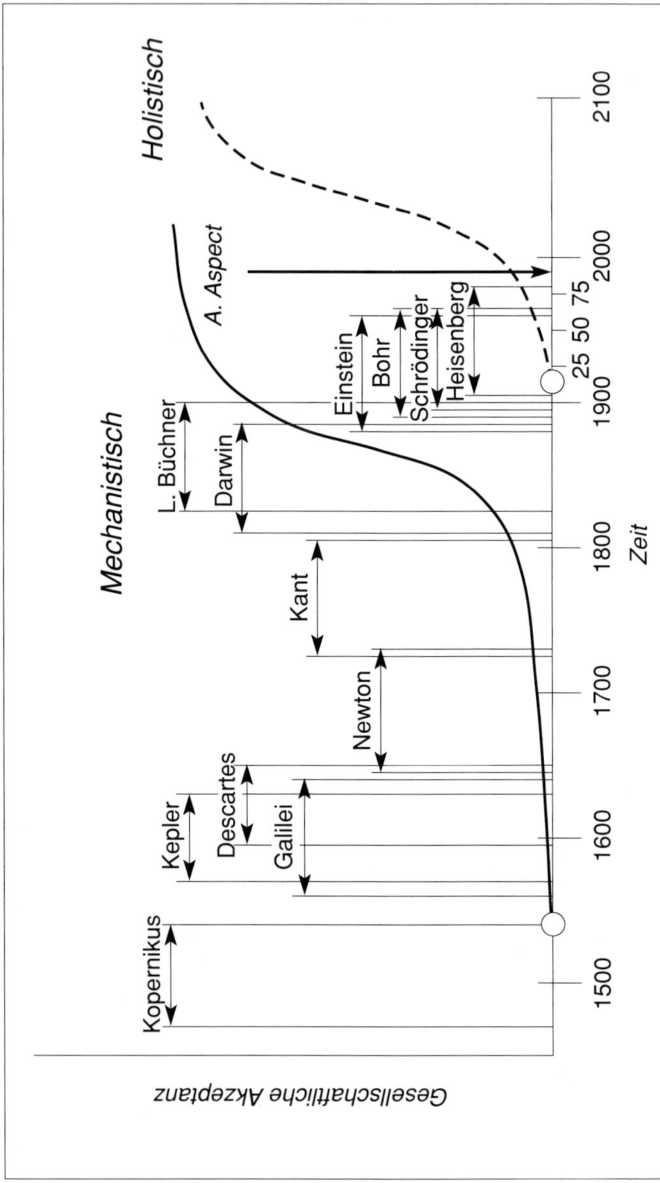

Abbildung 1: Zeitablauf der Paradigmen

Adam Smith, der Urvater der kapitalistischen Wirtschaftstheorie, von 1723 bis 1790 und Charles Darwin, von dem unser Menschenbild wesentlich geprägt wurde, von 1809 bis 1882. Man kann daher sagen: Wir stehen am Ende des naturwissenschaftlichen Zeitalters, des mechanistischen Paradigmas und am Beginn eines neuen Zeitalters, das man ganzheitlich oder holistisch nennen kann (vgl. Abbildung 1). Jeder geschichtliche Umbruch, von welcher Dimension auch immer, ist mit einer Chaos-Situation, mit Krisen, Revolutionen und Kriegen verbunden. Das weiß man aus der Geschichte. Es wird aber neuerdings durch die Theorie der Selbstorganisation, auf die noch eingegangen wird, auch wissenschaftlich bestätigt. Der bevorstehende Zusammenbruch der Ökonomie und/oder der Ökologie ist die notwendige Folge dieses überholten Weltbildes.

Diesen Zusammenbruch, der einer Katastrophe gleichen wird, wird nur überleben – und zwar als Unternehmung, Organisation, Staat, Nation etc. – wer sich frühzeitig dem neuen Denken öffnet. Nur so kann die zur Lösung der anstehenden Probleme notwendige Problemlösungskapazität wiedergewonnen werden. Nur so kann eine neue, bessere Landkarte erstellt werden.

Diese neue Landkarte gibt eine vollkommen neue Realitätssicht, ein neues Verständnis vom Sinn des Daseins, eben weil sich unser Bild von der Welt geändert hat. Dieses Wissen von der Welt enthält wesentlich mehr als bisher. Es eröffnet uns einen neuen Zugang zu einem mystisch-magischen Verständnis der Welt, das uns heute unglaublich und irrational erscheint. Die Geschichte der Wissenschaft aber zeigt uns, daß das Neue immer irrational schien. So urteilte Luther über die Erkenntnisse des Kopernikus wie folgt: „Dieser Narr will uns glauben machen, die Erde bewege sich um die Sonne, wo jeder von uns doch selbst feststellen kann, daß es umgekehrt ist. Solches Wissen ist gefährlich." Ähnlich ist es auch heute. Wenn man die Geschichte der Menschen studiert, wenn man die Geschichte der Wissenschaften studiert, wenn man die Psyche, die psychologische Entwicklung eines Menschen studiert, dann weiß man,

- daß der Mensch im Grunde ängstlich, konservativ und vorsichtig ist und auch sein muß,
- daß diese Ängstlichkeit ihn hindert, sich neuem Denken zuzuwenden,
- daß neues Denken schon immer skeptisch abgelehnt wurde,
- daß es dem Menschen daher schwerfällt oder sogar unmöglich ist, im Laufe eines Lebens völlig neue Denkstrukturen (etwa ein neues Welt- und Menschbild) anzunehmen.

Zwei Beispiele mögen genügen um diese Positionen zu verdeutlichen: Der Wissenschaftstheoretiker und -historiker Thomas S. Kuhn, Professor in Princeton und am Massachussets Institute of Technology (MIT) in den USA, folgert auf Grund seiner Studien über die Annahme eines neuen Paradigmas durch die Wissenschaften sinngemäß: „Die Vertreter des alten Paradigmas müssen aussterben, bevor ein neues Paradigma angenommen werden kann.“ (Kuhn 1975, S. 155–169) Daher gilt für Politiker, Philosophen und die Menschen ganz allgemein, daß wir uns einem radikal neuen Denken im Normalfall nicht zu öffnen vermögen. Paul Kennedy, Historiker an der Universität Yale, kommt daher am Ende seines Bestsellers „In Vorbereitung auf das 21. Jahrhundert“ (Kennedy 1992, S. 417–442) allgemein formuliert zu folgenden Schlüssen:

- Wenn wir so weitermachen wie bisher („business as usual“) ist eine Katastrophe kaum zu vermeiden.
- Wenn wir nichts tun, also an der Situation verzweifeln, können wir die Katastrophe auch nicht abwenden.
- Um die Katastrophe abzuwenden bedarf es einer radikalen, drastischen Änderung unseres Denkens, der Politik, der Wirtschaft etc. Diese drastische Änderung ist aber politisch nicht durchsetzbar.

Wir müssen also folgern: Jede Änderung eines Weltbildes gleicht einer ganz schweren Geburt. Was also können wir angesichts dieser Situation und falls wir bereit sind, sie ernst zu nehmen, konkret tun? Folgendes wird vorgeschlagen:

1. Um neue Problemlösungskapazität, persönliche, politische, ökonomische, wieder zu gewinnen, muß man sich vorerst über die Situation informieren, das heißt folgende Fragen beantworten:
   - In welcher Situation sind wir?
   - Woher kommen wir?
   - Wohin geht die Entwicklung?
2. Sich informieren bedeutet auch, sich mit dem neuen Denken, dem neuen Welt- und Menschenbild bekannt zu machen.
3. Da man nicht erwarten kann, daß dieses neue Denken sich in kurzer Zeit allgemein in der Welt durchsetzen wird, sollte man bei sich selbst beginnen und dann versuchen, sich in seiner Familie, in seinem Unternehmen usw. mit diesem neuen Denken einzubringen. Zu warten, bis alle sich dem neuen Denken öffnen, würde bedeuten, daß man immer auf den anderen wartet, bevor man bei sich mit Veränderungen beginnt. Im folgenden werden also einige der Grundprinzipien des neuen Denkens, das neue Welt- und Menschenbild, in Kurzform vorgestellt. (Eine ausführlichere Darstellung findet man bei Moser 1989 und 1991.)

Der Übergang vom alten zum neuen Denken

Das alte Denken – der Darwinismus

Die Grundfragen menschlichen Handelns sind: Wozu leben wir? Woher kommen wir? Wohin gehen wir? Worin liegt der Sinn unseres Daseins? Die Antworten, die das alte wissenschaftliche Paradigma uns gibt, sind eindeutig und klar.

Der französische Biologe und Nobelpreisträger Jaques Monod (1910–1976) faßt am Ende seines berühmten Buches „Zufall und Notwendigkeit – Philosophische Grundfragen der modernen Biologie“ (Monod 1971) seine „Ethik der wissenschaftlichen Erkenntnis“ über die Entstehung des Lebens und des Menschen folgendermaßen zusammen:

„Der alte Bund [zwischen Gott und dem Menschen] ist zerbrochen; der Mensch weiß endlich, daß er in der teilnahmslosen Unermeßlichkeit des Universums allein ist, aus der er zufällig hervortrat. Nicht nur sein Los, auch seine Pflicht steht nirgendwo geschrieben. Es ist an ihm, zwischen dem Reich [des Guten] oder der Finsternis [des Bösen] zu wählen."

Was folgt daraus für den Sinn unseres Handelns? Ganz einfach: Es gibt keinen Sinn außer jenem, den wir unserem Tun selbst geben. Ein Verbrecher, ein Mörder zu sein ist aus dieser Sicht ebenso gut oder schlecht wie ein Menschenfreund zu sein. Nirgendwo steht unser Los oder unsere Pflicht geschrieben. Die optimale Begehrensbefriedigung ist dann das oberste Ziel der Moral, wie es der Philosoph Viktor Kraft (1888–1975), Neopositivist des Wiener Kreises, formuliert. Das ist heute die „offizielle", das heißt an den Universitäten gelehrte, Moraltheorie. Wen wundert es dann, wenn die Welt so ist, wie sie ist?

Wen wundert es, daß das Leben, Darwin folgend, als ein „Kampf ums Dasein" gesehen wird, wo jeder gegen jeden steht, wo das „Überleben der Tüchtigsten", das heißt der Brutalsten, als Maxime gesehen wird und das Leben – mit gewissen Einschränkungen – nach diesen Grundsätzen abläuft? So ist unser heutiges Denken, das sind die vorherrschenden Denkweisen.

Wichtig für diese alte Denkweise ist auch noch das Folgende. Wenn wir uns fragen, leben wir nach einem Gesetz oder sind wir in unserem Handeln frei?, dann kann man nach dem mechanistischen Paradigma nur die Antwort bekommen: Der Mensch ist völlig frei in seinem Handeln. Nirgendwo gibt es ein Gesetz, das er befolgen sollte. „Der Mensch selbst ist das Maß aller Dinge", schrieben schon die griechischen Sophisten.

Daraus resultiert die Verwirrung über Werte, über Moral, über Ethik, die wir in allen Bereichen feststellen. Viele reden heute über Ethik – in der Wissenschaft, in der Politik, in der Wirtschaft. Aber keiner sagt, welche Ethik er meint. Es gibt eine Vielzahl von Ansichten und daher auch eine Vielzahl von Ethiken. Die Ethik des Genusses, der optimalen Begehrensbefriedigung gilt ebenso wie jede andere. Daraus resultiert die Verwirrung, die Walter Zimmerli, ein Schweizer Philosoph, treffend charakterisiert, wenn er schreibt: Wir sind uns heute in bezug auf Werte nur mehr darüber einig, daß wir uns über nichts mehr einig sind (Zimmerli 1983, sinngemäße Wiedergabe). Jede Ethik ist möglich. Der Beliebigkeit des Tuns ist Tür und Tor geöffnet. Die Folgen sind offensichtlich.

Das neue Denken – die wissenschaftliche Basis

Falls die Welt nach einem alles übergreifenden Gesetz organisiert wäre – wie könnten wir das erkennen? Falls wir tatsächlich in unserem Handeln frei wären, aber die Folgen alles Denkens, Fühlens und Handelns tragen müßten, wie könnten wir das erkennen?

Die Ansicht, daß wir nach einem alles umfassenden Gesetz – einem *Universal-Gesetz* – leben, läßt sich nicht beweisen. Man kann es nur erfahren, man kann es erfühlen, intuitiv erfassen oder auch logisch argumentieren. Aber: Welcher Mensch kann die ganze Komplexität der Welt begreifen, kann begreifen, daß es ein Gesetz gibt, daß wir eingebunden sind in ein Dasein mit unendlich vielen Facetten in einer unfaßbar unendlich-endlichen Welt? Einen Schimmer dieser unfaßbaren Welt vermittelt uns die moderne Wissenschaft durch die Quantentheorie, durch die Chaostheorie, durch die Theorie der Selbstorganisation und die Erkenntnisse der Parapsychologie. Jedes dieser Wissensgebiete trägt eine wesentliche Komponente zur neuen Weltsicht bei (vgl. Moser 1989). Die Unmöglichkeit einer vollständigen Erkenntnis der Welt – unser Wissen um sie steht im Gegensatz zur Ansicht der Positivisten, die meinten, die Welt sei eben genauso, wie wir sie verstehen und mathematisch erfassen könnten – gipfelt im *Erkenntnis*-Paradoxon. Dieses lautet (vgl. Moser 1989):

1. Teil: Die Welt ist und bleibt dem Menschen vom Prinzip her auf immer unverständlich.

2. Teil: Trotzdem muß der Mensch sich immer um ein Verständnis der Welt bemühen, weil er sonst in dieser nicht überleben kann.

Wenn wir unter dieser Voraussetzung nach dem Sinn des Daseins im neuen Weltbild fragen, dann folgt dieser aus den genannten Theorien. Man kann sie thesenartig wie folgt zusammenfassen:

1. Die Quantenmechanik beweist die Einheit der Welt, das heißt die netzartige Verbundenheit allen Seins.

2. Die Welt besteht aus einem Ineinander von zwei Welten – einer biologischen Wirklichkeit, dem sogenannten „Diesseits", und einer zeitlosen Energie-Bewußtseins-Realität, dem sogenannten „Jenseits". Diese Weltsicht folgt zwingend aus den theoretischen und empirischen Ergebnissen der Quantentheorie, konkret aus dem Experiment von Alain Aspect (vgl. Moser 1989).

   Wolfgang Stegmüller, ein zeitgenössischer Philosoph, schreibt dazu sinngemäß (vgl. Stegmüller 1984, S. 26): Zum erstenmal in der Geschichte der Menschheit kann der jahrtausendealte Streit, ob die Welt ihren Ursprung in der Materie oder im Geiste (Bewußtsein) habe, empirisch entschieden werden. Es folgt ohne Zweifel, daß die Idealisten, die als Ursprung der Welt den Geist annehmen, recht haben und die Realisten unrecht. Damit ist aber auch die Existenz einer metaphysischen Jenseits-Welt experimentell bewiesen.

3. Der Mensch als Energie-Bewußtseinsmonade lebt immer gleichzeitig, ob er das weiß oder nicht, in beiden Welten. Er ist von seinem Geist und der Seele her, ein zeitloses, das heißt ewiges Geschöpf.

4. Der Mensch als Energie-Bewußtseinsmonade entwickelt sich, wie alles Leben, wie alles Sein, den Selbstorganisationseigenschaften des Seins folgend. Daraus folgt: Der Mensch schafft sich sein Schicksal selbst. Er ist eine unvergängliche, zeitlose Energie-Bewußtseins-Einheit, die sich in zahllosen Inkarnationen von einem Tierwesen zu einem Geistwesen entwickeln muß.

5. Es gibt keinen Zufall, weil wir in einer zeitlosen, das heißt ewigen Dimension des Seins existieren.

Demzufolge ist der Sinn des menschlichen Daseins die selbstorganisierte Entwicklung seines Bewußtseins von dem eines unwissenden Tierwesens ohne freien Willen, zu dem eines geistvollen Menschenwesens, das sich in immer größerer Freiheit des Willens zu einem immer besseren Verständnis des *Universal-Gesetzes* durchringt.

Was also ist Selbstorganisation?

Nach dem mechanistischen Paradigma entsteht alles Leben durch den Zufall, durch die Mutation von Organismen, verursacht durch radioaktive Höhenstrahlung. Das ist die Essenz der Monodschen-Aussage, die Essenz einer darwinistisch geprägten Biologie.

Seit ca. 30 Jahren haben die Wissenschaftler eine andere Theorie der Entstehung des Lebens entwickelt. Es waren dies vor allem die Nobelpreisträger für Physikalische Chemie Manfred Eigen und Ilya Prigogine sowie die chilenischen Biologen Humberto Maturana und Francesco Varela. Eigen schreibt in seiner wichtigsten Arbeit sinngemäß: Leben ist eine inhärente Eigenschaft der Materie. (vgl. Eigen 1971) Anders formuliert: Die Materie hat die Eigenschaft, sich selbstorganisierend von einfachen zu immer komplexeren Molekülen aufbauen zu können. Schließlich entstehen dann lebende Molekülkomplexe wie zum Beispiel Viren.

Der erkenntnistheoretische Unterschied zur Annahme, der Zufall sei für die Entstehung des Lebens verantwortlich, ist enorm. Denn auch die weitere Entwicklung von Organismen bis hin zum Menschen erfolgt dann eben auch in Selbstorganisation. Diese Erkenntnis wurde in ihren Grundzügen vor allem von Ilya Prigogine gewonnen (vgl. Prigogine 1980). Chemische Reaktionen und biologische Systeme an sich haben die Eigenschaft, sogenannte „dissipative Strukturen“ zu bilden, das heißt Strukturen, die völlig andere Ordnungszustände schaffen als vorher gegeben waren.

Aus einer niedrigeren Ordnung kann nach einer Übergangsphase, die einer Chaosphase entspricht, eine neue und höhere Ordnung

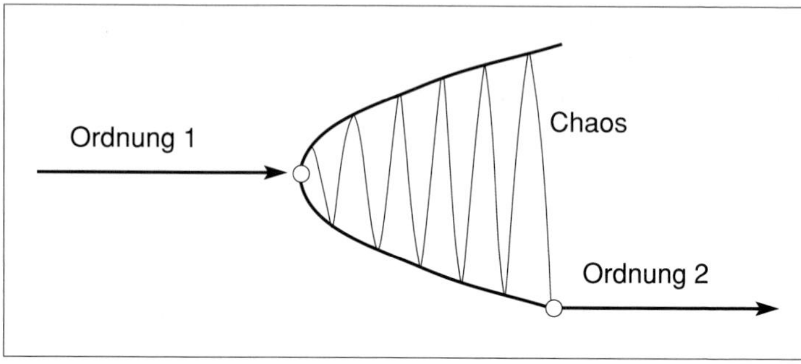

Abbildung 2: Theorie der Selbstorganisation

entstehen (vgl. Abbildung 2). Das aber ist völlig neu. Denn nach dem zweite Hauptsatz der Thermodynamik, den man fälschlicherweise auch auf chemische und biologische Systeme erweitert hatte, können sich Systeme nur von einem Ordnungszustand zu einem von niederer Ordnung – also zum Chaos hin – bewegen. Im Gegensatz dazu findet man heute: In der Evolution des Chemischen und Biologischen, der Psyche wie auch des Sozialen können durch Selbstorganisation neue höhere Ordnungsstrukturen entstehen.

Die beiden chilenischen Biologen Humberto Maturana (1985) und Francesco Varela (Maturana/Varela 1987) haben diese Theorie dann für biologische Systeme weiterentwickelt und wesentliche neue Gesichtspunkte eingebracht. Einige derselben seien nachstehend angeführt:

1. Lebende Systeme zeigen als wesentliches Merkmal die Autonomie.

2. Autonomie und Vielfalt, die Erhaltung der Art und der Ursprung aller Veränderungen der Art sind die grundlegenden Herausforderungen, die die Erscheinungswelt an uns stellt.

3. Lebende Systeme sind autopoietische (griechisch autos = selbst, poiein = machen) „Maschinen", die durch ihr Operieren fortwährend ihre eigene Organisation erzeugen.

4. Lebende Systeme werden durch ihre Organisation definiert, das heißt durch Relationen zwischen ihren Bestandteilen, und nicht durch die Eigenschaften der Bestandteile.

5. Es gibt eine allen lebenden Systemen gemeinsame Organisation.

Überraschenderweise ist die Theorie der Selbstorganisation nicht neu, sondern ältestes religiöses Gedankengut. Vor allem im Buddhismus findet man die klare Formulierung der Theorie in dem Satz: „Alle Wesen sind selbstgeschaffen und selbstschaffend.“ Aber auch in den anderen Hochreligionen, zum Beispiel im Christentum liegt die Betonung auf dem positiven Denken und dem „Hinter-sich-Lassen“ des Vergangenen. Es geht darum, uns von den Gefühlen der Schuld zu befreien und positiv in die Zukunft zu sehen. Auch so wirkt Selbstorganisation. Wir schaffen durch unser Denken, Fühlen und Tun die Welt, in der wir leben. Nicht sofort, nicht genau so wie wir möchten, weil es ja auch andere Einflüsse gibt, denen wir unterworfen sind.

Man kann damit die Evolution als die Entwicklung von Energie, oder von Bewußtsein zu immer größeren Graden von Komplexität sehen, wie Teilhard de Chardin (1881–1955) das tut (vgl. Abbildung 3).

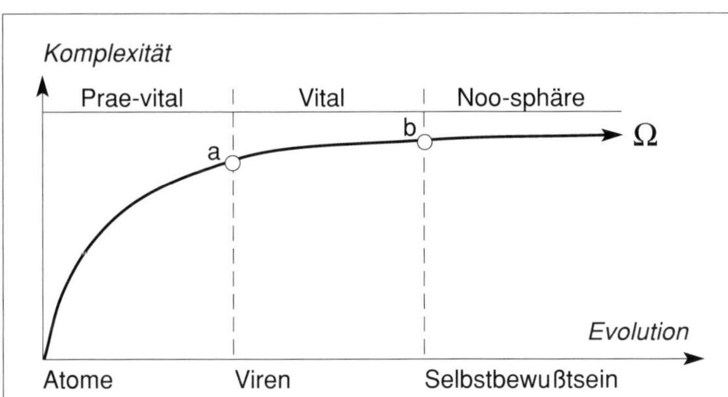

Abbildung 3: Teilhard de Chardin (1891–1955)

Am Punkt a der Abbildung 3 entsteht das, was wir mit „Leben" bezeichnen, am Punkt b das, was wir beim Menschen mit Selbstbewußtsein erkennen. Alles Sein aber ist die Entwicklung von Bewußtsein, definiert als eine Kombination von Energie und Information, zu einem harmonischen Idealzustand, den Teilhard de Chardin mit dem Punkt Omega, bezeichnet hat (vgl. de Chardin 1961). Der Sinn unseres Tuns, Denkens, Fühlens liegt in dieser Entwicklung des Bewußtseins.

Niklas Luhmann (1984) hat die Theorie der Selbstorganisation dann folgerichtig auf soziale Systeme erweitert. Wir erkennen also, daß diese Gesetze auf allen Ebenen des Seins gültig sind, nicht nur auf der chemisch-biologischen.

Und wie sieht das Universal-Gesetz aus?

Seit Menschengedenken beschäftigt den Menschen die Frage: Gibt es ein Gesetz nach dem wir leben, und wenn ja – wie sieht es aus? Welche Prinzipien, welche Grundsätze, welche Teile umfaßt es?

Ganz allgemein können wir sagen: Der Mensch wird dieses Gesetz niemals ganz erkennen, erfassen oder beweisen können. Trotzdem wird er – will er überleben – sich bemühen müssen, Teile davon, zumindest die Grundprinzipien, zu verstehen. Das folgt aus dem Erkenntnis-Paradoxon. Diesen Versuch unternimmt der Mensch seit prähistorischer Zeit mit wechselndem Einsatz und Erfolg.

Wir leben heute am Ende einer Epoche, die mit der Aufklärung im 17. Jahrhundert begann, und in der man sich von der Gewißheit einer Gesetzmöglichkeit immer weiter entfernte. Man versucht seit damals, mit den Möglichkeiten der Wissenschaften zu beweisen, daß es wohl Naturgesetze gibt, aber kein Universal-Gesetz, das etwa psychische oder geistige Gesetze miteinschließt.

Naturgesetze geben uns einen Erklärungsmechanismus, der aber eigentlich immer nur beschreibt was ist, und nicht erklärt, warum es ist. In diesen ist kein Verständnis des Ganzen nötig. Als der Mathematiker Laplace, der überzeugt war, die ganze Welt mit Hilfe der Mathematik beschreiben zu können, von Napoleon gefragt wurde, wo denn Gott in dieser Welt bliebe, antwortete er: „Dieser Hypothese bedarf es nicht mehr.“ Deshalb konnte Nietzsche dann auch sagen: „Gott ist tot.“ Mit dieser Ansicht leben wir bis heute.

Die Wissenschaften selbst aber führen uns jetzt aus dieser Verwirrung wieder heraus. Die Vorstellung eines Vater-Gottes als einer Überperson, wie ihn etwa Michelangelo in der Sixtinischen Kapelle gemalt hat, mag wohl überholt sein. Aber die Gottheit als ein „Gesetz“, eine alles umfassende Gesetzmäßigkeit – diese Sichtweise gewinnt auch und vor allem bei Wissenschaftlern, wie beispielsweise bei den Physikern Einstein, Heisenberg, Jordan, Heitler, C.F. von Weizsäcker, immer mehr an Bedeutung.

Die Quantentheorie, die uns die metaphysischen Dimensionen der Nicht-Zeit, des Nicht-Raumes und der Akausalität anzeigt, hat maßgebenden Anteil an dieser Neubesinnung. Dasselbe gilt für die Chaostheorie, die Theorie der Selbstorganisation und die Zahlentheorie.

Was kann man auf Basis dieser wissenschaftlichen Erkenntnisse über dieses Gesetz aussagen? In sehr vereinfachender Weise können wir sagen, daß alle Phänomene sich auf die Prinzipien von Zahl, Ordnung und Harmonie zurückführen lassen. In allen Bereichen der Welt finden wir diese Prinzipien enthalten, gleichgültig, ob sie von der Mathematik, der Physik, der Chemie oder der Biologie erforscht werden. Nur dort, wo der Mensch mit seinem freien Willen sich für oder gegen das Gesetz entscheiden kann, finden wir auch gewollte Unordnung und gewollte Disharmonie. Das Gesetz können wir, weil das Erkenntnis-Paradoxon gilt, nur in Analogien erkennen. Das Streben nach Erfüllung des Universalgesetzes aber ist der Sinn des menschlichen Daseins. Ohne die Akzeptanz dieses Gesetzes lebt der Mensch im Chaos.

Selbstorganisation im Management

Sie ist heute eigentlich bereits überholt: die Frage, ob man die Theorie der Selbstorganisation im Management anwenden kann oder sollte. Zu zahlreich sind die Bücher, die davon handeln (vgl. Mann 1988, Mühri 1988, Jahrmarkt 1989, Turnheim 1991). Es ist jedoch sinnvoll, sich auf die Entwicklung zu besinnen, welche die Theorie des Managements genommen hat, um zu ermessen, woher man im Management kommt und wohin die Entwicklung geht. Dies soll hier geschehen.

Historische Entwicklung

Seit ca. 1900 kann man aus der Sicht der Organisation eines Unternehmens vier Perioden des Managements unterscheiden (vgl. Peters/Waterman 1982).

In der ersten Periode von 1900 bis 1930 herrscht dieTheorie von Max Weber und Frederick Taylor vor. Das Unternehmen wird als ein geschlossenes System, das keinen Bezug nach außen, zum Markt, zum Kunden, zu den Lieferanten hat, gesehen. Rationales Handeln bestimmt die Vorgehensweise. Die Organisation steht als bürokratisches System für sich, in dem rationale Entscheidungen gefällt werden.

In der zweiten Periode von 1930 bis 1960 entwickelt sich eine Theorie, basierend auf den Arbeiten von Elton Mayo u.a. Charakteristisch hierfür ist: Das Unternehmen wird als ein noch immer geschlossenes System gesehen, in welchem soziales Handeln gelten soll. Der Mitarbeiter aber wird beachtet. Man untersucht, wie sich die Arbeitsbedingungen auf die Produktivität auswirken. Die bürokratische Struktur jedoch bleibt bestehen.

In der dritten Periode von 1930 bis 1970 folgt man den theoretischen Vorstellungen von Alfred Chandler. Charakteristisch ist: Das Unternehmen wird als offenes System gesehen – in welchem rationalem Handeln gefolgt wird. Dies bedeutet einen Schritt nach vorne, da das Unternehmen zum erstenmal als Teilnehmer am Markt- und Weltbewerbsgeschehen gesehen wurde, aber auch einen Schritt zurück durch die Rückkehr zu einem mechanistischen Bild vom Menschen.

In der vierten Periode von 1970 bis 1990 entstehen Theorien von Karl Weick und James March, die das Unternehmen als ein offenes System sehen, in welchem soziales Handeln gelten soll. Der Schwerpunkt liegt auf Informalität, Einzelinitiative und Evolution.

Soweit die historische Entwicklung. Wie aber kann man heute die Prinzipien der Selbstorganisation und des neuen Denkens in eine Unternehmung einbringen? Was rettet heute ein Unternehmen? Genügt es, ein offenes System zu bilden und sozial zu handeln oder braucht es mehr? Diese Frage kann hier nicht erschöpfend beantwortet werden, denn: Jede Organisation ist ein lebendiges Gebilde, das von unzähligen Variablen, Anfangs- und Randbedingungen und vor allem von der Qualität, das heißt dem Bewußtseinszustand der Beteiligten bestimmt wird. Wer also hofft, Patentrezepte zu erhalten, der ist schlecht beraten, denn diese gibt es nicht. Immer werden die Bedingungen der Persönlichkeiten, die am Gestaltungsprozeß beteiligt sind, ausschlaggebend sein, denn: Der Mensch ist mit einem freien Willen ausgestattet. Er kann sich einer Idee positiv öffnen, oder er kann sich ihr verschließen. Selbst mit der besten Absicht sich bemühend kann man jemanden, der sich einer neuen Idee verschließt, nicht gewinnen. Man kann einen Menschen nicht zwingen, neuen Prinzipien zu folgen. Er muß sich diesen selbst öffnen. Und das Selbstorganisations-Management lebt von neuen Prinzipien. Im folgenden wird auf einige dieser Prinzipien näher eingegangen.

Vom Machen zum Dienen – die neuen Werte

Grundlegend für ein neues Denken im Management ist die Einstellung des einzelnen, vor allem des Managers, zur Welt, zu der auch das Unternehmen, in dem er tätig ist, gehört. Hier muß ein Umdenken erfolgen. Man kann dies in der Kurzform „vom Ma-

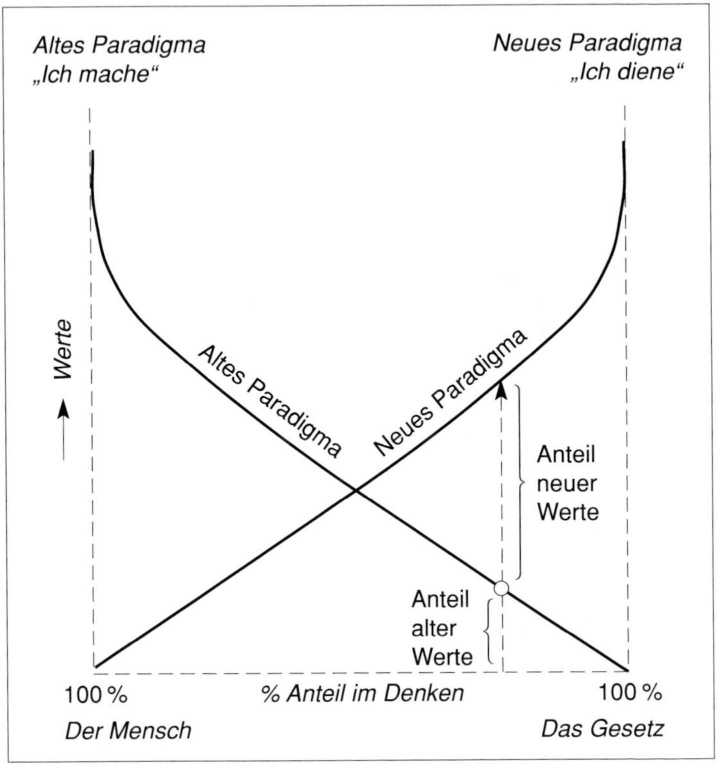

Abbildung 4: Vom Machen zum Dienen

chen zum Dienen“ ausdrücken (vgl. Abbildung 4). Nicht nur im Management, sondern in der gesamten westlichen Zivilisation und Kultur ist der Typus des „Machers“ vorherrschend. Der Macher sagt: „Ich bin in Ordnung und muß die Welt in Ordnung bringen.“ Er ist überzeugt von seinen Ideen, er glaubt an sie und will sie umsetzen. Er ist sich selbst das Maß, er setzt das Maß. Die westliche Geschichte der Neuzeit ist gezeichnet von der Macher-Philosophie, ob es nun die Entdeckungen und Eroberungen der Spanier, der Engländer u.a. waren, die Kolonialisierung, die Missionierung oder die sogenannte „Entwicklungshilfe“: Immer war der westliche

Mensch überzeugt, daß seine Ansichten die Welt beglücken würden. Diese Ansicht finden wir dann selbstverständlich auch auf den Ebenen der Politik, der Wirtschaft und des Managements. Sie verkörpert das mechanistische Welt- und Menschenbild. Der sogenannte „Kampf ums Dasein“ auf allen Ebenen in allen Bereichen ist Ausdruck dieses Denkens, dieses Paradigmas.

Das Fatale an diesem Denken ist – und das folgt aus der Theorie der Selbstorganisation – daß es, solange wir annehmen es sei gültig, auch wirksam ist. Die Theorie der Selbstorganisation zeigt ja, daß das jeweilige Denken Wirklichkeit ist oder wird.

Im neuen Denken muß es heißen: „Ich diene“, also: „Ich muß zuerst mich in Ordnung bringen“. Ich muß zu erkennen versuchen, was der Sinn des Seins ist, für mich selbst, für meine Umgebung und für die Organisation, für die ich tätig bin.

Hier nun stoßen wir wieder auf die Grundprinzipien, auf Ordnung und Harmonie, auf das Universal-Gesetz. Wer versucht, sich in diese Prinzipien einzubringen, auf welche Weise auch immer (etwa durch Konzentration, Stille, Meditationen oder den Umgang mit der Natur), der kann aus diesem Kraftfeld heraus „sinnvoll“ dienen. Am Anfang also steht der Begriff des Dienens, des Eingebundenseins in ein Gesetz.

Anstelle des „Kampfes ums Dasein“ tritt nun die Harmonie oder, wie man im gesellschaftlichen Umgang sagen könnte, die Kooperation, die Fürsorge, der Konsens. Die Devise „Leben und leben lassen“ gilt. Und wieder folgt aus der Theorie: Das, was wir denken wird Wirklichkeit. H. Maturana beschreibt als Essenz der Theorie der Selbstorganisation: „Wir erzeugen daher buchstäblich die Welt, in der wir leben, indem wir sie leben.“ (Maturana 1985, S. 269)

In der Theorie der Selbstorganisation ist demnach kein Platz für die Idee des Zufalls. Alles was geschieht ist – soweit wir das zu erkennen vermögen – selbstgeschaffen. Wie das wirkt und warum das so ist, macht die multidimensionale Welttheorie, die Zeitlosigkeit des Seins deutlich (vgl. Moser 1989). Eine Folge davon ist, daß man lernt „hinzuhören“, aufmerksam dafür zu sein, was die Situation verlangt. Denn mein Denken und Tun bestimmt die Zukunft. Sicher kann ich mich immer mit freiem Willen für das mir Genehme entscheiden. Ob das aber „sinnvoll“ ist, muß ich aus meinem Verständnis des Gesetzes zu erkennen versuchen – für mich, für meine Mitarbeiter, für meine Unternehmung.

Wenn man die Vorstellungen der Theorie der Selbstorganisation auf soziale Systeme zu übertragen versucht, ist es also notwendig, auf die Wertvorstellungen einzugehen, die sich aus den Erkenntnissen der Wissenschaft ergeben. Diese Wertvorstellungen sind nämlich auch für soziale Systeme maßgebend. Soziale Systeme sind eben nicht wie ein mechanistisches System zu sehen. Statt dessen müssen die Ziele, die sich einer sozialen Organisation stellen, aus einer moralisch-ethischen Ebene beurteilt werden. So kann man aus dem sich neu entwickelnden ganzheitlichen Denken folgende einfache Wertprinzipien ableiten:

1. Ordnung, Harmonie und Schönheit sind grundlegend für das Weltverständnis.

2. Geistige Werte kommen vor materiellen Werten.

3. Höchstes Ziel eines Lebens, unseres Denkens und Handelns ist die Bewußtseinsentwicklung des Menschen.

4. „Weich ist hart“, das heißt liebevolles, verständnisvolles Agieren zu anderen und zu sich selbst ist schwieriger durchzuhalten als die scheinbar harte, autoritäre Art. Sie ist letztlich aber auch wirtschaftlich wesentlich erfolgreicher (vgl. dazu Peters/ Waterman 1982). Wie könnten nun auf dieser Basis einige der Prinzipien einer solchen Organisation aussehen?

Die Organisation

Basis dieser Überlegung ist die empirisch gewonnene Erkenntnis: Jede Organisation benimmt sich wie ein lebendes System, beziehungsweise zeigt die Eigenschaften, eines lebenden Systems. Man könnte vereinfacht sagen: Jede Organisation ist ein lebendes System. Akzeptiert man diese Ausgangshypothese, dann kann man daraus die folgenden Leitlinien für eine Organisation ableiten:

1. Die Organisation sollte sinnvolle Arbeit garantieren.

   Oberstes Ziel der Organisation ist die Erhaltung und Fortentwicklung der Art, das heißt der Lebens- und Arbeitsmöglichkeit der Mitarbeiter unter den Bedingungen, die als Zielvorgabe der Organisation gestellt sind. Das beinhaltet bereits die flexible Anpassung an veränderte Anfangs- und Randbedingungen.

2. Das Unternehmungsziel sollte den Mitarbeitern Lebensinhalt sein können.

   Zielvorgaben für die Organisation sind „sinnvoll" aus dem allgemeinen evolutionären Geschehen zu formulieren. Eine sinnvolle Zielvorgabe ist jene, die Zustimmung eines Großteils der Mitarbeiter erhält, wobei die reine Erhaltung der Lebens- und Arbeitsmöglichkeit für die Mitarbeiter als Selbstzweck ungenügend erscheint, da in diesem Fall der wesentlichste Motivationsfaktor – eben eine Zielvorgabe – wegfällt.

3. Das wahre Wachstum des Unternehmens zeigt sich im Werden.

   Die Flexibilität der Organisation, die Fähigkeit zur kurzfristigen Anpassung ist für die Erhaltung der Art ausschlaggebend. Diese wird erreicht durch dauernde bewußte (das heißt kausale) Infragestellung der Organisation. Dies würde dem Prinzip der „Ordnung durch Fluktuation" wie es Ilya Prigogoine (vgl. Abbildung 2) ausdrückt, entsprechen. Es sind also dauernd bewußte Fluktuationen in der Organisationsstruktur herbeizuführen. Diese Störungen dürfen selbstverständlich ein gewisses Maß nicht überschreiten, weil dies dann zu einer Beeinträchtigung der Effizienz führen würde.

4. Die Organisations-Zentrale regiert nicht, sondern ist eine Dienstleistungsinstitution für die Teile.

   Die Organisation wird eher durch die Relation zwischen ihren Teilen (Bestandteilen) als durch deren Eigenschaften bestimmt.

Wie ist das zu verstehen? Die Organisation eines Systems bestimmt nicht die Eigenschaften ihrer Teile, sondern lediglich die Relationen – oder Dienstleistungen –, die von den Bestandteilen (Teilen) der Organisation hergestellt werden müssen. Die Organisation des Systems ist daher von den Eigenschaften der Teilorganisationen unabhängig zu gestalten. Daraus folgt, daß Teile des Systems auch autonom sein können beziehungsweise sein sollten.

Das Management

Aufgrund dieser Überlegungen können nun folgende Selbstorganisations-Management-Prinzipien angegeben werden:

1. Das Management und die Manager sind die Schlüsselfiguren der Organisation. Dies äußert sich in ihrer besonderen Verantwortung gegenüber dem Gesetz. Sie sollten diesem am nächsten stehen, es am besten verstehen und einsetzen, weil sie als Mittler, als Führer, tätig sind.

2. Es gibt keine Zentrale der Organisation, es gibt keine zentrale Steuerung. Autonome Organisationen steuern sich selbst und durch ihre Interaktion das Gesamtsystem.

3. In einer solchen Organisation gibt es nicht den autoritär agierenden „Chef", sondern vielmehr ein Management-Team und unter Umständen einen „primus inter pares". Der Manager ist Mittler, Vermittler in einer flachen Hierarchie. Alle Hierarchiestufen haben gleiche Wertigkeit.

4. Es gibt wenig formale Planung, es gibt kein Plan-Soll, es gibt keine festen Programme. Alle Pläne sind als vorläufig zu betrachten, werden laufend angepaßt und sind daher nicht mehr als Versuchs-Sollwerte. Es gibt aber ein Sinn-Konzept des Unternehmens, dem alles unterzuordnen ist.

5. Die Planung erfolgt dynamisch in improvisierten Meetings, wobei vor allem auf den Dialog und die spontanen Interaktionen Bedacht genommen wird.

6. Der Konsens ist als Management-Prinzip anzunehmen, auch wenn es länger dauert, einen solchen zu erreichen. Nur wenn man die Mitarbeiter überzeugen kann sind sie motiviert.

Diese Prinzipien sollten als relativ extrem formulierte Zielvorgaben einer Ideal-Situation verstanden werden. Eine der wesentlichen Ziele eines solchen Managements ist die Entwicklung der Persönlichkeitsstruktur der Mitarbeiter. Es kann dabei also nicht heißen: dieser Mitarbeiter ist für die Organisation nicht geeignet, sondern eher: welche Eigenschaften des Mitarbeiters können von der Organisation unter welchen Bedingungen bei welcher Tätigkeit optimiert werden. Basis der Personalpolitik ist der Respekt vor dem Individuum, wobei Spontaneität, Eigeninitiative, Selbstvertrauen und Intuition besonders gefördert werden. Das Ziel des Managements ist die Kultivierung des menschlichen Potentials, wobei eine Entkoppelung von Leistung und Gehalt angestrebt wird, was ja bisher nicht der Fall ist. Die Fragen, die man sich bei solchen teilweise utopisch oder chaotisch anmutenden Überlegungen stellen muß, sind:

1. Ist ein solches System überhaupt realisierbar? Gibt es bereits Beispiele?

2. Gibt es besondere Bedingungen beziehungsweise Anforderungen an die Qualität der Mitarbeiter, um ein derartiges System realisieren zu können? Auf diese Fragen wird in anderen Teilen dieses Buches, insbesondere in den Beiträgen von G. Lenssen und J. Bieker, eingegangen).

Wohin geht die Reise? – Der Weg zu cincr nachhaltigcn Wirtschaftsweise

Am Beginn dieses Beitrages wurde behauptet, daß nur Organisationen, Systeme oder Einheiten, die sich dem neuen Paradigma anpassen würden, in den kommenden Dezennien Überlebenschancen hätten. Diese Behauptung soll nunmehr noch um die Aussage erweitert werden, daß langfristig nur jene Systeme, Organisationen, Einheiten nationaler oder anderer Art überleben können, die sich das Prinzip der Nachhaltigkeit zu eigen machen.

Das neue Weltbild wirkt sich vor allem im persönlichen Bereich und im Bereich der inneren Organisation des Managements aus. Das aus diesem Weltbild folgende Prinzip der Nachhaltigkeit wird in Zukunft die Ziele der Organisation, der Wirtschaft, der Technik und der Technologie, also die nach außen gerichteten Aktivitäten, maßgeblich bestimmen.

Definition des Begriffes „Nachhaltigkeit"

Der Begriff der „Nachhaltigkeit" (engl. „sustainability") wurde in dem von der UNO Kommission „Environment and Development" herausgegebenen Bericht „Our Common Future" (1987, S. 8) definiert. Dort heißt es: „Humanity has the ability to make developments sustainable – to ensure that it meets the needs of the present without compromising the ability of future generations to meet their own needs."

Inzwischen ist die Diskussion um eine nachhaltige Entwicklung weltweit voll in Gang gekommen, obwohl der Begriff „Nachhaltigkeit" und seine Operationalisierung den Naturwissenschaftlern und Ökonomen große Schwierigkeiten macht.

Das Hauptproblem besteht darin zu erkennen, daß in einer endlichen Welt dauerndes materielles Wachstum unmöglich ist. Das ist für die Naturwissenschaftler und Techniker eine Selbstverständlichkeit, nicht aber für die Ökonomen. Die ökonomische Theorie und vor allem die politische Praxis geht nach wie vor von der Annahme der Möglichkeit dauernden Wachstums, und damit der Notwendigkeit der Steigerung des materiellen Wachstums – ausgedrückt als Bruttosozialprodukt –, aus. Das Paradoxon des andauernden Wachstums in einer endlichen Welt ist derzeit ungelöst, denn es würde eine vollkommene Umstellung wirtschaftspolitischen Denkens bedeuten. Gerade aber in der Zeit einer dramatischen Zunahme der Arbeitslosigkeit in Europa (17–20 Prozent, wovon 10 Prozent offiziell genannte und ca. 7–10 Prozent verdeckte Arbeitslosenzahlen sind) sollten die Vorstellungen über eine nachhaltige Wirtschaftsweise wesentlich zur Schaffung neuer Arbeitsmöglichkeiten beitragen. Nachhaltiges Wirtschaften sichert eine nachhaltige Existenz des Unternehmens bei gleichzeitiger Lebenserfüllung der Mitarbeiter.

Warum ist die derzeitige Entwicklung nicht nachhaltig?

Einerseits nimmt die Weltbevölkerung dramatisch zu. Derzeit leben auf dem Planeten Erde ca. 5 Milliarden Menschen, und man erwartet eine Verdoppelung der Weltbevölkerung auf ca. 10 Milliarden in den nächsten 30 bis 40 Jahren, also in einer Generation (Aganda of Science 1992).

Andererseits verbrauchen derzeit ca. 15 Prozent der Weltbevölkerung ca. 80 Prozent der Rohstoffe und Energien, die jährlich gefördert werden. Ein Lebensstandard, wie er derzeit im Westen herrscht, ist also für auch nur einen Teil der übrigen Welt völlig undenkbar. Trotzdem ist zu erwarten, daß die Entwicklungsländer ihren Lebensstandard erhöhen werden, was eine Zunahme des Verbrauches an Ressourcen bedeutet. Viele Ressourcen sind jedoch begrenzt. Sowohl die Vorräte an Erdgas, Erdöl und Kohle wie auch an einigen metallischen Erzen usw. reichen nicht, um die ganze Welt im derzeitigen Verbrauchsmuster zu befriedigen.

Das weitaus größere Problem aber ist nicht die Endlichkeit der Vorräte, also der Quellen, sondern die Endlichkeit der End-Speicher. Wohin mit den Abfällen? Wohin mit den Abgasen? Der Treibhauseffekt, verursacht durch die bereits meßbare Zunahme des CO_2-Gehaltes in der Atmosphäre, und ein damit verbundener Anstieg der Temperatur, wird wohl das gravierendste Problem unseres Wirtschaftens werden.

Noch sind die Meinungen der Wissenschaftler über den Einfluß des Treibhauseffektes und darüber, wie man diesem begegnen soll geteilt. William D. Nordhaus, Ökonom an der Yale University, sieht für die USA keine besonderen Probleme aus den Folgewirkungen des Treibhauseffektes (Nordhaus 1991), während eine Studie der Fraunhofergesellschaft diese in der Größe von Tausenden von Milliarden Dollar ermittelt (Hohmeyer 1992). In jedem Falle aber wird die Welt mit den Folgen des weiteren Verbrauches fossiler Energieträger (Erdgas, Erdöl, Kohle) zu rechnen haben, denn eine notwendig erscheinende drastische Verminderung des Verbrauches ist derzeit nirgendwo in Sicht.

Im Gegenteil: In China plant man, bis zum Jahre 2075 den Einsatz von Kohle zur Energiegewinnung zu vervierzigfachen. Vorräte sind durchaus vorhanden. China allein würde dann etwa fünfmal mehr Kohle verbrauchen als heute die ganze Welt.

Die Folgen des zu erwartenden Treibhauseffektes sind (Hohmeyer 1992):

- Ansteigen des Meeresspiegels und Überflutung von Küstengebieten,
- Verschiebung der Klimazonen um 200 bis 400 km nach Nord und Süd und 100 bis 200 m in der Höhe für jeweils 1°C Temperaturerhöhung; dadurch würden sich die landwirtschaftlichen Anbauzonen in Richtung der Pole verschieben,
- tropische Stürme, Trockenperioden, Wüstenentwicklung etc., weltweite Bevölkerungsmigration als Folge des Treibhauseffektes ist zu erwarten, einzelne Studien schätzen, daß die Anzahl der Umweltflüchtlinge bis 2050 in die Milliarden geht.

Szenarien einer möglichen globalen Entwicklung

Überdenkt man die geschilderte Situation, so kann man sich fragen: Welche Möglichkeiten haben wir, dieser Situation zu begegnen? Oder: Welche Möglichkeiten einer Entwicklung kann man voraussehen?

Diese Möglichkeiten sind als Szenarien in Abbildung 5 dargestellt, wobei Kurve 1 das Szenario „business as usual“, also „weiter wie

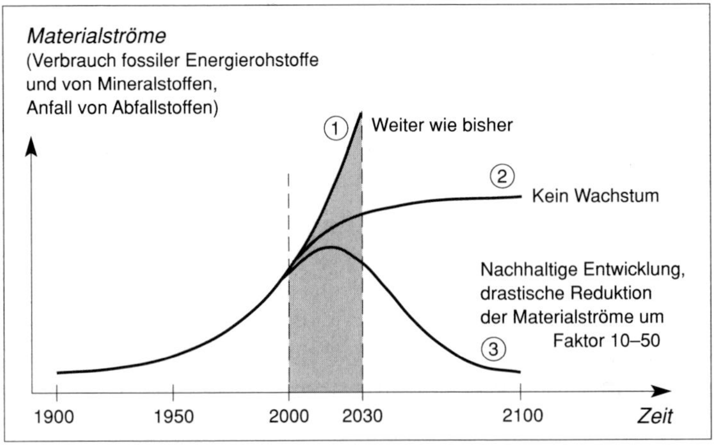

Abbildung 5: Mögliche Szenarien einer Entwicklung der Stoffströme

bisher", charakterisiert. Dies ist die wahrscheinlichste Situation, weil sie keine Änderungen der bisherigen Politik oder der wirtschaftlichen Ziele erfordert. Die derzeit ins Auge gefaßten Ziele einer Reduktion des Energieverbrauches um etwa 10–20 Prozent in einigen westlichen Staaten in den kommenden Jahren fallen kaum ins Gewicht, weil sie innerhalb der Strichstärke der Kurve zu liegen kämen.

Kurve 2 zeigt das Szenario einer Situation, in der keine Zunahme der Materialströme gegeben ist (Nullwachstum). Das würde eine wesentliche Verbesserung der derzeitigen Situation, aber noch keine nachhaltige Entwicklung bedeuten.

Kurve 3 erst zeigt das Szenario, das zu einer nachhaltigen Entwicklung führen würde. In diesem Falle wäre, wie wissenschaftliche Studien ausweisen, eine Reduktion der Materialströme um den Faktor 10 bis 50 notwendig. Eine derartige Reduktion würde bedeuten, daß alle Materialströme, also etwa

- der Verbrauch fossiler Energieträger,
- der Verbrauch metallischer Erze,
- der Verbrauch von Rohstoffen zur Produktion von Güter etc.

auf ca. 1–10 Prozent des heutigen Verbrauches zurückgebracht werden müßten. Das klingt heute unglaubhaft. Eine derartig drastische Reduktion ist aber bereits heute technisch und technologisch durch Steigerung der Effizienz, durch die Entwicklung vollkommen neuer Prozesse und Verfahren und durch Änderung unseres Lebenstiles durchaus möglich, wenn wir nur wollen.

Der Entschluß, die Wirtschaft, die Industrie und die Landwirtschaft auf eine nachhaltige Entwicklung umzustellen würde eine langfristige Entwicklung einleiten, die – gesteuert durch entsprechende fiskalische Maßnahmen – einen enormen Innovationsschub mit entsprechender Arbeitsplatzbeschaffung zur Folge haben würde. Von dieser Entwicklung könnten also wesentliche Impulse für das gesamte geistige und materielle Leben der Gesellschaft ausgehen.

Prinzipien einer nachhaltigen Wirtschaft

Die im folgenden angegebenen groben Abschätzungen von Zielvorstellungen einer nachhaltigen Wirtschaft geben Leitlinien für die langfristige Entwicklung an, die sich über einen Zeitraum von 30 bis 50 Jahren wird vollziehen müssen.

Die Bereitstellung von Gütern und Waren – Die nachhaltige Industrie

Folgende Prinzipien werden für eine nachhaltige Industrieproduktion maßgebend sein:

1. Erhöhung der Dienstleistungsintensität der Materialströme,
2. Schließung der Materialströme (Kreislaufwirtschaft) und dadurch Reduktion der Materialströme,
3. als Rohstoffbasis werden vornehmlich erneuerbare Ressourcen zu verwenden sein,
4. die Energiebasis muß die Ausnützung solarer Energien sein.

Die Schließung der Materialströme (Abbildung 6) wird derzeit in der Bundesrepublik bereits per Gesetz verordnet (Rückstands- und

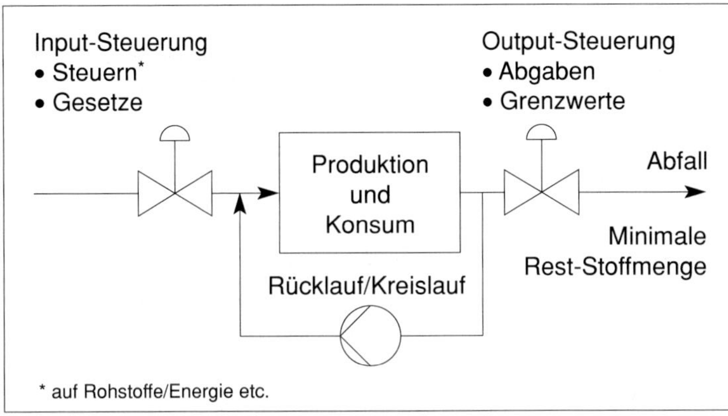

Abbildung 6: Die nachhaltige Wirtschaft

Abfallwirtschaftsgesetz 1992). Sie wird jedoch eine Zunahme des Energiebedarfs zur Folge haben. Solange diese Energien aus fossilen Ressourcen gedeckt werden, ist diese Maßnahme problematisch, weil sie zu einer Znahme des CO_2-Ausstoßes führen wird. Eine „fossile" Kreislaufwirtschaft, die auf der Verwendung fossiler Energieträger beruht, kann also im Sinne der Nachhaltigkeit, wenn überhaupt, nur als das Übergangsstadium zu einer „solaren" Kreislaufwirtschaft gesehen werden.

Die bereits besprochene unbedingt notwendige Reduktion der Materialströme kann nur durch fiskalische Maßnahmen (etwa einer Energie- und Ressourcensteuer) (vgl. Abbildung 6) in Verbindung mit der Entwicklung völlig neuer Technologien erreicht werden. Die Weiterentwicklung der heutigen Technologien, einschließlich aller Maßnahmen auf Basis der vorhandenen Hochtechnologie, kann bestenfalls eine Reduktion der Materialströme um den Faktor 3–5, also auf 20–30 Prozent des heutigen Ausmaßes, bringen. Das aber ist, wie zahlreiche Überlegungen zeigen (Dutch Committee for long term Environmental Policy 1991), nicht genügend, um Nachhaltigkeit zu erreichen.

Diese erfordert, wie schon erwähnt, eine Reduktion um den Faktor 10–50, also auf ca. 1–10 Prozent des heutigen Niveaus (vgl. Ab-

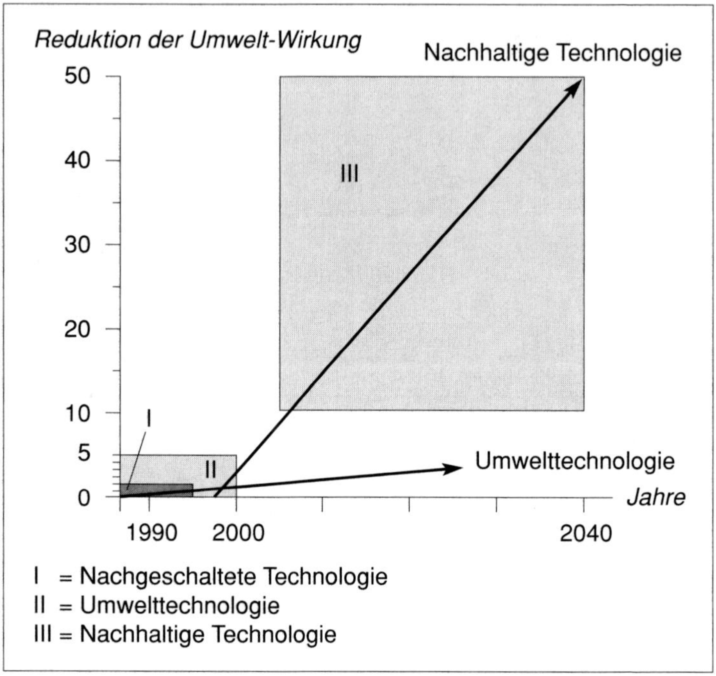

Abbildung 7: Die technologischen Entwicklungswege zur Nachhaltigkeit

bildung 7). In Tabelle 1 ist ein Vergleich zwischen den heutigen Bedingungen der Industrie und dem Szenario einer nachhaltigen Industriestruktur gegeben. Zentral für die zukünftige Industriestruktur wird der Klein- und Mittelbetrieb, die dezentrale Struktur in Übereinstimmung mit den bereits dargestellten Management-Prinzipien sein. Darauf haben bereits früher vorausschauende Ökonomen wie Leopold Kohr (1986) oder E. Schuhmacher (1973) hingewiesen. Neuerdings hat sich auch Lothar Späth zu diesen Problemen geäußert. Seine Ideen, die teilweise mit den hier vorgestellten übereinstimmen, sind zukunftsweisend, wenn er fordert (Späth 1993):

Tabelle 1: Die Industrie im Wandel – Szenario für die Zukunft

	Rohstoff-Basis	*Energie*	*Zielfunktion*	*Struktur*
Heute:	Fossile Rohstoffe • Mineralien	Fossile Energien • Erdöl • Erdgas • Kohle	Produktion von Gütern	Zentrale Großanlagen
In Zukunft:	Nachwachsende Rohstoffe • Pflanzen • Getreide • Ölsaaten • Zellulose	Solar • Biomasse • Photovoltaik • Solarzellen • Wasserkraft	Produktion von langlebigen Gütern • Reparatur der Güter • Recycling • Sekundärrohstoff-bereitstellung • Abfallbehandlung • Abfallverwertung	Dezentrale Kleinanlagen

- die alten Industrien (Automobil, Maschinenbau, Montanindustrie) drastisch zu reduzieren beziehungsweise aufzugeben,
- neue Innovationen (zum Beispiel nachhaltige Technologien) zu suchen,
- Großkonzerne in kleinere Einheiten umzustrukturieren,
- den Menschen die Wahrheit zu sagen: daß wir in einer Zeit des Umbruchs leben und welche Folgen diese Wende für uns zeitigen wird. Damit gerade würde man den Menschen die Angst vor dem Umbruch nehmen.

Späths Motto ist: „Wir brauchen keine Angst zu haben – wenn wir kämpfen."

Es bedarf also großer Anstrengungen zur Entwicklung einer sogenannten Hyper- oder Nachhaltigkeits-Technologie auf allen Gebieten

- des Transportwesens,
- der Nahrungsmittelversorgung,
- der Bekleidungsindustrie,
- der Behausung etc.

In den Niederlanden wurde mit dieser Entwicklung bereits begonnen (Dutch Committee for long term Environmental Policy 1991). Ein Großteil der Staaten im Westen folgt jedoch derzeit noch dem Szenario „business as usual".

Der Ideal-Zustand einer solaren Kreislaufwirtschaft ist in Abbildung 8 gezeigt, wo alle Kreisläufe einschließlich des Bioprozeßkreislaufes geschlossen sind. Wie weit sich diese Kreisläufe tatsächlich schließen lassen ist heute noch offen. Es ist eine Frage der wissenschaftlich-technologischen Entwicklung. In diesem Szenario ist die Annahme enthalten, daß die chemische Industrie langfristig ebenfalls von der heutigen Basis fossiler Rohstoffe (Erdgas, Erdöl) auf erneuerbare Rohstoffe (Biorohstoffe) wird umsteigen müssen.

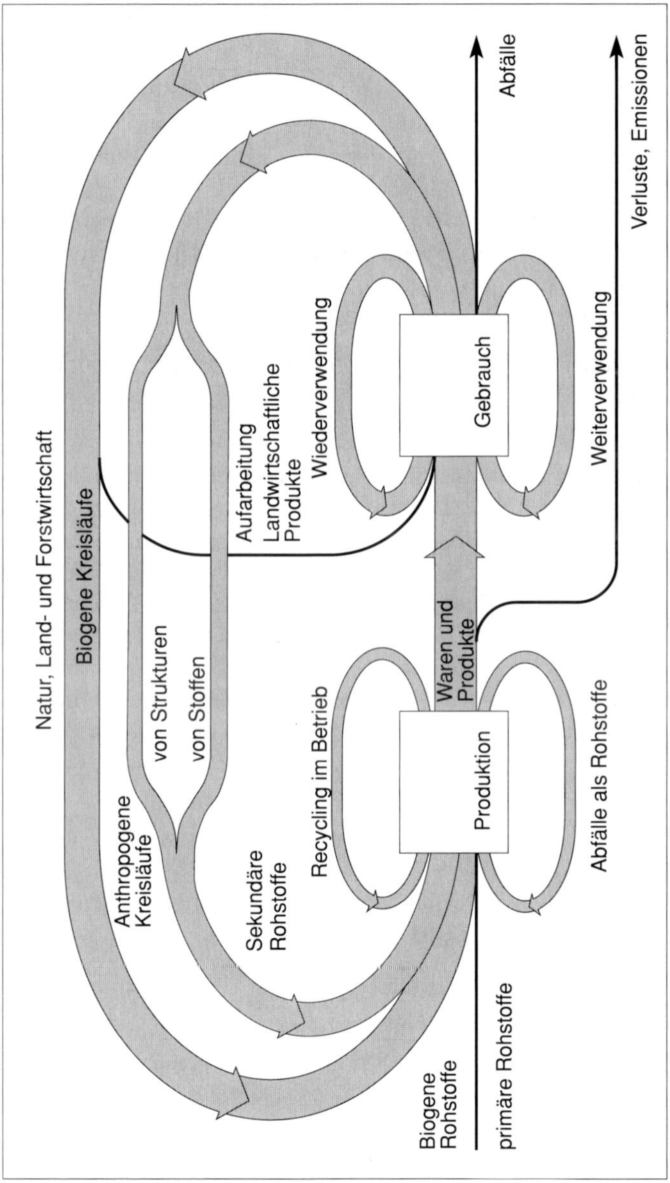

Abbildung 8: Modell der Kreislaufwirtschaft

Die Bereitstellung von Energie in der nachhaltigen Wirtschaft

Nachhaltigkeit auf dem Gebiet der Energiebereitstellung bedeutet den Ausstieg aus der Verwendung fossiler Energieträger – wie Erdgas, Erdöl und Kohle – und den Umstieg auf eine solare Energieversorgung. Auch die derzeitig verfügbaren Technologien zur Nutzung der Kernenergie, die auf der Kernspaltung beruhen, genügen den Postulaten der Nachhaltigkeit nicht. (Ob in Zukunft die Kernfusion sich als nachhaltig erweisen wird, ist derzeit nicht absehbar).

Gibt es genügend Möglichkeiten, mit der heute bereits vorhandenen oder in der nahen Zukunft absehbaren Technologie den enormen und steigenden Energiebedarf der Welt allein auf Basis solarer Technologien zu decken?

Die überraschende Antwort ist: Eine ausschließlich solare Energieversorgung ist möglich. Wissenschaftliche Untersuchungen zeigen, daß auf Basis einer rein auf Photovoltaik aufbauenden Technologie in den USA bei einer Nutzung von nur 0,5 Prozent der US-Landoberfläche beziehungsweise 7 Prozent der US-Wüstengebiete ein vollständiger Ersatz aller fossilen Rohstoffe um das Jahr 2000 möglich wäre (Ogden/Williams 1990). Da aber realistischerweise immer eine solare Misch-Technologie, bestehend aus (vgl. Abbildung 9)

- Wasserkraft,
- Biomasse,
- Solarzellen,
- Photovoltaik und
- Energieeinspartechnologien

angewandt würde, liegt eine solare Energieversorgung sowohl theoretisch wie auch praktisch bereits heute im Bereich der Durchführbarkeit (Schnitzer 1993).

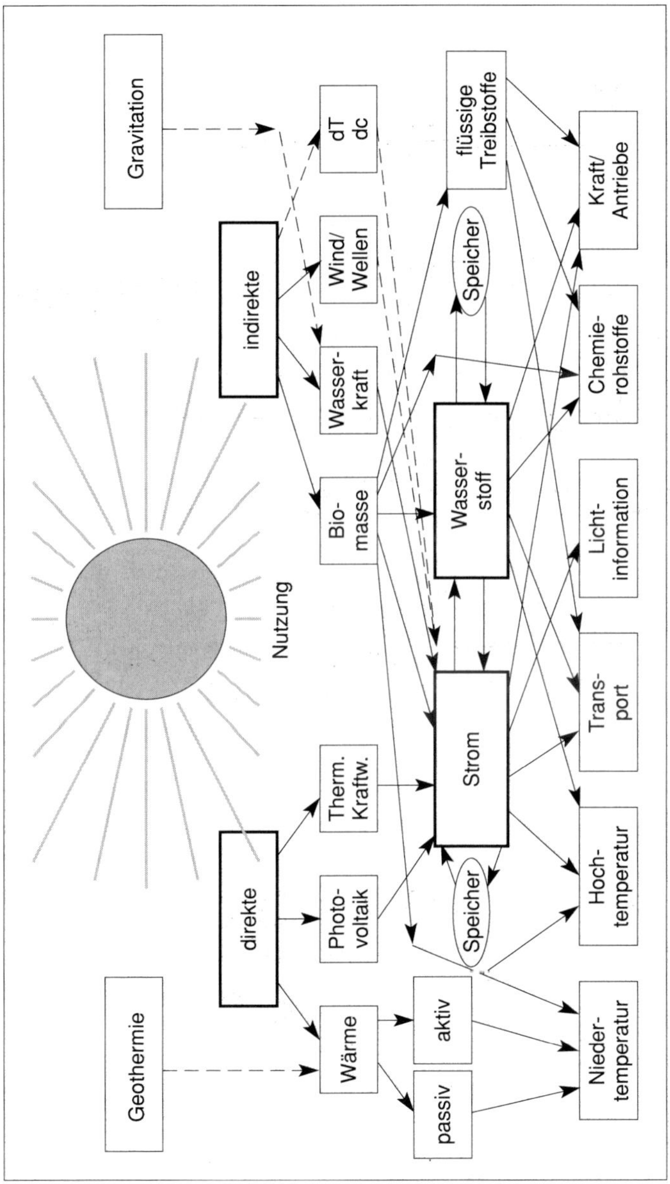

Abbildung 9: Solares Energie-Szenario

Bereitstellung von Nahrung und erneuerbaren Rohstoffen für die Industrie – die nachhaltige Land- und Forstwirtschaft

Zielvorstellung einer nachhaltigen Land- und Forstwirtschaft sollte sein, sowohl die Nahrungsmittelversorgung wie auch die Bereitstellung von Rohstoffen für die Industrieproduktion zu ermöglichen. Ob dies unter den derzeitigen Bedingungen beziehungsweise bei der zu erwartenden Bevölkerungszunahme möglich ist, ist eine offene Frage, die zu untersuchen wäre.

Wie realistisch sind Utopien?

Zweifel an den Zielvorstellungen einer nachhaltigen Wirtschaft sind zu erwarten. Aber sind diese Zweifel berechtigt?

R.U. Ayres weist darauf hin (Ayres 1991), daß die gesamte Industriebasis der Welt praktisch in jeder Dekade entweder ersetzt oder neu gebaut wird. Bei den heute üblichen Kapitalrenditen ist das einsichtig. Daraus kann man schließen, daß der Übergang zu einer nachhaltigen Wirtschaft in 30 bis 50 Jahren sowohl technisch wie auch vom wirtschaftlichen Standpunkt aus ohne weiteres möglich ist. Was hält uns dann zurück, es zu tun?

Es sind nicht die Probleme der Finanzierung, es sind nicht die technologischen Probleme – es ist vornehmlich die Schwierigkeit, den Menschen das Umdenken, die Umstellung, die Veränderung nahe zu bringen. Es ist, wie bereits erwähnt, die dem Menschen innewohnende Angst vor der Veränderung, die zu den bereits erwähnten, von Paul Kennedy gezogenen Schlüssen führt. Es ist zu hoffen, daß die positive Entwicklung zu einer nachhaltigen Wirtschaftsweise begonnen wird, ohne daß eine weitere Erhöhung des Problemdrucks von ökologischer oder ökonomischer Seite notwendig sein wird.

Die „Zauberformel“

Wenn man die hier gemachten Vorschläge zusammenfaßt, kann man folgende Aussagen treffen:

1. Ein „Weiter wie bisher“ in der Wirtschafts- und Wissenschaftspolitik führt sicher in die ökologische oder in die ökonomische Katastrophe.
2. Eine Überlebenschance in den kommenden Dezennien werden nur jene Unternehmungen haben, die sich
    - dem neuen Denken, das heißt den Prinzipien der Selbstorganisation, und
    - der langfristigen Zielsetzung einer nachhaltigen Wirtschaftsweise öffnen.
3. Wie der Übergang von der derzeitigen kritischen Situation zu einer nachhaltigen Entwicklung erreicht werden kann, ist eine Frage der Qualität, das heißt der Kompetenz der Manager, der Politiker, der Wissenschaftler in ihrem jeweiligen Bereich.
4. Die langfristige Zielsetzung einer nachhaltigen Wirtschaft unter den Aspekten der Selbstorganisation eröffnet ein ungeahntes, neues Innovationspotential, das sowohl den geistigen wie den materiellen Aspekten der Gesellschaft enormen Auftrieb geben kann. Jede Nation, die diese Chance ergreift, kann „gerettet“ werden, das heißt: Sie kann sich selbst retten.

Die „Zauberformel“ zur Rettung der „Deutschland AG“ könnte heißen:

- Das Ziel ist, eine nachhaltige Wirtschafts- und Lebensweise auf Basis einer solaren Energieversorgung und nachwachsender Rohstoffe zu erreichen.
- Der Weg beziehungsweise die Methode, dieses Ziel zu erreichen, führt über kleinstrukturierte mittelständische Industrie- und Dienstleistungsunternehmungen, in welchen die Prinzipien der Selbstorganisation und eines neuen Weltbildes in die Tat umgesetzt werden.

Damit soll nicht gesagt sein, daß ein derartiger Umbruch ohne Schmerzen, ohne Konflikte ablaufen würde. Auch das ist aus der Theorie der Selbstorganisation zu verstehen: Eine neue Ordnung kann sich nur aus der Krise, aus dem Chaos entwickeln. Wichtig aber ist, daß man bereits in der Chaos-Phase das neue Ziel – die Utopie – formuliert, erkennt und daran geht, sie umzusetzen. „Wir brauchen keine Angst zu haben – wenn wir kämpfen" sagt Lothar Späth. Wir müssen aber die Ziele neu und möglichst klar vorgeben, um zu verhindern, daß das Katastrophen-Szenario Wirklichkeit wird. Dazu bedarf es Mut, um Angst und Lethargie zu überwinden. Es bedarf der Zuversicht in das eigene Können und in die gesetzten Ziele sowie eines neuen Managementstils, wie er hier vorgebracht wurde.

Literatur

An Agenda of Science for Environment and Development into the 21st Century, Cambridge Univ. Press. 1992

Ayres, R.U. et al: Industry and Waste, in: An Agenda of Science for Environment and Development into the 21th Century, Oxford Univ. Press 1991

Dutch Committee for long term Environmental Policy: The Environment: Ideas for the 21th Century. Commisic long termin Milieubeleid, The Hague 1991

Eigen, Manfred: Selforganization of Matter and the Evolution of Biological Macromoleculs, in: *Die Naturwissenschaften*, Jg. 58, Heft 10, 1971, S. 465–523

Jahrmarkt, Manfred: Das TAO-Management, Freiburg i.Br. 1989

Gesetz zur Vermeidung von Rückständen, Verwertung von Sekundärrohstoffen und Entsorgung von Abfällen (Rückstands- und Abfallwirtschaftsgesetz) 1992

Hohmeyer, Olav et al.: The Costs of Climate Change, Fraunhofer Institute for Systems, Karlsruhe 1992

Kennedy, Paul: In Vorbereitung auf das 21. Jahrhundert, Frankfurt a.M. 1992

Kohr, Leopold: Das Ende der Großen. Zurück zum menschlichen Maß, Wien 1986

Kuhn, Thomas S.: Die Struktur wissenschaftlicher Revolutionen, Frankfurt a.M. 1975

Luhmann, Niklas: Soziale Systeme, Frankfurt a.M. 1984

Mann, Rudolf: Das ganzheitliche Unternehmen, Bern/münchen/ Wien 1988

Maturana, Humberto: Erkennen: Die Organisation und Verkörperung von Wirklichkeit, Wiesbaden 1985

Maturana, Humberto/Varela, Francisco: Der Baum der Erkenntnis, Bern/München/Wien 1987

Monod, Jaques: Zufall und Notwendigkeit – Philosophische Fragen der modernen Biologie, München 1971

Moser, Franz: Bewußtsein in Raum und Zeit. Die Grundlagen einer holistischen Weltauffassung auf wissenschaftlicher Basis, Graz 1989

Moser, Franz: Bewußtsein in Beziehungen – Die Grundlagen einer holistischen Ethik, Graz 1991

Moser, Franz: Kreislaufwirtschaft und nachhaltige Entwicklung, in: H. Brauer – Umweltschutz. Produktions- und Produktorientiert, Berlin 1994

Mühri, Peter: Chaos-Management, Egg-Zürich 1988

Nordhaus, William D.: To Slow or not to Slow: The Economics of the Greenhouse Effect, in: *The Economic Journal* 101, July 1991, S. 920–937

Ogden, J.M./Williams, R.H.: Electrolytic Hydrogen from Thin-film Solar Cells, in: *Int. J. Hydrogen Energy*, Vol. 15, Nor. 3, 1990, S. 155–169,

Peters, Thomas/Waterman, Robert: Auf der Suche nach Spitzenleistungen – Was man von den bestgeführten US-Unternehmen lernen kann, Landsberg 1982

Pierre Teinhard de Chardin: Die Entstehung des Menschen, München 1961

Prigogine, Ilya: Vom Sein zum Werden – Zeit und Komplexität in den Naturwissenschaften, München 1980

Schnitzer, Hans: Szenarien einer vollsolaren Energieversorgung Österreichs, Vortrag: Solar Visionen, 2. Niederösterreichische Solarenergietagung 3/4 Sept. 1993, Wolfpassing

Schumacher, E.: Small is beautiful. A study of Economics as if people mattered, Blond Briggs 1973

Späth, Lothar: Interview in: *Mensch und Büro*, 5/93, S. 74–93

Stegmüller, Wolfgang: Evolutionäre Erkenntnistheorie, Realismus und Wissenschaftstheorie, in: R. Spaehmann et al: Evolutionstheorie und menschliches Selbstverständnis, ACTA Humanoria, Weinheim 1984

Turnheim, Georg: Chaos und Management, Wien 1991

World Commission on Environment and Development – Our Common Future (Brundtland Report), Oxford/New York/Toronto 1987

Zimmerli, Walter: Alternative Werte – Ethische Faktoren der Planung einer Welt von Morgen, UNESCO-Kommission, München/New York/London/Paris 1983

Peter Plichta, Jahrgang 1939, studierte in Köln zunächst Chemie, dann Kernchemie und Jura. 1970 promovierte er über Silan-Verbindungen, deren Darstellung bis dahin als unmöglich galt. 1977 erhielt er die Approbation als Apotheker. Er gründete eine Apotheke und studierte für weitere zehn Jahre: Physik und Mathematik.

Die Entdeckung des Primzahlcodes – Eine Welt ohne Zufall

von Peter Plichta

Viele wache Zeitbeobachter sprechen davon, daß etwas Durchgreifendes geschehen müßte. Wer erwartet eine Neuorientierung ausgerechnet von einer so abstrakten Disziplin wie der Mathematik? Aus der Beschäftigung mit der Zahlentheorie, die Gauß als Königin der Wissenschaften bezeichnete, ließ sich jedoch etwas so Atemberaubendes und Unvorstellbares entwickeln, daß es nicht allein die wissenschaftliche Welt wie ein heilsamer Schock treffen wird. Hinter den verdrängten Rätseln unserer materiellen Welt steckt ein geheimer Bauplan: ein Primzahlcode. Mit der Entschlüsselung des Primzahlrätsels läßt sich die Frage beantworten, warum die Naturwissenschaften und die Mathematik gerade in einer bestimmten Anzahl von Naturkonstanten angelegt sind, die bisher nur empirisch ermittelbar waren.

Es läßt sich zeigen, daß die Unendlichkeit von Raum und Zeit durch eine dritte Größe erweitert werden muß: durch die unendliche Menge der ganzen und der reziproken Zahlen. Sie liefern den mathematischen Beweis dafür, daß die substantielle Welt nur aus dem Phänomen der Trinität von Raum, Zeit und Zahlen erklärt werden kann. Der Raum um einen Atomkern konnte bisher nur mit einer unzulänglichen dreidimensionalen Mathematik beschrieben werden. Dadurch wurde die Quantenphysik in Widersprüche verwickelt, die sich in der Kernphysik und in der Kosmologie verheerend auswirken mußten.

Dieser Tatbestand wird von führenden Vertretern der Physik mit extremer Heftigkeit geleugnet. Dies hat seine historischen Ursachen in der endlich erreichten positivistisch-atheistischen geistigen Grundhaltung. Mit Forschungsmilliarden läßt sich das Rätsel der Atomkerne und der Atomhüllen nicht lösen, wohl aber durch die Entschlüsselung des einzigen ewigen Bauplanes, der Ordnung und geometrischen Struktur der Primzahlen und ihrer Verteilung.

Die Primzahlen, jene Zahlen, die sich nur durch eins teilen lassen, gelten in der Mathematik als tiefes Geheimnis. Da Mathematiker die Zahlen nicht als real existierend betrachten (so wie Raum und Zeit) ist niemand außer Carl Friedrich Gauß auf den Gedanken gekommen, daß das Primzahlrätsel selbst der Code ist, in dem die materielle Welt angelegt ist. Durch den Wechsel von der linearen Zahlenbetrachtung zur zyklischen Zahlenordnung ließ sich die Grundkonstante der Mathematik, die Eulersche Zahl e = 2,718..., entschlüsseln. Obwohl diese Zahl alle Abläufe mathematischer, physikalischer und betriebswirtschaftlicher Art regelt, ist sie als Zahl zwar berechenbar. Ihr Wesen jedoch liegt vollkommen im Dunkeln. Bedenklich stimmt die Nachlässigkeit, mit der in den letzten hundert Jahren zwar die Fachgebiete vorangetrieben, aber die Fragen nach den tiefen Zusammenhängen vernachlässigt wurden.

Im Zeitalter der Computertechnik sollte das Interesse für Primzahlen sehr groß sein, da sie die einzige Möglichkeit darstellen, geheime Informationen zu codieren. Ob Großbanken oder seegestützte Atomraketen, unsere Sicherheit basiert auf großen Primzahlen. Sie stellen das einzige ewige Rätsel dar, das für die Entschlüsselung des Bauplans der materiellen Welt in Frage kommt. Da der „liebe Gott“ seine Spuren sehr gut verwischt hat, hat bisher noch niemand das Primzahlrätsel mit einem möglichen Bauplan dieser Welt in Zusammenhang gebracht.

Mit der Dechiffrierung der Eulerschen Zahl e ließ sich auch Licht in das Geheimnis anderer mathematischer Konstanten bringen, zum Beispiel der Kreiszahl, der Bernoulli-Zahlen und der Euler-Mascheroni-Konstante C. Gleichzeitig gelang die theoretische Ableitung bisher nur empirisch zu messender physikalischer Naturkonstanten. Dazu gehören die Lichtgeschwindigkeit, das Plancksche Wirkungsquantum und die Gravitationskonstante. Diese Ergebnisse würden normalerweise nur für Wissenschaftler von Interesse sein. Aber es ist etwas herausgekommen, was für alle Menschen von Bedeutung ist. Jeder Mensch hat sich schon mit der Frage beschäftigt, wer er ist, warum es das Universum gibt und ob die menschliche Geschichte eine Zufallskette ist.

Jetzt endlich wird aufgeräumt und abgerechnet mit den Wissenschaftlern, die uns mit höchst fragwürdigen Behauptungen abgespeist haben. Dazu gehören die Thesen über die Entstehung des Lebens durch reine Zufallsgesetze, die Entstehung der Welt durch den Urknall und die Chaostheorie. Es wird der Beweis erbracht, daß Chemie, Biologie und Physik nur die Kostüme des Lebens darstellen. Hinter ihnen verbirgt sich eine Zahlentheorie von glasklarer Ästhetik. Während die Biochemiker durch ihr Wissen über DNA, Aminosäuren und Zellteilung gerade dabei sind, in dieses „göttliche System" einzudringen, wird nun vierdimensionale Unendlichkeitsmathematik als Hintergrund der oben genannten Phänomene aufgezeigt. Auch das Rätsel der Existenz der drei Kernbausteine Proton, Neutron und Elektron sowie der Anzahl der stabilen Elemente, also das Geheimnis der Atomkerne, ist nicht mit einer Theorie in den Griff zu bekommen. Sie blieb verborgen, solange wir die Mathematik nicht kannten, in der die Welt *wirklich* angelegt ist. Die Wissenschaften sind längst zur Bedrohung für die Menschheit geworden, so wie die Philosophie dieses Jahrhunderts nur noch Verwirrung stiftet. Geschichte verläuft in Sprüngen, und so bietet denn die Entdeckung der Unendlichkeitsmathematik die Möglichkeit, aus der Befangenheit unseres dreidimensionalen Denkens zu einer Revolution des Bewußtseins zu gelangen.

„Die Universitäten werden vielleicht die letzten sein, die sich dem neuen Denken anschließen" (F. Moser). Deswegen gehört eine Entdeckung von solcher Tragweite in die Hände weitsichtiger Manager der Industrie. Nur diese sind in der Lage, Innovationen auf Richtigkeit untersuchen zu lassen und von oben her die allgemeine Diskussion zu lenken. Von der Entdeckung des Planckschen Wirkungsquantums bis zu seiner allgemeinen Akzeptierung brauchte die Wissenschaft eine Generation. Für solchen Unsinn ist heute keine Zeit mehr! Die meisten leitenden Angestellten in der Industrie wissen das. Das Neuentdeckte ist von einer solchen schlichten Schönheit und Klarheit, daß es Begeisterung hervorruft bei denen, die es erfassen. Begeisterung ist aber genau das, was zur Lösung großer Aufgaben unbedingt erforderlich ist.

Oswald Spengler hat während des ersten Weltkriegs in München eine hellsichtige „Morphologie der Weltgeschichte“ mit dem Titel „Der Untergang des Abendlandes“ geschrieben. Er hatte zu einem Zeitpunkt Mathematik und Naturwissenschaften studiert, von dem er selbst schreibt: „Sicher ist, daß für uns die Zeit der großen Mathematiker vorbei ist.“ Er prophezeite: „Die exakte Wissenschaft geht der Selbstvernichtung durch Verfeinerung ihrer Fragestellungen und Methoden entgegen.“ Wie immer die Historiker Spengler heute beurteilen, einen Satz scheinen sie alle überlesen zu haben. Bei seiner Untersuchung der im Zerfall befindlichen abendländischen Kultur schreibt Spengler im Kapitel „Faustische und Apollinische Naturerkenntnis“:

„Zuvor aber erwächst dem faustischen, eminent historischen Geist eine noch nie gestellte, noch nie als möglich geahnte Aufgabe. Es wird noch eine Morphologie der exakten Wissenschaften geschrieben werden, die untersucht, wie alle Gesetze, Begriffe und Theorien als Formen innerlich zusammenhängen und was sie als solche im Lebenslauf der faustischen Kultur bedeuten.“

Zu dieser als „nie möglich geahnten Aufgabe“ haben wir einen bestimmten Beitrag geleistet. Spengler behauptet nämlich in seinem ersten Kapitel „Vom Sinn der Zahlen“ etwas unbeachtet Gebliebenes.

Auch die abendländische Zahl ist nicht, wie Kant und selbst Helmholtz dachten, aus der Zeit als einer Form a priori der Anschauung hervorgegangen, sondern ist als Ordnung gleichartiger Einheiten etwas spezifisch Räumliches. Die wirkliche Zahl hat, wie sich immer deutlicher zeigen wird, mit mathematischen Dingen nicht das Geringste zu tun. Zahlen gehören ausschließlich in die Sphäre des Ausgedehnten.

Heute läßt sich entscheiden, ob die Zahlen der Zeit zuzurechnen sind oder dem Raum. Diese Entscheidung ist endgültig und erfolgte mit Hilfe der Wissenschaft, die die Lehre von den Stoffen genannt wird – der Chemie – und der Wissenschaft, die die Lehre von den Zahlen und den geometrischen Formen darstellt, der Mathematik. Es erscheint in diesem Zusammenhang notwendig, daran zu erinnern, daß wirkliche denkerische Leistungen immer nur von einzelnen vollbracht worden sind, die nichts mit jenem Fachgelehrtentum gemeinsam hatten, das heute favorisiert wird.

Aufgabe der Naturwissenschaftler muß es sein, die Rätsel der Naturgesetze zu lösen. Andernfalls verkommen die Chemie, die Physik und die Biologie zu geldverschleudernden Industrien. Trotz ungeheurer technischer Leistungen, gehemmt u.a. durch zwei Weltkriege und einen dritten, der als der kalte bezeichnet wird, ist es uns nicht gelungen, die Rätselhaftigkeit dieser Welt aufzuheben. Im 18. Jahrhundert erfolgten die bis heute gültigen Formulierungen für den Kraft- und Impulsbegriff, die lauten:

Kraft = Masse · Beschleunigung
Impuls = Masse · Geschwindigkeit

Im 19. Jahrhundert stand fest, daß sich die ganze Kompliziertheit des elektrischen Stromes durch die Formel

Spannung = Stromstärke · Widerstand

beschreiben läßt. Solchen Gleichungen, die aus drei miteinander verknüpften Größen bestehen, kann man eine andere in der Natur zu beobachtende Dreifachheit gegenüberstellen, etwa das Gramm-Zentimeter-Sekunde System oder die im 20. Jahrhundert bewiesene Tatsache, daß Pflanzen insgesamt nur drei Grundstoffe produzieren können: Stärke, Fett und Eiweiß. (Aus denen können sie dann durch eine exakte Anzahl bekannter Grundsynthesen Hunderttausende von Inhaltsstoffen herstellen.) Der Philosoph Karl Popper spricht davon, daß wir in einer Welt der Zahl Drei leben. Merkwürdigerweise wird aber in den Wissenschaften, die sich vorwiegend mit Zahlen beschäftigen, in Mathematik und Physik, einzelnen Zahlen, wie etwa der Zahl Drei, überhaupt keine Beachtung geschenkt. So schreibt zum Beispiel Gottfried Falk in seinem Buch „Physik, Zahl und Realität“: „Physik ist Beschreibung der Natur, der Realität, mittels der Sprache Mathematik. Für letztere steht die Zahl als typischer Repräsentant. Die Sprache Mathematik ist, wie jede Sprache, eine freie Schöpfung des menschlichen Geistes und nichts, was es ohne den Menschen in der Natur gibt.“

Wenden wir uns einmal den chemischen Elementen zu, die ja mit Sicherheit auch ohne den menschlichen Geist existieren, dann stellen wir fest, daß sich alle Elemente ausnahmslos aus nur drei Bestandteilen zusammensetzen: Proton, Neutron und Elektron. Das Periodensystem wurde zwar schon im vorigen Jahrhundert entwickelt, konnte aber erst in diesem Jahrhundert durch den Ausbau der Elektronentheorie wirksam gedeutet werden. Die Anzahl der Protonen im Kern und die Anzahl der Elektronen auf den Hüllen verlaufen für die stabilen Elemente über die ganzen Zahlen 1, 2, 3, 4, 5, … bis 83.

Bis zum Element 20 herrscht eine klare Oktavenreihe vor. Das Element 20 besitzt demnach vier Schalen: die innerste beherbergt zwei Elektronen, dann folgen zwei Schalen mit je acht Elektronen, die vierte Schale hat zwei Elektronen. Mit dem Element 21 bricht dieser systematische Aufbau ab, und auf der dritten Schale wird die Anzahl der Elektronen von acht auf bis achtzehn erweitert. Diese Unterbrechungszyklen, von denen es insgesamt drei gibt, konnten erst gedeutet werden, als erfaßt worden war, daß die Atome Elektronenhüllen besitzen. Das letzte stabile Element, Wismut mit der Ordnungszahl 83, besitzt fünf Elektronen auf seiner äußeren Schale. Es ist ein Hauptgruppenelement und somit fünfwertig. Warum das darauffolgende Element 84, das sechswertig ist, nicht existiert oder präziser ausgedrückt: sehr kurzlebig ist, kann die Quantenmechanik nicht erklären, denn die Anzahl der Elektronen hat mit der Radioaktivität des Kerns nichts zu tun. Im Periodensystem sind die stabilen Elemente schwarz gedruckt. Ab dem Element 83 sind alle weiteren Elemente mit roter Farbe gekennzeichnet. Viele Menschen reagieren mit Verblüffung darauf, daß innerhalb der stabilen Elemente die zwei Elemente Technetium, mit der Ordnungszahl 43, und Promethium, mit der Ordnungszahl 61, rot gedruckt sind. Auf die Frage, wie es geschehen konnte, daß unseren Studenten seit Jahrzehnten die Tatsache unterschlagen worden ist, daß mitten im Periodensystem zwei Elemente fehlen und zwar nicht nur auf der Erde, sondern auch auf anderen Planeten, wird im weiteren Verlauf eingegangen werden.

Zurück zu den Begriffen von Zahl und Realität. Die Isotopentabelle dürfte den meisten Lesern weniger geläufig sein als das Periodensystem. Wie schon erwähnt, stimmen Protonen- und Elektronenzahlen überein. Die Treppe der schwarzen Kästchen spiegelt das Periodensystem wieder, nur kennt man bei den Kernen nicht den Begriff der Wertigkeit, somit fehlt auch die Octavregel. Statt dessen sorgt ein scheinbar wirrer Einbau von zusätzlichen Neutronen für zehn verschiedene Sorten von Isotopen. Was heißt das: zusätzliche Neutronen? Die Elemente von 1 bis 20 besitzen Isotope, bei denen die Neutronenanzahl

1. um eins kleiner sein kann als die Protonenanzahl,
2. mit der Neutronenzahl übereinstimmen kann oder
3. mehr Neutronen als Protonen existieren.

Ein Beispiel für den ersten Fall ist das Heliumisotop mit der Massenzahl Drei. Ein Beispiel für den zweiten Fall ist das 20. Element selbst, das unter anderem ein Isotop von der Masse 40 besitzt und somit über je 20 Neutronen und Protonen verfügt. Als Beispiel für den dritten Fall gilt das Element Fluor. Es ist ein Reinisotop und hat neun Protonen und zehn Neutronen. Würde man diesem Isotop ein weiteres Neutron in den Kern schießen oder versuchen, eins zu entfernen, wäre das entstandene künstliche Isotop radioaktiv. Die Nuklidkarte macht das deutlich. Die blau oder rot gefärbten Kästchen stellen Isotope mit zu hohen oder zu niedrigen Neutronenzahlen dar. Durch Aussenden von Elektronen oder Positronen wandeln sich Neutronen in Protone um, oder umgekehrt wird aus einem Proton ein Neutron. Ein Atomkern kann sicher nicht denken, aber über etwas verfügt er: über ein Zahlenbewußtsein.

Während Chemiestudenten eingetrichtert wird, daß ab dem Element 21 in den Hüllen ein Umbau erfolgt, wird den Physikstudenten nichts darüber berichtet, daß ab dem Element Scandium mit der Ordnungszahl 21 auch ein veränderter Neutroneneinbau beginnt. Das Element 21 ist wieder ein Reinisotop und hat mit der Massenzahl 45 insgesamt drei Neutronen mehr als Protonen. Kein Element oberhalb dem Element 20 besitzt ein Isotop mit der vorhin erläuterten Neutronenerweiterungszahl –1, 0 oder +1. Mit steigender Ordnungszahl werden jetzt immer mehr zusätzliche Neutronen in den Kern eingebaut und zwar bei den ungeradzahligen Elementen über die Folge der ungeraden Zahlen

3, 5, 7, 9, 11, 13, 15, 17, 19, 21, 23, 25, 27, 29, 31, 33, 35, 37, 39, 41, 43.

Das letzte Element Wismut ist wieder ein Reinisotop. Es hat die Ordnungszahl 83 und 126 Neutronen, das heißt 43 zusätzliche Neutronen. Die Frage, warum schwere Atomkerne immer mehr Neutronen brauchen, wird mit der seltsamen Antwort abgetan: Sonst würden die Atomkerne auseinanderfallen. Neutronen werden als eine Art Klebstoff betrachtet, um die Theorie der starken Kernkräfte zu halten.

Der Mathematiker Dedekind hat in seiner berühmten Abhandlung von 1887 „Was sind und was sollen die Zahlen" die Zahlen als freie Schöpfungen des menschlichen Geistes bezeichnet. Ein physikalisches Weltbild kann immer nur soweit richtig sein, wie es der Stand der Mathematik zuläßt. Das 19. Jahrhundert kannte eine Fülle von mathematischen Genies. Denen aber waren die Zahlen selber vollkommen gleichgültig, auch wenn in den Zahlen ein tiefes Geheimnis liegt, nämlich die Ordnung und Verteilung der Primzahlen.

In den 13 Jahren Schulzeit und in den 10 oder 12 Semestern Mathematikstudium erfährt der angehende Mathematiker nichts darüber, daß die Primzahlen, wenn man sie wie Perlen auf einer Schnur untersucht, einem höchst interessanten Gesetz gehorchen, mit dem sich schon Leibniz beschäftigte. Er erkannte, daß die Primzahlen immer vor einer durch sechs teilbaren Zahl oder direkt hinter einer durch sechs teilbaren Zahl liegen. Beginnen wir mit der Zahl 6. Links neben der Zahl 6 steht die Primzahl 5, eins weiter steht die Primzahl 7. Um das Doppelte der Zahl 6, die Zahl 12, steht der Primzahlzwilling 11 und 13. Um das Dreifache der Zahl 6, die Zahl 18, liegt der Primzahlzwilling 17 und 19, um das Vierfache der Zahl 6 der Zahlenzwilling 23 und 25, wobei 25 das Produkt einer Multiplikation der vorausgegangenen Primzahl 5 mit sich selbst ist. Um die Zahl 36 etwa liegt der Zwilling 35 und 37, von dem die 35 das Produkt zweier vorausgegangener Primzahlen ist, nämlich fünf mal sieben. Die Primzahlen laufen im Sechsertakt bis in die Unendlichkeit, wobei aus kombinatorischen Gründen die Anzahl der Primzahlen immer mehr abnehmen muß.

Jetzt sollte man annehmen, ein solch ewiger Takt würde Mathematiker doch wohl interessieren? Mitnichten! Die Erklärung ist: Von unendlich vielen Primzahlen gibt es drei Ausnahmen, die diesem ewigen Gesetz nicht gehorchen. Die Zahlen 1, 2 und 3. Die 1 wird in der Mathematik nicht als Primzahl betrachtet, weil sich aus ihr die Wurzel ziehen läßt, das Ergebnis lautet –1 (minus Eins). Die Wurzeln aller anderen Primzahlen sind bekanntlich irrational. Die Zahl 2 ist die einzige gerade Primzahl, weil sie das Anfangsglied der geraden Zahlen darstellt. Einfach aus Gewohnheit ist es üblich, die Primzahlen in Lehrbüchern mit folgendem Verlauf beginnen zu lassen:

2, 3, 5, 7, 11, …

Wegen der Zahlen 1, 2 und 3 ist der Blick für einen ewigen Code verlorengegangen.

Sechs Zahlen links von der 6 steht die Zahl 0, um diese Zahl herum gibt es noch einen Zahlenzwilling, nämlich die Zahlen –1 und +1. Warum hat Leibniz diesen ersten Zahlenzwilling des unendlichen Sechsertaktes übersehen? Die Antwort lautet: Zu Lebzeiten Leibniz' war eine Zahl, die kleiner ist als 0, nämlich die Zahl –1, etwas, was den Gesetzen der Logik widersprach. Im kaufmännischen Sinne gab es die Zahl –1 natürlich damals schon.

Erst der größte Mathematiker der Neuzeit, Carl Friedrich Gauß, formulierte den entscheidenden Satz: „daß die Wurzelausdrücke der Zahl –1 und die Zahl –1 gegenständliche Bedeutung haben."

Gauß hat den hier geschilderten Code, der mit zwei Einsen beginnt, mit Sicherheit gesehen. Konsequenterweise hätte er explizit aussprechen müssen: Alle Primzahlen, außer die Primzahlen 2 und 3, leiten sich von der Zahl 1 ab. Der Grund, warum sich im Sechsertakt Primzahlzwillinge wiederholen, liegt in der Struktur der Zahl 1. Aus dieser Tatsache entwickelte Euler die Idee des Einheitskreises, die ihn zu der zentralen Formel der Mathematik:

$$e^{i\pi} = -1$$

führte. Statt Zahlen linear zu untersuchen, entwickelten mein Kollege Dr. Felten und ich eine zyklische Betrachtungsweise. Wir ordneten Zahlen auf Kreisen an und konnten zeigen, daß es innerhalb des Gebäudes der ganzen Zahlen nur drei Sorten Zahlen geben kann. Es handelt sich um Zahlen, die sich von der Zahl 1 ableiten und auch nur durch 1 teilbar sind und Zahlen, die sich von der Zahl 2 ableiten und alle durch 2 teilbar sind sowie eine dritte Sorte von Zahlen, die sich von der 3 ableiten und die alle durch 3 teilbar sind. Dies läßt sich mathematisch korrekt beweisen, damit ist eine Diskussion darüber e ipso ausgeschlossen.

Warum sind die Neudefinition der Primzahlen und der Sechsertakt so wichtig? Der kleine Gauß bekam mit 15 Jahren eine Primzahltabelle und eine Logarithmentafel geschenkt. Sofort entwickelte er die Vorstellung vom Integral-Logarithmus. Vereinfacht bedeutet dies, daß die Primzahlen nach einer bestimmten Gesetzmäßigkeit in den immer größer werdenden Zahlen abnehmen. Sie tun das nach dem natürlichen Logarithmus zur Basis e, nach dem einfachen Gesetz „x : ln x". Um zu berechnen, wieviel Primzahlen unterhalb der Zahl eine Million existieren, braucht man nur auf einem Taschenrechner eine Million einzutippen und dann auf die Taste ln zu drücken. Der Rechner zeigt 13,8 an und jetzt liefert die Division von einer Million durch 13,8 etwa den Wert, 72 000. Dieser weicht zwar von der wahren Anzahl der Primzahlen, die bei 78 000 liegt, noch beträchtlich ab, aber bei immer größer werdenden Zahlen liefert diese Methode immer bessere Ergebnisse. Gauß hat sich natürlich gefragt, was wohl die Primzahlen mit dem natürlichen Logarithmus und damit mit der Naturkonstanten e = 2,718 verbindet.

Nach dieser Naturkonstanten verlaufen alle Verteilungsfunktionen. Jeder, der Betriebswirtschaft, eine Naturwissenschaft, Medizin, Ingenieurwissenschaft oder gar Mathematik studiert, lernt die Verteilungskurven nach Gauß, Boltzmann und Maxwell kennen, die sich alle von der zentralen Funktion e^{-x} ableiten. Die transzendente Zahl e ist die fundamentale mathematische Konstante im Universum. Warum, weiß man natürlich nicht! 1896, also 100 Jahre nach Gauß, wurde streng mathematisch bewiesen, daß die Gaußsche Vermutung des Integral-Logarithmus richtig ist.

Damals wurde etwas ungeheuer Wichtiges übersehen, was die Geschichte der Mathematik des 20. Jahrhunderts und unser heutiges physikalisches Weltbild in eine falsche Entwicklung geführt hat. Der mathematische Beweis von J. Hadamard (1896) zeigt nur die Richtigkeit des Primzahlsatzes. Was die Primzahlen mit dem natürlichen Logarithmus zur Basis e zu tun haben, verrät er nicht. Hier nun zwei bekannte und bewiesene Gesetzmäßigkeiten:

1. Alle Verteilungsfunktionen, wie zum Beispiel der radioaktive Zerfall oder die barometrische Höhenformel, verlaufen nach dem natürlichen Logarithmus zur Basis e, weil das Integral von 1/x den Wert ln x liefert.

2. Die Primzahlen nehmen nach dem reziproken Wert von ln x ad infinitum ab.

Daraus läßt sich sofort schließen – und genau das ist 1886 versäumt worden:

3. Die exponentiellen Gesetze zur Konstanten e = 2,718, und damit die Physik, müssen streng mit dem einzigen und ewigen Code der „Struktur und Verteilung der Primzahlen“ verknüpft sein.

Nachdem Leibniz seine genial einfachen Differential- und Integralregeln erfunden hatte, sind seine Gegner sofort über die berühmte Ausnahme, das Integral von 1/x, hergefallen. Dabei wird aus x^{-1} bekanntlich der undefinierte Wert 1/0. Weil die Leibnizsche Integralregel an dieser Stelle versagt, kam bei den Gegnern Jubel auf. Gott sei dank, daß Leibniz und seine Freunde sich mit dem natürlichen Logarithmus von x retten konnten. Jetzt erst, 300 Jahre später, ist es gelungen, zu zeigen, was die reziproken Zahlen mit dem Logarithmus und die ganzen Zahlen mit der mathematischen Konstanten e verbindet. Das Unendliche tritt immer in zweifacher Form auf – oder präziser: reziprok. Die ganzen Zahlen werden immer größer in Richtung des unendlich Großen. Die gebrochenen Zahlen sind alle kleiner als Eins und können die Zahl Null nicht erreichen. Das unendlich Kleine liegt somit in einem endlichen Abstand zwischen 0 und 1. Das unendlich Große ist uns verschlossen. Die Zahl 0 ebenso. Und die dritte Zahl lautet 1. Diese ist definiert als

$$e^{2i\pi} = +1$$

Dieses ungeheuer verschlüsselte Monster galt es zu enträtseln.

Emil Du Bois-Reymond prägte den Begriff „Welträtsel". Darunter versteht man im philosophischen Sinne die mit der Verfassung der Welt gegebenen, aber vom Menschen nicht lösbaren letzten Weltfragen. Du Bois-Reymond war Professor der Physiologie in Berlin. Im Zeitalter des aufkommenden Positivismus unterschied er zwischen prinzipiell lösbaren, aber noch ungelösten Fragen und grundsätzlich unbeantwortbaren Fragen. Sein „Ignoramus et ignorabimus" (Wir wissen nicht und werden nicht wissen) war als Warnung zu verstehen. Die Erfolge in den Naturwissenschaften, vor allem in der Thermodynamik, hatten vor hundert Jahren eine Stimmung aufkommen lassen, die in verblüffender Weise unserem jetzigen Zeitalter gleicht und sich durch den Satz beschreiben läßt: Wir wissen schon alles oder wenigstens fast alles.

1880 hatte Du Bois-Reymond in der Leibniz-Sitzung der Berliner Akademie der Wissenschaften seine sieben Welträtsel vorgetragen. Als gänzlich transzendent und damit unlösbar bezeichnete er das erste Rätsel: Das Wesen von Energie und Materie. Der als der letzte große Mathematiker bezeichnete David Hilbert hat sich immens gegen das „Ignorabimus" gewehrt, und zwar bis über seinen Tod im Jahre 1943 hinaus, denn sein Grabstein trägt in lateinischer Sprache die Inschrift: „Wir werden wissen." Welche Antworten haben wir heute, hundert Jahre später, auf das erste Rätsel – die Frage nach dem Wesen von Energie und Materie? Die Materie ist mit der Energie nach der Planck-Einstein-Beziehung über zwei physikalische Naturkonstanten verknüpft, und zwar über das Plancksche Wirkungsquantum und das Quadrat der Lichtgeschwindigkeit. Diese Naturkonstanten sind uns empirisch zugänglich, was eine physikalische Leistung darstellt. Aber gleichwohl sind sie ein Geheimnis geblieben. Kein ernsthafter Physiker leugnet die Unlösbarkeit der Frage, warum diese beiden Naturkonstanten gerade den Wert, den wir messen, besitzen müssen. Was wissen wir noch über das Wesen von Materie und Energie? Man liest immer wieder, letztendlich sei Materie nur gebündelte Energie. Diese Aussage ist sehr fragwürdig. Wir leben in einer Welt aus Stoffen, die ihrerseits aus einer bestimmten Anzahl chemischer Elemente bestehen. Die Energie, gemeint ist physikalisch präzise, elektromagnetische Energie, setzt sich ebenfalls aus einer Anzahl verschiedener Arten zusammen, man denke an die Radiowelle, die Lichtwelle oder die Röntgenstrahlung.

Der Begriff „Anzahl“ ist gefallen. Wenn ein intelligentes Kind einen berühmten Physiker fragen würde: „Welche Zusammenhänge bestehen denn zwischen Materie, Energie und diesen Anzahlen?“, müßte der Physiker zugeben: „Das wissen wir nicht.“ Ist es Aufgabe der Physik, diesen Fragen nachzugehen? Die Physiker sagen: „Das Hauptziel der Physik ist die Erforschung und das Verstehen der grundlegenden Naturgesetze, auf denen alle bekannten physikalischen Phänomene beruhen.“ Mit „Verstehen der grundlegenden Naturgesetze“ ist aber nur vordergründig gemeint: Wie setzt sich etwas zusammen oder wie funktioniert etwas? Beispielsweise wollte man wissen, wieviel stabile Elemente es gibt. Als man es endlich wußte, hätte die Fragestellung neu formuliert werden müssen: Warum ist es gerade diese Anzahl?

Die „Mechanisierung des Weltbildes“, der Übergang von antiker Naturwissenschaft zu einer Naturbeschreibung durch mathematische Begriffe der Mechanik, erfolgte in der Physik etwa gleichzeitig durch Isaak Newton und Robert Boyle. Während Newtons Werk „Mathematische Prinzipien der Naturphilosophie“ mit einem Schlag die neue Physik einleitete, kann Boyles „The Sceptical Chemist“ erst aus heutiger Sicht mit dem Donnerschlag Newtons verglichen werden, weil die zweite Auflage den Begriff eines chemischen Elementes definiert. Boyle stellte dessen Unzerlegbarkeit als wesentlich fest. Er konnte aber weder beweisen, daß es diese Elemente geben muß, noch sagen, wieviele es sein müssen, oder sie gar bei ihren Namen nennen. Er ist von seinen Zeitgenossen, die noch im alchemistischen Denken befangen waren, nicht verstanden worden.

Erst hundert Jahre später formulierte Antoine L. de Lavoisier die Elemente als jene Stoffe, deren Zerlegung mit den zur Verfügung stehenden Hilfsmitteln nicht gelingt. Diese Definition wies aber gerade für das zwanzigste Jahrhundert den Weg in die Falle. Denn indem man die Atomzertrümmerung als ein analytisches Hilfsmittel auffaßte, wurden die Elemente plötzlich zerlegbar, und der Begriff verlor seine ungeheure Bedeutung. Lavoisier kannte bereits über zwanzig dieser Elemente. Im 19. Jahrhundert wurden dann systematisch in den Laboren die Mineralien aller Kontinente auf neue Elemente untersucht. Die Entdeckung der Oktaven, in die die Hauptgruppen der Elemente eingeteilt sind, führte zur Aufstellung des Periodensystems. Auch wenn man nicht wußte, warum zwischen den Hauptgruppenelementen mehrfach Reihen solcher Metalle existieren, die sich wegen ihres merkwürdigen Verhaltens chemisch nicht zuordnen ließen, die Nebengruppenelemente, bestanden schon zu Beginn dieses Jahrhunderts nur noch einige Lücken, ähnlich den weißen Flecken auf den Landkarten dieses Zeitalters.

Das Periodensystem beginnt mit dem Element 1, dem Wasserstoff. Der Aufbau der Elemente und ihre Anzahl gehorchen den Zahlen 1, 2, 3, 4, 5 … bis 83. Oberhalb des Elementes 83, dem Wismut, gibt es keine weiteren stabilen Elemente. Nachdem 1923 das Hafnium, Ordnungszahl 72, entdeckt worden war, fehlten 1925 in der Reihe der stabilen Elemente 1 bis 83 noch die mit den Ordnungszahlen 43, 61 und 75. Im gleichen Jahr fanden Walther Noddack und Ida Tacke in Anreicherungsfraktionen von aufgearbeitetem Columbit und Tantalit angeblich röntgenspektrographisch nachweisbare Mengen der Elemente 43 und 75. Beim Rhenium, dessen Gehalt in Columbiten im Bereich von 10 bis 5 Prozent liegt, hatten sie Glück. Das neue Element konnten sie tatsächlich 1928 rein darstellen, und zwar ein Gramm. Beim Element 43 unterlief ihnen ein peinlicher Irrtum. Erst mit dem Bau der Uranmeiler gelang es 1952, etwa 0,6 Gramm reines metallisches Technetium aus gespaltenem Uran darzustellen. Zu diesem Zeitpunkt wußte man längst, daß sämtliche möglichen Isotope des Technetiums kurzlebig sind. Wie eine Rechtfertigung von Noddack und seiner Frau liest es sich in den Chemiebüchern der deutschen Nachkriegszeit: „Sie konnten das Element 43, Technetium, gar nicht finden, da es nach den Mattauchschen Isobarenregeln keine erlaubten stabilen Isotope besitzen darf."

Noddack hatte das Element 43 „Masurium" genannt. Seine angebliche Isolierung des Elementes war ein Täuschung. Ist der röntgenspektrographische Nachweis eines nicht vorhandenen Elementes noch erklärbar durch schlechtes Filmmaterial oder durch den Wunsch, es zu finden, dem Vater so vieler Gedanken, so setzte mit der Deutung durch Isotopenregeln das große Lügen ein. Alle Isotopenregeln sind empirisch. Sie verraten nichts darüber, *warum* das Element 43 instabil ist.

Nun zum letzten fehlenden Element. Das Element 61 gehört zur Lanthanidengruppe, die ohne das Element Lanthan 14 Elemente umfaßt. Durch Spektralanalyse und fraktionierte Kristallisation ließen sich alle Lanthaniden mit Ausnahme des Elementes 61 schon vor Entdeckung der Röntgenspektrographie isolieren. 1926 behaupteten zwei Forschergruppen, das Element 61 entdeckt zu haben. Die erste nannte es Illinium, die zweite Florentium, was zwar Rückschlüsse auf die Nationalität der Forscher zuläßt, nicht aber auf die Existenz des Elementes 61. Erst nach dem Krieg konnte auch hier bewiesen werden, daß kein Isotop des Promethiums stabil ist. Inzwischen ließ es sich in Atommeilern aus Rückständen von Spaltprodukten isolieren. Auch in diesem Fall wurden eigentümliche Erklärungen für das Fehlen des Elementes 61 gegeben. Die führenden anorganischen Chemiebücher meiner Generation enthalten eine Abbildung der relativen Häufigkeit der seltenen Erdmetalle. Hierbei wird, die Harkinsche Regel bestätigend, die Häufigkeit der Metalle mit geraden Ordnungszahlen (58, 60, 62, 70) mit der jener Metalle verglichen, die ungerade Ordnungszahlen besitzen (59, 61, 63, 71). Dabei erhält das Element 61 fein säuberlich durch Extrapolation die Häufigkeit null. Einfach war es nicht, den Chemikern diese Lüge nachzuweisen.

Wären die Elemente einfach nach den Ordnungszahlen 1, 2, 3, bis 81 angelegt, wäre dies den Forschern längst aufgefallen. Statt dessen verlaufen die stabilen Elemente bis zum Wismut, Ordnungszahl 83. Daß zwei Elemente sich nur künstlich herstellen lassen, fand man unwichtig. Daß nach dem letzten stabilen Element noch zwei weitere Elemente mit höheren Ordnungszahlen vorkommen, nämlich Thorium mit der Ordnungszahl 90 und Uran mit der Ordnungszahl 92, hat viel zur Verwirrung beigetragen. Diese beiden Elemente, die schon im vorigen Jahrhundert bekannt waren, werden heute „natürliche radioaktive Elemente“ genannt. Durch ihren fortwährenden radioaktiven Zerfall liefern sie Elemente mit niedrigeren Ordnungszahlen, die ihrerseits wieder zerfallen. Die genaue Untersuchung, wie da die Elemente – salopp gesagt – auf drei radioaktiven Leitern, unter Aussenden dreier Strahlungsarten, hinunterhüpfen, war außerordentlich langwierig und kompliziert. Wenn sie unten angekommen sind, haben sie sich in drei Isotope des Elementes Blei mit der Ordnungszahl 82 verwandelt.

Mit dem Bau der Atommeiler durch die Amerikaner begann die Jagd nach den Elementen oberhalb der Ordnungszahl 92. Schon 1952 und 1953 wurden die Ordnungszahlen 99 und 100 erreicht. Da es nie eine exakte Klassifizierung der drei Elementarten gegeben hat, wie wir sie heute kennen (stabile Elemente: 1–83 (ohne 43 und 61), natürliche radioaktive Elemente: 84–92, ausschließlich künstliche Elemente: 93–106*)* hat auch nie eine Diskussion darüber stattgefunden, warum mitten unter den stabilen Elementen zwei Elemente fehlen. Da im Chemie- und Physikunterricht der Universitäten rund um den Globus die Frage nach den fehlenden Elementen 43 und 61 nicht existiert, ist das Problem auch keinem Chemiker oder Physiker bewußt. Jetzt hängt die Tafel mit den 106 Elementen des Periodensystems in jedem chemischen Labor dieser Erde, in jedem Schulbuch der Chemie und Physik ist sie abgebildet. Wer glaubt, ein Element 106 existiert wirklich, irrt gründlich. In Wahrheit hat ein Meßgerät irgendwann einmal einige Atome dieses Elementes registriert, die aber in Bruchteilen von Sekunden zerplatzt sind.

Ein bekannter Münchner Professor für Physik antwortete auf die Frage von Diskussionsteilnehmern, ob die beiden Elemente nun fehlen würden: „Nein, die fehlen überhaupt nicht, sie existieren doch – und auch ihre chemischen Verbindungen." Als er in der weiteren Diskussion zugeben mußte, daß sie sich nur künstlich herstellen lassen und sich dann sehr schnell in andere Elemente umwandeln, begann er in seiner Verzweiflung zu lügen: „Aber wir wissen doch, warum alle Isotope dieser beiden Elemente instabil sind." Und nun stellt sich die Frage, warum der Wissenschaftskollege nicht gelassen äußerte: „Es ist wirklich merkwürdig, daß es in der Tat nur 81 stabile Elemente gibt, und daß schlagartig hinter dem Element 83 die Radioaktivität einsetzt." Er hätte jetzt sachlich erläutern können, daß es nicht Aufgabe der Physik sei, solche Rätsel zu hinterfragen, daß also die Warum-Frage für die Physik nicht existiert. Wer sonst sollte der Frage nach dem Warum nachgehen, wenn nicht Chemiker und Physiker? Die Philosophie und Theologie können niemals Lösungen liefern für Fragen, die etwas mit Stoffen oder Energie zu tun haben; das ist Aufgabe der Naturwissenschaften. Wer soll denn nun die Frage nach dem Warum angehen, wenn es die einen nicht wollen und die anderen nicht können? Werden wir nun wissen oder nicht wissen?

Wer etwa Publikationen über Elektrizität aus dem 18. oder 19. Jahrhundert liest, wird verwundert den Kopf schütteln, ohne sich bewußt zu sein, daß Publikationen über Quarks, Urknall, Chaos und Super-String-Theorie im 21. Jahrhundert mit Sicherheit ebenso belächelt werden. Es ist wohl auch kein Zufall, daß all diese merkwürdigen Welterklärungsmodelle ausgerechnet in den USA entwickelt worden sind und von den meisten europäischen Wissenschaftlern kritiklos übernommen wurden. Hat man im Abendland eigentlich vergessen, daß die entscheidenden wissenschaftlichen und kulturellen Leistungen der Neuzeit hier in Europa geboren wurden? Dann ist auch davon auszugehen, daß das Neue, der entscheidende geistige Durchbruch, aus einem Land kommt, das stolz sein kann auf seine Denker. Die Aufgabe der Wissenschaften kann nur darin bestehen, die Wahrheit herauszufinden. Wenn aber die Kritik in einer Wissenschaft einschläft, stirbt sie. Schon aus diesem Grund wäre es für die Vertreter unseres modernen physikalischen Weltbildes angebracht, Zweifel, die Quanten- und Teilchenphysik bei vielen Kritikern hervorrufen, gelassener zu betrachten. Wie bereits erwähnt, kommen wirkliche Neuerungen immer nur von einzelnen und müssen befremdlich erscheinen. Vom Denkansatz müssen sie irrational sein. Die Art und Weise, wie wir heute Naturwissenschaft betreiben, können wir noch Jahrhunderte fortsetzen, ohne den geistigen Durchbruch zu erlangen. Man kann nicht etwas finden, was man nicht sucht. Nur aus Zweifel und aus „göttlicher Neugierde", wie Einstein es formulierte, kann Neues entstehen.

Aus der Überzeugung, daß es kein Zufall sein kann, wenn diese Welt sich ausgerechnet mit *den* mathematischen Werkzeugen beschreiben läßt, die die Mathematiker für eine Erfindung des menschlichen Geistes halten – gemeint sind Zahlen und Rechenarten – erwuchs eine faszinierende Idee. Wer sich mit der Geschichte von Erfindungen und Patenten beschäftigt hat, weiß, daß die Entdecker und Forscher häufig genau das Gegenteil von dem dachten oder taten, was anerkannte Lehrmeinung war oder was jeder andere gemacht hätte. Es galt, die Frage zu untersuchen, ob die Zahlen vielleicht doch keine Erfindung des menschlichen Geistes sind, sondern real existieren. Wer jetzt einwendet, so etwas ließe sich nicht beweisen, sei an die Irrationalität neuer Gedankenansätze erinnert. Daß die Zahlen außerhalb des menschlichen Verstandes nicht real existieren dürfen, ist nur ein mathematisches Dogma. Aber was haben Dogmen in der Mathematik verloren?

Mit der Erfindung des Massenspektrographen wurde ein Rätsel gelöst, was bei Chemikern und Physikern wahre Begeisterung auslöste: Die einzelnen Elemente treten nämlich nicht nur in einer einzigen Form auf, sondern in insgesamt zehn Sorten von Isotopen. Dies ließ sich durch ein simples Verfahren auf einer Fotoplatte festhalten: Die Anzahl der Striche, die ein Element liefert, wird als seine Isotopenzahl bezeichnet. Der Schwärzungsgrad gibt Auskunft über die prozentuale Verteilung der Isotope. Warum etwa der Phosphor ein Reinisotop ist, Chlor aber zwei Isotope, Argon drei und Eisen vier Isotope besitzen, warum außerdem die Isotopenzahlen 5, 6, 7, 8, 9 und 10 existieren, diese Frage zu stellen wird ähnlich vermieden, wie die Frage, warum der Mensch zehn Finger hat. Daß so etwas nichts mit Zufall zu tun hat, sondern einer Gesetzmäßigkeit gehorcht, ist offensichtlich, da die Anzahl der stabilen Elemente und ihre Isotopenzahlen für das ganze uns bekannte Universum feststehen.

Arnold Sommerfeld, einer der größten theoretischen Physiker der Weltgeschichte, war – bevor er seinen Lehrstuhl in München antrat – Professor für Mathematik an der Technischen Hochschule Aachen. Als ihm bei seinen atomphysikalischen Arbeiten zunehmend klarer wurde, daß die Anzahl der Elektronen auf den Schalen dem Gesetz der Quadrate ganzer Zahlen 2×1^2, 2×2^2, 2×3^2, 2×4^2 und die Nebenquantenzahlen der Folge der ungeraden Zahlen 1, 3, 5 und 7 gehorchen, begriff er etwas Ungeheuerliches. Ihm war ja bekannt, daß die Atomkerne, die sich aus Protonen und Neutronen unter Bildung von zehn verschiedenen Sorten von Isotopen zusammensetzen, auch nach ganzzahligen Gesetzen aufgebaut sind. Er erfaßte, daß der Bau der Atome, die aus Atomkernen und Elektronenhüllen bestehen, nichts anderes ist als materialisierte Zahlentheorie. – So etwas durfte er als ehemaliger Professor der Mathematik noch nicht einmal laut denken.

Es ist das Kennzeichen eines Genies, Zusammenhänge erfassen zu können, die anderen Menschen, mögen sie noch so gelehrt, belesen oder berühmt sein, nicht zugänglich sind. Das normale Denken kann zwar klug und geistvoll sein, hat aber mit genialem Denken nichts, aber überhaupt nichts, zu tun. Acht Schüler Sommerfelds erhielten den Nobelpreis, nur der wahre Meister nicht. Ein einziger hat ihn verstanden: Albert Einstein, der Sommerfeld bestätigte, daß unsere Physik eines Tages durch ganzzahlige fundamentale Gesetze abgelöst werden wird. Auch Werner Heisenberg hat etwas geahnt, wie seine Autobiographie „Der Teil und das Ganze“ im Schlußkapitel bei genauem Studium verrät.

Die Idee der materialisierten Zahlentheorie ist nicht aufgenommen worden, und deswegen galt es, eine andere Vorgehensweise zu finden. Ausgangspunkt war eine gedankenscharfe Untersuchung über die Unendlichkeit. In der Antike galt das eigentlich Seiende als begrenzt und gestaltet gegenüber dem Unendlichen als dem Ungestalteten. Immanuel Kant leitete durch seine dualistische Betrachtung der Unendlichkeit von Raum und Zeit unser heutiges physikalisches Weltbild ein, welches – wie in der Antike – im endlichen Denken befangen bleibt, denn wir sprechen heute von einem sich ständig ausdehnenden endlichen Universum, vor dessen Entstehung es keine Zeit gegeben haben soll. Die kosmologische Frage, ob das Weltall begrenzt ist und deshalb endlich viele Sternsysteme enthält, kann zwar mit optischen oder mit Radiosignalen untersucht, aber nicht gelöst werden. Schon Goethe hatte darauf hingewiesen, daß unsere Sinnesorgane, gemeint sind die Augen, uns täuschen, denn die Sonne scheint ja über den Himmel zu wandern. Gleichwohl ist es ein Trugschluß. Er hatte davor gewarnt, daß ein Fernrohr diese Sinnestäuschung nicht aufheben kann. Was an Signalen aus dem Weltall empfangen wird, hat in Verbindung mit den fragwürdigen Ergebnissen der Teilchenphysik zu Vorstellungen geführt, die jeden denkenden Menschen ratlos machen müssen, weil sie wirr sind.

1789 veröffentlichte Friedrich Heinrich Jacobi Auszüge aus Giordano Brunos Werk „Von der Ursache, dem Prinzip und dem Einen“. Brunos philosophische Schriften waren nach seinem gewaltsamen Tod in Vergessenheit geraten. Schellings Unendlichkeitsbetrachtungen sind wesentlich von Bruno geprägt. Schelling hatte die Chance, Jacobis Formulierung, daß die Systeme ein organisiertes Nichtwissen seien, aufzulösen. Worin lag Schellings Chance? Nun, einfach im Erfassen des Gedankens von Bruno, daß das Zentrum des Universums überall ist. Ein endlicher Raum, auch wenn er einen Durchmesser von 20 Milliarden Lichtjahren hat, kann nur einen Mittelpunkt haben, und im mathematischen Sinne bedeutet dieser Punkt das unendlich Kleine. Ein unendlicher Raum besitzt aber nicht nur einen Mittelpunkt, sondern unendlich viele. Jedes Proton, jeder Atomkern ist Mittelpunkt eines unendlichen Raumes.

Es war deshalb notwendig, auf die Frage nach der Dimension des unendlichen Raumes um einen materiellen Punkt zu stoßen? Da eine mathematische Linie zu ihrer Beschreibung ein zweidimensionales Zeichenblatt braucht, da weiterhin eine zweidimensionale Figur, etwa ein Rechteck, zu seiner Beschreibung einen dreidimensionalen Raum benötigt, ist schon häufig vermutet worden, daß ein dreidimensionaler Körper, etwa ein Würfel, von einem vierdimensionalen Raum umgeben sein muß. Da das x-y-z-Koordinatensystem aber eine vierte Achse ausschließt, ist dieser Gedanke niemals mathematisch präzise weiterverfolgt worden.

Die Physiker dieses Jahrhunderts haben unter grober Verletzung mathematischer Logik als vierte Achse die Zeit gewählt. 1993 ließ sich streng mathematisch beweisen, daß diese physikalische Theorie falsch ist. Unser physikalisches Weltbild kann nämlich immer nur soweit richtig sein, wie der Stand unseres mathematischen Wissens es zuläßt. Indem auf dem Gebiet der konjugiert komplexen Zahlen ein entscheidender Durchbruch gelang, ist es nun möglich zu zeigen, daß der Raum um einen dreidimensionalen Gegenstand, wie etwa ein Atomkern, vierdimensional sein muß, und zwar von der geometrischen Form Fläche hoch zwei beziehungsweise cm^4. Ein solcher Raum besitzt Struktur und ist mathematisch ein Zahlenraum, oder präziser ausgedrückt: ein Primzahlraum. Einen noch höher dimensionalen Raum, wie er uns von Autoren kernphysikalischer, kosmologischer oder esoterischer Veröffentlichungen dargeboten wird, kann es nicht geben, weil die Frage gelöst ist: Was verbindet die komplexen Zahlen mit den Primzahlen?

Die wichtigste Idee für eine neue Atomkerntheorie war der Gedanke, die beiden fehlenden Elemente, Technetium und Promethium, von der Anzahl der stabilen Elemente abzuziehen, übrig bleiben 81 Elemente. Die Zahl 81 läßt sich als Potenz der Zahl 3 darstellen:

$81 = 3^4$

Da sich alle Atomkerne in unserem Universum insgesamt nur aus drei Bausteinen zusammensetzen, nämlich aus Proton, Neutron und Elektron, erwuchs ein faszinierender Gedanke: Drei Bausteine – das kann niemand in der Physik ableugnen, und ebenfalls nicht, daß die Elektronen vier Quantenzahlen besitzen. Wenn dieses einfache Drei-hoch-Vier-Gesetz universell wäre, müßte es auch noch anderswo in der Natur auftreten. Schon 1933 war das Neutron entdeckt, aber erst in den fünfziger Jahren wurden hauptsächlich durch Erwin Chargaff die Nukleinsäuren strukturell aufgeklärt und daraufhin die DNA und die RNA entschlüsselt. Unsere Erbanlagen arbeiten mit insgesamt drei Bausteinen: Phosphorsäure, Zucker und Base.

So wie die Elektronen vier Quantenzahlen besitzen, so arbeiten die Nukleinsäuren mit jeweils vier verschiedenen Basen. Da die Kernchemie und die Biochemie nicht zum Ausbildungsplan der Chemiker gehören, weil Kernchemiker in der Regel Diplomphysiker sind und Biochemie in die Bereiche von Medizin, Pharmazie und Biologie fällt, ist dies bis 1981 niemandem aufgefallen. Noch eine weitere Merkwürdigkeit ist auffällig. Sie ist den Kernchemikern oder Biochemikern geläufig, wird jedoch, da sie sich einer Deutung entzieht, erst gar nicht diskutiert: Unter den stabilen Elementen der Ordnungszahlen 1 bis 83 befinden sich exakt zwanzig Reinisotope. So hat etwa das letzte Element, Wismut, nur ein stabiles Isotop. Es setzt sich aus 83 Protonen und 126 Neutronen zusammen und hat damit die Massenzahl 209. Warum, das weiß man nicht. In der Chemie des Lebens ist bekannt, daß sich Eiweiß aus insgesamt exakt 20 Aminosäuren zusammensetzt. Über diesen Tatbestand hat lange Uneinigkeit geherrscht, da der Wunsch, weitere Aminosäuren zu finden, den klaren Blick vernebelt hatte. Zwanzig Reinisotope und zwanzig Aminosäuren, das könnte natürlich Zufall sein, jener Götze, der heute für so vieles herhalten muß. Das erste Reinisotop besitzt die gerade Ordnungszahl vier, das Berillium. Die anderen 19 Reinisotope haben die ungeraden Ordnungszahlen 9, 11, 13, 15, 21 … bis 83.

Wenden wir uns den Aminosäuren zu: Die erste und einfachste Aminosäure besitzt kein asymmetrisches Zentrum und kann aus diesem Grund polarisiertes Licht nicht beeinflussen. Die übrigen 19 Aminosäuren drehen alles polarisierte Licht links, da sie über asymmetrische Zentren verfügen. Erst in neuerer Zeit hat man herausgefunden, daß sie auch alle links gebaut sind, denn die Links- oder Rechtsdrehung von polarisiertem Licht sagt nichts aus über die absolute Konfiguration eines sterischen Moleküls. Diese „1 + 19-Gesetzmäßigkeit" für Reinisotope und Aminosäuren ist mit Sicherheit kein Zufall, sondern ein Hinweis auf eine Gesetzmäßigkeit, also eine detektivische Spur für einen Bauplan der Stoffe im Universum.

Tabelle 2: Die ungeradzahligen Elemente

	Reinisotope	*Doppelisotope*
1	$_{4}Be$	$_{2}He$
2	$_{9}F$	$_{3}Li$
3	$_{11}Na$	$_{5}B$
4	$_{13}Al$	$_{7}N$
5	$_{15}P$	$_{17}Cl$
6	$_{21}Sc$	$_{23}V$
7	$_{25}Mn$	$_{29}Cu$
8	$_{27}Co$	$_{31}Ga$
9	$_{33}As$	$_{35}Br$
10	$_{39}Y$	$_{37}Rb$
11	$_{41}Nb$	$_{47}Ag$
12	$_{45}Rh$	$_{49}In$
13	$_{53}J$	$_{51}Sb$
14	$_{55}Cs$	$_{57}La$
15	$_{59}Pr$	$_{63}Eu$
16	$_{65}Tb$	$_{71}Lu$
17	$_{67}Ho$	$_{73}Ta$
18	$_{69}Tm$	$_{75}Re$
19	$_{79}Au$	$_{77}Ir$
20	$_{83}Bi$	$_{81}Tl$

Es lag auf der Hand, die Mehrfachisotope auf ihre Isotopenanzahl zu untersuchen. Die Tabelle zeigt die insgesamt vierzig Rein- und Doppelisotope der stabilen Elemente des Periodensystems, ohne den Wasserstoff. Ein einziges ungerades Element gehorcht der Zuordnung Rein- oder Doppelisotop nicht. Es handelt sich um das Element Kalium mit der Ordnungszahl 19. Dieses Element besitzt drei Isotope. Von den übrigen 40 stabilen Elementen, ohne die fehlenden Elemente 43 und 61, sind 38 Mehrfachisotope – vorausgesetzt, man substrahiert von der 81 Elementen das Element 1, den Wasserstoff. Warum den Wasserstoff? Dieses Element entzieht sich als einziges einer exakten Zuordnung im Periodensystem. Es hat heftige Kämpfe gegeben, als es der ersten Gruppe des Periodensystems zugeordnet werden sollte, nämlich den Alkalimetallen. Es reagiert chemisch eher wie ein Element der siebten Gruppe, weil es ebenfalls ein Elektron aufnimmt, also in der Lage ist, ausgerechnet Alkalihydride zu bilden.

Dadurch, daß im Periodensystem die nicht vorhandenen Elemente 43 und 61 abgezogen wurden, bleiben ohne das Element 1 – der Stoff aus dem alle Elemente entstanden sind – 80 Elemente übrig. Für die Nuklidtabelle gilt nun, daß nicht der Wasserstoff, das Element 1, abgezogen wird, sondern das Element Kalium mit der Ordnungszahl 19. Somit wird aus dem „1 + 19-Gesetz“ der Reinisotope ein „4 (1 +19)-Gesetz“ für alle Elemente.

Es stellt sich natürlich die interessante Frage, was an der Zahl 19 so wichtig ist. Nun, sie ist der Restwert der Zahl 81. Wenn man 1 durch 81 teilt, muß man bekanntlich auf 100 vergrößern und erhält 1, Rest 19. Der Kehrwert von 81 lautet als periodischer Bruch

0, 012345679

Diesem Bruch fehlt die Acht, was bisher verhindert hat, daß man diesem einzigartigen Dezimalbruch irgendeine Bedeutung zugemessen hat. Ich werde diesen Bruch jetzt als Cauchy-Produkt in einer neuartigen Weise aufschreiben:

0,0123456789(10)(11)(12)(13)(14)

Das ist keine mathematische Zauberei. Die Klammern sind notwendig, weil unser Dezimalsystem bei periodischen Brüchen keine größeren Zahlen als 9 kennt. (Wenn man die Klammern wegläßt, ist die Zahl übrigens transzendent. In der Mathematik gibt es nur drei Sorten Zahlen: rationale, irrationale und transzendente.) Mit der Ordnung dieses merkwürdigen Dezimalbruches steht aber gerade die kennzeichnende Ordnung von Zahlen zur Verfügung, nach der die Ordnungszahlen des Periodensystems verlaufen:

0 1 2 3 4 5 6 7 8 9 10 11 12 13 14 …

Auf der Nuklidkarte hat das Neutron die Ordnungszahl 0. Die Sache hat natürlich einen Haken. Das Cauchy-Produkt ist ein dezimaler Bruch, in dem fortlaufend durch Potenzen der Zahl 10 geteilt werden muß. Es bestand der Verdacht, daß das Dezimalsystem uns

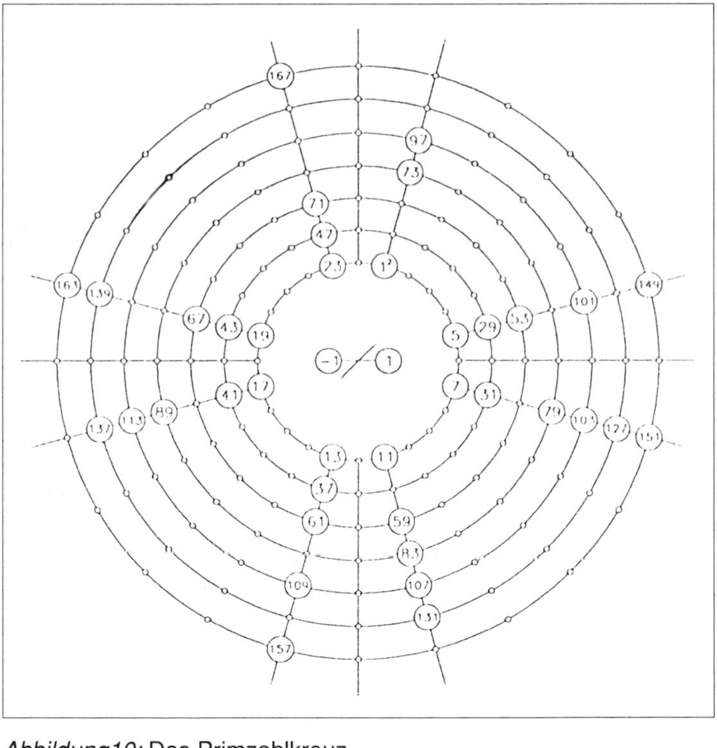

Abbildung 10: Das Primzahlkreuz

nur wie eine freie Erfindung des menschlichen Geistes vorkommt, ihm aber in Wirklichkeit eine tiefe Bedeutung zukommt, die bei der Vorgehensweise der Mathematiker heute und in der Vergangenheit zwangsläufig übersehen werden mußte.

Der Eulersche Einheitskreis bezieht seine Begründung aus der unendlichen Wurzel der Zahl 1. Es hat niemand bisher die mathematisch einfache Frage gestellt: Kann man den Einheitskreis auch verlassen? Man braucht dafür nur den Einheitskreis mit einem weiteren Kreis zu umgeben, auf dem jetzt allerdings die vorgegebene Struktur der Zahlen –1 und +1 im Sechsertakt der Primzahlen eine entscheidende Rolle spielen.

Von allen denkbar möglichen Zahlenmengen ergibt nur eine vierundzwanziger Einteilung einen Sinn, denn auf dem Zahlenstrahl oberhalb der Eins liegen jetzt die Quadrate der Primzahlzwillinge 5 – 7; 11 – 13; 17 – 19; … wie Abbildung 11 deutlich macht. So wie ein Primzahlzwilling zum Beispiel 5 – 7 die Differenz zwei besitzt und sich der nächste Primzahlzwilling 11 – 13 vier Stellen weiter befindet, so müssen sich die Quadrate der Primzahlen in der Ebene ebenfalls durch zwei Gesetze konstant um immer größere

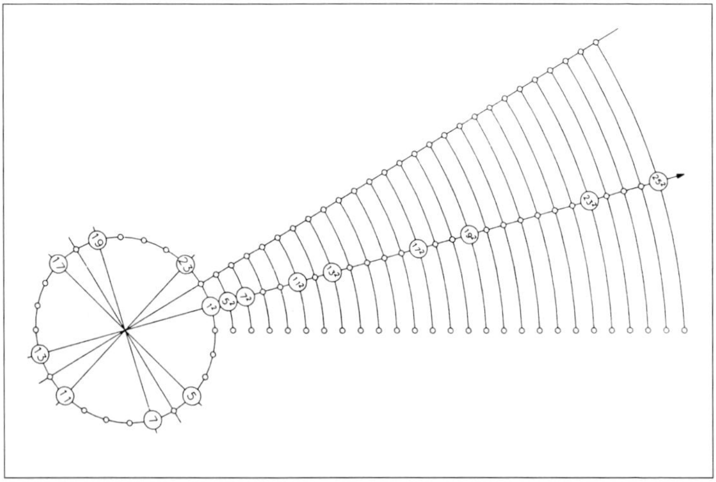

Abbildung11: Der Zahlenstrahl

Beträge unterscheiden. Weil hierüber in der Mathematik bisher nicht nachgedacht worden ist, konnte Newtons reziprokes Quadratgesetz in der Physik nicht als ein notwendig dezimales Gesetz erfaßt werden. Es läßt sich mit einfachen mathematischen Mitteln zeigen, daß ein Primzahlraum, gemeint ist ein Raum um einen Einheitskreis, ein Schalenraum sein muß, der die Unendlichkeit von Raum, Zeit und Zahlen verknüpft. Das Vergrößern dieser Schalen beziehungsweise die Abnahme einer Wirkung kann nur dezimal erfolgen – oder es gäbe kein Universum.

Indem man aus der Ordnung der Zahlen um den Einheitskreis die Eulersche Zahl e ableitet, läßt sich zeigen, warum die Welt physikalisch nach bestimmten Naturkonstanten angelegt ist. Eine Welt mit anderen Naturkonstanten kann es nicht geben. Dies ist keine neue Theorie, sondern die Auflösung der Blindheit für den Hintergrund dieser Welt. Unser physikalisches Weltverständnis ist in Schritten verlaufen. Die Auflösung konnte, wie Spengler es vorausgesagt hat, nur schlagartig erfolgen. Ob das Begreifen auch so schnell ablaufen wird, läßt sich nicht vorhersagen. Aber es erscheint notwendig, das physikalische Weltbild zu korrigieren, da mit herkömmlichen Mitteln die Probleme unserer Zeit nicht mehr zu lösen sind. Aufhalten aber läßt sich die Wahrheit nicht.

Durch Abbildung 12 soll die oben dargestellte zyklische Anordnung von Zahlen, im folgenden als „Primzahlkreuz“ bezeichnet, einmal vierdimensional dargestellt werden, wobei die Zahlen jetzt im Sinne von Spengler nur noch Abstände sind. Da der Einheitskreis beziehungsweise die komplexe Zahlenebene keine z-Achse besitzt, kann das hier gezeigte vierdimensionale Gebilde keine weitere Schnittebene haben. Sie muß von der Dimension Fläche zum Quadrat sein.

Es kann hier nur angedeutet werden, daß es zwei Welten geben muß, da die Unendlichkeit in zweifacher Weise existiert. Der vierdimensionale Raum um einen Punkt ist unendlich. Diese Punkte existieren real als Umkehrung des vierdimensionalen Raumes. Diese Punkte müssen endlichen Charakter haben. Ein dreidimensionaler Raum kann hingegen nicht unendlich groß sein. Aber er erzwingt die Notwendigkeit des mathematisch unendlich Kleinen.

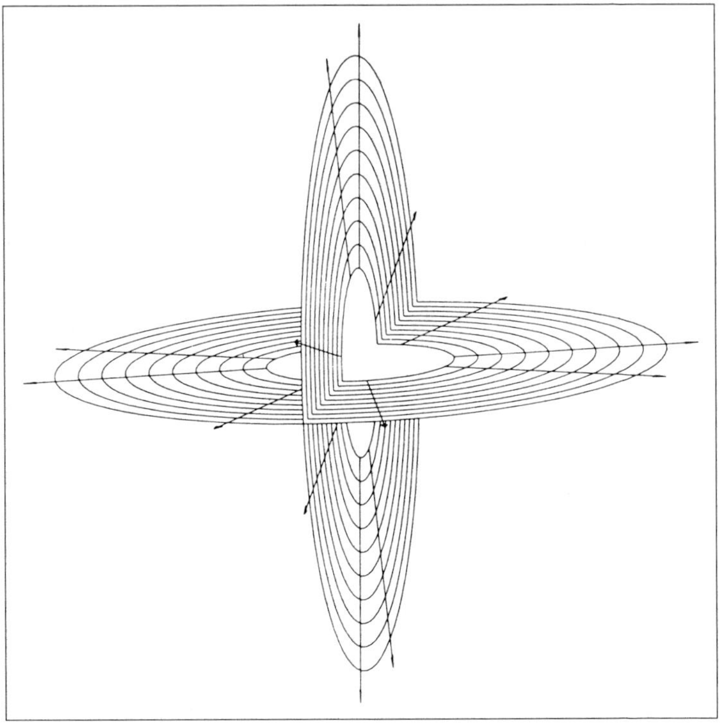

Abbildung12: Das Primzahlkreuz in vierdimensionaler Darstellung

Sein Hintergrund sind die reziproken Zahlen. Der Schlüssel zum unendlich Kleinen ist das Leibnizsche Differentialkalkül. Die Antwort auf die Frage, warum eine Differential- und Integralrechnung existiert, lautet: weil die Zahl 1 Struktur besitzt und die Verteilung der Primzahlen einer Ordnung gehorcht. Diese mathematische Wahrheit bildet den Hintergrund der substantiellen Welt. Schnittstelle für den vierdimensionalen und den dreidimensionalen Raum ist das menschliche Gehirn.

Aus den neuentdeckten tiefen inneren Zusammenhängen von Struktur und Verteilung der Primzahlen mit den mathematischen Konstanten und physikalischen Naturkonstanten läßt sich auch beweisen, daß die Statistik der Ja-Nein-Entscheidungen eines Galltonschen Nagelbrettes mit dem natürlichen Logarithmus, und damit mit den Primzahlen, verknüpft ist. Während die Physik noch hilflos eine implizite Ordnung im Chaos vermutet, wird durch die neuen mathematischen Überlegungen unser modernes physikalisches Weltbild der Lächerlichkeit preisgegeben. Es ist nämlich einfach, eitel die Vorstellung zu verkünden, daß im Chaos eine Ordnung herrsche, aber schwierig, die Frage zu stellen: Wer oder was ist für diese Ordnung verantwortlich? Die Chaosphysik ist dieser Frage ausgewichen, und die Mathematik hat die Geometrie der Fraktale einfach als neue Disziplin „geschluckt". Erst eine in letzter Zeit durchgeführte Untersuchung an Sierpinski-Dreiecken beweist den Zusammenhang zwischen Fraktalen und Primzahlen. So wie die ganzen Zahlen in der neuentdeckten vierdimensionalen Mathematik eine geometrische Form besitzen, weil sich die Primzahlen nach Art des Johanniterkreuzes auf acht Strahlen befinden, so besitzen auch die reziproken Zahlen im Pascalschen Dreieck eine Geometrie, und die ist fraktal.

Da unser Wirtschaftssystem vom Stand der Technik und der atheistisch geprägten Quantenstatistik geprägt ist, ist der Zusammenbruch des Raffgierkapitalismus vorherzusehen. Die Naturwissenschaften sind bei Problemen angelangt, die mit herkömmlichen mathematischen Mitteln nicht mehr zu lösen sind. Auch wenn es streng geleugnet wird, oder wenn gar zur Erlangung von Forschungsetatmitteln faustdick gelogen wird, ist die Fin-de-siècle-Stimmung in der Bevölkerung vom Industriearbeiter bis zum Industrievorstand stark ausgeprägt. Zwar wird kaum über den zusätzlich bevorstehenden Jahrtausendwechsel geredet, aber unbewußt wächst allgemein die Angst. Der vorliegenden Beitrag soll vermitteln, daß ein geschichtlicher Sprung stattgefunden hat, und dadurch Hoffnung geben. Indem wir nämlich über den Hintergrund der Welt etwas erfahren, indem nunmehr die Frage nach dem Warum beantwortbar wird, existiert eine geistige Leiter, mit der die Mauer überwunden werden kann, vor der die Menschheit steht.

Wirtschaft ist die Voraussetzung der menschlichen Existenz. Da diese Welt nach Zahl und Struktur geordnet ist, müssen sich analoge Strukturen in Wirtschaft und Gesellschaft widerspiegeln. Diese zu entdecken ist erst möglich, wenn auf der Grundlage unseres Denkens, der Mathematik und der Logik, das Fundament neu gegossen wurde. Dort, wo wir uns am sichersten glaubten, sind wir gescheitert. In dem seit eintausend Jahren tobendem Kampf zwischen Kirche und Wissenschaft ist jetzt eine Entscheidung gefallen: Hinter dieser Welt steht ein Bauplan und nicht der Zufall. Deutlicher ausgedrückt ist der Bauplan der Welt nicht aufgezwängt, sondern das unendliche Universum ist die Selbstverwirklichung der trinitären Unendlichkeit. Die Zahlen stellen, als eine der drei Erscheinungsformen der Unendlichkeit, den Geist (Logos) der materiellen Welt dar. Wir sind aus dem Dunkel der Geschichte kommend an einem Wendepunkt angelangt. Der einsetzende Schock verlangt in der Wirtschaft Zukunftseliten, die über klares mathematisches Wissen um dieses Welt verfügen und visionär eine Wirtschaftsethik ansteuern, die in unserem Zeitalter der bloßen und brutalen Gewinnmaximierung undenkbar ist.

Literatur

Peter Plichta: Das Primzahlkreuz, Bd. 1: Im Labyrinth des Endlichen; Bd. 2: Das Unendliche, Düsseldorf 1991

Edgar Kaucher, Jahrgang 1945, studierte Mathematik, Physik und Kybernetik. Nach seiner Promotion habilitierte er sich und nahm einen Ruf für eine Mathematikprofessur an der Universität Karlsruhe an. Kaucher war Projektleiter in zahlreichen zukunftsweisenden Entwicklungsprojekten mit Großfirmen und der EU im Bereich des Computerscience und wissenschaftlichem Rechnen. Er ist zudem Mitglied des Forums „Management 2000" und Berater verschiedener gesellschaftlicher, wissenschaftlicher und wirtschaftlicher Instistutionen.

Wirkungsmechanismen für dauerhaftes Erfolgsmanagement

von Edgar Kaucher

Die wirtschaftlichen und gesellschaftlichen Krisen, die im letzten Jahr eingesetzt haben, gehen nur zu einem geringen Teil auf die Folgewirkungen der Wiedervereinigung zurück. Sie sind zum größten Teil zwangsmäßige Folge einer verkehrten ethischen, moralischen und geistigen Grundhaltung der Menschen allgemein und insbesondere der leitenden Persönlichkeiten im Bereich des öffentlichen Lebens, der Wissenschaft und des Managements in allen Wirtschaftsbereichen der westlichen und östlichen Länder. So werden voraussichtlich in sehr kurzer Zeit auch sehr sicher scheinende Gesellschafts- und starke Wirtschaftsbereiche in mehr oder weniger fragwürdige Zustände geraten. Denn kaum noch ein Bereich oder eine Führungsebene ist nicht durch irrtümliche und falsch verstandene Lebens-, Menschen- und Firmenführung in Widersprüche geraten.

Dies betrifft insbesondere das Verhältnis von Arbeitgeber und Arbeitnehmer, da beide Seiten zum Teil weit abgewandert sind von gewissen ideellen Grundvoraussetzungen, die für eine florierende und krisenfeste Wirtschaftslage erfüllt sein müssen. Während der Arbeiter meist nicht mehr motiviert ist, sich für irgendwelche Entwicklungsziele einzusetzen, ist die leitende Ebene und das Management orientierungslos geworden in bezug auf die Ziele des menschlichen Lebens und einer Volksgemeinschaft, besonders aber auch in bezug auf den tieferen Sinn dessen, was Wirtschaft in einer Volksgemeinschaft bezwecken und erreichen soll.

Die Zeiten gehen zu Ende, in denen die naive Grundauffassung, man müsse einfach nur produzieren und verkaufen, um eine Firma am Leben erhalten oder eine Marktlücke füllen zu können, noch gelten konnte. In raschen Schritten setzt nun das Zeitalter ein, in dem sich nicht nur jeder Mensch an den Daseinszielen neu orientieren muß, sondern auch alle Wirtschafts- und Produktionsbereiche müssen sich damit befassen, welchen Sinn und Zweck ihre Tätigkeiten in einer Gesellschaft und Gemeinschaft haben und welche höheren Ziele anzustreben sind.

Gesellschaftliche Entwicklungsziele

Die gesellschaftliche Entwicklung strebt in immer rascheren Schritten eine höhere Bewertung der menschlichen Würde und Verantwortlichkeit an, in der Menschheitsentwicklung als ganzes wie auch in der persönlichen Entwicklung. Es tritt in immer stärkerem Maße eine Polarisierung der Gesellschaft in zwei Gruppierungen ein, welche sich in ihren Auffassungen konträr gegenüberstehen und deren Front quer durch alle Institutionen und gesellschaftlichen Bereiche verläuft.

Ihr Gegensatz begründet sich in den diametralen Auffassungen: der materialistischen Positivisten auf der einen Seite, die alles für machbar und zulässig halten, und auf der anderen Seite jener Menschen, die aus tieferer Einsicht wissen oder ahnen, daß das Erdenleben eine begrenzte, wenn auch wichtige und entscheidende Episode im Dasein des Menschen ist, und daß dieses seelisch und geistig tief verwoben ist mit den Strukturen und Gesetzmäßigkeiten des Seins, der Menschen untereinander, mit der Natur und mit den Zielen zukünftiger Entwicklungen. Diese zweite Gruppe ist sich darüber im klaren, daß *der Mensch zwar willensfrei ist, daß er aber nicht den naturgesetzlichen Folgen seines Denkens, Tuns und Handelns entfliehen kann, daß er also in der Summe nur in Einklang mit Wahrheit und Wirklichkeit operieren kann.* Es ist ohne Zweifel vorauszusehen, daß die erste Gruppierung scheitern wird an ihren eigenen Widersprüchlichkeiten, an in ihrer Ohnmacht gegenüber den Absolutheiten des Seins, in vielen Bereichen der Gesellschaft wie auch im Zusammenhang mit Natur- und Schicksalserscheinungen.

Ziele der herankommenden neuen Gesellschaft sind vorrangig: persönliche geistig-seelische Lebensvollendung der einzelnen Menschen, dauerhafter Frieden im persönlichen wie auch im nationalen und internationalen Bereich, Harmonie und Ordnung in allen Lebensbereichen wie Familie und Gemeinschaft, persönliche Gesundheit und Schaffenskraft bis hin zur Versorgung des Menschen mit allem, was *weltweit* lebensnotwendig und für eine wachsende und reifende kulturelle Gestaltung unerläßlich ist.

Die Wirtschaft und ihre Führungsebenen werden in diesen Entwicklungsprozeß mit hineingezogen. Sie müssen sich letzten Endes für den richtigen Weg entscheiden und müssen sich darüber Gedanken machen, wie sie den Menschen in seinen privaten und gesellschaftlichen Entwicklungstendenzen unterstützen können. Dazu reicht es nicht, eben nur gewisse Produkte herzustellen, von denen man vermutet und hofft, daß sie einen Markt finden. Produktionen und wirtschaftliche Aktivitäten müssen darauf hinzielen, den Menschen optimal in seiner Lebensentwicklung zu fördern. Eine Führungs- und Wirtschaftsstrategie, die ihre Erfolge im Besiegen und Beherrschen der Konkurrenz sieht und danach bewertet, ist weit weg von den Grundideen einer Harmonisierung und Befriedung der Gesellschaft und der Völker. Konkurrenzkampf ist Krieg und ist, wie die Erfahrung zeigt, nicht ohne zerstörende Auswirkungen auf Arbeitswelt und Lebensgemeinschaft wie auch auf den einzelnen Menschen.

Anforderungen an das Management der Zukunft

Wir werden in den nächsten Jahren in eine neue Art von Management eintreten, in dem die leitende Persönlichkeit eben nicht nur Kenntnisse und Fähigkeiten in der Führung von Menschen, Materialflüssen und Produktionsvorgängen haben wird, sondern auch in zunehmendem Maße Einblick gewinnen muß in die tieferen Ziele des menschlichen Lebens und die dadurch bedingten Problemstellungen. Selbstverständlich gelten solche Notwendigkeiten auch für die Führungsebenen in politischen und kommunalen Bereichen. Sie erstrecken sich allgemein auf alle Bereiche, in denen eben der Mensch in kultureller Weise organisatorisch tätig ist beziehungsweise sich versorgen muß, um seinen Lebensgang und seine Seinsentwicklung voranzutreiben.

Der Manager kann sich als verantwortliche leitende Persönlichkeit der nahen Zukunft nur bewähren, wenn er sich rechtzeitig Wissen und Einsicht in die tieferen Fragen des Lebens, des Lebenssinns erworben hat, wenn er also seine Erkenntnisse über höhere Daseinsziele vertieft. Dies ist nötig, weil eben Mensch und Gesellschaft durch die zwangsläufigen Entwicklungen der nächsten Jahre dazu gebracht werden, sich mit diesen Fragen unbedingt und in vermehrtem Maße auseinanderzusetzen. *Je früher sich eine führende Persönlichkeit in dieser Richtung in Gang setzt und an sich arbeitet, desto einflußreicher und erfolgreicher werden ihre Unternehmungen in der nächsten Zeit sein. Auch die so gefürchtete Konkurrenz ist den selben Seinsbedingungen unterworfen und kann sich auch nur so erfolgreich behaupten, wie es die Daseinswahrheiten zulassen.*

Die nächsten Jahre werden in ungleich höherem Maße spannend werden als die Jahre 1989–1994, die voller Überraschungen, aber auch voller Dramatik waren. Sie werden alles in den Schatten stellen, was in den letzten Jahrzehnten und Jahrhunderten in kulturellen, sozialen und wirtschaftlichen Bereichen jemals stattgefunden hat. Wer an leitender Position unvorbereitet in diese extrem schwierigen Situationen gelangt, wird sich in den Mechanismen seines Betriebes oder Systems in einer solchen Weise verirren, daß er letzten Endes die Position aufgeben muß, wie zahlreiche Beispiele jetzt schon zeigen. Auf der anderen Seite lassen sich die anstehenden schwierigen Probleme durchaus entflechten und entknoten – mit der Hilfe tieferer Einsichten in die Ursachen und Wurzeln der Probleme und gemäß dem klaren Motto: „Einen besonnenen Schritt nach dem nächsten.“ Das Wort „besonnen“

kommt von Besinnung und meint die Einsicht in höhere Erkenntnisse und Zusammenhänge, also das Erkennen und Ernstnehmen von höheren Seinswahrheiten.

Die kommenden Probleme zeichnen sich jetzt schon lange in ihren Grundstrukturen ab, können aber nur erkannt, verstanden und bewältigt werden durch vertieftes Beschäftigen mit:

1. Dem Problem der physischen, seelischen und geistigen *Kausalität*, also dem Problem von Ursache und Wirkung im menschlichen Leben in materieller und geistiger Gesamtheit als auch in gesellschaftlicher und wirtschaftlicher Verflechtung. Ursache als Führungsentscheidung und Gesinnung des Managers, Wirkung als Folge der Ursache, zum Beispiel Produktions- und Markterfolg.

2. Dem Problem von Wahrheit, Irrtum und Schicksal des Menschen in Zusammenhang mit seinen Zielsetzungen in der Entwicklung als Mensch auf Erden, also dem Problem der Finalität.

Das Management der Zukunft muß diese Gesetzmäßigkeiten beherrschen, um erfolgreich die kommenden Krisen zu bewältigen.

Höhere göttliche Seinsgesetze – in Zukunft das Maß aller Dinge

Das Zeitalter geht nun mit raschen Schritten zu Ende, in dem der Mensch sich selbst als das Maß aller Dinge gesetzt hat und in dem der Mensch auch täglich in allen Bereichen dementsprechend egoistisch gehandelt hat, so als wäre der Mensch das höchste Maß aller Dinge, als könne er alle Problemlagen des Seins überschauen und durchschauen. In Wirklichkeit waren zu allen Zeiten, wie in besonderem Maße auch heute, die Probleme stets größer als das Fassungsvermögen des Menschen, weshalb es ja auch in allen vergangen Kulturen zu katastrophalen Zusammenbrüchen gekommen ist und zu furchtbaren Kriegen und Weltkriegen in den vergangenen Jahrzehnten und Jahrhunderten in Europa. Doch die Entwicklung der Kulturen auf Erden gehen nun einem Zustand zuentgegen, wo zwingend umgedacht und endlich zu Einsichten zurückgekehrt werden muß, die teils alt und sogar uralt sind, aber dank neuerer wissenschaftlicher Erkenntnisse und geistiger Erkenntnisprozesse nun mit neuem Licht beschaut und durchleuchtet werden können.

Es muß an dieser Stelle daher klar ausgesprochen werden, daß es unmöglich ist, fürderhin auf dem Niveau zu bleiben, in dem göttliche Schöpfungsprinzipien nicht in das menschliche Leben in allen Lebensbereichen einbezogen werden.

Unter göttlichen Prinzipien sind hier vor allem die göttlichen Gesetzmäßigkeiten des Naturseins zu verstehen, wie sie ja inzwischen vor allem aus physikalischen und mathematischen Erkenntnisprinzipien in einem überraschenden Ausmaße entdeckt wurden und die deutlich zeigen, wie außerordentlich tiefgreifend die Natur gesetzmäßig durchstrukturiert ist. Ferner zählt dazu das Prinzip moralischer, sittlicher und geistiger Gesetzmäßigkeiten, die derzeit in überraschender Weise auch auf der Basis naturwissenschaftlicher Prinzipien bestätigt werden. Eines der fundamentalsten geistigen Gesetzen ist das *Prinzip von Ursache und Wirkung* im Bereich des Schicksals des Menschen. Es besagt, daß der Mensch zwar ein willensfreies Wesen ist, das zu einem gewissen Zeitpunkt jeweils gewisse freie Entscheidungen treffen kann, daß er aber stets und unentwegt den *kausalen Folgen* aller seiner Gedanken, Entscheidungen und Handlungen unterworfen ist.

Diese elementare Erkenntnis ist leider in den wirtschaftlichen und kulturellen Bereichen noch immer kaum bekannt. Es wäre geradezu töricht, wollte man in Bereichen des menschlichen Lebens selbst, des Wirtschaftslebens, des Kulturlebens usw. weiterhin so tun, als gäbe es diese geistigen Hintergrundstrukturen nicht.

Im technischen Bereich würde heutzutage niemand mehr ein technologisches Problem in Angriff nehmen, als gäbe es keine Naturgesetze oder als würden bestimmte Naturgesetze nicht gelten. Man ist im Gegenteil bestrebt, so viele Gesetze als nur möglich zu kennen und in Einsatz zu bringen, um damit das Gelingen technologischer Entwicklungen zu sichern. Darum muß das Management von solchen kausal wirkenden Hintergrundgesetzmäßigkeiten intensiven Gebrauch machen können. Doch dazu braucht es vertiefte Einsichten und Erkenntnisse.

Vertiefte Erkenntnisse sind die Basis dauerhaften Erfolges

Genau diese Erkenntniserweiterung muß nun auch in allen anderen Bereichen des kulturellen, gesellschaftlichen und wirtschaftlichen Lebens geschehen, insbesondere eben auch in den Führungsebenen. Falls keine entscheidende Korrektur kommt, führen die üblichen Handlungsarten im Zusammenwirken mit gravierenden Fehlentscheidungen anderer gesellschaftlicher Bereiche systematisch zu einer Zerstörung gewisser Grundlagen kultureller und wirtschaftlicher Lebensbereiche und damit zum globalen Zusammenbruch.

Nur bei Einbeziehung höherer geistiger Gesetzmäßigkeiten, schöpferischer Prinzipien und Werte im Management wie auch im kulturellen und wirtschaftlichen Bereich können völlig neue Umgestaltungskräfte wirksam werden. Diese sind in der Lage, die Grundzustände auf einen neuen Kurs umzuschwenken, auf dem die Verirrungen korrigiert, Widersprüche gelöst, Harmonisierungen herbeigeführt werden. Dadurch wird ein gesellschaftlicher, kultureller und wirtschaftlicher Aufschwung ungeahnten Ausmaßes eingeleitet. Dieser Aufschwung bedeutet wirtschaftlich aber nicht nur, daß Produktionszahlen und Verkaufsmassen gesteigert werden. Er zielt vor allen Dingen darauf, daß die Versorgung des Menschen mit *qualitätvollen* Gütern und Dienstleistungen nicht nur wesentlich, sondern ungleich mehr verbessert wird als dies jemals der Fall war. Dies wird eine Überfülle von Arbeitsplätzen schaffen. Darüber hinaus wird der arbeitende Mensch eine ungleich höhere Lebens- und Sinnerfüllung für sein Dasein erfahren. Dadurch wird sowohl die Gesundheit der Menschen zunehmen, als auch deren Lebensziel in ihrem privaten Dasein wesentlich gefördert.

Sind diese unabänderlichen Tatsachen einmal als Realität erkannt worden, dann ist es geradezu selbstverständlich, daß niemand und nichts mehr unter ein solches Niveau zurückgehen und solche Prinzipien und Gesetzmäßigkeiten ignorieren kann. Im Gegenteil: Man wird zunehmend bestrebt sein, aus den schöpferischen Prinzipien so viel Erkenntnis – und damit Wirksamkeit – als nur möglich zu erzielen.

Einer der größten „Hemmschuhe" für eine solche Entwicklung war der aufkommende Materialismus des 19. Jahrhunderts, der mit einer ungeheuren Schadenswirkung auf die Daseinserkenntnisphilosophie der Menschen eingewirkt und eine Unzahl von Ideologien und damit auch Kriege und Menschenleiden geschaffen hat. Dieser Materialismus ist bis heute von der Großzahl der Menschen noch nicht überwunden und prägt sich insbesondere aus in gesellschaftlichen Normen, wirtschaftlichen Wirkungsvorstellungen und in Wissensketten, welche dadurch selbst auf ihre Weise zu weiteren Blockaden führten. Die Folge war der Positivismus" oder genauer: der „materialistische Positivismus", dessen ungeheure Folgeschäden erkennbar sind zum Beispiel in den Schadwirkungen, die die Wissenschaftsbereiche und die Hochtechnologie auf Mensch und Natur erzeugt haben. So haben diese oberflächlichen Weltbilder mehr oder weniger direkt den Menschen weltweit mehr Leid, Elend, Unterdrückung und Verzweiflung gebracht als Harmonisierung und Lebenserleichterung. Nur durch eine klare geistige, moralische und erkenntnismäßige Wende werden die zahllosen unheilvollen Konkurrenz- und Marktverdrängungskämpfe aufhören und auch Probleme wie „Standortfragen" oder „Billigimporte" der Vergangenheit angehören. Das Wahre sichert dauerhaft den Erfolg des Richtigen!

Wann sind Hochkultur und Lebensqualität von Dauer?

Der wachsende Komfort der letzten Jahre darf nicht darüber hinwegtäuschen, daß dieser nur für eine kurze Zeit gesichert ist und in sehr wenigen Jahren verschwinden würde, wenn nicht rechtzeitig eine entsprechende Erneuerung einsetzen könnte. Es gilt auch da die Bewertungsformel, daß die singuläre Erhöhung einer bestimmten Lebensqualität, womöglich nur in eng begrenzten Kulturbereichen, allenfalls anerkennenswert ist. Richtigerweise muß sie aber etwa in der Form bewertet werden: Wie hoch sind die dadurch geschaffenen Lebensqualitäten nach Abzug der zu erwartenden Folgekosten (Kredit, Naturzerstörung etc.), multipliziert mit der Zeit, in der sie aufrechterhalten werden konnten, multipliziert mit dem Anteil der Menschen, die davon profitieren und vermindert durch den Anteil der Menschen, die durch Verlust, Opfer und Leid zum Aufbau und Erhalt beitragen mußten? Eine ähnliche Bewertung ist auch in Industriezweigen und Wirtschaftsbereichen anzuwenden. Jeder kompetente Naturwissenschaftler weiß, daß unvollständige Maßgaben indifferent und wertlos, ja irreführend sind. *Deshalb enthalten auch die meisten Analysen und Prognosen irreführende Aussagen.*

Man vergleiche unter diesem geschärften Blickwinkel die vergangenen Hochkulturen, die fast alle für eine gewisse Zeit eine sehr hohe Kulturlage erreichten, diese aber nicht sehr lange aufrechterhalten konnten, weil sie in den meisten Fällen auf Kosten viel zu vieler Nebenfolgewirkungen gingen, die letzten Endes zerstörerisch auf die Hochkulturen einwirkten. Die westlichen Hochkulturen sind schon nach wenigen Jahrhunderten durch Weltkriege empfindlich zertrümmert worden und nun, in der nächsten Welle der inzwischen wieder angewachsenen Hochkulturen, stehen sie schon wieder am Vorabend eines empfindlichen Zusammenbruchs, weniger durch drohende Kriege als durch immanente Selbstzerstörungsprozesse: dadurch, daß die Menschen in immer größere Egoismen, in immer größere Unrast, in immer größere Wirrnisse, inneres Mißtrauen, wachsende Kriminalität usw. gelangen. Dies ist ein Selbstzerstörungsprozeß, der hervorgerufen wird durch versäumte moralische, sittliche und ethische Erziehung des heranwachsenden Menschen.

Und damit sind wir wieder am Ausgangspunkt der Betrachtungen des vorangegangenen Kapitels.

Sicherer Erfolg setzt eine geistige und moralische Persönlichkeitsentwicklung voraus

Es wäre naiv, überrascht zu sein darüber, daß immer mehr junge Menschen die gesellschaftlichen Normen und Gesetze in Frage stellen, sie nicht mehr beachten und im Strudel der verlorenen Bezüge zur Gesellschaft dazu neigen, zum Beispiel Automaten auszurauben, Scheiben einzuschlagen und sogar schwere Verbrechen zu begehen. Sie haben kein Gefühl mehr für Gemeinschaftsgüter und für Harmonie, also dafür, daß jeder Mensch versorgt ist, aber auch gleichzeitig jeder Mensch den Freiraum des anderen und seine Besitzverhältnisse respektiert. Wo aber soll der junge Mensch dieses erfahren haben, wenn statt höherer Werte in Medien, Bildungsstätten und sogar in der Arbeitswelt mehr und mehr eine im wesentlichen egoistische Gleichgültigkeit à la „jeder tue, was ihm gefällt" herrscht? Es ist eine weitverbreitete Auffassung, daß formale Erfüllung gewisser Arbeitsleistungen oder Dienstleistungen genügen müsse. Solche egoistisch-materialistische Kurzschlußsysteme in Dienstleistungs- und Wirtschaftsbereichen können nur zu einem einzigen Endpunkt (Attraktor) führen, nämlich dem totalen Zusammenbruch eines solchen Kultur- und Wirtschaftssystems.

Was also sind nun die Voraussetzungen eines zukünftigen Managements?

1. Das Management der Zukunft kann nur dauerhaft erfolgreich durchgeführt werden von Persönlichkeiten, die sich neben den üblichen Sachfragen umfassend kundig gemacht haben über die

naturwissenschaftlichen und göttlich-schöpferischen Gesetzmäßigkeiten des Daseins, über klare, dauerhafte Bewertungen der gesellschaftlichen und wirtschaftlichen Prozesse. Zumindest muß eine diesbezügliche Beratung eingerichtet und intuitiv verstanden werden.

2. Darüber hinaus muß eine führende Persönlichkeit alle erkannten Grundlagen menschlichen Seins nicht nur in sich aufgenommen haben, sondern in der Lage sein, sie einigermaßen problemlos im privaten Bereich ausleben zu können. Darum kann ein sicherer Erfolg nie durch eine Persönlichkeit eintreten, die eine Firmenleitung oder eine Abteilungsleitung übernehmen möchte, gleichzeitig aber nicht in der Lage ist, zum Beispiel ihre ehelichen und familiären Verhältnisse so zu ordnen, daß dort harmonische, entwicklungsgünstige Verhältnisse eintreten und gewahrt werden können.

3. Ebenso sind Erfolg und Sicherheit in Frage gestellt, wenn eine führende Persönlichkeit labil ist in bezug auf Süchte und Begierden, abhängig ist von gewissen Genüssen, womöglich zu Seitensprüngen neigt, labil ist in bezug auf Wahrhaftigkeit und Charakterfestigkeit, womöglich glaubt, daß man durch Intrigen und gegenseitigen Bevorteilungen in Zukunft im Management noch erfolgreich sein könne.

4. Wahrhaftigkeit, Charakterfestigkeit und Erkenntnisfähigkeit sind unabdingbare Anforderungen an eine Führungsebene, die zu dauerhaftem Erfolg und zu treffsicheren Entscheidungen in der Lage sein will. Sie bilden die Grundlage für eine treffsichere Intuition.

5. Intuitives Erkennen und Überschauen von Verhältnissen und Vorgängen muß ein Entwicklungsziel werden. „Herzdenken" muß genauso geachtet werden wie „Kopfdenken", denn reine Ratio begrenzt den Entscheidungshorizont.

Das Sein ist eine gesetzliche Einheit und vernetzt private Handlungsfolgen kausal mit geschäftlichen Handlungsbedingungen. – Dies mag für manchen befremdlich sein, doch solche Kohärenzen sind uns wohl bekannt aus den Gebieten der Mathematik und Physik. Die Kohärenz der inneren Gesetzmäßigkeiten der Persönlichkeit und des Seins führen daher bei negativer Persönlichkeitsentfaltung stets zu erschreckend unangenehmen Zusammenbruchserscheinungen, Fehlschlägen, Mißerfolgen beziehungsweise zu skandalösen Zuständen, die in Zukunft aufgrund wesentlich veränderter Umstände nicht mehr so harmlos verlaufen können wie bisher.

Es muß erkannt und verstanden werden, daß das Zeitalter sich wesentlich verändert hat und noch verändern wird. Unwahrhaftigkeiten, Bestechlichkeiten usw. werden in rasanter Schnelle zum Ausscheren einer solchen Persönlichkeit führen, und zwar nicht nur durch äußere Vorgänge, sondern auch durch innere, selbst verursachte Vorgänge. Die Ursachenwirkung des Schicksals sorgt selbst dafür, daß solche Persönlichkeiten in eigener Machtlosigkeit und äußeren Unfähigkeiten versinken. Unzählige Beispiele aus Politik und Wirtschaft beweisen dies nur zu deutlich.

Entwicklungsziele des Managements an der Jahrtausendwende

Eine verantwortungsvolle und auf dauerhaften Erfolg bedachte führende Persönlichkeit setzt sich zur Aufgabe, Grundlagen und Grundeinsichten zu erarbeiten, die ein Management und ein Führungsprinzip möglich machen, das geprägt ist durch Stabilität, dauernde Verbesserung der Lebenslage der Menschen und sich insbesondere zum Ziele setzt, den Menschen in seiner Reifeentwicklung zu fördern gemäß den Zielvorgaben der Kulturentwicklung und des einzelnen Menschen. Nach dem universellen Ausgleichsgesetz von Geben und Nehmen kann das eine führende Persönlichkeit aber nur dann fördern, wenn sie selbst all jene Eigenschaften an sich selbst verwirklicht hat, die sie von ihren Untergebenen fordert: Ehrlichkeit, Zuverlässigkeit, Harmonie, Menschenliebe, Nächstenliebe, Erkenntnis- und Entwicklungsfreude sowie Einsatzbereitschaft.

Die gesellschaftliche und kulturelle Verantwortung des zukünftigen Managements erfordert es, eine ausreichende Breite zu entwikkeln. Deshalb muß ein Manager interdisziplinär mit Wissenschaftlern und Persönlichkeiten aus allen Bereichen des kulturellen, sozialen, wissenschaftlichen, wirtschaftlichen und geistigen Lebens zusammenarbeiten. Auch der ästhetische Bereich darf nicht vernachlässigt werden, besonders der musische und der künstlerische.

Ein konkretes Beispiel: Führende Persönlichkeiten der Zukunft müssen sich verpflichtet fühlen, Baumaßnahmen nicht nur nach Nützlichkeitserwägungen auszurichten, sondern sie auch streng der Prüfung zu unterwerfen, ob sie die geistige und seelische Entfaltung des Menschen auch in der äußeren Form- und inneren Harmoniegestaltung unterstützen. 99 Prozent aller Fabrikbauten der letzten 50 beziehungsweise 100 Jahre sind größtenteils wertlos und oft sogar schädlich in bezug auf ihre Wirkung auf menschliches Empfinden. Menschen, die in diesen Gebäuden arbeiten, sind zwar witterungsunabhängig, weil sie ein Dach über dem Kopf haben und die Räume warm sind. Sie mögen sich auch relativ wohlfühlen, da zum Beispiel das Inventar gewissen Nützlichkeitsanforderungen genügt. Aber sie werden keine oder nur geringe ästhetische und seelisch stabilisierende Kräfte aus den Gebäuden und Einrichtungen schöpfen können, weil die Gebäude größtenteils lebens-, seelen- und geistesfeindlich sind. Diese Feindlichkeit drückt sich aus in *falschen Formen, falschen Proportionen* und oft in *falscher landschaftlicher Lage* und Umgebung. Fast alle Gebäude sind so veranlagt, daß man sie vergleichen kann mit einer Symphonie, in der fast kein Ton zum anderen harmoniert. Es gibt nur wenige Menschen, die in der Lage sind, täglich acht Stunden lang ohne innere Beeinträchtigung eine disharmonische Symphonie anzuhören. Es kann leicht nachgewiesen werden, daß dadurch seelische Schäden und in deren Gefolge Krankheit, Siechtum, Organschäden entstehen, die oft nur schwer ärztlich diagnostizier- und behandelbar sind. Die Folge ist aber auch nachlassende Schaffenskraft und Innovationsfähigkeit, mangelnde Motivation und Interesselosigkeit.

Die deprimierenden Städtebilder zeigen ja, daß gerade auch in Europa baulich viel gesündigt wurde und daß es höchste Zeit ist, daß sich das Management auch mit der Frage beschäftigt: Was sind menschenwürdige Bauten? Früher haben Adelsgeschlechter und Herrscherhäuser durch die Konzentration der finanziellen Möglichkeiten formschöne, vorbildliche Gebäude und Stadtteile geschaffen, von denen wir heute noch profitieren. Heute ist es in besonderem Maße Aufgabe der Manager, anstelle von Zweckbauten Gebäude zu erstellen, die dem menschlichen Wohlbefinden und der kulturellen Entwicklung dienlich sind. Daß das bisher noch nicht geschehen ist, hat entscheidend negative Rückwirkungen auf Gesellschaft und Wirtschaft bewirkt und muß daher dringend geändert werden.

Der Manager, der dauerhaften und durchgreifenden Erfolg anstrebt, wird daher Zweckbauten so errichten lassen, daß sie nicht nur dem Zweck dienlich sind, sondern auch noch darüber hinaus den arbeitenden Menschen in höhere Harmonie und zu neuen, sinnerkennenden Bestrebungen führen können, Gebäude also, die auch noch nach Jahrhunderten zweckdienlich sein können und deren äußere Form und Ästhetik dennoch gerne gesehen werden und eine Freude für jeden Menschen sind. Dies wäre auch ein beachtlicher Beitrag zur echten, dauerhaften Anhebung des Bruttosozialproduktes, da diese Werte von Dauer und von positiver Wirksamkeit sind. Die Folge wäre gesteigerte Innovationsfähigkeit der Menschen und gesteigerte Schaffenskraft in seelisch gestärkter Motivation für Geduld, Ausdauer und Liebe zur Sache.

Solche Faktoren werden heutzutage massiv unterschätzt und schlagen sich nieder in dem, was wir die Sozial- und Gesundheitskosten nennen. Das, was wir zum Beispiel bei den Gebäuden an der äußeren Form gespart haben, zahlen die gesellschaftlichen Kulturen zurück durch die gewachsenen Gesundheitskosten und durch die Kosten aus Zerstörungsprozessen entwurzelter und seelisch disharmonisierter Menschen. Nicht zuletzt zahlen wir es auch mit dem, was durch geschwächte Schaffenskraft und durch seelische Instabilität am Arbeitsplatz an Wirtschaftskraft verlorengeht.

Die seiner Klage über die Nachteile des „Standort Deutschland" sollte die Manager bedenken, daß das bisherige Management etwa

70 Prozent der wirtschaftsentscheidenden Ideen und Erfindungen ins Ausland wandern ließ beziehungsweise brachlegte.

Das Management muß sich mitverantwortlich fühlen für die innere Qualität von Forschung, Lehre und Bildung, denn die meisten der in diesen Systemen herangebildeten jungen Menschen werden einmal in Firmen auftauchen und sollten dort qualitätvoll und produktiv arbeiten. Schon längst hätte durch das Management eine spezifische Förderung von Bildungs- und akademischen Ausbildungsplätzen erfolgen müssen, etwa in *demselben* Ausmaß, wie Sachforschungen bislang in Milliardenhöhe gefördert wurden. Doch die Probleme der Hochkulturen sind nicht nur technologische Sachfragen, sondern vor allem auch Fragen der menschlichen Lebenszielsetzungen und Erkenntniseinsichten. Eine mangelhafte Ausbildung in diesen Bereichen muß zwangsläufig – wie geschehen – stets in gesellschaftliche, soziale und strukturelle Krisen führen.

Das Management der Zukunft hat also auch die Aufgabe, ein wachsames Auge auf neueste Erkenntnisse in wissenschaftlichen Bereichen, insbesondere in Physik und Mathematik, zu haben, da von dort – wie schon in der griechisch-klassischen Zeit – vertiefte Erkenntniseinsichten zu erwarten sind, die meist viel tiefgründiger sind, als derzeit bekannt.

Werden von führenden Persönlichkeiten in dieser angedeuteten Breite und Tiefe Einsichten und Erkenntnisse gewonnen, Fähigkeiten und Reifestufen verwirklicht, dann arbeiten solche Führungskräfte *mit* den geistigen Gesetzen der Wirklichkeit und nicht mehr dagegen, also in Symphonie und Konkordanz mit den Kräften und Gesetzen der Natur und des Menschen, seiner Seele und seiner Geistes- und Daseinsbestimmung. Dann werden Mißerfolg, Zusammenbruch, Arbeitskampf, Inflation usw. sehr bald zum Fremdwort werden.

Die Bedeutung der Mathematik für Menschen und Organisationen: Beispiele

Die Mathematik als zentrale Wissenschaft hat seit geschichtlichen Zeiten diese zentrale Rolle nie verloren. Je nach Zeitalter wurden die mathematischen Prinzipien mal mehr, mal weniger beachtet, und dementsprechend klar oder unklar war die Erkenntnislage der entsprechenden Kulturepochen.

Selbstverständlich war und ist die Mathematik nie in irgendeiner Hinsicht vollendet. Sie bedarf der dauernden Weiterentfaltung wie alles menschliche Erkennen. Oft lag während langer Epochen bekanntes mathematisches Wissen und Können brach und wurde kaum in die Erkenntnis des Menschen einbezogen oder im täglichen Leben angewendet. Es mag überraschen, ist aber bedauerlicherweise wahr, daß gerade auch die heutige Hochkulturepoche des ausgehenden 20. Jahrhunderts mathematisches Wissen und Können gar nicht so sehr in das Kulturleben und in die Erkenntnisgewinnung einbezieht, auch wenn dies gern und dauernd behauptet oder geglaubt wird.

Zwar wird Mathematik als Kern des „wissenschaftlichen Zeitalters“ in allen Wissensgebieten eingesetzt und verwendet, aber bei genauerer Untersuchung stellt sich ein erschreckendes Maß von Halbwissen, Unkenntnis, Mißbrauch und Ignoranz heraus. Technologische und wirtschaftliche Folgen dieses Mißstandes können gar nicht ausbleiben. Viele Rückschläge gehen auf eine mangelhaft oder falsch verstandenen Mathematik zurück.

Doch noch ernüchternder und betrüblicher ist die Situation in den Erkenntnis- und Denkweisen politischen, wirtschaftlichen, juristischen, sozialen und führungsrelevanten Ebenen. So werden bis heute in Vorstandsetagen und Gremiensitzungen immer wieder Mechanismen „erfunden“, entwickelt und als neu vorgestellt, die zum Teil auf alten und wohlbekannten mathematischen Prinzipien beruhen (oft sind diese sogar viel weiter entwickelt, als die „neuen Erkenntnisse“ der Manager). Bis auf elementarstes Rechnen gehen dort nahezu keinerlei naturwissenschaftliche und mathematische

Erkenntnisprinzipien ein. Es werden Verhandlungen, Abstimmungen, Entscheidungen und Zukunftsplanungen nach alter und leider nicht bewährter Artdurchgeführt: „So wie es gerade in den Kopf kommt und wie es ein paar naive Computerberechnungen nahelegen, so wird es schon richtig sein." Schon einfachste Entscheidungsgremiensitzungen gehen in fast allen Fällen den denkbar schlechtesten Weg, weil elementare Seinsprinzipien vernachlässigt, die Bedeutung mathematischer Prinzipien unterschätzt und diese daher nicht angewendet werden.

Eines der mathematisch am einfachsten zu begründenden Prinzipien ist das „Prinzip der Gruppe", das der inneren Symmetrie. Es begründet nicht nur die Mathematik fundamental, sondern liegt auch sowohl der physikalischen als auch der geistigen Welt zugrunde, da beide Welten ja ineinander verzahnt sind. So gibt es zum Beispiel bei Zahlen das Prinzip, daß jede Zahl eine „Gegenzahl" besitzt (negative Zahl bei Addition, reziproke Zahl bei Multiplikation). Die Addition beziehungsweise Multiplikation solcher Zahlpaare ergibt stets Null oder Eins.

Folgerung und Regel: Jede Kampfstrategie lobbyistischer oder übervorteilender Art *schafft sich selbst* die reziproke Strategie, welche genau die ins Auge gefaßte Strategie neutralisiert. Das läßt sich qualitativ mit

$a + (-a) = 0$

darstellen. Dieses allereinfachste Prinzip ist allen Menschen geläufig, in der Physik ist es auch als „actio = reactio" bekannt. Dennoch wird nur in den seltensten Fällen erkannt, daß es auch *in allen Lebensbereichen,* und also auch im Management, wirksam ist.

Ein weiteres lebhaftes Anschauungsbeispiel für den einfachsten Fall eines fünfköpfingen Gremiums ist das Pendelspiel mit zum Beispiel fünf seriellen Pendeln, wobei durch Hinzunahme höherer Freiheitsgrade entsprechend höhere mathematische Gesetze mitwirken. Das naturgesetzlich wirksame Gruppengesetz wirkt so streng, daß es eine absolute Torheit ist, etwa die Empfehlung „Du sollst kein falsches Zeugnis geben" zu beschmunzeln. Die Strategie der Unwahrhaftigkeit wirkt *per Naturgesetz* unweigerlich in der kausalen Rückwirkung *negativ* auf den Verursacher (Denker und Sprecher) zurück!

Diese religiös anmutende Aussage wird zwar richtigerweise auch in religiösen Kreisen gelehrt, ist aber trotzdem ein schöpfungsinhärentes mathematisch-physikalisches und daher auch geistiges Prinzip. Wer es ignoriert, schafft sich selbst Widerstände, Gegnerschaften, Lebens- und Wirtschaftsumstände, die scheinbar wie zufällig gegen ihn stehen. Solch unnötiges Erzeugen von Gegensatz und Widerstand könnte also vermieden und sogar konstruktiv hinübergeführt werden in eine selbständige, zur *Selbstorganisation* drängende Dynamik wahrer Entscheidungen.

Es gibt eine Reihe weiterer Elementarprinzipien, die aus dem naturgesetzlichen *Distributivprinzip* folgen oder aus dem Prinzip der *Iteration* linearer und nichtlinearer Entscheidungsprozesse (etwa in Vorstands- und Gremiensitzungen). Aus ihnen lassen sich einschneidende Verhaltensnotwendigkeiten ableiten, die aber erst nach Einsicht in der richtigen intuitiven Weise umgesetzt werden können.

Wirtschaftskomplexe zwischen Produktion und Marktnachfrage sind meist hochempfindliche dynamische Systeme, in denen selbst unscheinbare Entscheidungen massiven Einfluß zum Beispiel auf das Marktgeschehen haben. Nun stelle man sich vor, daß solche Elementarprinzipien dauernd und täglich in herausfordernder Weise mißachtet werden. Nach Stunden, Tagen, Wochen oder auch erst nach Jahren, ist die Kippschwelle der Gegenwirkungen erreicht. So wie einseitig aufgehäufte elektrische Ladungen in einem Blitz wieder zum Ausgleich drängen, treten dann wie aus heiterem Himmel scheinbar unberechenbare Schicksalsschläge in den Lebensweg, in die kulturelle oder wirtschaftliche Landschaft, und man weiß nicht, wie all die sich plötzlich überhäufenden Mißstände und „Unglücks“-Umstände zu bewältigen sind.

In der universellen Gesamtwirkung kann zum Beispiel ein verheerendes Unwetter einem Unternehmen vollends den letzten Stoß zum Bankrott geben, nicht weil das Unwetter „ein böser Zufall“ ist oder die Firmenleitung eine Pechsträhne hat, sondern weil in der

Gesamtveranlagung durch falsche moralische, sachliche und daseinsrelevante Entscheidungen dauernd Gegenwirkungen verursacht wurden. Doch auch gesamtgesellschaftlich kommen uns die *Verletzung und Vernachlässigung* einfachster Gesetzmäßigkeiten und höherer Daseinsprinzipien teuer zu stehen.

Allein die Mißachtung einfachster Regeln kostet uns von Jahr zu Jahr immer mehr an sogenannten inneren „Reibungsverlusten". Eine globale volkswirtschaftliche Rechnung ergibt einen seit etwa 20 Jahren kontinuierlich wachsenden Verlust, welcher derzeit etwa 30 Prozent des Bruttosozialprodukts ausmacht. Dieser Verlust entsteht schon auf der untersten Ebene durch die Kosten aus den inzwischen unübersehbaren Schutzmaßnahmen gegen Einbruch, Diebstahl, Entwendung, Betrug usw. beziehungsweise durch die Folgekosten dieser Eigentumsdelikte, durch den sozialen und moralischen Gegensatz. Auf höheren Ebenen sind grob fahrlässige Planungen, falsche Zielsetzungen und der permanente Drang zur Übervorteilung anderer Gründe für die Verluste, auf höchster Ebene Macht- und Konkurrenzkämpfe in allen Bereichen unserer Gesellschaft.

Auch der dauernde Arbeitskampf wäre unnötig, wenn beide Parteien nicht immer nur ihren jeweils größten Vorteil suchen würden, sondern den Vorteil der *Gesamtheit* (Problem der *Konvergenz* im n-fachen Konfliktfall, welches weiter unten genauer skizziert wird). Die Einheit der Handelnden, die zielgerichtete Einheit aus höherer Erkenntnis, würde nicht Gegensätze, sondern wechselseitige Verstärkung und Unterstützung schaffen – also auch zwischen Management und Arbeitnehmer – wodurch Produktionskräfte und schöpferische Fähigkeiten wüchsen. Im volkswirtschaftlichen Effekt würden zum Beispiel die Löhne, gemessen am üblichen Stand, um mehr als 10 bis 20 Prozent wachsen, weil dieser Betrag derzeit durch „Reibungsverluste" in der Gegensätzlichkeit verloren geht und dann größtenteils frei würde! Alle diese Überlegungen lassen sich mathematisch präzise nachvollziehen und beweisen. Während in der Nachkriegszeit noch das *gesamte* Bruttosozialprodukt durch Aufbauprozesse in das Vermögen der Volksgemeinschaft überging, waren es 1960 nur noch 90 Prozent und in den 90er Jahren nur noch 70 Prozent. Dieser Verlusteffekt steigert sich leider immer mehr und kann nur durch positive Gegensteuerung, zum Beispiel beginnend im Management, aufgefangen und positiv verändert werden. Lobbyistische Parteilichkeiten und Interessenkämpfe führen auf beiden Seiten nur zu empfindlichen Einbußen und Verlusten, die aber in naher Zukunft vermieden werden könnten.

Beschreibt $U = (U_1,\ldots,U_n) = U\ (t,x)$ die gesellschaftliche Änderungs- und Entwicklungstendenz gemessen in Struktur- und Qualitätsentwicklung der Gesellschaft, bezogen pro Zeiteinheit t auf die jeweilige i-te Wertekategorie (wie Harmonie, Ordnung, Versorgung, Vollbeschäftigung, Leistungsbilanz, Gewinn usw.) abhängig von der Zeit t und von den Lebens- und Produktionslokalitäten x (räumlich oder personenindividuell gemessen), so stellen folgende Formeln

$$\frac{\delta U}{\delta t} + (\mathrm{Ugrad})\,U = K - \frac{\mathrm{gradB}}{d} + R\Delta U$$

$$\frac{\delta d}{\delta t} + \mathrm{div}(dU) = 0$$

die qualitativen Bilanzgleichungen menschlicher Lebensgesellschaften dar. K sind äußere Einwirkungen auf einen gesellschaftlichen Bereich, B die lokalen Anforderungsbelastungen, $d = d\ (t,x)$ die lokale Dichte (personelle, industrielle etc.) und R der symmetrische $n \times n$ Tensor der inneren Reibungskräfte, welcher im allgemeinen von B abhängt, also $R = R\ (B)$.

Es ist bekannt, daß die dissipativen Verluste, das heißt der durch innere Reibung verursachte „Energieverlust“, in Form entropischer „Nicht-mehr-Rückführbarkeit“ von gesellschaftlichen Werten und Kräften, etwa proportional sind:

$$\sum_k \int \mathrm{rot}_k\, U^T R^2\, \mathrm{rot}_k\, U\, dx_1 \ldots dx_n$$

Dabei ist rot_k k-ter Wurzeloperator von Δ, also

$$rot_k\, rot_k U = e^{\sqrt{-1}\varphi} \Delta U$$

und

$$rot_i rot_j U = 0 \text{ für } i \neq j$$

Sie betragen in unseren Gesellschaften derzeit etwa 30 Prozent der Gesamtwirkungen. Es ist aus der mathematischen Theorie bekannt, daß durchaus rotationsfreie *U*-Entwicklungen möglich sind, die im Prinzip jede Zielentwicklung (Randvorgabe) ermöglichen, aber dennoch in sich weitgehend verlustfrei sind! Solche inzwischen naturwissenschaftlich wohl studierte Eigenschaften werden, obwohl schon seit Jahrzehnten bekannt, immer noch nicht bewußtseins- und erkenntnismäßig realisiert und in die Lebenspraxis eingebracht.

Welche unvorstellbaren Harmonisierungen und Wirkungskohärenzen entfaltet werden könnten, wenn dieses alles zum Beispiel in der Führungsebene erfaßt und berücksichtigt würde, beweisen einfachste Phänomene aus der Naturwissenschaft. So gilt zum Beispiel auch in der Gesellschaft und in der Wirtschaft das Bernoullische Gesetz, welches aus obiger Differentialgleichung folgt. Es besagt, daß die Anforderungsbelastung B auf einen Firmen- oder Industriebereich am höchsten ist, wenn die Entwicklung *U* tendenziell gegen Null geht, daß *B* aber *abnimmt*, wenn *U* tendenziell zunimmt. Dies ist auch der Grund dafür, daß belastete Firmen rapide defizitär werden. Folgerung: Nachlassende Strukturkohärenz führt zugleich zu einer Zunahme der Anforderungsbelastung – womit *R* zunimmt, da *R* im allgemeinen eine Funktion der Belastung *B* ist –, und damit zu Stagnation des Unternehmens.

Ein anderes, extrem vereinfachtes Bild veranschaulicht auf andere Weise die Verluste bei Abnahme von Harmonie und Kohärenz.

Wenn wir in Abbildung 13 K_1 und K_2 als die Kontrahenten einer Verhandlung verstehen, so stellt Fall I in Abbildung 13 den Fall optimaler Kohärenz (Synergieeffekt) dar. II und III zeigt zwei Fälle durchgehender Divergenz: Die einen wollen möglichst wenig

Leistung zuerkennen (Trend nach links), die anderen wollen möglichst wenig Arbeit leisten aber möglichst viel Leistung anerkannt bekommen (Trend nach rechts). Je extremer diese Polarisierung ist, desto rascher treten „Reibungsverluste" auf. Im Beispiel sind dies qualitativ

$$100 \cdot (1 - \cos(w))\%$$

der Gesamtwirkungsmöglichkeit, wenn *w* den Trendwinkel nach links beziehungsweise rechts beschreibt.

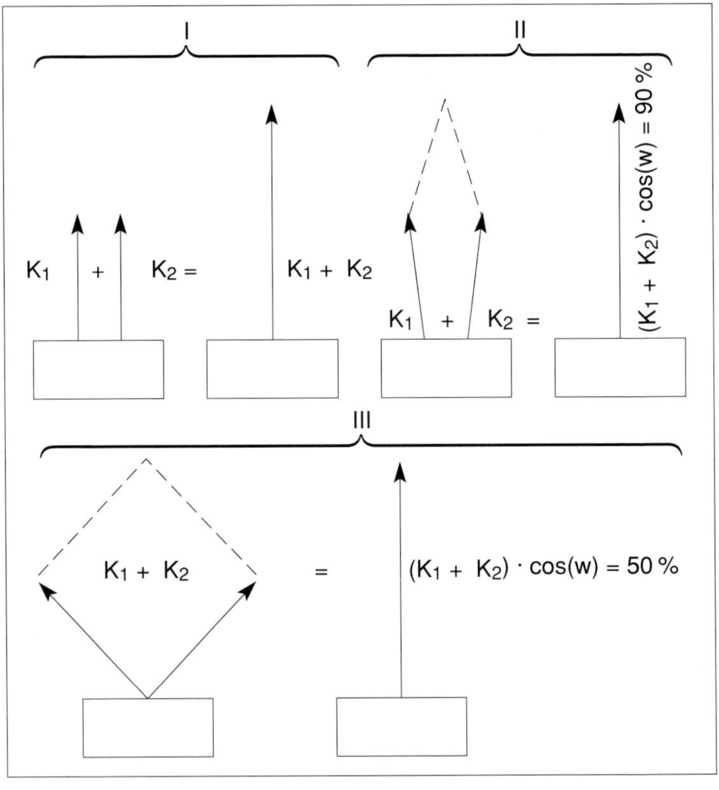

Abbildung 13: Potentielle Reibungsverluste in Unternehmen

Wie unüberschaubar und sensibel physikalische wie auch gesellschaftliche hierarchische Strukturen sein können, kann an folgendem Modellfall veranschaulicht werden. Eine genaue mathematische Analyse macht es sogar möglich zu beweisen, daß ausnahmslos alle hierarchisch geführten Strukturen, welche keine innere Eigenstruktur oder verantwortliche Selbstorganisation enthalten oder zulassen (was bei fast allen bisherigen und derzeitigen Staats- und Wirtschaftsstrukturen der Fall ist), früher oder später instabil werden, das heißt in unkontrollierbare Subbereiche zerfallen *müssen*.

Zunächst das verblüffende, allereinfachste Anschauungsbeispiel (vgl. Abbildung 14).

Auf einem idealen Billardtisch mit der Länge 10 m seien Billardkugeln mit dem Durchmesser d = 3 cm im Abstand von l = 30 cm in einer exakten mathematischen Linie hintereinander aufgereiht.

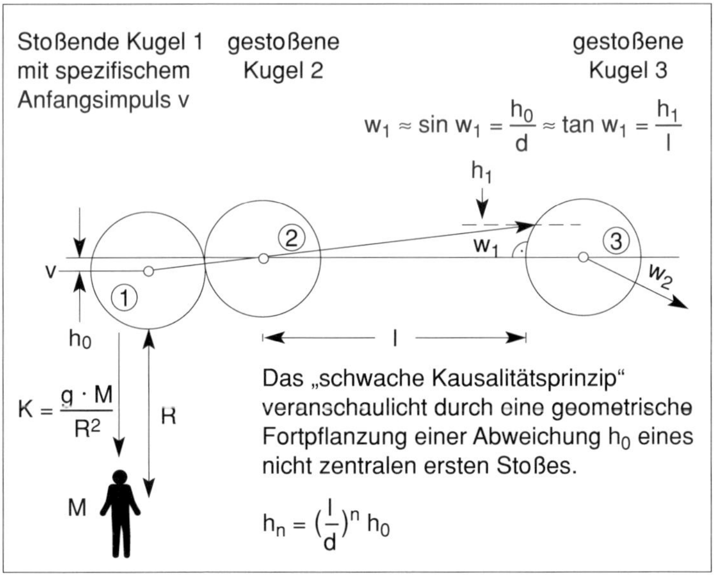

Abbildung 14: Hierarchische Führung als Billardspiel

Eine erste Kugel K_1 (Führungsebene) wird exakt auf dieser Linie losgestoßen um die zweite Kugel K_2 zu stoßen, diese wiederum die Kugel K_3 usw. Die Kugeln K_2, K_3 usw. entsprechen Unterebenen, die den Aktionsauftrag von K_1, hier den Impuls, hierarchisch in alle unteren Ebenen weitergeben sollen.

Es stellt sich nun die Frage: Kann dieser Prozeß (Führungsprozeß) berechnet werden, wenn alle Daten exakt bekannt sind? Der spezifische Impuls der ersten Kugel sei exakt $v = 25/3$ [*m/sec*]. (Alle Kugeln haben die gleiche Masse, weshalb die Rechnung spezifisch ohne Masse gerechnet werden kann.)

Nehmen wir nun an, daß um den Billardtisch Menschen stehen, zum Beispiel ein Beobachter mit M = 100 kg Körpermasse, etwa in Höhe der Kugel K_1 im Abstand von $R = 1$ m, dann wirkt also eine verschwindend geringe Gravitationskraft K von diesem Menschen auf die erste Kugel K_1 während ihres Laufes von $l = 30$ cm ein. Diese Kraft ist

$$K = g \cdot \frac{m \cdot M}{R^2}$$

Damit beträgt die Querbeschleunigung b an der Kugel K_1.

$$b = \frac{g \cdot M}{R^2}$$

Daraus ergibt sich in der Zeit $t = l/v$ eine minimale Seitenverschiebung der Kugel K_1 um

$$h_0 = b \cdot \frac{t^2}{2} = \frac{g \cdot M \cdot l^2}{2\,R^2 \cdot v^2}$$

Gravitationskonstante ist $g = 6{,}67 \times 10^{-11}\ m^3/kg\ sec^2$.

Im Beispiel ist $h_0 = 0{,}43 \times 10^{-11}\ m$, also weniger als ein Milliardstel Zentimeter! Doch diese kleine Abweichung ergibt, daß K_1 nicht mehr zentral auf K_2 stößt, sondern leicht seitlich, womit die zweite Kugel K_2 mit dem folgenden Ablenkwinkel gestoßen wird:

$$w_1 \approx \frac{h_0}{d}$$

Dadurch trifft diese nach der Weglänge *l* mit der minimalen Querverschiebung

$$h_1 \approx l \cdot w_1 = \left(\frac{l}{d}\right)^1 \cdot h_0$$

auf die dritte Kugel K_3. Dieser Prozeß setzt sich nun von Stoß zu Stoß fort, so daß die *n*-te Kugel auf die (*n* + 1)-te Kugel mit der Querverschiebung

$$h_n \approx \left(\frac{l}{d}\right)^n \cdot h_0$$

trifft. Nun ist $l/d = 10$, so daß ganz leicht erkennbar ist, nach wieviel Stößen *n*

$$h_n \approx 10^n \cdot 0{,}43 \cdot 10^{-9} \text{ cm}$$

eine Größenordnung von etwa $d/2 = 1{,}5$ cm erreicht wird, weil dann bereits die (*n* + 1)-te Kugel *nicht* mehr getroffen wird.

Wer nun glaubt, daß dazu unvorstellbar viele Stöße (Hierarchieebenen) notwendig seien, der irrt gewaltig. Bereits nach n = 10 Stößen gilt:

$$h_{10} = 4{,}3 \text{ cm}$$

Das heißt, daß schon nach zehn Weiterreichungen des nur durch die Gegenwart eines dabeistehenden Menschen verursachten, minimal verfälschten ersten Impulses (Plandirektive, Gesetzgebung etc.), jede Folgereaktion von der Hierarchie entkoppelt ist. Sie ist also nicht mehr von der ersten Kugel aus kontrollierbar und deshalb auch nicht mehr mathematisch berechenbar, wenn wir – wie üblich – annehmen, daß die *erste geringste Störung unbekannt* ist!

Dieses Problem ist neuerdings als Problematik der Kausalitätenforschung genauer untersucht worden und wird als Problem der „schwachen Kausalität" bezeichnet. Es ist daher naiv oder unklug, wenn Gesellschafts- und Wirtschaftssysteme nur „schwach kausal" angelegt werden. Man bedenke, daß selbst diktatorische Gewaltregime stets „schwach kausal" sind, womit bewiesen ist, daß selbst hierarchische Diktaturen früher oder später unaufhaltsam in Unkontrollierbarkeiten zusammenbrechen *müssen*!

Innere moralische Werte wie Liebe, Harmonie, Kohärenz, Kooperation, Selbstorganisation usw. sind die einzigen Möglichkeiten, in menschlichen Lebensbereichen stabile, „stark kausale" Strukturen zu schaffen. Diese sind dadurch sogar in besonderem Maße demokratisch, weil der freiwillige Beitrag des einzelnen unabdingbar ist! So mag es paradox klingen, wenn gerade der Begriff „starke Kausalität" mit *freiwilligem* Eigenbeitrag der Individuen zusammentrifft. Es ist daher besser, in diesem Zusammenhang statt mit dem Begriff „starke Kausalität" mit dem äquivalenten Spruch *„Ähnliche Ursachen haben ähnliche Wirkungen"* zu arbeiten. Damit schließt sich der Kreis wieder zu den Erkenntnissen, die an anderer Stelle schon formuliert wurden: Die Umgebung reagiert gemäß seelisch-geistiger Gesetzmäßigkeiten stets in ähnlicher Weise, wie der Urheber agiert hat („Wie man in den Wald hineinruft, so schallt es zurück", oder: „Mit welchen Waffen du kämpfst, durch solche wirst du umkommen", oder aber auch positiv: „Wie es gedacht wird im Einklang mit den Seinsgesetzen, so wird es geschehen", usw.).

Wie klein und eng begrenzt derzeit unsere Naturwissenschaften immer noch sind, zeigt die aus obiger Theorie resultierenden Tatsache, daß bisher fast ausschließlich eine Naturwissenschaft der „starken Kausalität" besteht, also bisher nur ein verschwindend kleiner Bruchteil der tatsächlichen Wirklichkeiten erfaßt wurde. Schon *ein einzelner* Felsbrocken (100 kg) jenseits der Mondbahn (in etwa einer Million Kilometer Entfernung) bewirkt nach *nur* n = 29 Stößen etwa denselben Effekt wie bei obigem Billardbeispiel ein danebenstehender Beobachter.

Welchen Sinn macht es daher, nach alten kausalen Prinzipien mit immer leistungsstärkeren Computern und Teilchenbeschleunigungen solche sensiblen Prozesse berechnen und ausmessen zu wollen? Immerhin ist durch solche neueste Forschungsergebnisse erwiesen, daß der Einfluß von Mond und fernen Planeten auf Prozesse auf unserer Erde (Wetter, Befinden von Lebewesen usw.) geradezu selbstverständlich ist. Damit wird auch klar, weshalb zum Beispiel Turbulenzverhalten von fließenden Gewässern (Bäche, Leitungswasser etc.) tatsächlich von den Mondphasen (das heißt von der Dreieckskonstellation Sonne-Erde-Mond) und auch von vielen anderen Einflüssen bedeutend abhängig ist.

Diese Diskussion mag den Führungspersönlichkeiten einen ersten Einblick davon vermitteln, wie tiefgreifend verwoben alle Vorgänge und Prozesse sein können und daß billige, positivistische Machbarkeitsvorstellungen im allgemeinen keine Gültigkeit mehr haben können. Insbesondere sind sogenannte „wissenschaftlich fundierte" Gutachten insoweit in Frage zu stellen, wie sie keinerlei Diskussion über starke und schwache Kausalitätsverhältnisse enthalten. Die entscheidende Konsequenz für Management und Führungsstrukturen ist daher die Einsicht, daß bisherige „Machbarkeitsvorstellungen" keinen dauerhaften Erfolg zeitigen können. Das leisten nur Strukturen, die innere Kohärenzen und selbstkontrollierende Prinzipien sowie auf Geist und Seele bezogene Handlungsweisen verwirklichen.

Die hier skizzierten Fallbeispiele belegen deutlich, daß es Wechselwirkungen zwischen Management, Arbeitnehmer und gesellschaftlichen Anforderungen gibt, die bei bloßer Anschauung unlösbar erscheinen, aber bei tieferer Kenntnis, Einsicht und Erkenntnis der Dinge dennoch lösbar sind. Durch entsprechende Übertragungen der Effekte von Resonanz, Kontrolle der Egoismen und innerer Kohärenz von Sein und Mensch wird Erfolg und Durchbruch erzielt!

Dieses Entwicklungsziel, in allen gesellschaftlichen und menschlichen Lebensbereichen schier unlösbare Probleme lösbar zu machen, ist Grundlage dieser Darlegungen, die in dieser Kompaktheit jedoch nur skizzenhaft und punktuell bleiben mußten. Der ernsthaft Interessierte wird jedoch erkennen können, daß hinter allen skizzierten Betrachtungen eine ungleich tiefer- und weitergehende

Erkenntnis und Wissensklarheit waltet, deren Eisbergspitzen hier nur vage aufblitzen konnten. Die Erfahrungen sowohl naturwissenschaftlicher als auch gesellschaftlicher Art haben inzwischen mehr als genug bewiesen, daß die alten Konzepte auf weiter Strecke stets in erfolgslose „Sackgassen" führen.

Das kommende Zeitalter

Das Zeitalter egoistischer und egozentrischer Maßgabe in allen Seinsbereichen geht zu Ende. Wir treten in diesen Jahren ein in das beginnende Zeitalter der Verwirklichung wachsender Liebe zur göttlichen Gesamtheit und zur Harmonie des Seins wie auch wachsender Achtung und Liebe der Menschen untereinander.

Höhere göttliche (überkonfessionelle) Einsichten in die Schöpfungs- und Daseinsgesetzmäßigkeiten können bei gutem Willen erlagt und entsprechende Folgerungen daraus gezogen werden. Diesen Prozeß hat jeder vorrangig bei sich persönlich, sodann in seinem Familienverband und schließlich in Beruf und Gesellschaft zu verwirklichen. Als Folge davon wächst die persönliche seelische und geistige Wirkungssphäre der Führungspersönlichkeit, welche durch Vorbild und *Verwirklichung* die Menschen und die Verhältnisse der Umgebung dazu anregt, darin einzustimmen. Damit verwirklicht sich dauerhafter Erfolg.

Diese wachsende Kohärenz und Harmonie sowohl mit den Seinsgesetzmäßigkeiten – wozu Moral- und Naturgesetze ebenso zählen wie wahrheitsgemäße Erkenntnis – als auch mit den Mitmenschen und der Natur führen zu äußerst effektiven und erfolgreichen Schaffens- und Entwicklungsumständen. Dadurch nehmen die derzeitigen Reibungsverluste durch Gegensatzwirkungen ab und eine Gesamtzunahme von Wohlstand, Freude, Zufriedenheit, Erfolg, Zuversicht und menschlicher Reifeentwicklung wird in unvorstellbarer Weise gefördert.

Geschultes Herzdenken und erhöhte Erkenntnisfähigkeit schaffen Überblick, Weitsicht und vorausschauende Treffsicherheit. Mißerfolg, Pechsträhnen, Arbeitslosigkeit, Umweltzerstörung, Strukturverlust, gesellschaftliche Disharmonie und Aggression werden zu Fremdwörtern. Sie werden abgelöst durch die zielgerichtete, unbeirrbare und unaufhaltsame Erfolgsserie, durch die entfalteten Kräfte göttlicher Liebe, höherer Einsicht und durch den Einsatz derzeit noch schlummernder positiver Kräfte der Seele und des Geistes.

Jules T. Muheim, Jahrgang 1934, promovierte 1964 an der Technischen Hochschule in Zürich in Experimentalphysik. Während seines wissenschaftlichen Arbeitens zur Dissertation entdeckte er die Spindichtewellen. Während seiner weiteren Forschungstätigkeiten (unter anderem an Funkenmassenspektren) folgen weitere Entdeckungen. Aus der Übertragung der Gesetzmäßigkeiten des Plasmas auf das Universum entwickelt er von 1980 an die Wechselwirkungs-Kosmologie, die eine psychische Struktur der Welt impliziert.

Management im Licht der Wechselwirkungskosmologie

von Jules T. Muheim

Die Wechselwirkungskosmologie vertritt – im Gegensatz zu den heute gültigen Vorstellungen – die These, daß der Kosmos physikalisch durch Gedankenfelder vernetzt ist, das heißt, daß im Kosmos nichts existiert, was nicht in irgendeiner Form alles andere beeinflußt und von ihm beeinflußt wird. Wir sind gewohnt, Gegenstände isoliert und unabhängig vom Kosmos zu betrachten. So scheint zum Beispiel ein Autounfall rein zufällig zu geschehen und den Kosmos nicht, oder nur marginal, zu beeinflussen. Er passiert aber keineswegs zufällig, sondern ist das Ergebnis aller Wechselwirkungen, die zwischen den am Unfall Beteiligten und dem Kosmos bestehen. Der Mensch steht über physikalisch beschreibbare Felder mit dem Kosmos in Verbindung. Er ist selbst ein solches Feld. Auch das Auto und der Treibstoff sind im Sinne der Wechselwirkungskosmologie „Lebewesen", denn sie bestehen aus belebten Atomen, wenn auch auf quantitativ anderer Stufe als Mensch und Tier. Folglich hat das Auto genauso wie der Mensch ein Psychefeld, und somit wirken auch bei einem Autounfall beide Felder auf den Kosmos ein.

Wenn ein Computer aus eingegebenen Daten ein Resultat errechnet, so ist dieses Resultat nicht nur ein abstraktes Zahlenergebnis, sondern ein psychisches Feld, das in Raum und Zeit gespeichert wird und dadurch den Kosmos beeinflußt.

Was hat nun Management mit der Wechselwirkungskosmologie zu tun? Unter Management versteht man entweder eine Führungscrew (materiebelegt) oder die Führung eines Organismus, Leadership (materiefrei). Wechselwirkungskosmologisch sind beide Arten von tun, ebenso wie die Primzahlen selbst. Ist dieser Wandel disharmonisch oder gestört, so entstehen energetische Hindernisse. Aus diesem Grund werden Primzahlen oft mit Blockaden verknüpft (D. Sarkar). Dies ist zweifellos zutreffend, deutet aber nur die „malfunction" an. Der Wandel selber ist Grundprinzip aller Naturgesetzlichkeit und damit immer harmonisch. Die primäre Aufgabe des Managements ist also, harmonische Belebung zu ermöglichen und die Entstehung von Blockaden zu verhindern.

Theoretische Grundlagen

Um das Ergebnis gleich vorwegzunehmen: Management ist in kosmologischem Sinne dann systemgerecht, wenn es lokal wie global verantwortlich handelt. Was heißt das?

Im Licht der allkohärenten (allbewußten) Wechselwirkungskosmologie ist der Kosmos ein unendlich komplexer „Betrieb", nämlich ein lebender Organismus. In diesem Organismus ist nichts, aber auch gar nichts, dem Zufall überlassen, weil nämlich selbst der hinterste und letzte Elementarprozeß via das komplette Naturgesetz harmonisch ins Ganze eingebettet ist. Dieser „Betrieb" ist eine Groß-Gedankenform, besser bekannt unter dem Namen „Universum". Dabei genügt es zu wissen, daß es sich bei dieser Groß-Gedankenform um ein unendlich komplexes, in bestimmter Weise topologisch geometrisiertes Feld handelt. Das Hauptmerkmal dieses Felds ist nun, daß es bis in die letzten Verästelungen lebt. Es gibt in ihm grundsätzlich nichts Totes. Dieser „Betrieb", diese Groß-Gedankenform, dieses Feld oder wie wir es immer nennen wollen, heiße daher „das materiebelegte, universale Psychefeld". In der mathematisch-physikalischen Beschreibung nennen wir es kurz „Aura-Quantenstruktur". Damit ist ein Gedankengerüst gemeint, das dem Universum als Ganzem, dem Teiluniversum Mensch und schließlich jeder beliebigen Gedankenform zugrunde liegt.

Management ist nichts anderes als eine der zahllosen Arten und Varianten von Gedankenformen, die dem universalen Psychefeld als lebende Teile eingebettet sind. Etwas anderes als materiebelegte und materiefreie Gedankenformen gibt es, streng genommen, im spirituellen Kosmos gar nicht. Der Begriff „Gedankenform" ist dabei physikalisch sehr weit gefaßt, und er umfaßt unendlich komplexe, dynamische Seinsformen, denen wiederum das ganze, von Null bis Unendlich reichende Kopplungsspektrum zugrunde liegt.

Kopplungen sind dimensionslose Zahlgrößen, mit denen man physikalische Felder charakterisiert. Beispielsweise steht die Zahl 1 für die Einheits- oder Urkopplung „α_o"; sie charakterisiert den sogenannten „Hubblerand" eines Gedankenform-Universums. Und die Zahl 1/137 heißt „Sommerfeldsche Feinstrukturkonstante" und charakterisiert den dipolar elektromagnetischen Aspekt einer Gedankenform. Sie trägt das Symbol „α_s (1)", worin „s" „elektromagnetisch", und „(1)" „dipolar" bedeutet. Jede Kopplung erfüllt eine Unzahl von Bedingungen. Eine davon ist die Heimsche Metronisierung, das heißt, daß zu jeder Kopplung eine Inverskopplung existiert. Beispielsweise ist die Inverskopplung zu α_s (1): $\alpha WS = \alpha_s (1)^{-1} = 137$. Das ist aber die für die Hochenergiephysik wichtige Weinberg-Salam-Kopplung. Das universelle Kopplungsspektrum, das eine aus Welt „W" und Antiwelt „W–" bestehende hantelförmige Gedankenform WW– beschreibt, hat dann die einfache Form $\alpha_i\ \alpha^i=1$. Sie heißt „Alef-Gesetz", so benannt, weil sich aus ihm Alef, der erste Buchstabe des hebräischen Alphabets, ableitet. Oder genauer: das dekadische Jod-Alef. Seine Alefsumme ist 2 x 10 + 6 = 26. Das ist die berühmte Jahwezahl, oder hebräisch: JHWH (= 10 + 5 + 6 + 5 = 26) = HERR (vgl. Abbildung 15; s. Weinreb 1986, S. 92 und Hutmacher 1993, S. 13).

Wie soll nun aber eine Gedankenform – beziehungsweise einzelne Aspekte davon – beschrieben werden? Grundsätzlich ist dies auf beliebig viele Weisen möglich. Die verschiedenen Kosmologien (also umfassende quantenphysikalische Theorien, die sich – im Idealfall – zu allen Seinsschichten der bekannten Schöpfung, einschließlich des Menschen, numerisch exakt äußern können) mögen in Aufbau und Vorgehen so verschieden sein wie sie wollen – in den wesentlichen, von der Interpretation unabhängigen Endergebnissen müssen sie übereinstimmen. Man täusche sich nicht, diese Forderung ist ungeheuer anspruchsvoll! Es genügen ihr derzeit nur die Heimsche Quantenfeldtheorie (vgl. Heim 1984) und die Wechselwirkungskosmologie des Autors (vgl. Muheim 1981 und Kredl/ Muheim 1988). Als Beispiele kosmologisch erfolgreich beschreibbarer und überdies zum Teil praktisch geprüfter Größen seien erwähnt: Elementarteilchenmassen, universale Gesamtmasse, universale Massendichte, Hubble-Konstante, etc. Von geradezu exorbitanter Bedeutung ist das in der bisherigen Physik unbekannte Br/M-Superstruktur-Ebenbildmodul K (1) (= Brahmakonstante), sowie das Foton/Nukleon-Verhältnis S_γ. K (1) und S_γ bilden das Asymmetrie-Konstantenpaar. Es regelt ganz zentral die Energetik von Gedankenformen und damit auch jene der Management-Gedankenform. Die Brahmakonstante ist die absolut wichtigste Naturkonstante. Ohne sie läßt sich weder die universelle Aura-Quantenstruktur, noch das Dritte Auge (vgl. Muheim 1992), noch die mathematisierte Mandalastruktur (Abbildung 15) bestimmen. Beide Konstanten sind dimensionslos und haben die Werte: K (1) = 3286 x 1012, S_γ = 9746 x 108.

Management ist nun eine spezielle (materiefreie) Gedankenform vom Organisationstypus. Was heißt das, Organisationstypus? Alle Gedankenformen sind schon für sich in höchstem Grade organisiert. Dies ist eine Konsequenz der Allkohärenz. Mit „Organisationstypus" ist gemeint, daß der Aspekt der Organisation beziehungsweise des Managements in der raumzeitlich-bildlichen Manifestation des Gedankenfelds in ganz besonders einfacher Weise zum Ausdruck kommt. Gedankenfeldbilder von Organisationsstrukturen erinnern ihrem Aussehen nach an eine Leiter mit Sprossen, an Schichten wie bei aufgestapelten Büchern, oder an die rippenartige Struktur von Tragbändern an Fotoapparaten. Bei diesen Schichtstrukturen handelt es sich immer um quasistationäre, dynamisch-stabile suprafluide, also reibungsfreie Energiegebilde. Wir nennen sie, wie gesagt, Mendelejew-Strukturen.

Die Mendelejew-Struktur liegt zahllosen Materie- und Feldanordnungen zugrunde. Mendelejew-Struktur ist alles, was in irgendeine schichtartig aufgebaute Raumzeitfeldstruktur (stratischquantenphysikalische Form) paßt oder eine solche Form hat. Es gibt unendlich viele Varianten und Beispiele, nicht bloß das Periodensystem der Elemente, das sogenannte „Mendelejew-System“, von welchem der Name der Mendelejewstruktur abgeleitet ist: das Energieschema des Harmonischen Oszillators, die Stockwerkanordnung eines Hauses, die rippenförmige Verteilung der Wassertröpfchen in einer Schichtwolke, die Anordnung der Wirbel in der Wirbelsäule, die Runzelstruktur auf der menschlichen Stirn, die als „dissipative Struktur“ bekannte Zhabotinsky-Reaktion, die DNS, die Dendriten der Eiskristalle, die Nadeln eines Tannzweigs, aber auch die Buchstabenzeilen einer Buchseite, die Buchstaben eines Alphabets, die 24 Runenzeichen, die Chakren oder Psychezentren in ihrer Anordnung im menschlichen Körper oder auf dem Mandala (Abbildung 15) usw. Es sind dies lauter Gedankenformen und nichts anderes als Gedankenformen, dünnere und dichtere, sichtbare und unsichtbare. Und natürlich ist auch das Management eine solche Mendelejew-Struktur. Die räumliche Ausdehnung kann je nach Form und Gehalt der konkreten Gedankenform oder des konkreten Managements einige Meter oder einige Kilometer betragen.

Verantwortlich handeln heißt dann, diese Gedankenform harmonisch in die universale Groß-Gedankenform einzupassen. Die harmonische Einpassung ist der Idealfall. In der Praxis aber wird es nicht ohne Reibungen (Friktionen) ablaufen. Es muß also Ziel jedes Managements sein, diese Reibungen minimal zu halten. Es ist eminent wichtig zu erkennen, daß in wechselwirkungskosmologischem Sinne Isolation grundsätzlich unmöglich ist. Ist das Management gesamtheitlich gesehen gut, so ist der Einfluß auf das Gesamtsystem positiv, ist es aber schlecht, so fällt der Einfluß negativ aus. In jedem Fall können entsprechende Folgen und Rückwirkungen nicht ausbleiben. Wann und wie sie eintreten, hängt von den konkreten Umständen ab. Für den Zeitpunkt ist das hyperfeinspektrale Lebensdauerspektrum des universalen Psychefelds zuständig. Genauso wie es in allkohärentem Sinn keinen Zufall und keine Isolation gibt, wird nichts, aber auch gar nichts, vergessen. Der Prozeß, wie komplex er auch immer sei, wird in der universalen Raumzeit gespeichert und ist im Prinzip jederzeit einsehbar. Dieses Phänomen ist bekannt als „Akasha-Chronik“.

Die Gedankenform und ihre Träger

Es wurde bereits erwähnt, daß auch der Mensch eine extrem komplexe Gedankenform ist. Das Lebewesen „Mensch“ ist mit seinem freien Willen ins Naturgesetz eingebunden. Es ist ein echtes Universum innerhalb des Groß-Universums. Der Mensch ist Gedankenform und kreiert beständig quasiautonome Gedankenformen, mit denen er überdies für alle Zeit verbunden bleibt. Die Sprache ist angesichts der unfaßbaren Komplexität des psychischen Kosmos völlig hilflos.

Genauso wie die Eltern als Träger der Gedankenform Kind gelten, fungieren die Manager als Träger der Management-Gedankenform. Und genauso wie das Kind strenggenommen nicht von den Eltern abstammt, sondern durch sie entsteht, entsteht Management aufgrund der Wechselwirkung durch Manager. In beiden Fällen aber haben die Träger kraft des freien Willens die volle Verantwortung. Die Wachstumsdynamik der Gedankenform ist beide Male dieselbe. Es gehört zu den weit verbreiteten Irrtümern, daß Ideen oft „augenblicklich“ entstehen. Ideen sind aber immer das Resultat eines langen Entwicklungsprozesses. „Brainstorming“ hat noch nie neue Ideen geboren, sondern bestenfalls „allgemeine Konfusion“ auf einen gemeinsamen Nenner gebracht. Bezüglich „Wachstum“ halte man sich vor Augen, daß beim Menschen das physische (=dichtpsychische) Wachstum erst nach 17 Jahren und zweieinhalb Monaten, das „psychische“ (= dünnpsychische) Wachstum sogar erst nach 24 Jahren (zumindest rein äußerlich betrachtet) „beendet“ ist (vgl. Orbit-Mandala, Abbildung 15). Die gleiche Entwicklung macht jede Gedankenform durch. Auch das Krebsleiden ist eine Gedankenform. Gewisse Formen davon wachsen sogar über Jahrzehnte, bevor sie manifest werden.

Man halte sich also klar vor Augen: Wer Management betreibt, sitzt am Steuer der Welt. Die Management-Gedankenform nimmt

Einfluß auf das universale Psychefeld und wird umgekehrt von ihm beeinflußt. Wer sich ans Steuer seines Autos setzt oder einen Knopf seines Fernsehers bedient, begibt sich in ein materiebelegtes Psychefeld, nämlich in dasjenige seines Fahrzeugs oder seines Fernsehgeräts mit all den daran geknüpften Konsequenzen. Man mag sich konsterniert fragen: Gibt es denn nichts, das ohne Einfluß und Folgen bleibt? Die Antwort ist eindeutig: Nein, gar nichts! Die Ära der Weltsicht, in der es ein isoliertes Nebeneinander gibt, gehört endgültig der Vergangenheit an.

Grenzen der wechselwirkungskosmologischen Beschreibung

Wir haben bereits eine ganze Anzahl von Gedankenformaspekten erwähnt. Es ist dabei unerläßlich, sich bewußt zu machen, daß man niemals Gedankenformen an sich, also Realität an sich, beschreiben kann. Realität ist immer und überall unendlich komplex, hat immer unendlich viele Aspekte. Mit „Beschreibung" meint man immer eine Reduktion des Problemkomplexes auf genau das, was unter keinen Umständen bei der Erfassung eines bestimmten Aspekts fehlen darf. Dieses Vorgehen ist zwar in quantitativer Hinsicht unendlich reduktionistisch, in qualitativer Hinsicht aber ist es adäquat und erlaubt. Dabei wird vorausgesetzt, daß die beschreibende Theorie die Realität tatsächlich widergibt. Hier liegt offenbar die große Hürde: Wann ist dies der Fall? Ganz einfach dann, wenn sich in den abgeleiteten Ergebnissen nirgends Widersprüche ergeben. Es ist klar, daß diese Forderung nicht bloß für die zu einem bestimmten Zeitpunkt bekannten und meßbaren Größen, sondern auch für die noch nicht bekannten, noch nicht gemessenen Größen Gültigkeit hat.

Die Naturwissenschaften sind zur Zeit in einer Phase des Umbruchs und versuchen zaghaft, sich aus den Fesseln des mechanistischen Denkens zu befreien. Sie tut sich dabei aber in allen Disziplinen ungeheuer schwer. So hat beispielsweise die Medizin das Psychefeld noch nicht bewußt integriert, wiewohl ausnahmslos alle

Meßgrößen und Prozesse, etwa Körpertemperatur, Herzrhythmus, Gehirnwellen, Blutdruck, Wachstum, Denken, Fühlen etc., Folge des Individualpsychefelds und allein des Psychefelds sind. Wenn aber das Psychefeld durch die Aura-Quantenstruktur beschreibbar ist und die Aura-Quantenstruktur alle diese Eigenschaften in der Gedankenform „Mensch" bewirkt, so müssen sie natürlich auch in der Aura-Quantenstruktur enthalten und aus ihr ableitbar sein. Genau dies trifft in der Tat zu.

Auch wenn eine stets wachsende Zahl von Aspekten aus dem Psychefeld oder aus einer der zugehörigen Kompaktgeometrien – Drittes Auge und Mandala – quantitativ ableitbar wird, darf dies nicht darüber hinwegtäuschen, daß das Psychefeld ans Unendliche rührt und damit strenggenommen weder faß- noch darstellbar ist.

Daraus ergeben sich einschneidende Konsequenzen. Damit das Folgende besser verstanden werden kann, seien einige der wichtigsten erwähnt. Die aus der Aura-Quantenstruktur abgeleiteten Zahlenwerte phänomenologischer Größen sind als mittlere Werte zu verstehen. Die Erscheinungswelt aber ist immer eine Individualmanifestation, sei das nun auf der Ebene einer einzelnen Zelle, eines einzelnen Menschen oder gar eines einzelnen Universums. Über den konkreten Individualfall ist aus Gründen der unendlichen Komplexität grundsätzlich nichts auszumachen. Diese Begrenzung ist endgültiger Natur, da letztlich jedes Feld ein lebendes Individualfeld ist, das ständig Veränderungen durchmacht. Die Theorie kann daher nie Aussagen über die Zukunft machen. Damit sei aber keineswegs ausgedrückt, daß es Wissen um die Zukunft nicht geben kann. Das Dritte Auge ist zu solchem Wissen durchaus in der Lage.

Dazu kommt, daß im spirituellen Kosmos letztlich alles möglich ist, ohne daß dabei das komplette Naturgesetz auch nur im geringsten invalidiert würde. Das naive Ursache-Wirkungs-Denken versagt in der Wechselwirkungskosmologie nicht aus prinzipiellen Gründen, sondern als Folge unendlicher Komplexität. Kausalität bleibt in einem höheren Sinne durchaus bestehen, da nichts, nicht einmal ein Elementarprozeß, grundlos geschieht. Die wechselwirkungskosmologische Beschreibung wird daher im besten Fall der

Frage: „Wie geschieht etwas?“ gerecht. Die Frage: „Warum geschieht etwas?“ muß sie offenlassen, obwohl die Frage an sich legitim ist. Die Bewußtmachung dieser Grenzen ist von eminenter Bedeutung, denn sie soll verhindern, daß real existierende Phänomene als unmöglich oder inexistent erklärt werden, nur weil sie den konventionellen Rahmen der (stets limitierten) Naturerkenntnis sprengen.

Ein anderer wichtiger Aspekt, den es für die Diskussion zu berücksichtigen gilt, ist der Umstand, daß die Beschreibung mit Hilfe eines Modells stets idealisiert. Beispielsweise wird dabei vorausgesetzt, daß der suprafluide Zustand einer quasistationären, dynamisch-stabilen Gedankenform ideal reibungsfrei, absolut gedächtnistreu und verlustfrei funktioniert. Man muß aber auch für Gedankenformen zulassen, daß sie nicht ganz ideal, sondern – wie man sagt – real ablaufen. Der Realaspekt hängt eng mit dem Individualaspekt zusammen und ist von ihm nicht zu trennen. Hingegen ist denkbar, daß die „mittlere Realnatur“ eines bestimmten Aspekts abspaltbar und physikalisch traktabel ist.

Morphogenese einer Management-Gedankenform

Nach diesen Vorbereitungen sind wir nun in der Lage, uns anhand eines Beispiels mit dem Phänomen und der Morphogenese einer echten, wenngleich ihrem Umfang nach bescheidenen Management-Gedankenform zu befassen. Der großen Komplexität wegen sollen nur die allerwichtigsten Fragen und Aspekte berührt werden. Dies geschehe anhand einer ausgewählten Folge von vier zusammenhängenden fotografischen Aufnahmen (Bilder 1–4), die 1991 in einer Zeitspanne von ca. einer halben Stunde in der freien sommerlichen Gebirgslandschaft im Kanton Uri, Schweiz erfolgten. Die Gedankenformbilder entstanden ohne bewußte Wahrnehmung des Fotografen und wurden erst nach dem Entwickeln des Films entdeckt. Was geschieht, wenn ein Gedankenfeld sich selber fotografisch abbildet? Antwort: Ein im sichtbaren elektromagnetischen Bereich strahlendes, suprafluides, raumzeitliches Stationärfeld von der Größenordnung „Meter" prägt dem fotografischen Film seine Konturen beziehungsweise seine Geometrie auf. Es agiert dabei wie ein gewöhnliches fotografisches Objekt. Die fotografische Bildserie spiegelt dann die Bewegung wider, die das Objekt, das heißt die Gedankenform, ausführt. In unserem Fall bewegt sich das Feldbild im Laufe der Zeit am rechten Bildrand von unten nach oben. Gleichzeitig geht damit eine starke Energetisierung des Felds einher, und die Gedankenform macht eine frappante Gestaltänderung durch.

Bevor wir auf einzelne Details eingehen, müssen wir die Feldträgerschaft klären. Also: Wessen Feld ist es, das hier fotografisch abgebildet wird? Die wechselwirkungskosmologische Antwort ist ganz eindeutig: Es ist das Komplexpsychefeld aller beteiligten Schichten, also jener von Fotograf, Fototapparat einschließlich Film, Tragband und Schnalle sowie universalem Umfeld. Die Gedankenform befindet sich hierbei im Feldbereich der somatischen Aura des Fotografen. In der Aura-Quantenstruktur sind dafür das somatische Thorax- und das somatische Ganzkörperniveau zuständig. Diese Niveaus haben sphärische Lichtweltausdehnung 1,2 bis 6,9 Meter. An der Morphogenese der Gedankenform selbst sind selbstverständlich alle Quantenniveaus des somatischen Bands B (0) beteiligt.

Was drückt nun die in Bilder 1–4 abgebildete Management-Gedankenform aus? Zwei Aspekte sind offensichtlich vorrangig: erstens die Ausbildung einer Mendelejew-Organisationsstruktur und zweitens die Morphogenese des Rahmens dieser Struktur. Beide zusammen bilden die Management-Gedankenform. Als Gerüst der Gedankenform dient dabei das mobile Psychefeld – das sogenannte „Traummobil" – des Tragbands und der Schnalle des Fotoapparats. Das entstehende suprafluide Feld ist hierbei beliebig wandlungsfähig. Es könnte theoretisch auch Menschengestalt annehmen. Die Gedankenform wird in einem ungeheuer komplexen Prozeß energetisiert: Es handelt sich um die K (1)-seriengrenzvitalisierte Kreisanregung. Sie führt zu Mandalakreis- und Spiralstrukturen, ähnlich wie bei der α-Helix, der DNS und bei Spiralgalaxien. Aus diesem Grund beginnt der Prozeß in Bild 1 mit einem dunklen Kreisbogen. Er wird vom Tragband-Mobil (Traumgestalt), das heißt vom mobilen Tragbandpsycheteil, gebildet. Im Farbbild sind neben „schwarz" ganz schwach „rosa Tönungen" erkennbar. Sie leiten eine erste optische Differenzierung der Management-Gedankenform ein. Die rosa Bereiche sind gewaltig vergrößert und sehen wie Wattebausche aus. Sie entsprechen ganz feinen roten Punkten eines im Tragband eingewobenen Zierfadens.

Welches ist nun aber der geistige Hintergrund der Gedankenform? Anlaß für die Gedankenform ist ganz einfach die Idee oder der Plan des Fotografen, den ungeheuer mühsamen und beschwerlichen Aufstieg durch die Geröllhalde zu der darüberliegenden Alp für die wenigen dort lebenden Menschen und Tiere etwas weniger gefährlich und angenehmer zu gestalten. Kleines, aber gut gemeintes Management! Dem Projekt sind von Anbeginn enge Grenzen gesetzt, paradoxer könnte die Situation nicht sein: Aus umweltschützerischen Gründen dürfen keine Eingriffe in die wunderbare Naturlandschaft gemacht werden. Andererseits aber machen sich selbst in dieser Höhenzone (1700–2000 Meter über dem Meer) bereits Anzeichen von Smog bemerkbar, der durch die (geduldete!) Autolawine, die sich unten durch das enge urnerische Reusstal zum Gotthardtunnel wälzt, verursacht wird. In der Tat wurde nichts aus dem Projekt, es blieb bei der Rekognoszierung. Die „Totgeburt" deutet sich schon in der letzten, nur auf dem Film vorhandenen Aufnahme an: Die Gedankenform verdunkelt sich zum Schluß und stirbt. Diese Vorwegnahme des negativen Ausgangs ist natürlich eine Form von Präkognition.

Wir versuchen nun in einigen wenigen Worten, die unfaßbar komplexe Dynamik der Morphogenese transparent zu machen. Dem Vorgang liegt eine als „Kundalini" bezeichnete Psychefeld erregung zugrunde. Dieses Kundalinifeld durchwandert formal jene Psychezentren oder Chakren, die im Thoraxraum eines jeden Menschen, und damit auch des Fotografen, angeordnet sind. Es handelt sich dabei um die „niedrigen" Humanchakren mit geraden Orbitzahlen (0, 2, 4, … ,16), das heißt um Leerchakra, Grundchakra, Wurzelchakra, Milzchakra, Nabelchakra, Herzchakra und

Bild 1: Management-Gedankenform (1); vgl. S. 186

Halschakra. Das Kundalinifeld verhält sich dabei wie eine suprafluide Quantenflüssigkeit, die sich vom Becken aus in Richtung Hals verschiebt. Hierbei findet eine Partialanregung aller Humanchakren, also auch des Stirn- und Scheitelchakras statt. Die Front der aufsteigenden Quantenflüssigkeit ist jeweils dort, wo alle Quantenbahnen oder Orbits eines Chakras gerade angeregt sind. Die Flüssigkeit rastet dann nach Art eines Schlüssel-Loch-Mechanismus ein und bewegt sich zum nächsthöheren, noch nicht angeregten Chakra. Die hiefür benötigte Wanderzeit ist eine hyperfeinspektrale Eigenzeit der Aura-Quantenstruktur, genauer: des Prä-Bandes Bd (1). Die fotografisch aktive Gedankenform ist eine Art Ausstülpung des zentralen Kundalinifelds. Sie wächst, ähnlich wie aus dem Sonneninnern aufschießende glühende Gasmassen, aus dem Stammfeld heraus und gelangt durch spezielle Energetisierung im elektromagnetischen Kopplungsbereich, repräsentiert durch die Hauptkopplungen „$\alpha_{s\wedge}$“, „α_s“, „α_w“, „α_b“ zur Abbildung.

Diese „sichtbare“ Gedankenform wandert, wie die Bilder 1–4 zeigen, mit dem Zentralfeld nach oben. Die Gedankenform ist natürlich allkohärent und hat damit automatisch eine Form von Bewußtsein, das heißt, sie ist intelligenter, genauer gesagt, allintelligenter Funktionen fähig. Eine dieser Funktionen besteht darin, sich unter den gegebenen Umständen dem fotografischen Film als latentes Bild aufzuprägen.

Andere solcher Funktionen werden aus den Gestaltetappen oder Gestaltzäsuren der Gedankenform erkennbar. Das entlang der Wirbelsäule aufsteigende Kundalinifeld rastet beim jeweils erreichten Chakra quantenphysikalisch ein, was eine chakrale Zäsur markiert. Diese Zäsur drückt sich dann mit ihrem somatischen Aspekt in einer ganz spezifischen Gestaltgeometrie aus. Jedes Gedankenfeld entwickelt sich genau wie ein menschlicher Embryo. So stellt der dunkle Kreisring in Bild 1 die vorerst nur schwach vitalisierte Eizelle (EZ) dar. Die Eizellen-Geometerie korrespondiert komplex mit dem chakralen Grundzustand, vertreten durch das ringartige 2-Orbit-Grundchakra. Die Ringstruktur ist in der Tat nichts anderes als das gebogene Traumband-Mobil des Fotoapparates. Das physische Band (Fissil) ist dabei selbst nicht im Abbildungsbereich. Es hängt einfach nach unten. Es ist nicht unwichtig zu bemerken, daß

Bild 2: Management-Gedankenform (2); vgl. S. 186

Bild 3: Management-Gedankenform (3); vgl. S. 186f.

diese Gestaltzäsuren identisch sind mit den Intelligenzstufen oder Piaget-Phasen des sich entwickelnden Kindes. Im Fall unserer Gedankenform wird damit einfach die jeweilige Entwicklungsstufe des Management-Gedankenfelds angezeigt.

Bild 2 zeigt die nahezu unveränderte Traumgestalt (Mobil) von Tragband und Schnalle. Dieser Zustand entspricht sehr treffend dem somatischen Zygot-Quantenniveau (Zyg) das heißt der Vereinigung von Ei- und Samenzelle. Mit ihm wird die energetische Vorstufe angedeutet, die schließlich zur vollständigen Management-Gedankenform führt. Der bereits in Umrissen vorliegenden Mendelejew-Struktur und dem dunklen Rahmen entspricht biologisch-dynamisch das Eindringen der Samenzelle in die Eizelle, also der Beginn der Zygotstufe. Es ist dies der eigentliche Anregungsakt der Befruchtung. Das hauptaktive Chakra für diese Phase beziehungsweise Zäsur ist das 4-Orbit-Wurzelchakra (Wu). Es liegt im menschlichen Körper auf Hüfthöhe.

Von nun an setzt eine ausgeprägte Differenzierung der Gedankenform ein. Mit ihr geht eine starke Aktivierung der „Sinne“, vorab im emotionalen, teils aber auch schon im intellektuellen Bereich einher. Im Elementarteilchen-Quark-Massenspektrum entspricht dieser Differenzierungs- und Schwerpunktsphase der Bereich der sogenannten „klassischen Elementarteilchen". Er reicht vom Proton (p) bis zum Omega minus (Ω-) (vgl. Mandala Abbildung 15). Hauptaktives Chakra für diese Phase ist das 6-Orbit-Milzchakra (Mi). Es hat farbdispergierende und vereinheitlichende Funktion. Somatisch entspricht ihm in der Aura-Quantenstruktur eine extrem wichtige Kreuzungsstelle. Sie ist im Rahmenteil der Gedankenform in Bild 3 als zarte, rosafarbige Feldwirbelbifurkation angedeutet. Diese Bifurkation ist eine bildhafte Veranschaulichung der extrem komplexen Überschneidung von Trägheitsmoment (θg)-Vertikalresonanz und Horizontalresonanz mit der somatischen Achse (Tripelkreuzresonanz). Somatisch erfolgt diese Kreuzung bei Gehirnwellen (GW)- beziehungsweise Kavität (Kav)-Quantenniveau.

Mit den Resonanzen sind prominente Aspekte des Bewußtseins beziehungsweise der Allkohärenz verknüpft. Im Mandala (Abbildung 15) drückt sich dieser Sachverhalt als Eigenschaftenfächer um die

Bild 4: Management-Gedankenform (4); vgl. S. 187

allkohärente Kundalini-Achse (Brahma-Achse) aus . Mit dieser Stelle ist ganz prominent die Heimsche Vereinheitlichungskopplung $\alpha_{VEH} = 6^{-1}$ verknüpft. Wie Bild 3 zeigt, ist die Mendelejew-Struktur der Management-Gedankenform nun gestaltlich und farblich voll ausgebildet. Sie ändert sich fortan nicht mehr wesentlich. Was sich hingegen noch stark ändert, ist der Rahmenteil. Er hellt vor allem noch weiter auf.

In der vierten und letztgezeigten Zäsurstufe Bild 4 hat die Gedankenform den Zustand der Reife erreicht. Die Gedankenform entwickelt sich zwar noch weiter, doch ist der Rahmen im wesentlichen gesteckt, was bedeutet, daß rein gestaltlich keine merklichen Änderungen mehr erfolgen. Hauptaktives Chakra ist nun das 10-Orbit-Nabelchakra (Na), so benannt, weil es im menschlichen Körper auf Nabelhöhe plaziert ist. Mit dem Nabelchakra ist hyperfeinspektral die sogenannte Lyman-Hauptseriengrenze verknüpft. Hier treffen spektral diskreter Bereich und spektraler Kontinuumsbereich in einem bestimmten Aspekt zusammen. In der bildlichen Veranschaulichung wird dies durch einen Rahmen angedeutet, der sich zusammensetzt aus einem homogen hellen, nicht strukturierten Kontinuumsbereich einerseits und einem requantisierten, gebänderten Drei-Linien-Mendelejew-Bereich andererseits. „Requantisierung“ meint in diesem Zusammenhang das Zusammenfließen von unendlich vielen Quantenniveaus in einige wenige (requantisierte) „Harmonisch-Oszillator-Niveaus“. Der Harmonische Oszillator wird dabei nicht nur in der Mikrophysik angewendet und in dieser Form bisher nicht bekannt. Die Management-Gedankenform hat hiermit ihre Endform gefunden. Somatisch entspricht ihr in der Aura-Quanten-struktur das sogenante Calligaris (C)-Niveau.

Energetik und Wachstum von Gedankenformen

Wie bereits erwähnt, bedeutet das Erkennen der Konzeption des Kosmos als gigantische Gedankenform das absolute Ende jeder Art von naiver Weltsicht. Dies heißt aber keineswegs, daß die bisherigen physikalischen Beschreibungsformen im spirituellen Kosmos ihre Gültigkeit verlieren. So unterschiedlich die Standpunkte von klassischer Physik und Quantenphysik sind, sie beziehen sich auf ein und dieselbe Realität. Und wiederum liegen die Schwierigkeiten im fast vollständigen Ungenügen der Sprache – und zwar jeder Art von Sprache, einschließlich der mathematisch-physikalischen. Das Naturgesetz beschreibt niemals Realität an sich, sondern nur formale Aspekte davon. Diese Art der Beschreibung ist daher gleichzeitig fiktiv und real. Während sich beispielsweise ein Psychefeld immer gleichzeitig in alle Richtungen bewegt, wählt die formale Beschreibung einzelne Richtungen (Vorzugsrichtungen) aus und läßt alle übrigen unberücksichtigt. In der Wahl der Einzelrichtung herrscht noch weitgehend Freiheit, sofern nur der zugehörige Aspekt berücksichtigt wird oder, besser gesagt, auffindbar ist.

Psychefeldbeschreibung meint daher nicht mehr, aber auch nicht weniger als eine formale Beschreibung, die in einem bestimmten Aspekt quantitativ, das heißt numerisch richtig, durchgeführt wird. Dabei bleiben stets unendlich viele Aspekte unberücksichtigt, was jedoch der formalen Beschreibung und dem Endergebnis in keiner Weise schadet. Erschwerend für das Verständnis dieses Sachverhalts ist, daß selbst die formale Beschreibung in einem bestimmten Aspekt noch auf beliebig viele Weisen durchgeführt werden kann. Die meisten dieser Formen sind extrem unanschaulich und daher dem Außenstehenden fast nicht vermittelbar. Extrem unanschaulich sind das nicht reduzierte universale Psychefeld in der Form der Aura-Quantenstruktur sowie die zugehörige sphärische Kompaktgeometrie, das sogenannte Dritte Auge. Es ist daher geradezu ein Glücksfall, daß eine andere kompakte Geometrie der Aura-Quantenstruktur sehr anschaulich ist: das mathematisierte Mandala. Daher soll es hier beschrieben werden.

Das Mandala selbst hat kraft seiner Bedeutung als kompakte Veranschaulichung des Psychefelds zahllose Darstellungsformen. Eine der wichtigsten Formen ist das als Tripelkreuzresonanz bezeichnete Orbit-Mandala (Abbildung 15). Wird im Orbit-Mandala das „Malteserkreuz“ um eine Orbit-Einheit im Uhrzeigersinn gedreht, so entsteht das Primzahlkreuz von Plichta (vgl. Plichta 1991). Das Primzahlkreuz hat daher neben der mathematischen eine eminente physikalische Bedeutung. Wie aus Abbildung 15 ersichtlich, ist das Primzahlsystem engstens mit dem Humanchakrensystem verknüpft. Man darf daher sagen, daß die primzahligen Chakren Psychefeldfunktionen im Bereich der ungeradzahligen Orbits übernehmen. In wechselwirkungskosmologischer Verallgemeinerung darf man sogar mit Fug und Recht von einem primzahlig-ungeradzahligen Chakrensystem sprechen. Ein Hauptunterschied zwischen den beiden Quantensystemen besteht darin, daß im primzahligen System der Wirbelaspekt zugunsten anderer Aspekte zurücktritt. Der Wirbelaspekt ist paarig und verlangt daher gerade Orbitzahlen. Beide Systeme fungieren in ihrem Aspektbereich als ausgezeichnete Zäsursysteme.

Was ist nun aber der Hauptaspekt der primzahligen Orbitstruktur? Es ist die enge Verknüpfung mit dem eigentlich vitalisierenden Außen- oder Zwischenfeld irgendwelcher kosmologischer, multipolarer Systeme. Genauso wie Pole und Felder nicht trennbar sind, sind gerade und ungerade Chakrenzustände nicht trennbar. Am einfachsten erkennt man dies am Beispiel des paarigen Dipols. Die Feldstruktur zwischen Plus- und Minuspol des Dipols (chakraler Grundzustand oder 2-Orbit-Grundchakra) ist formal primzahlig-monopolar. Dies erklärt die herausragende Bedeutung der Zahl 1. Hinsichtlich des Quantenorbitaspekts geht dieses Feld im Mandala (Abbildung 15) durch eine Einheitsdrehung im Uhrzeigersinn aus dem Leerchakra Φ hervor, das keinen Orbit besitzt (Null-Orbit-Chakra). Das Leerchakra ist direkt verknüpft mit der Heim-Metronisierung und steht für das Phänomen der Grenzkommunikation von Psychefeldern. In der eigentlichen Aufbau- oder Transientphase ist das Feld scheinbar – also nicht wirklich! – ungeordnet oder chaotisch, dann geht es in eine dynamisch-stabile, geordnete Stationärform über. Diese Stationärform ist aber nichts anderes als die schichtartige Mendelejew-Struktur. Die nur kurze Zeit bestehende Unregelmäßigkeit des sich etablierenden Feldes ist also nur eine makroskopisch scheinbare. Mikroskopisch ist durch die Allkohärenz immer Ordnung gewährleistet. Die permanente mikroskopische Kohärenz ist absolute Voraussetzung für die schließlich gebildete Mendelejew-Struktur. Wie Bilder 3 und 4 zeigen, ist das Kernstück einer Management-Gedankenform eine solche geordnete Mendelejew-Struktur.

Synopsis der vorliegenden Gedankenformen

Gedankenformen sind der Gegenstand der Psychefeldphysik schlechthin. Sie sind aber, weil immer unendlich komplex, weder faßbar oder darstellbar noch vermittelbar. Es muß daher überraschen, wenn es in einer zusammenhängenden Gedankenformserie trotzdem gelingt, so etwas wie den „roten Faden" zu erkennen. Aus naturwissenschaftlicher Sicht stellt sich die interessante Frage: Was zeigt oder wofür steht dieser „rote Faden" letztlich? Jede Gedankenform der Bilder 1–4 ist ganz primär eine Verbildlichung, und zwar die Verbildlichung einer Entwicklungsstufe. In jede Entwicklungsstufe fließt nun alles ein, was für die Stufe relevant ist. Das ist immer unendlich viel. Diese Unendlichkeit wird im Bild zu einem bestimmten Eindruck verarbeitet. Der Eindruck wird dann zum Stellvertreter für die unansprechbare Unendlichkeit. Er entspricht einer Zäsur. Nun sind die Zäsuren aber nur markante Stellen oder Stufen des Entwicklungsprozesses. Der Entwicklungsprozeß kann nun noch beliebig viele verschiedene Stränge haben. Zwei von ihnen werden immer von herausragender Bedeutung sein. In den Bildern 1–4 sind diese zwei Stränge sehr gut erkennbar. Obwohl sie streng unterschiedlichen Aspekten angehören, sind sie stufenweise im bildlichen Eindruck der Gedankenform zu einem einheitlichen Komplexaspekt zusammengefaßt.

Welches sind nun diese beiden Stränge? Man kann sie kurz als den somatisch-biologischen Strang einerseits und den humanchakralen Strang andererseits bezeichnen. Synoptisch gesehen verlaufen die beiden Stränge in der Aura-Quantenstruktur streng parallel, und zwar horizontal durch das somatische Band Bd(0). Im somatisch-biologischen Strang spiegeln sich die Stufen die Quantenniveaus wider, angefangen vom Samenzellenniveau (SZ) bis zum Ganzkörperniveau (Kö). Dies liefert neun somatische Zäsuren. Im humanchakralen Strang sind es die Psychezentren oder Chakren, die durch ihre komplexen Funktionen als Zäsuren wirken. Da nun beide Stränge mit ihren Zäsuren als Mendelejew-Strukturen mit je neun Quantenniveaus agieren, ist die Verschweißung der Stränge ebenfalls eine Mendelejew-Struktur mit neun komplexen Hauptniveaus. Dies ist von größter Wichtigkeit, denn es bedeutet, daß die resultierende Mendelejew-Struktur der Gedankenformserie Bilder 1–4 auch eine Unzahl andere Mendelejew-Strukturen abbildet.

Von diesen sei nur die CCMJ-Treppe erwähnt. Sie ist in der Basisform jahreszyklisch mit dem Erdumlauf um die Sonne. Ihre Bedeutungsvielfalt ist gewaltig. Wir erwähnen nur die eine Bedeutung: Die CCMJ-Quantentreppe liegt den (Schlaf-)Traumserien zugrunde. Was heißt das? Die bisherige Traumforschung hat kaum erkannt, daß Träumen ein gesetzmäßiges Phänomen ist und daß zwischen zwei einzelnen Träumen einer zusammenhängenden Serie beachtliche Zeitintervalle liegen können, in einer Größenordnung von Wochen und sogar Monaten. Man kann nicht träumen, was, wie und wann man will. Es ist höchste Zeit, daß die Wissenschaft dies zur Kenntnis nimmt. Träume werden dem Individuum von der Psyche in allkohärenter Form gegeben. Sie haben daher immer tiefe Bedeutung, egal ob sie erheiternd oder erschreckend wirken oder ob es sich um sogenannte normale oder außergewöhnliche Träume handelt.

Was bedeutet dies nun für unsere Management-Gedankenformserie? Es bedeutet, daß die vier Bilder oder Gedankenformen als einzelne Träume einer zusammenhängenden Wachtraumserie des komplexen Trägerpsychefelds zu taxieren sind. Management hat also physikalisch gesehen mit Träumen zu tun. In unserem Beispiel handelt es sich um das Wachtraum-Management für ein Wegprojekt in felsiger Gebirgslandschaft. Denken ist immer mehr oder weniger bewußtes, meist aber unbewußtes Träumen. Nicht das Denken, wie man es gegenwärtig begreift, sondern das Träumen, verstanden als intellektuelles und intuitives Denken und Fühlen (Herzdenken!) ist die umfassende Funktion der Psyche. Es ist dies allerdings ein Träumen im Wach- wie im Schlafzustand. Entscheidend ist nicht das intellektuelle, gehirnzentrierte Denken, welches nur auf einen winzigen Ausschnitt aus der Realität zielt. Die Welt hat durch enges intellektuelles Denken irreparablen Schaden genommen.

Fazit: Gutes Management ist gleichbedeutend mit gutem Träumen beziehungsweise kosmologisch umfassendem Denken, das dem Ethos des Kosmos entspricht und sich in das harmonische Grundprinzip einfügt, das letztlich allein Ordnung gewährleistet.

Management ist in die Groß-Gedankenform „Universum" eingebettet: Es ist daher profund spiritueller Natur. Management, das nicht in allen relevanten Aspekten – die Manager selbst eingeschlossen! – dem Gebot kosmischer Verantwortung in harmonischer Weise folgt, verstößt gegen das Naturgesetz: Es trägt den Keim zum Ruin in sich, lokal wie global! Statt des natürlichen (harmonischen) Wachstums kreiert es degeneratives Wachstum, statt zu beleben, erzeugt es Siechtum oder Krebs. Ein weiteres Wachstum der Wirtschaft in die bisherige Richtung wird zu diesem Ruin des Kosmos ebenfalls beitragen. Letzte Chance: Besinnung der Manager auf ein kosmosgerechtes Denken und Handeln und auf ein konsequentes Umsetzen im Bereich der Wirtschaft.

Herr Dr. Paul Zurfluh, St. Gallen, hat durch beharrliches und gründliches Fragen und Vorschlagen ganz wesentlich zum besseren Verständnis dieser Darstellung des unendlich komplexen Gedankenfeldthemas beigetragen. Dafür möchte ich ihm herzlich danken.

Abbildungserklärung

Abbildung 15: Die mathematisierte Mandalastruktur

Das Mandala ist neben dem Dritten Auge die zweite wichtige Kompaktform des universalen Psychefelds (Aura-Quantenstruktur). Der Mandalakreis ist doppelt unendlich entartet und zeigt in der Orbit-Darstellung (0 bis 24 Orbits) das humanchakrale Malteserkreuz (Multipole), aus dem durch Uhrzeigerdrehung um eine Orbiteinheit das Primzahlkreuz hervorgeht (ungerade Chakren, Felder, Energetik). Zeugung einer Gedankenform erfolgt im orbitfreien Leerchakra (O, JHWH-Achse). Wachstum und Kundalinibewegung erfolgen in Richtung steigender Orbitzahl, passieren beim Milzchakra (6 Mi-Ch) die vereinheitlichende Brahma-Eigenschaftenaxe und führen beim Halschakra (16, Ha-Ch, Lichtwelt) zur Geburt. Der Mensch-Gedankenform entspricht das bei F aufgeschnittene rektifizierte Mandala. Das Mandala enthält das ganze Universum.

Bild 1: Das dunkle, ringartige Suprafluidfeld am rechten unteren Bildrand signalisiert den präembryonalen zellulären Zustand der Management-Gedankenform. Er ist morphogenetisch verknüpft mit dem nicht angeregten 2-Orbit-Grundchakra (Gr). Der grundchakrale Entwicklungszustand wird somatisch durch Samenzelle (SZ) einerseits und Eizelle (EZ) andererseits als polare Lebensformen widergegeben. Die eigentliche biologische Anregung zu neuer, höherer Lebensform (Befruchtung) hat noch nicht stattgefunden.

Bild 2: Das Suprafluidfeld am rechten unteren Bildrand signalisiert die Befruchtungsphase der Management-Gedanken-form. Sie ist morphogenetisch verknüpft mit dem angeregten 4-Orbit-Wurzelchakra (Wu). Der wurzelchakrale Entwicklungszustand ist energetisch aktiv und zeigt als biologisch-dynamisches Bild den Zygotzustand nach erfolgter Durchdringung von Samenzelle und Eizelle (Befruchtung). Dies liefert die Basis für die entstehende Management-Gedankenform.

Bild 3: Das geschichtete Suprafluidfeld am rechten oberen Bildrand signalisiert die Vereinigungs- und Vereinheitlichungsphase der Management-Gedankenform. Mit ihr gehen Einheit in Differenzierung und Spezifizierung einher. Morphogenetisch ist diese Phase mit dem 6-Orbit-Milzchakra (Mi) verknüpft. Biologisch-somatisch beinhaltet dieser Entwicklungszustand steuernde Organfunktion einerseits und energetische Verteilerfunktion andererseits (lokale Harmonie).

Bild 4: Das feststrukturierte, geschichtete Suprafluidfeld am rechten oberen Bildrand signalisiert die Reife der Management-Gedanken-form. Morphogenetisch ist diese Phase mit dem 10-Orbit-Nabelchakra (Na) verknüpft. Biologisch-somatisch beinhaltet dieser Zustand periphere Austauschprozesse steuernder wie energetisierender Natur (Calligaris-Prozesse, globale Harmonie).

Literatur

Heim, Burkhard: Elementarstrukturen der Materie, Innsbruck 1984

Hutmacher, Hans A.: Symbolik der biblischen Zahlen und Zeiten, Wien 1993

Muheim, Jules T.: Liefert das Festkörperfunkenmassenplasma (FK-FMP) ein Quantenmodell der Hubble-Rezession des Universums?, in: Helvetica Physica Acta 54, 281 (1981)

Kredl, Magdalena/Muheim, Jules T.: Mittleres Mensch-Maximalalter t_{max} = 103.2 J. und Tod in physikalischer Sicht, in: Helvetica Physica Acta 61, 889 (1988)

Muheim, Jules T.: Zur Quantenstruktur des 3. Auges (Bioresonanz-Ärzte-Gesellschaft), Freiburg 1992

Plichta, Peter: Das Primzahlkreuz, Düsseldorf 1991

Weinreb, Friedrich: Zahl, Zeichen, Wort, Weiler 1986

Gertje Lathan, Jahrgang 1943, studierte Psychologie und promovierte in Gerontologie. Anschließend arbeitete sie in den Gebieten Rehabilitationspsychologie, Verhaltenstherapie, Familientherapie, klinische Pathopsychologie und analytische Psychotherapie. Frau Lathan entwickelte die Nathal-Methode, die zu außergewöhnlicher Leistungsfähigkeit führt und als Ergebnis ein individuelles Trainungsprogramm hat. Heute ist diese Methode der Internationalen Akademie der Wissenschaften für Interaktion, Fachbereich Kognition, Strasbourg, angegliedert.

Genialität durch Synergie aus Geistesstärke und Energie

von Gertje Lathan

Die Nathal-Methode

Die Nathal-Methode ist ein von Professor Dr. Lathan entwickeltes System, mit dessen Hilfe Energien koordiniert und fokussiert werden. Sie führen innerhalb eines Seminars von 5 Tagen zu einer Theta- und Delta-Aktivierung des Gehirns. Die Dokumentation des Instituts für Gehirnforschung und Kommunikation, Stuttgart, beweist eine bleibende Synchronität beider Gehirnhemisphären und die Möglichkeit, zukunftsorientierte Informationen aufzunehmen, zu speichern und die Transformation in den Realbereich vorzunehmen.

Dies beinhaltet völlig neue Möglichkeiten für Industrie und Wissenschaft, da so ganze Teams für Planung, Koordination oder Forschung in diese Methode eingeübt werden.

EEG – spektralanalytische Messung der Nathal-Methode

Das Institut für Kommunikation und Gehirnforschung in Stuttgart, Leitung Günther Haffelder, Physiker, Psychologe und EEG-Spezialist, arbeitet seit Jahren im Bereich der Lern- und Bewußtseinsforschung. Mit einem in der letzten Zeit aus der EEG-Spektralanalyse weiterentwickelten Meßverfahren wurde es nun möglich, aufgezeichnete Gehirnaktivitäten neuen Auswertungen zugänglich zu machen. Innerhalb des Instituts werden diese Ergebnisse von Wissenschaftlern aus den Bereichen Psychologie, Pädagogik, Biologie und Physik umgesetzt und in den jeweiligen Bereichen weiterentwickelt. Ein Schwerpunkt der Arbeit liegt in der Erforschung und Auswertung außergewöhnlicher Bewußtseinszustände. Einige dieser Forschungsergebnisse, die auf Messungen der Nathal-Methode basieren, sollen hier dargestellt werden. Professor Dr. Lathan koordiniert Energien und fokussiert sie auf die Probanden mit ihrer selbst entwickelten Methode.

Zunächst wird Grundlegendes zur Gehirnstruktur und seiner Wirkungsweise ausgeführt. Nachfolgend wird an Beispielen mit verschiedenen Probanden aufgezeigt, welchen Effekt die Nathal-Methode durch die Übertragungen und den damit verbundenen Frequenzveränderungen auslöst.

Das menschliche Gehirn besteht aus verschiedenen Teilen, der rechten Hemisphäre, die die linke Körperseite versorgt, und der linken Hemisphäre, die für die Funktionen der rechten Körperseite zuständig ist. Das Corpus Callosum stellt eine Verbindung der beiden Hemisphären dar und verknüpft so die Informationen der linken und rechten Hemisphäre. Die beiden Hemisphären weisen zwar eine oberflächliche Symmetrie auf, unterscheiden sich aber wesentlich in ihren Funktionen.

Während beim normalen Rechtshänder die linke Hemisphäre Informationen seriell, das heißt nacheinander verarbeitetet, sich an Reihenfolgen hält, Einzelheiten registriert, logisch arbeitet, also sequentiell und damit natürlich auch langsamer arbeitet, geht die rechte Hemisphäre parallel vor. Sie erfaßt komplexe Bilder und verarbeitet Informationen gleichzeitig. Dadurch, daß die rechte Hemisphäre parallel arbeitet, kann sie in der gleichen Zeit wesentlich mehr Informationen in komplexen Bildern verarbeiten als die linke Hemisphäre.

Durch schulisches Lernen und Studium werden fast ausschließlich linkshemisphärische Fähigkeiten trainiert. Die rechtshemisphärischen Talente wie Kreativität und die komplexe Aufnahmefähigkeit werden gleichzeitig begrenzt durch die alleinige Ausrichtung auf serielles Erfassen und Abtasten von Wissensinhalten. Die moderne Pädagogik stellt sich zwar heute in Ansätzen diesen Erkenntnissen und sucht nach neuen Methoden, um ganzheitliches Lernen zu vermitteln; es genügt hier jedoch nicht, nur rechtshemisphärische Begabungen aufzubauen und somit das kreative Potential weiter zu fördern.

Nur die synchrone Zusammenarbeit beider Hemisphären und Denkweisen ergibt wirklich eine Veränderung und ermöglicht es, in völlig neue Denkstrukturen vorzudringen. Die rechte Hemisphäre, die parallel, bildhaft, emotional, unkoordiniert und ungebremst sehr viele Informationen aufnehmen kann, ergibt in synchroner Zusammenarbeit mit der linken Hemisphäre, die strukturiert, analysiert, auswählt und kombiniert, ein enormes Potential an neuen, bisher nicht vorstellbaren Denkmöglichkeiten.

Alle Methoden, die diesen Zusammenhang übersehen und isoliert arbeiten, bleiben quasi in der Luft hängen, da ihnen die Koordination fehlt. Viele bekannte Methoden wie zum Beispiel Yoga, Meditation u.a. benötigen Jahre, um eine entsprechende Synchronität der beiden Hemisphären zu erreichen – nicht so die Nathal-Methode.

Sie ist eine derjenigen Methoden, die diese Synchronität schneller, effektiver und in ungleich kürzerer Zeit erreichen, in einem Seminar in 1–5 Tagen.

Speziell linkshemisphärisch geschulten und gebildeten Menschen wie zum Beispiel Wissenschaftlern können diese Methoden auf den ersten Blick suspekt erscheinen, da sie seriell und präzise denkend im Moment noch keinen Zugang zu der komplexen Arbeitsweise der anderen Hemisphäre haben, deren Synchronität aber für ihr weiteres intellektuelles und kreatives Wachstum notwendig ist.

Das Institut für Kommunikation und Gehirnforschung hat nun eine Methode entwickelt, die Gehirnaktivitäten EEG-spektralanalytisch zu messen und zu erfassen. Diese Messungen werden verschiedenen Rechenoperationen (FFT = Fast Fourier Transformation und Hardley Transformation) unterworfen und anschließend nach unterschiedlichen Kriterien graphisch aufbereitet. Erst diese Umwandlung erlaubt es, weiterführende Aussagen zu machen, und ermöglicht so Interpretationen, gestützt auf Tausende von vergleichenden Messungen. Besondere, ungewöhnliche Bewußtseinszustände, Arbeitstechniken, Denkstrukturen sowie auch Hemmungen, Lernstörungen, Blockierungen und deren Ursache können dadurch erkannt werden.

Die einzelnen Messungen lassen die Konzentration in einer Hemisphäre ebenso erkennen wie Aktivitäten in verschiedenen Frequenzbereichen. Eine der vielen möglichen Darstellungen ist die 3D-Darstellung (Landscape) einer Meßsequenz. In dieser Graphik ist links der Zeitverlauf eines Aufzeichnungssegmentes (y-Achse) zu erkennen. An der unteren Achse sind die Frequenzen angeordnet von 1–31 Hz für die linke und von 1–31 Hz für die rechte Gehirnhälfte (x-Achse), die in vier Hauptbereiche unterteilt werden können. Diese vier Hauptbereiche sollen kurz stichwortartig skizziert werden.

Beta-Bereich ca. 14–30 Hz:

- wacher, alarmbereiter, nach außen gerichteter Zustand,
- mentale Aktivität,
- überraschtes Erstaunen,
- Kontrolle,
- Furcht.

Alpha-Bereich ca. 7–14 Hz:

- entspannte Konzentration,
- ruhiges gelassenes Denken,
- Fähigkeit, große Mengen von Informationen zu verarbeiten,
- erhöhte Empfänglichkeit für Suggestionen.

Theta-Bereich ca. 3,5–7 Hz:

- ruhiger Zustand,
- gesteigertes plastisches Erinnerungsvermögen,
- Phantasie,
- bildhafte Vorstellung,
- Meditation,
- Traum.

Delta-Bereich ca. 1–3,5 Hz:

- Tiefschlaf,
- Trance,
- ASW-Erfahrungen (außersinnliche Wahrnehmung).

Das Institut für Kommunikation und Gehirnforschung hat die Nathal-Methode über einen längeren Zeitraum und mit verschiedenen Probanden untersucht und analysiert. Nachfolgend werden Ergebnisse dieser Forschungsarbeit dargestellt.

Auswertung eines Aktionsprofils

Abbildung 16 und 17 zeigen aus dem Aktionsprofil des Verlaufs einer Anfänger-Sitzung mit der Nathal-Methode zwei Stadien: Beginn und Ende. Die Person war weder geschult, noch beherrscht sie Entspannungsmethoden; der Proband hat eine akademische Ausbildung. Von unten nach oben gelesen sind eindrücklich die sehr komplexen Denkstrukturen des Probanden zu erkennen. Die Analyse macht deutlich, daß der Proband linkshemisphärisch sehr unkoordiniert und diffus ist und teilweise auch abwehrendes Verhalten aufweist. Rechtshemisphärisch wird durch die Höckerbildung im unteren Alpha-Bereich eine emotionale Bereitschaft und eine bestimmte Vorstellung erkennbar.

Abbildung 17, die zeitlich spätere Aufzeichnung, zeigt, wie linkshemisphärisch allmählich im Theta-Bereich (bildhafte Vorstellung) Konturen auftreten und wie gleichzeitig der unkoordinierte Bereich gelöscht wird. Die nun einsetzende Synchronität der beiden Hemisphären im Theta-Bereich wird weiter oben durch das Vorhandensein der Höcker in der linken und rechten Hemisphäre sichtbar. Wenige Zeit später treten kurzzeitig Delta-Ereignisse auf. Dabei handelt es sich um Erhöhungen im unteren Delta-Bereich, die auf eine Bewußtseinsveränderung schließen lassen.

Diese Koordinierung von Energien erfolgt ausschließlich durch die Fokussierung auf den Probanden durch Professor Dr. Lathan, die

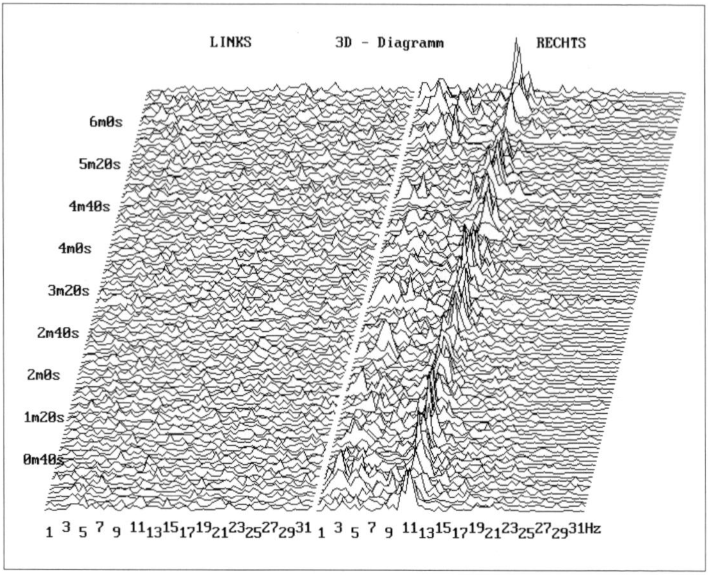

Abbildung 16: Aktionsprofil einer Anfängersitzung – Beginn

allein durch ihre Anwesenheit und die von ihr entwickelte Methode diesen Prozeß auslöst.

Professor Lathan erklärt dazu, wie das Training in der Praxis aussieht: „Der Proband ist vollkommen bewußt – dies obwohl ein Theta- bis Delta-Zustand besteht – und kann sich nach jeder einzelnen Sitzung an alles erinnern. Er steht in ständigem Kontakt zu mir, während ich die Energien koordiniere und fokussiere. Über jeweils neu einzustellende Impulse und verbale Kontakte entsteht eine sofortige Verbindung zu den zuletzt erreichten höheren Ebenen. Der neu erworbene Bewußtseinsgrad manifestiert sich unwiderruflich, wie sich auch jede neu erreichte Ebene im physischen Körper des Probanden manifestiert."

Solche Delta-Ereignisse in Verbindung mit synchroner Theta-Aktivierung treten in der Regel nur bei Menschen auf, die über außergewöhnlich geniale Fähigkeiten verfügen, die weit über das hinausragen, was heute noch als „durchschnittlich" betrachtet wird.

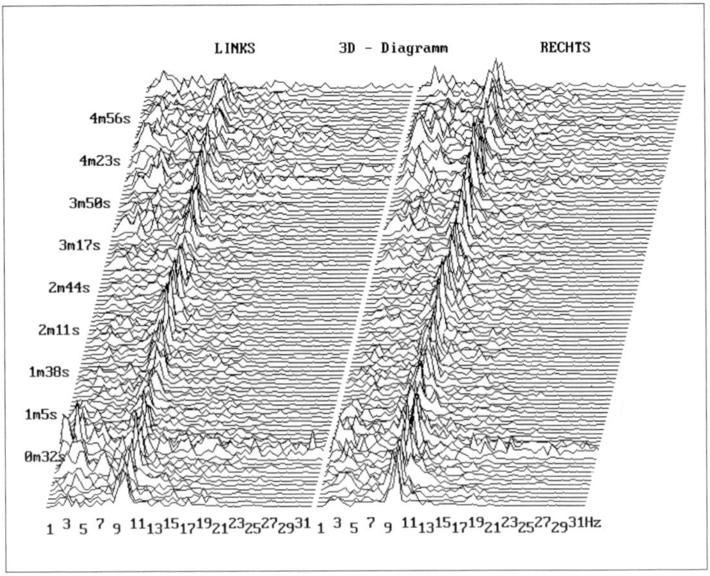

Abbildung 17: Aktionsprofil einer Anfängersitzung – Ende

Durch die Art des Trainings wird diese Synchronität nicht nur schnell erreicht, sondern auch weiter verstärkt und mit Energie geladen, so daß sie auch Probanden ohne langjähriges Training oder Vorerfahrung in Bereiche führt, die nach seitherigen Messungen und Untersuchungen nur Menschen vorbehalten waren, die über außergewöhnliche Begabungen und Talente verfügten oder aber durch langjähriges Training (Yoga, u.a.) sich diesen Zuständen nähern konnten, wenn sie begabt genug dafür sind.

Die Nathal-Methode nach G. Lathan, respektive die Übertragungen durch Frau Lathan selbst, führen in diesen kreativen Bereichen zu einer neuen, sehr energetischen Reaktion.

Diese Form der Entwicklung einer synchronen Zusammenarbeit beider Gehirnhemisphären ergibt ein anderes Wirkungspotential, eine andere Form der Kreativität und somit neue Möglichkeiten, Probleme zu lösen, Zusammenhänge zu entdecken und Transfers zu leisten.

Eine Schulung in dieser Methode führt nach unseren Messungen in sehr kurzer Zeit zur Aktivierung neuer Gehirnaktionsprofile und zur Eröffnung neuer Dimensionen des Denkens und Erfahrens. Im Rahmen einer Untersuchungsserie (des Institutes für Kommunikation und Gehirnforschung, Stuttgart) über die Wirkungen der Nathalmethode auf das menschliche Gehirn, lassen sich zunächst folgende Erkenntnisse zusammenfassen:

Bei der obengenannten Methode handelt es sich um ein Training, mit dem es möglich ist, die unterschiedlichsten Menschen, unabhängig von ihren Vorkenntnissen und Vorerfahrungen, in relativ kurzer Zeit (4–5 Tage) in Bewußtseinszustände zu bringen, die wir nach Dittrich (1994) als außergewöhnliche Bewußtseinszustände (ABZ) bezeichnen.

Diese ABZ werden von ihm in drei Grunddimensionen aufgeteilt:

1. Ozeanische Selbstentgrenzung (OSE): „Die Grenze zwischen sich selbst und der Umwelt ist aufgelöst."
2. Angstvolle Ichauflösung (AIA): Die Einheit der Person löst sich auf, die willentliche Selbstbestimmung wird aufgegeben.
3. Visionäre Umstrukturierung (VUS): „...umfaßt vor allem visuell-halluzinatorische Erlebnisse."

In genialer Weise werden diese Zustände durch die Nathal Methode sehr rasch durchlaufen, wobei, wie wir feststellten, die angstvollen Elemente durch freudiges Loslassen ersetzt wurden. Nach unseren Untersuchungen müssen wir diesen Grunddimensionen (Dittrich 1994) bei der Nathal Methode noch weitere hinzufügen:

- Stabilisierung visionärer Empfindungen (SVE): Der Proband lernt, bewußt Ebenen zu erreichen und diese zu erhalten.
- Erhalten von visionären Informationen (EVI): Der Proband kann bewußt auf diesen Ebenen kommunizieren.
- Transformation in den Realbereich (TRB): Dem Probanden ist es möglich, die erhaltenen Informationen in unsere Realität zu übertragen, zum Beispiel über Sprache, Zeichnung, Kryptogramme.

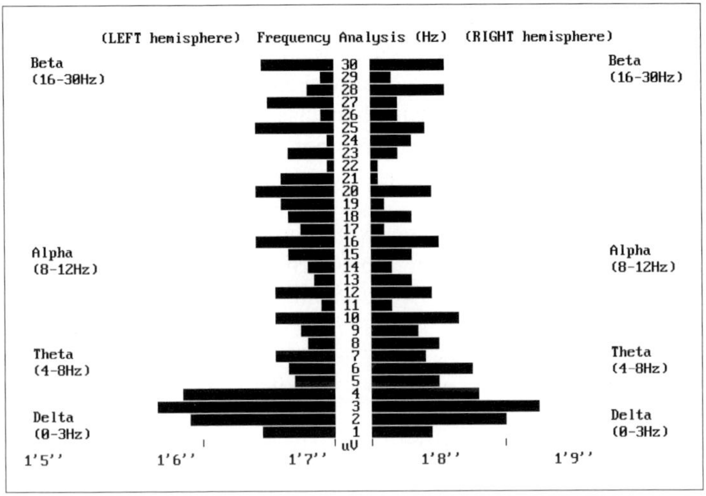

Abbildung 18: Darstellung der Synchronität der Gehirnhemisphären

Nach Abschluß des Nathal-Trainings ist es möglich, selbständig in diese neuen Bereiche vorzudringen, was wir durch verschiedene Messungen überprüft haben. Als Beispiel dafür kann der Proband P.E. angeführt werden, der als Medium arbeitet und die Nathal-Methode erlernt hat (Abbildung 18).

Informationen in Form von Kryptogrammen

Der Proband P.E. wurde durch die Nathal-Methode trainiert und kann sich jetzt, wie in unserem Institut gemessen, selbständig und bewußt in den Zustand EVI (Erhalten von visionären Informationen) versetzen. In diesem Zustand, der durch charakteristische Gehirnwellenmuster repräsentiert wird, erhält er als Medium Botschaften, die er in Kryptogrammen (besondere Schriftzeichen) festhält, als auch später dechiffriert als in deutsch geschriebene Texte für zukunftsbezogene, durchführbare Projekte.

Diese Kryptogramme wurden von uns in den Computer eingescannt, mit speziellen Schrifterkennungsprogrammen (OCR) mustererkannt und mit den Gehirnwellenmustern zeitsynchron verknüpft. Die darauffolgende mathematische Auswertung ergab eine hohe Korrelation zwischen Kryptogrammen und Gehirnwellenmustern.

Durch diese Kryptogramme wurde es möglich, Gehirnwellenmuster eindeutig den vom Probanden gemachten Aussagen zuzuordnen, was bei subjektiv geäußerten Gefühlen nicht so genau möglich ist.

Stadien/Stufen einer Nathalsitzung

Die Nathal-Methode erhält so in Verbindung mit unseren Messungen eine Transparenz, die ihre Möglichkeiten und Bedeutung aufzeigt. Dadurch wird das Verfahren nachvollziehbar und gleichzeitig auch reproduzierbar, was mit anderen Formen der Transformation wie Sprache oder Zeichnungen nicht erreicht werden kann. Für das Institut war es ein Glücksfall, unter anderem Messungen mit einem Medium zu unternehmen, das mit Kryptogrammen arbeitet.

Die Auswertungen der Gehirnwellenmuster von fortgeschrittenen Probanden zeigen, daß jedes Mal, wenn sie in eine andere Ebene wechseln, eine hohe Synchronisierung und eine große Energie angezeigt wird. Es ist kennzeichnend, daß erst nach dieser hohen energetischen Gehirntätigkeit, die die Probanden als Lichterscheinung bzw. Lichtkanal bezeichnen, eine gemäßigtere Reaktionsebene erreicht wird, die sich aber immer durch eine hohe Synchronität auszeichnet.

Man kann die Gehirnwellenmuster nicht einzeln sehen, sondern man muß sie immer im Zusammenhang interpretieren, wozu sich natürlich die Form der ‚Landscape'-Darstellung besonders gut eignet (Abbildungen 19 und 20).

Proband erlebt Licht:

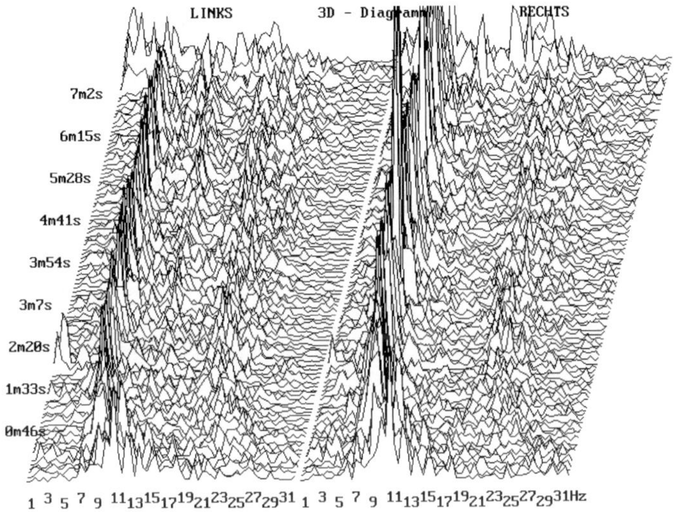

Proband ist danach auf einer anderen Ebene:

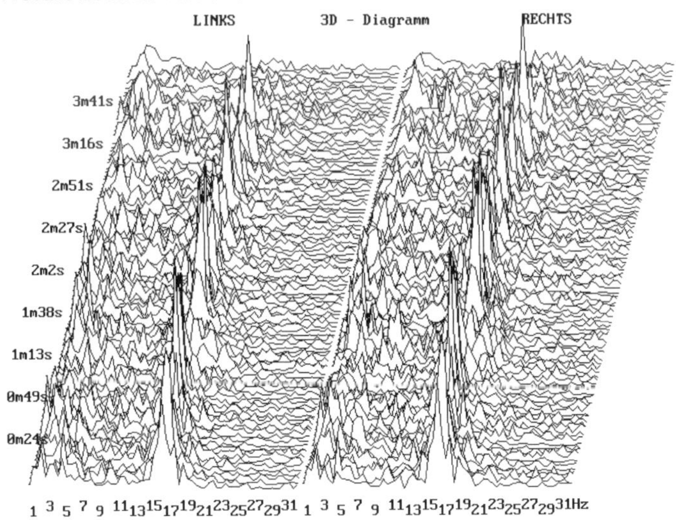

Abbildung 19: Landscape-Darstellung (1)

Proband erlebt Lichtkanal:

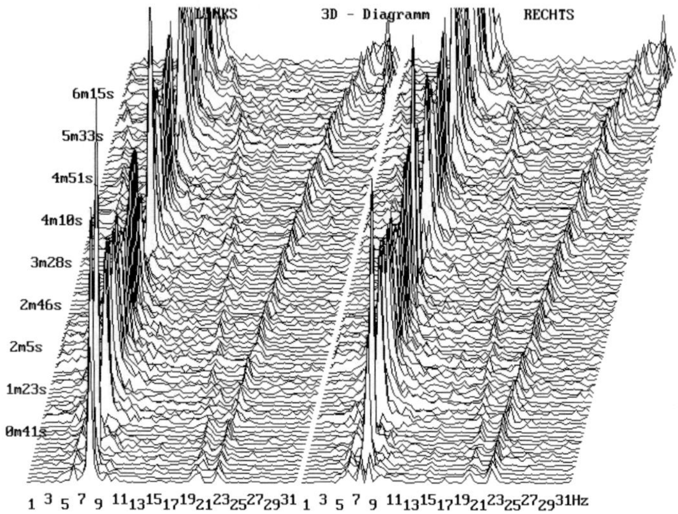

Proband ist auf höherer Ebene und empfängt Informationen:

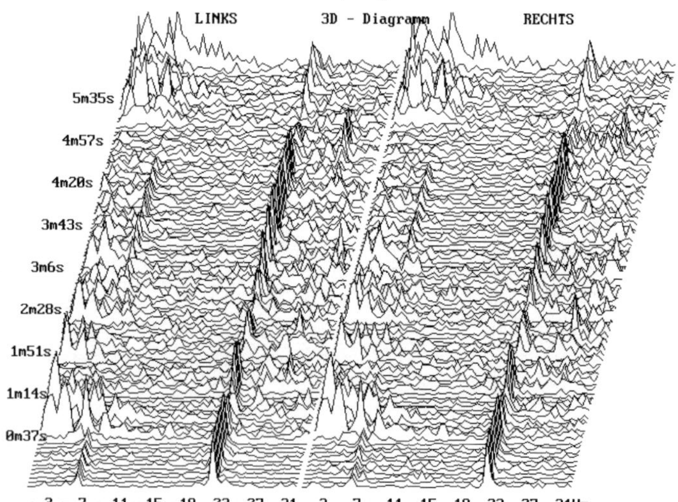

Abbildung 20: Landscape-Darstellung (2)

Interessant ist, daß bei diesen Bildern immer wieder kurzzeitig, fast rhythmisch, Delta-Aktivierung auftritt, die mit einem sehr hochenergetischen Beta-Reaktionsprofil gekoppelt ist, das je nach Informationsgehalt in der Frequenz höher oder tiefer liegen kann.

Dieses hypersynchrone Potential trifft man in der Regel bei Kleinkindern an, bedingt durch die physiologische Reifung des Gehirns in bestimmten Entwicklungsperioden. Es ist zu vermuten, daß durch die Trainings-Methode neue synaptische Verbindungen entstehen, die aber im Unterschied zum Kleinkind nicht nur Delta-, Theta- und Alpha-Wellen verknüpfen, sondern den gesamten Beta-Bereich umfassen. Diese Reaktionsprofile wurden bei Meßreihen mit fortgeschrittenen Probanden beobachtet. Um weitere detaillierte Aussagen treffen zu können, sind weiterführende Messungen erforderlich.

Wie zu sehen ist, ergeben sich ähnliche Reaktionsprofile bei Einsatz dieser Trainingsmethode, was sich auch in unseren Meßreihen, die mit mehreren fortgeschrittenen Probanden gleichzeitig ausgeführt wurden, bestätigt.

Mit diesen Meßverfahren ist es endlich gelungen, über spektralanalytische EEG-Muster Bewußtseinszustände Gehirnaktivitäten zuzuordnen und dadurch beweisbar zu machen.

Innovationsdenken im Management

Um mit den Veränderungsprozessen in der Industriegesellschaft Schritt halten zu können, müssen Unternehmen und deren Spitzenkräfte gewaltige Innovationsleistungen erbringen. Dazu benötigen sie neben innovationsfördernden Managementinstrumentarien vor allem eine reformorientierte Unternehmenskultur, die sich keinem Bereich verschließt. Sie muß bereit sein, sich nicht nur Visionen zu öffnen, sondern grenzüberschreitende Prozesse selbst zu erproben und sich diese nutzbar zu machen.

Der sich noch immer beschleunigende technische, ökonomische und soziokulturelle Wandel ist zu einem Merkmal moderner Industriegesellschaften geworden. Zur Sicherung eines Marktes bedarf es der kontinuierlichen Verbesserung und Abstimmung über die Bedürfnisse des jetzigen Marktes hinaus. Die Frage, auf welche Weise Unternehmen ihre Erneuerungsfähigkeit steigern können, bleibt dabei im Mittelpunkt des Interesses. Zahlreiche Vorschläge zur Verbesserung des Reorganisationsmanagements, von Kreativitätsmethoden bis zum betrieblichen Vorschlagswesen, liegen vor.

Unternehmenskulturellen Phänomenen im Zusammenhang mit Erneuerungen aus dem Überraum der Information wurde bisher jedoch nur wenig Beachtung geschenkt. Die Innovationsforschung hat sich mit dieser Problematik nur vereinzelt beschäftigt, etwa mit der Übertragung von unternehmenskulturellen und überkulturellen Erkenntnissen. Dies erstaunt insbesondere deshalb, weil es mittlerweile als erwiesen gilt, daß strukturelle Maßnahmen zur Förderung von Erneuerungen nicht ausreichen.

Der Innovationsprozeß durchläuft heute noch verschiedene bekannte, vorstrukturierte Phasen. In der Initiationsphase erfolgt grundsätzlich die Entscheidung, ob eine Entwicklung überhaupt in Gang gesetzt wird. Entscheidungsträger sind die, die der Führungsebene angehören und für das Zielsystem, die Organisationsstruktur sowie für die Managementkonzepte verantwortlich sind. Auch im weiteren Verlauf greifen sie beeinflussend und steuernd in diesen Prozeß ein.

Unter Berücksichtigung einer Vielzahl von Faktoren, etwa die Analyse und Prognose der potentiellen Anstöße aus der Umwelt und dem eigenen Unternehmen, wird über die Innovation entschieden. In dem nächsten Schritt, der Kreationsphase, geht es um die eigentliche Gewinnung von Ideen, um deren Prüfung und Auswahl. Der Übergang von der Unternehmung in den Markt, die Diffusion, beschließt dann den Prozeß.

Wie sich gezeigt hat, spielen insbesondere die Orientierungsmuster der Führungskräfte eine entscheidende Rolle. Folgende Werthaltungen der Entscheidungsspitze sind für eine erfolgreiche Innovationsaktivität förderlich: eine offene, zukunftsorientierte

Grundhaltung, eine langfristige Zeitorientierung, Risikofreude, Toleranz gegenüber Fehlschlägen, Extrovertiertheit, Flexibilität und Nonkonformismus.

Um die Innovationsphase im Betrieb „richtig" bewerkstelligen zu können, sind unterschiedliche kognitive Fähigkeiten von Bedeutung. Probleme müssen wahrgenommen, beurteilt und interpretiert, die Willens-, Fähigkeits- und Risikobarrieren minimiert und die Ideenfindung und -bewertung optimiert werden. Allerdings hängt alles von der Subjektivität ab, mit der der Manager die Situation bewertet.

Das Handlungsspektrum ist eingeschränkt auf die eigene, subjektive Wahrnehmung, darauf, wie der einzelne oder die Unternehmensgruppe gelernt hat, mit Meinungen und Wahrnehmungen umzugehen. Oft werden andere Arten von Realitäten weder wahrgenommen noch akzeptiert – diese Grenzen zu überschreiten, muß das Ziel sein.

Die Vorstellungskraft, über Grenzen hinauszudenken, und die Fähigkeit, Kreativität mit anderen Mittel, als bisher im Wirtschaftsleben üblich, umzusetzen, – das ist die Fähigkeit, Chancen zu erkennen.

Einige Manager denken selten über das hinaus, was gegeben ist. Auch ziehen sie die Möglichkeiten für neue, zukünftige Produkte oder Zukunftsverfahren selten in Erwägung. Das Wort „Chance" hat in seinem allgemeinen Gebrauch den negativen Beigeschmack einer günstigen, für einen anderen aber nachteiligen Gelegenheit. Richtig verwendet bezeichnet „eine Chance nutzen" die Fähigkeit, eine günstige Gelegenheit ohne negative Implikationen zu erkennen und entsprechend zu handeln.

In diesem Sinne ist „Chance" der Kern unternehmerischen Denkens und der Anwendung von Einfallskraft. Einfallskraft ist die Fähigkeit, sich auf Grund der Beobachtung dessen, was ist, vorzustellen, was sein könnte. Eine Chance zu nutzen, ist das Vermögen, einer Vision praktische Form geben und die Umgebung dazu motivieren zu können, die Vision zu leben und sich darauf einzulassen.

Grenzüberschreitungen des Bewußtseins als Realität erkennen und akzeptieren zu können und sie sich durch gezielte Übungen verfügbar und umsetzbar zu gestalten, ist die neue Perspektive zum Fortschritt. Sich in Überräumen des Wissens bewegen zu lernen, Methoden zu akzeptieren, die heute noch neu und morgen alltäglich sind, diese auszuprobieren, das ist der adäquate Weg, um den Anforderungen der nahen Zukunft gerecht zu werden.

Es gilt zu akzeptieren, daß schon längst Forschungen laufen und diese Überräume nicht nur visionär, sondern auch telepathisch zu erfassen sind. Dies ist die neue Art einer Informationsfülle, die zur Verfügung steht und bisher durch Unwissenheit nicht wahrgenommen wurde. Das Militär scheut sich beispielsweise nicht, in allen Lagern diese Möglichkeiten zu erforschen und zu nutzen.

Hier ist der Ansatz, mit Hilfe neuer Realitäten ins dritte Jahrtausend zu gleiten. Die Möglichkeiten lassen raumübergreifend ganz andere, erfolgreichere Prozesse der Managementführung zu. Denn diese neue Erkenntnisfähigkeit kann die Zukunft immer im Auge halten. Unternehmerische Überraschungen sind damit folglich zu vermeiden. Der Unternehmer und sein Team können Visionen in Realitäten umwandeln und sich gegenseitig kontrollieren, da nichts mehr dem Zufall überlassen bleibt: Durch mediale Kontakte mit dem Überraum der Information können zur gleichen Frage gleiche Antworten des Teams „abgefragt" werden: Jeder Trainierte kann sich sofort in den Theta- und Delta-Zustand versetzen und ist in der Lage, mit der neuen synchronen Leistung der Gehirnhemisphären zu arbeiten, um zu einer Lösung geführt zu werden.

Kreativitätstraining für Problemlösungen

Es handelt sich um eine Trainingsmethode zur Erweiterung der kognitiven Fähigkeiten. Mittels einer bestimmten Technik zur Änderung der Gehirnfrequenzen („Visualisierung") gelingt es, einen Dialog mit anderen Realitätsbereichen herzustellen. Auf diese Weise wird der Weg geebnet, die Gehirnfrequenzen, und damit die Schwingungsebene der jeweiligen Person derart zu modifizieren, daß sie Zugang zu Bewußtseinsbereichen erhält, die „jenseits“ unserer sichtbaren, materiellen Welt existieren (Zeitversetzung).

Umsetzbar ist dies durch die Überlagerung von Bewußtseinswellen, die den entsprechenden Realitätsebenen zugeordnet sind und die sich gemeinsam in einem nicht-räumlichen Kosmos universeller Information befinden.

Der Sinn dieser Kontaktaufnahme liegt in der Erfahrung einer Ausweitung der geistigen Fähigkeiten, die in der Folge zur Problembewältigung und -lösung, zur Wissens- und Leistungsmaximierung, zur Steigerung des Denkvermögens führt und nicht zuletzt zur Abkehr von erstarrten Verhaltensweisen.

Als Ziel wird anvisiert, sich über das Körperbewußtsein zu erheben, fremde Realitäten zu erkennen und zu akzeptieren, mit diesen Realitätsebenen in Kontakt zu treten und das erfahrene Wissen in unserer Realität zu nutzen. Auf dem Wege des Gefühls erreicht der Mensch die höhere Erfahrung, meistert er das Überschreiten der Grenzbereiche, an die der Intellekt gefesselt ist, weil die Aufmerksamkeit der Sinne an die äußere Welt gebunden ist. Dieser Initiationsweg – als Übertritt in neue energetische Verbindungen – ist nach abgeschlossenem Training für jede Person ohne äußere Hilfe gangbar.

Zu den potentiellen Interessenten für diese Technik der Bewußtseinserweiterung gehören alle, die objektiv die Bereitschaft besitzen, sich anderen Informationsebenen zu öffnen – niemand ist von ihr ausgeschlossen. Besonders interessant ist sie für Wissenschaftler, die neue Erkenntnisse für Forschungsprojekte erhalten und ihr Wissen erweitern wollen, ebenso für leitende Persönlichkeiten und Entscheidungsträger in Wissenschaft und Politik, deren Leistungsfähigkeit und Bestehen im Konkurrenzkampf von optimalen Informationen abhängt (angesprochen sind insbesondere die Bereiche: Betriebswirtschaft, Psychologie, Ethnologie, Zukunftsforschung, Medizin, Musik, Mathematik, Quantenphysik, Physik) und grundsätzlich alle anderen interessierten Menschen.

Als ein „Produkt“ dieses Trainings stellt sich die Zunahme der Leistungsfähigkeit ein, die unwiderruflich geprägt bleibt, da man sich in einem „angereicherten" Dauerzustand befindet. Die erweiterte Leistungsfähigkeit ist wie folgt zu beschreiben: Derjenige, der das Training absolviert hat, ist in der Lage, alltägliche Fragen durch seine Frequenz-Erhöhung und die erhaltenen Kontakte beantworten zu lassen, und zwar in einer Form, die keinen Aspekt ausklammert und ignoriert.

Weitere Behandlungen auf den diversen Ebenen erfolgen durch andere Intelligenzen, so daß nach und nach die Möglichkeit entsteht, andere solare Systeme zu kontaktieren: Dort etwas über Forschung, neue Techniken, Architektur zu erfahren, darüber hinaus Lösungen für private und berufliche Probleme abfragen zu können und diese in unsere Lebensbereiche umzusetzen, erweist sich als realisierbares Ziel. Genauso die Möglichkeit, andere, optimierte soziale Gefüge kennenzulernen, die Daueranbindung an diese Systeme zu erhalten und sie sich ständig im Alltag nutzbar zu machen. (Zum Beispiel: Wofür existieren die Zwischenräume in den Zellen? Wie ist das Gefühl, ein Wasserstoffatom zu sein? Welche Art von Gasen existieren noch außen, denen, die wir kennen? Wo gibt es Mineralien, die wir noch nicht kennen? Wofür kann man sie benutzen? Wie kann man Gene mit dem Geist beeinflussen? Wo sind unsere Gedanken? Welche Rückkopplungen existieren? Was ist Zeit? Wie berechnen wir die Zeit? Was wird dabei falsch interpretiert? Wie beeinflußt man Pflanzen? Wie kann man Verbindung zu Tieren herstellen? und vieles andere mehr.)

Das Training ist sehr leicht, es ist mit angenehmen Empfindungen verbunden. Eine seiner erfreulichsten Nebenwirkungen ist der Verlust der Angst vor dem Sterben. Gleichzeitig verstärken und aktivieren sich brachliegende Fähigkeiten, etwa Heilkräfte und Selbstheilungskräfte, so daß es möglich ist, eigene Gesundheitsprobleme gezielt zu beheben.

Supra-Dialog

Wenn die Übertragungen dieser Energien durch die Verfasserin dieses Beitrags stattgefunden haben, kann die trainierte Person jederzeit alle Stufen, Ebenen, fremde Systeme frequentieren, je nachdem, welche Lösungen sie sucht. Alle Entscheidungen können über das kosmische Bewußtsein geregelt und durch alle „Geübten“ auch kontrolliert werden, da die Trainierten – bei gleichem Niveau – gleiche Ergebnisse erhalten. Die Bereitschaft, sich ändern zu wollen und ins „Nichts“ zu gehen, sich von allem Erlernten innerlich zu trennen, läßt überhaupt erst neues Wissen zu. Das „alte Wissen“ (intellektuell Erlerntes) bleibt bewahrt, es kommen nur effektivere Möglichkeiten hinzu. Es finden Zellveränderungen statt, die definitiv sind und den Menschen auf der Höhe des Erreichten halten.

Wer den „Supra-Dialog“ beherrscht, verfügt über ein aktives, kosmisch erweitertes Bewußtsein, das in Einklang von Körper und Geist ein subjektiv gesteuertes Überschreiten unserer Begrenzungen gestattet. Höhere Erkenntnisse, mehr Weisheit, optimaleres soziales Verhalten, die Kenntnis universaler Zusammenhänge sind die objektiven Folgen.

Der Trainierte wird in die höhere Natur seines eigenen Plans – göttliche Zielsetzung – transformiert. Schritt für Schritt erlernt er die Unabhängigkeit, auch die vom Trainer. Der Trainierte ist weder durch die Vergangenheit gefesselt, noch erscheint ihm die Zukunft unabänderlich. Er löst Aufgaben der Gegenwart, da physische, vitale und mentale Träger aufhören, Barrieren zu sein. Die Bedeutung der Zeit verändert sich.

An den Sitzungen nimmt der Trainierte voll bewußt teil, und er kann sich hinterher an alles erinnern. Er steht in ständigem Kontakt zum Trainierenden, denn dieser nimmt die Übertragungen vor und leitet die spirituelle Führung, und gleichzeitig auch die mit den höheren Intelligenzformen – wenn er es möchte.

Die Identifizierung des Bewußtseins verbindet sich mit der etablierten Form der Gedankenströme. Über jeweils einzustellende neue Impulse entsteht sofort eine telepathische Verbindung zu den zuletzt erreichten höheren Intelligenzformen. Der neu erworbene Bewußtseinsgrad verbindet sich auf jeder neuen Ebene, in jedem neuen System unwiderruflich mit allen Körpern und wird in höhere Schwingungsfrequenzen gebracht.

Dieser Zustand ist dann das existentielle Stadium der reinen Erfahrung. Der trainierte Mensch existiert als ein aktives Bewußtsein, das im Zentrum des Körpers subjektiv wirkt und die Fähigkeit erhalten hat, sich über alle Begrenzungen hinwegsetzen zu können.

Durch ein längeres Training gelangt der Trainierte in einen Zustand, in dem er nun mit anderen Trainierten gemeinsam Pläne prüfen und Strategien festlegen kann, die nicht durch persönliche oder weltanschauliche Einstellungen gefärbt sind, sondern durch alle Trainierten und übergeordneten Prinzipien kontrolliert werden können, zum Beispiel in einer Art von Projektarbeit.

Das Überschreiten der Grenzen unseres Bewußtseins läßt sich jederzeit wiederholen, wenn die Transformation eingeübt und beendet wurde, auch ohne Trainer. Die Teilnahme an dem Training erfordert neben der aktiven Anwesenheit die Bereitschaft, später eine Fortsetzung ohne Anleitung durchzuführen. Dadurch wird gewährleistet, daß die erlebten Ebenen in das alltägliche Geschehen hineinfließen und internalisiert werden.

Um weitere höhere Dimensionen zu erreichen, sind erneut Sitzungen mit Begleitung erforderlich – aber die einmal erreichten Ebenen sind jederzeit auch ohne Begleitung „kontaktierbar" und einzusetzbar.

Man muß dazu weder der Realität den Rücken kehren, noch wie ein Asket leben. Auch die sozialen, familiären und gesellschaftlichen Verpflichtungen muß man nicht aufgeben. Trotz oder gerade wegen dieses Lebens im Alltag lohnt es sich, dem Ziel – der Charakterveredelung und Erweiterung des eigenen Potentials – zuzustreben und mit dieser Hilfe und den erhaltenen neuen Fähigkeiten sein persönliches Potential zu verwirklichen, um an einer neuen Zukunft mitarbeiten zu können.

Evolutionäre Betrachtung

Im Weltall befindet sich eine Ballung von Energiestrukturen, der auf Grund ihres geistigen Planes eine Masse innewohnt und die im physischen Universum bestimmte Handlungsabläufe ermöglicht. Diese Energiestrukturen sind Interaktionen von geistigen Strukturen. Ihnen ist eine Erkenntnisfähigkeit eigen, die außerhalb unserer normalen Erfahrbarkeit liegt. Die Menschenwesen wenden einen großen Teil ihres geistigen Potentials auf, um das sie umgebende materielle Universum für sich erkennbar und erfahrbar zu machen. Für gewöhnlich ist dabei allein der Intellekt angesprochen.

Durch charakterliche Korrekturen könnte ein Teil der negativen geistigen Kräfte und Eigenschaften abgelegt werden. Der Weg zur Erkenntnisfähigkeit für höhere geistige Bereiche wäre so freigesetzt und die Idee der „Evolution" potenziert – inhaltlich würde dies eine wesentlich bessere Nutzung der Zeit bedeuten.

Das Universum birgt alle Gefühle, die zur Schaffung jedweder Realität erforderlich sind. Die Wahrnehmung dieser Realität richtet sich nach den sie empfangenden Gehirnen. Falsch strukturierte Gefühle können sowohl hochentwickelte Kulturen als auch das einzelne Individuum sehr schädigen.

Es gibt in der Ausdehnung des Universums keine Grenze, die nicht erfahren werden kann. Ausdehnung ist nur begrenzt durch Erkanntes und dem Festhalten an Erkanntem. Eine Ausdehnung des Erfahrbaren läßt vorherige Grenzen überschreiten. Es gibt höher dimensionierte Wesen, das heißt höher ausgebildete Wesen in der Erfahrbarkeit, die sich dem Menschen nur durch bildhafte (visualisierte) Gestalten zu erkennen geben können. Das, was sie an Wissen zu veräußern haben, ist in kompakter Form an ihre Erscheinung gebunden und wird in bildhaften Sequenzen weitergegeben. Diese bildhaften Sequenzen besitzen energetische Inhalte, die abgestimmt sind auf das, was der Erkennende an Wissen aufzunehmen, zu übertragen und, nach einer Weile der Übung, zu verbalisieren vermag.

Das Universum, so wie es sich dem einzelnen darstellt, zeichnet sich durch aus dem Überraum der Information austretende Symbole aus. Dieser Überraum der Information wird dann mit neuen Konstrukten in Erscheinung treten, wenn diese bisher nicht bekannten Konstrukte für möglich gehalten werden.

Das Leben im interstellaren Planetensystem ist ein Leben mit gewissen Einblicken in die kosmischen Zusammenhänge und jedes einzelne interstellare System hat eine eigene Sicht darüber, was für es der „Überraum der Information" bedeutet. Mit jeder neuen Frequenzeinstellung kann dieser Überraum nach dem Austreten von Symbolen erkannt werden: Wahrnehmungen werden über Symbole, die dem Menschen bekannt und auf seine kognitiven Fähigkeiten individuell ausgerichtet sind, sichtbar gemacht. Der dahinterstehende informative Raum enthüllt die in ihm verborgene Information.

Die Möglichkeit, einen interstellaren Raum zu kontaktieren, besteht, wenn man die symbolhafte Strukturierung des Codes ermitteln kann, der diesen Realitätsbereich kennzeichnet. Werden beide Realitätssysteme zur Überlagerung gebracht, erfolgt schließlich die Wahrnehmung respektive die Gleichschaltung des fremden Seinsbereiches auf dem Wege des Gefühls.

Die Geschichte der Erde ist die eines Sonnensystems, das ausgewählt wurde, vorher festgelegte emotionale Erfahrungen zu verwirklichen. Der Sinn ist, eine Energiestruktur kosmischen Ausmaßes erfahrbar zu machen. Alles kann aus dem Licht erfahren werden, wenn die Menschen alles erfahren wollen und sich diesen Informationen emotional öffnen. Die Anpassung an das Licht geht mit einer Umstrukturierung der Körperzellen einher, das heißt mit einer Änderung der erneuerbaren Zellbestandteile, die sich an diesen Veränderungszustand anpassen können. Dies erfolgt sowohl aktiv durch gezielte Übungen als auch passiv im Laufe der Nacht.

Aus diesem Grund kommt es bei Schlafmangel zu materiellen Hindernissen, so daß die neuen Geiststrukturen nachts im Schlaf nicht empfangen werden können. Es kommt zu körperlichen Erkrankungen, da durch die mangelnde selektive Tieftraumphase

Menschen nicht in ihre geistige Heimat zurückkehren können. Gefühle, die im Schlaf aus dem geistigen Bereich über das Gehirn in den Körper transformiert werden, können bei Erkennen des sichtbaren Lichts in die wahrnehmbare Umgebung projiziert werden. Die Nacht ist der Aktivator für Seinszustände, die am Tage – bei Licht – ausgelebt werden. Dort erwerben sie sich in den ihr arteigenen Geiststrukturen ihre körperliche Regenerationsfähigkeit.

Ohne die Zustände „Tag" und „Nacht" wäre keine Transformation der Gefühle möglich. Leben am Tag ist Aufarbeiten der empfangenen Geiststrukturen. Harmonie hat den Sinn, die Aufnahme unverfälschter Gefühlsregungen in ausreichendem Umfang zu ermöglichen. Diese setzen sich aus Gefühlspartikeln zusammen und werden nur in entspanntem Zustand über das Gehirn aufgenommen. Somit stehen Aktionen des positiven Auslebens in Abhängigkeit von der Aufnahme der Information in Harmonie und Entspannung. Ruhe ist der Aktivator für ausgelebte Harmonie.

Ein Mensch lebt nur in geistigem Einklang mit sich selbst und seiner Umwelt, wenn er Liebe und Güte im geistigen Sinne als Hauptziel anstrebt. Allein dann entspringt sein Leben dem geistigen Plan.

Das Leben der Menschen ist auf das Auffassungsvermögen ihres Bewußtseins zugeschnitten; für andere Bewußtseinseinheiten kann es anders sein. Die Geschichte der Menschen ist für andere Bewußtseinseinheiten nicht unbegrenzt verständlich, weil die Grenzen des Verstehens mit den Grenzen des empfangenden Bewußtseins vorgegeben sind.

Diese Grenzen gelten für folgende drei Bereiche:

- den Bereich des materiellen Verstehens,
- den Bereich des geistigen Verstehens,
- den Bereich des Verbindens der beiden vorgenannten.

Es existieren vier verschiedene Arten von Lebensvorgängen, die erlebt und erfühlt werden können.

1. Leben, wie auf der Erde dargestellt,
2. Leben im geistigen Sinne,

3. Leben als Verquickung beider Bereiche,
4. Leben außerhalb dieser drei Bereiche in einer Welt jenseits unserer Imagination, in der lediglich Gefühle edelster Art übertragen werden können. Es gibt keine bildhafte Vorstellungen von dieser Form des Lebens.

Für die Menschen auf der Erde meint „Leben" Wahrnehmung mittels symbolhafter Konstellationen. Auf diese Weise gelten zwei Gegenpole in der Realität: Der eine Pol ist das Leben ohne Symbolhaftigkeit, der andere ist die symbolhaft strukturierte Materie.

Die permanente Gegenwart und das Aufrechterhalten der beiden polaren Kräfte des Lebens und der Symbole sind der eigentliche Antrieb des sichtbaren und erlebbaren Seins. Das eine bedingt das Erkennen des anderen, und das andere gehört zu dem einen. Leben kann nur erlebt werden, wenn symbolhafte Strukturen vorhanden sind. Symbolhafte Strukturen werden nur erkannt, wenn das Leben an ihnen Anteil nehmen kann.

Die Menschen leben in einem Universum der Gegensätzlichkeiten. Es gibt auch andere erlebnisfähige Universen, die jedoch eine uns fremde Basis der Erlebnisfähigkeit als Ursprung haben. Eine fremde Basis des Daseins und seine Gestaltung kann nur erlebt werden, wenn sich die Gefühle, die in den verschiedenen Universen existieren, zu einem universellen Verstehen überlagern und dadurch eine Brücke zu den jeweils anderen Seinsbereichen bilden.

Innerhalb der verschiedenen Universen besteht eine Vernetzung, die die Menschen sich noch erarbeiten müssen. Der Übertritt zu den anderen Lebensbereichen vollzieht sich durch die Überlagerungen. Man kann geistige Aspekte als das betrachten, was sich als Gefühl in bestimmten kosmischen Räumen darstellt.

Neudefinition der Realität

Jeder Mensch birgt neue gefühlsmäßige Strukturen in sich, die sich dann ausbilden, wenn er sich neue geistige Räume erschließt und sich durch gütige Führung öffnet. Alles wird neu erkannt und in neue gefühlsmäßige Erkenntnisse in bezug auf universelle Strukturen umgesetzt, das heißt der Mensch muß sich trennen von den erlernten intellektuellen Kenntnissen.

Die von Menschenwesen empfundene Realität ist eine eng an die Gefühlswelt gebundene Fiktion. Sie ist als Realität an sich nicht existent, sondern wird ausschließlich durch das Abbild der Gefühle real. Die Realitäten stehen für die Handlungsabläufe, die an die Zeit gebunden sind. Die Menschen schaffen ihre Realität mit Symbolen, deren Ursprung im geistigen Bereich zu finden ist. Geist und Symbole bilden die menschliche Realität, die durch die Gefühle ihren Ausdruck findet.

Somit ist die vom Menschen empfundene Realität eine nach seinem Bewußtseinsgrad gebildete Fiktion. Jede erkannte Realität ist ein Abbild der erkennenden Geiststruktur, die den Weg des Erkennens beschreitet. Die Realität selbst ist die universelle Kraft, die ihre eigene Gestaltung und Veränderung ermöglicht. Die Umwandlung der geistigen Realität in die materielle vollzieht sich in den dafür bestimmten Transformationsorganen, den Gehirnen. Hierbei muß allerdings bedacht werden, daß die materielle Welt im Grunde genauso nicht-materiell ist wie die geistige. Sie stellt nur einen Aspekt der geistigen Realität dar, der mit den Sinnen wahrgenommen werden kann. Die Realität kann nur erkannt werden, weil geplant ist, daß sie so erkannt werden soll.

Alles realisiert sich nach einer Erwartung. Die Steuerung dieser Erwartung unterliegt einem Plan, der im geistigen Universum festgelegt worden ist. An die Sinnhaftigkeit der Pläne darf man nicht die Maßstäbe anlegen, die in den materiellen Realitäten von Bedeutung sind, denn sie kommen verzerrt dort an. Sie haben auf Grund der Transformation ihre ursprüngliche Qualität eingebüßt.

Plan und Realität sind aus diesem Grunde nicht immer identisch. Auf diese Weise kann man alles betrachten, was im materiellen Bereich erfahren wird: Ein guter Plan wird verfälscht durch die von ihm induzierten Gefühle.

Primat der Gefühle

Gefühl ist die Grundlage des Erkennens und die Basis für Änderungen. Realität stellt das Abbild des Gefühls dar: Alles, was gefühlt wird, wird erkannt. Damit bildet das Gefühl eines der universalen Kräfte. Die Kräfte des Gefühls können nicht auf herkömmliche Weise sichtbar gemacht werden. Gefühle sind permanent da und gestalten. Sie sind vor dem da, was erforscht wird. Somit sind Gefühle die eigentlichen Gestaltbildner und nicht etwas, das in irgendeiner Form sichtbar gemacht wird. Gefühle gelten als die wirkliche Urenergie, die alles zur Entstehung gelangen läßt.

„Erkennen" ist die zeitliche Abfolge von strukturierten Gefühlsüberlagerungen. Gefühle sind in ihrer Wertigkeit höher einzuordnen als visuell erkennbare Symbole. Akzeptiert man diese positive Bewertung der Gefühle, weisen sie in ihren energetischen Merkmalen eine kreativ schaffende Richtung auf, die als Ausgangsbasis zur Realisierung von Symbolen betrachtet werden kann. Nichts von dem, was jemals sichtbar war und sein wird, ist ohne Gefühle. Um in anders geartete Erlebnisräume eindringen zu können, ist es notwendig, den jeweiligen Gefühlsbereich kennenzulernen.

Wenn zum Beispiel Wesen aus einem fremden Erlebnisraum denjenigen der Menschen erfahren wollen, müssen sie erst lernen, die Menschen in ihrem Erlebnisraum zu erfühlen. Die universelle Erkenntnis der Gefühle ist Voraussetzung für das Verstehen. Ohne sie kann weder etwas verstanden, noch der universelle Schlüssel der Erkenntnis gefunden werden.

Gefühle – kurz definiert als elementare, kosmische Strukturen – müssen von gleicher Wertigkeit sein, um ein Verstehen von Symbolen zu erlangen, die als universell zu bezeichnen sind. Die Sprache der Gefühle sollte neu erlernt werden, denn durch die Veredelung der Gefühle ändert sich nicht nur die Umgebung. Ebenso vollzieht sich eine Veränderung in der Realität und im Verhalten der Menschen. Das, was sich dann mitteilt, muß erst sichtbar gemacht werden, indem es die Räume, die es umgibt, durchdringt.

Diese Bereiche sind je nach der Erkenntnisfähigkeit des Übenden faßbar. Erfaßbar durch den Strahl des Lichts als Träger dieser universellen Geiststruktur. Für Menschen, die bereit sind, diese Erkenntnisfähigkeit durch gezielte Übungen zu erfassen, stehen alle Informationen und die Möglichkeit der Erkenntnisfähigkeit zur Verfügung. Man muß es nur innerlich wollen.

Diese Ausführungen sind eine theoretische Erklärung für das, was durch die Nathal-Methode und Übungen gefühlsmäßig übertragen und erfahren werden kann.

Programm zur Persönlichkeitsentwicklung

Die Welt muß als Gesamtbild erfaßt werden mit dem Ziel, ausgehend von den menschlichen Fähigkeiten die Komplexität der Welt zu erfahren und mitzugestalten. Der Mensch stellt einen Teil der Gesamtpopulation dar. Er hat einen uneingeschränkten Handlungsradius und die gleichfalls schrankenlose Möglichkeit, sich alle erfahrbaren Geschehnisse zu eigen zu machen und zu steuern. Mit der Bereitschaft des einzelnen, tragendes Element zu sein, potenziert sich seine Möglichkeit, sich zielgerichtet auf alle Ereignisse zu projizieren und Einfluß zu nehmen.

Ausschließlich die Funktion besitzt Priorität. Das bedingt, daß die Person selbst in den Hintergrund tritt, ihre eigene „Wichtigkeit" neutralisiert und sich nur als notwendige Komponente für das Erreichen eines Ziels versteht. Nur auf diese Weise gestalten sich Aktivitäten. Sie werden durch die Person unterstützt, lanciert, mitgestaltet und überhaupt erst realisiert.

Nochmals ist zu betonen, daß die eigene Person in diesem Prozeß hierarchisch in den Hintergrund zu verbannen ist. Der Begriff des Dienstes an der Evolution ist vorrangig, wobei die ethischen Werte garantiert sein müssen.

Die Grenzen der jetzigen Auffassungen gehören erweitert. In der momentanen Phase der Evolution verlieren alle Kriterien, die lange als unauflöslich angesehen wurden, ihre Wichtigkeit und Absolutheit. Die Vielschichtigkeit der Innovationen postuliert und formt unausweichlich eine neue Denkweise, die alle bisherigen Modelle komplettiert und perfektioniert.

Die Position, alle Möglichkeiten a priori offen zu gestalten und ernst zu nehmen, bleibt der Garant für eine ideale Zusammensetzung aller Ereignisse. Ausschließlich diese Erweiterung der aktuellen Denkweise birgt die Möglichkeit, einen genauen Zugang zu anders dimensionierten Ebenen unserer Realität zu haben.

Die Voraussetzungen dafür sprengen die konventionellen Denk- und Vorgehensweisen, denn die rein intellektuelle Betrachtung dieser anderen Ebenen genügen nicht, um diese uns bisher unbekannten Realitäten zu erfassen, um mit ihnen in Kommunikation zu treten und daraus einen „Profit“ zu ziehen. Die eigene rationale Art, die die Prinzipien der Kausalität zugrundelegen, bedeutet vielmehr eine willkürliche Einschränkung der Kontaktaufnahme zu anderen Ebenen.

Das neue Denken verpflichtet dazu, die Kriterien im Vorfeld neu zu definieren:

Wertvoller und höher als die rein intellektuelle Erfahrung ist die uneingeschränkte Bereitschaft, alle Ebenen zu erreichen; diese innere, emotionale Bereitschaft hat erste Priorität.

Das mentale Erfassen fungiert nur als ein Instrumentarium, das nicht systematisch eingesetzt wird. Besteht die erforderliche emotionale Haltung im Vorfeld nicht, ergibt sich die faktische Unmöglichkeit, dieses Instrumentarium überhaupt heranzuziehen.

Folgende Parameter charakterisieren das neue Denken:

- die innere Bereitschaft, alle Kräfte emotionaler Prägung in das Geschehen im Vorfeld zu investieren,
- die Bereitschaft, die intellektuelle Analysefähigkeit als sekundäre, wichtige methodologische Vorgehensweise auszuschalten, da die Koordinierung der Energien vorrangig über die Gefühle erfolgt,

- die Fähigkeit, alle Aspekte der Realität auch jenseits unserer Vorstellungskraft anzusiedeln,
- das Vermögen, das unbegrenzte Potential des Denkvermögens zu respektieren.

Ist diese introspektive Leistung vollbracht, ebnet sich der Weg zur Erweiterung der Betrachtungsweisen. Die einstigen Grenzen werden systematisch in Richtung „grenzenlos“ verschoben. Die Qualität der Bereitschaft und die jeweilige Eignung, die Kriterien umzusetzen, zu erleben und zu modellieren, bürgen für ein erfolgreiches Resultat.

Parallel erweitert sich in dem gleichen Maße unsere Auffassungsgabe und unser aktives Handlungsspektrum. Auf diese Weise wird alles erreichbar und nachvollziehbar, auch wenn die Vernunft dabei anfänglich nicht alle Kriterien und Parameter befriedigend einander zuordnen kann.

Nach den ersten Übungen mit der Nathal-Methode (fünf Tage), die mit dem Erreichen der eigenen Gehirnsynchronität arbeitet (Einüben des Theta-Delta-Zustandes, der durch Professor Dr. Lathan koordiniert und fokussiert wird), erkennt man die Steigerung der mentalen Betrachtungsweise. Sie haftet für ein sukzessive kohärentes und in sich perfekt strukturiertes, harmonisches Erscheinungsbild. In der Folge steht dem Weg zur absoluten Ausgeglichenheit und Souveränität sowie dem Finden neuer Lösungen, dem Ankoppeln am universellen Wissen, nichts mehr im Wege.

3. Teil

Markt- und Mentalleadership

Die Entdeckungen in der Chemie, der Physik und den anderen Wissenschaften lassen sich zu einem logischen und in sich geschlossenen Gesamt(welt)bild zusammenfügen. Dieses neue Weltbild revolutioniert auch das Management-Wissen. Richard Matheis stellt die alten Mentalmodelle vor, unter denen unsere Wirtschaft leidet. Und er konzipiert das neue Mentalmodell der Universal-Erfolgsphysik, das den geistigen Durchbruch der Leader-Elite zu einem neuen Zukunftshorizont ohne mentale Selbstbegrenzung ermöglicht.

Mentalmodelle der Leader

von Richard Matheis

Das alte Weltbild der Manager – die naive Weltsicht

Jeder Mensch hat mehr oder weniger bewußt Modelle darüber im Kopf, wie nach seinem Erfahrungswissen die Welt im Alltag funktioniert. Diese „Mentalmodelle" von der Welt, von Menschen, Märkten und Unternehmen bestimmen seine Meinungen, Vorurteile, Erwartungen, Einstellungen, Werte, Arroganz, Ignoranz, Verirrungen, Verwirrungen, Ängste, Sorgen, Zukunfts-Unsicherheit, Orientierungslosigkeit und auch kurzlebige Hammelherden-Effekte. Aus ihnen folgen Strategien, Führungstheorien, simplifizierte Tricks und Patentzrezepte, kurzfristige Modehits (wie „Management by", Humanisierung der Arbeitswelt, Transaktionsanalyse (TA), Neurolinguistische Programmierung (NLP), Gruppenarbeit, Leanmanagement, Reengineering), modische Machtideologien, Religionen, der Kommunismus, der Kapitalismus, die Marktwirtschaft, Demokratie, Diktatur, Revolution oder Paradigmenwechsel. Die kollektiven Denkmuster in den führenden Köpfen bestimmen Verhalten und Entscheidungen. Sind die Denkmuster „lean", rennt die ganze Mental-Masse ohne Klasse hinter Leanproduction, Lean Einkauf, Lean Marketing, Lean Personalmanagement hinterher. Nach dem uralten Prinzip: Was alle denken und machen, ist richtig. Dieses Vorgehen bedeutet Organisation und Strukturierung des Wandels nach modisch-oberflächlichen Wellen ohne fundamentalen Paradigmen-Wandel, ein Scheinkampf gegen immer komplexere, paradoxere und chaotisch-dynamischere Menschen, Märkte, Unternehmen. So programmieren zeit- und trendgemäße kollektive Mentalmodelle seit Tausenden von Jahren das Schicksal von Menschen, Firmen, Kulturen und des ganzen Planeten.

Wir sind in der lokalen, globalen, nicht linearen und chaotischen Weltdynamik mechanistische Marionetten blinder und deterministischer Naturgesetze. „Nach dem Tod ist alles aus und vorbei." Dieses veraltete Weltbild vieler Menschen und Führungskräfte von heute ist, so Moser, mechanistisch-materialistisch. Die entsprechenden Strategien und Managementsysteme zur Rettung der altgewohnten Strukturen und Routineprogramme sind linear-rational-lean-reengineered. Die große und kleine Welt der Menschen funktioniert wie eine Maschine, wie ein Uhrwerk. Die Individuen oder „Egos" verhalten sich wie Einzelatome, wie Teilchen, die im engen sozialen Raum aufeinanderstoßen (Hobbes, Newton, Descartes). Die Ordnung muß durch Gewalt oder Sozialkontrakt hergestellt werden. Dieser Mechanismus und Individualismus galt 200 Jahre und herrscht auch heute noch im alten Denken überwiegend vor.

Die konventionelle Schulmedizin ist dafür nur ein Beispiel von vielen. Diese „Maschinen-Reparaturmedizin" ist sehr fortschrittlich. Die vorsorgende Ganzheitsmedizin, die auch den Geist und die Psyche (Ursache für über 80 Prozent aller Krankheiten) integriert, ist unterentwickelt. Ähnliches gilt für die Prestigeprojekte der Physiker, die Kernteilchen-Beschleunigungsmaschinen. Für sie wurden Milliarden sinnlos ausgegeben. In den USA wurde ein Großprojekt wegen Verschwendung zum erstenmal gestoppt. Auch die total zersplitterten Universitäts-Maschinen, die Fließbandmaschinen der Produktion, die Unternehmen als reine Geldmaschinen der Wirtschaft, die Politik als Machtmaschine für kriminelle Diktatoren sind hier zu erwähnen. Die klassische Maschinen-Ära geht zu Ende. Die Kurzsichtigen von gestern sind auf die sichtbare Maschine fixiert: Ganz naiv glauben sie nur, was sie sehen. Aber sie sitzen am kurzen Materie-Hebel und haben einen schlechten Wirkungsgrad. Der lange Geist-Hebel ist der unsichtbare Steuermann hinter der Maschine. Das Unsichtbare steuert das Sichtbare. Das Mentale steuert das Materielle. Mind over matter.

Das neue Weltbild der Leader – die reale Weltsicht

Das neue Weltbild der progressiven Leader bedeutet das Ende der naiven, konservativen, simplifizierten und ewiggestrigen Weltsicht. Hier geht es nicht nur oberflächlich um Teilaspekte, immer neue, destruktive Feindbilder und „alte Hüte“ wie Reduzierung von Exzessen, zurück zu alten Tugenden, Komplexitäts-Minimierung durch Simplifizierungs-Maximierung, um Strukturen, Strategien oder holistische Modelle zum Reengineering von Prozessen. Heute sind Prozesse „in“ und Strukturen „out“. Heute ist dies destruktiv und morgen das. Es wird in Zukunft nicht um immer neue Modesprünge mit immer neuen Teufelskreisen gehen, sondern um einen fundamentalen Quantensprung. Es geht um einen Paradigmenwechsel, um einen totalen Turnaround der ganzen Weltsicht, um einen fundamentalen Bewußtseins-Quantensprung. Mit „Mätzchen“ und modischen Methoden, mit linearen und schnellen Kosten- oder Motivationseffekten ist in der heutigen Weltdynamik und Dramatik fünf Jahre vor 2000 nicht viel zu verändern.

Linear denkende Leader am Steuer der komplexen Welt

Lineares Rationalisieren der komplexen Welt-, Markt-, Menschen- und Firmen-Dynamik löst die komplexen Schnittstellen-Probleme nicht. Lean Management produziert zwar weniger Kosten, aber paradoxerweise auch mehr Streß, Überforderung, Überlastung, Demotivation und Fehler, es riskiert oder verliert Zukunftspotentiale. Die schreckliche Vereinfachung produziert sogar neue Komplexitäts-Probleme, weil die linear addierten, simplen Rezepte für Leanstrukturen und Leanprozesse nicht funktionieren. Es ist wie das Rennen von Hase und Igel. Der kurzfristige Kosteneffekt wird vom langfristigen Zukunftsverlust eingeholt. Zuerst wurde die Lean-Production verschlafen, jetzt wird die „Future-Production“ verschlafen. Der Linearschlaf des Machtmanagements in immer neuem Ego-Gewand kostet ein Vermögen. Bis man es merkt, ist es immer zu spät. Die superschnelle Dynamik rennt der superstarren

Statik immer davon. Die Agilen fressen die Senilen. Die Zukunft braucht kreative, konstruktive, komplex-intelligente Leader auf einem neuen Fundament ohne Modegags für eine komplexe Welt aus Geist und Materie auf immer höherem, komplexerem Fitneß-, Ordnungs- und Effizienzniveau. Für eine Welt, die sich durch mehr Kreativität, Spontaneität und Synergie bei weniger Planung und Gehorsam selbst flexibel organisiert und die Dynamik der äußeren Marktfront mit der Dynamik der inneren Mentalfront synchronisiert. Es kommt überall, lokal und global, auf die Mobilisierung von mehr Individual-, Team- und Kollektiv-Intelligenz in allen Bereichen und Ebenen zur Meisterung der Zukunft an. Ohne permanent steigende mentale Flexibilität, ohne mehr Intelligenz funktionieren auch einfachere Regelsysteme, materielle Regelprozesse und Regelstrukturen nicht.

Marktkraft durch Mentalkraft

Es geht nicht um radikale oder brutale Minimierung oder Rationalisierung der vorhandenen Intelligenz, sondern um Maximierung der Mentalkraft des Unternehmens durch intelligentere Selbstorganisation. Die maximale Mentalkraft von Menschen und Firmen mit mentaler Kompetenz und mentaler Verantwortung stellt zur Erreichung einer „changing customer, people- and process-driven best quality company“ alles andere in den Schatten. Die materielle Welt ist nur ein kleiner Ausschnitt aus den unendlich vielen Möglichkeiten.

Wir brauchen deshalb dringend einen Quantensprung vom naivlinearen Weltbild des Kampfmanagements mit Machtstrukturen und Machtprozessen ohne Kenntnis der mentalen Konsequenzen zu einem realistischen Weltbild des sich selbst organisierenden, kooperativen Universums, des mächtigen, materiellen und mentalen Selbstmanagements mit Mit-Verantwortung für Kooperieren, Mit-Denken, Mit-Handeln und Mit-Entscheiden. Das Selbststeuerungs-Paradigma ersetzt das uralte Ego-Fremdsteuerungs-Paradigma. Dieses neue „Mit-Weltbild“ (statt „Anti-Weltbild“) ohne Komplex gegen Komplexität eröffnet zugleich unbegrenzte Chancen für Kreativität, Genialität und Innovation.

Wenn Leader und ihre Teams mit dem neuen Universalwissen arbeiten, haben sie Möglichkeiten, von denen sie bisher nicht einmal träumen konnten. Was für kleine Geld-Macher mit begrenztem Horizont noch hinzunehmen ist, gilt nicht mehr für große Leader von Menschen, Familien, Gruppen, Teams, Firmen, Konzernen oder Staaten, geschweige denn für die Leader-Elite. In einem universellen Welt-Bewußtseinssystem stehen alle Menschen und ihre Leader in einer kollektiven Bewußtseins-Resonanz. Mentale Gesetze funktionieren mit mathematischer Präzision, das ist den meisten nicht bewußt. Sie brauchen deshalb einen mentalen Quantensprung zu einer höheren Bewußtseinsqualität, damit sie die Zusammenhänge aus höherer Warte überschauen können. Sie können es sich nicht länger leisten, nicht zu wissen, was sie tun. Blinde können Blinde nicht in einem Weltlabyrinth herumführen. Ohne Ariadnefaden sind sie verloren. Kein normaler Mensch würde in einem großen Haus leben wollen, ohne dessen Räume zu kennen und zu wissen, was dort geschieht. Kein Leader kann ein Unternehmen erfolgreich steuern, dessen Erfolgsdimensionen er nicht kennt und beherrscht.

Gleiches gilt für das Groß-Unternehmen Universum. Die Parallelen im Großen und im Kleinen, im Makro- und im Mikrouniversum sind verblüffend. Ein Firmen-Leader kann von dem Welt-Leader des Großkonzerns „Natur" unendlich viel lernen. Die Natur ist das erfolgreichste und intelligenteste aller Spitzenunternehmen. Seit Milliarden von Jahren bewährt es sich und hat noch nie Konkurs gemacht. Das komplexe Natur-Management mit seiner unendlichen Vielfalt an Produktionen und Produkten, erstellt nach präzisen Naturgesetzen und Universalprinzipien, ist jedem Konzern-Management an Kreativität und Macht haushoch überlegen.

Kybernetisches Denk- und Prozeß-Modell im Management – G.E.I.S.T.-Kybernetik

Kybernetik oder Informatik ist die Lehre von der Steuerung und Information. Das neue Weltbild basiert auf einem spirituell-kybernetischen Denk- und Prozeß-Modell. Alles ist spirituell-ätherisch. Spirituelle Erkenntnis wird nur durch Seinserfahrung, nicht durch Worte gewonnen. Die meisten Menschen träumen ihr Leben, statt ihre Träume zu leben. Dazu braucht es nur fundamentales Wissen und Selbstliebe, keinerlei esoterische Akrobatik. Wissen macht frei, frei von begrenzenden Glaubenssystemen und beschränkten Identitäten. Es eröffnet neue Lebenshorizonte. Erfahrenes Wissen ist Macht. Nichtwissen, ohne Bewußtsein sein, ist Ohnmacht.

Am Anfang war der Gedanke, gab es den Gedankenquanten-Raum, die Gedankenfrequenz-Welt, den Gedankenkosmos, Gedankenmasse, virtuelles Gedanken-Feld, eine virtuelle Potentialität, alles ohne Licht und Materie. Alles ist Gedankenenergieform, selbst grob-atomare Materie ist flüchtig, dynamisch, veränderlich. Gedankenfrequenzen gehen durch die Materie hindurch. Das Gedankensystem hält die Welt im Innersten zusammen. Später kam aus dem Gedankensystem Licht in den leeren Raum. Alles entstand aus Gedanken- und Lichtquanten, aus Gedankenquanten mit Lichtausstrahlung („Es werde Licht!").

Durch Absenken der Lichtquanten-Frequenz entstanden elektromagnetische Felder mit Plus- und Minuspol, positiver und negativer Energie. Die Lichtquanten bestehen aus negativen und positiven Elektronen mit Kohäsions- und Explosionskräften. Jedes Lichtpartikel ist Ausdruck eines Gedankens. Das Licht wurde aus dem Gedanken erschaffen, und es wurde zur Bewegung. Aus dem Licht folgten in der nächsten Stufe höhere und niedere Lebewesen, kreative Lichtwesen, Lichtformen, Lichtquantensyteme oder Bewußtseinsenergie-Systeme mit Emotion. Jeder Mensch hat den Lichtfunken in sich. Aus den Lichtquanten bildeten sich Gase, die bei der angeblichen Urknall-Explosion eine Rolle spielten. Durch Explosion von Sonnenenergien entstanden die Planeten.

Alle Lebensformen und Stufen sind geschaffen aus Gedanken, die immerwährendes Leben sind. Gedankenfrequenz in der niedrigsten Schwingungsform ist Materie aus Atomen, Protonen, Neutronen und Elektronen. Atome bestehen aus einer Milliarde Lichtquanten. Gedanken- und Lichtquanten mit hoher Frequenz (Photonen) können durch niedrige Materie-Frequenz hindurchgehen. Materiesystem ist geronnenes Gedanken(Vision)- und Lichtsystem (Gefühlsenergie). Alle geschaffenen, materiellen Formen entstanden durch Evolution von Gedankenformen. Wenn Gedankenfrequenzen durch Gefühlsenergien aufgeladen werden, entstehen daraus Lichtfrequenzen. Durch Verdichten der Lichtpartikel entsteht elektrische Ladung, ein meßbares elektromagnetisches Feld mit Plus- und Minuspol. Durch weitere Verdichtung der Ladung entsteht grobe, atomare oder molekulare Materie. Durch Kondensation des Gedanken-Licht-Gefühl-Systems (Visualisierung/Vorstellung/ Absicht/Wunsch/Emotion) materialisiert sich Materie. Die Gedanken produzieren über die Lichtformen die Gefühle, und diese werden in der Seele (Instinktmuster, Lebensmuster, Bestimmungsmuster, Muster des Ganzen) wie in einem Computer gespeichert (Softwareprogramm).

Gedankenmacht ist Macht über Materie. Jedes Ding (System) der Welt existiert aus Gedanken (Geist) und hat ein Lichtfeld, ein Auraquanten-Feld, das mit dem unendlichen Gedankenfeld ständig in Resonanz ist. Ein Teil der Aura ist ein elektrogmagnetisches Schwingungsfeld. Das Aurafeld strahlt in Wechselwirkung zurück ins vereinheitlichte Universal-Gedankenfeld. Die elektromagnetische Aura zieht Gedanken aus dem Universalfeld an. Das Allbewußtsein ist die Summe aller Gedankenfelder.

Alle Gedanken haben spezifische Frequenzen. Das kollektive Massenbewußtsein hat tiefe Frequenzen. Geniales Bewußtsein hat hohe Frequenzen mit entsprechenden Feld-Resonanzen. Gleiche Frequenzen ziehen sich an und gehen durch das ganze Aurafeld hindurch (zum Beispiel Angstfrequenzen von Kranken in Kurorten und Krankenhäusern). Ungleiche Frequenzen stoßen sich ab (Haß-Frequenzen). Das Gehirn ist, wie ein Radio mit Frequenzschalter, ein Empfänger für elektrische Gedankenfrequenzen. Es läßt Gedanken aus dem Bewußtseinsstrom in sich eintreten und wandelt sie in elektrischen Strom um.

Der elektrische Strom eines Gedankens geht als Lichtfunke in die Zellstruktur. Der Körper reagiert positiv oder negativ auf die elektrischen Impulse (verträglich oder unverträglich). Das Gedankensystem wird im Zellsystem erfahren, gefühlt und gespeichert. Das Auraquanten-Frequenzsystem zieht seinem Quantenzustand (Seinszustand, Gefühlszustand, Gesundheitszustand) entsprechende Muster an. Menschen, Firmen und Städte haben spezifische Frequenzmuster. Schwere Frequenzmuster hängen über vielen Firmen und Städten wie schwarze Mentalwolken, die durch Disharmonie, Krankheiten, Kriminalität, Kriege, Konflikte, Leiden entstehen. Wenn sie aus den kollektiven Massen-Frequenzen nicht herauskommen, stagnieren diese Organisationen. Ihre Denkmuster drehen sich buchstäblich im (Teufels-)Kreis.

Jede gefühlte Gedankenfrequenz verläßt den Körper durch das elektromagnetische Aura-Frequenzfeld und tritt in das Universalfeld, den universellen Bewußtseinsstrom ein. Jeder stark zielprogrammierte Gedanke hat wie ein *Cyborg* die Tendenz, sich zu verwirklichen. Die Wissenschaft von der offenen und der geschlossenen G.E.I.S.T.-Kybernetik eröffnet Menschen und Firmen Chancen, gegen die Leanmanagement und Reengineering „kleine Fische“ sind.

Manifestationskette

Nach der aufgezeigten Manifestationskette (Gedanke, Licht, Elektrizität, Materie) produzieren die Menschen heute bewußt oder unbewußt (über Gedanken/Vision, Energie/Wunschintensität/Gefühlskraft und Information/Codierung) alle materiellen Formen: Geld, Häuser, Maschinen, Fabriken, Krankheit und Gesundheit, Reichtum oder Armut, Friede oder Krieg. Die Materie ist in ihren vielfältigen Erscheinungsformen nichts als ein Spiegel der mentalen Manifestationskraft.

Die Welt ist im Großen wie im Kleinen ein komplexer Betrieb aus unendlich vielen Mini-, Maxi- und Mega-Betrieben. Sie ist ein mathematischer, primzahlcodierter Wechselwirkungs-Kosmos ohne Zufall. Sie ist ein Superbewußtseins-System, eine gigantische Großgedanken-Energieform aus unendlich vielen Mini-, Maxi- und Mega-Bewußtseins-Energiesystemen. Die Welt ist ein lebendiger Organismus, ein Universalpsychefeld mit einer berechenbaren Aura-Quantenstruktur (Gedankenenergie-Gerüst). Die Aura-Quantenstruktur ergibt sich aus den feinstofflichen, unsichtbaren, ausstrahlenden Psyche-Energiezentren (Photonenstrahlung) der Menschen, Firmen und aller lebender Systeme (die Energiezentren oder Chakren und die Energiemeridiane spielen in der chinesichen Energie-Akkupunktur eine zentrale Rolle).

Alle Eigenschaften von Systemen, von Atomen, Organen, Menschen, Märkten, Unternehmen, der Erde, der Sonne, von Geld und Galaxien sind nach Muheim aus ihrer Energie-Feldstruktur (Aura-Quantenstruktur) ableitbar. Sie sind Teilaspekte des Mikro-, Makro-, Mega- oder Giga-Psychefeldes. Ein schwingendes System-Psychefeld ist ein sich selbst organisierendes Quantenwellen-Universum mit unendlich vielen kybernetischen Rückkopplungsprozessen. Jedes lebende Feld ist ein Individualfeld, das in ständigem Wandel ist. Alle Prozesse laufen nach Naturgesetzen harmonisch mit dem Ganzen ab. Nichts geschieht ohne Grund. Es gibt im Universal-Feld keinen Zufall. Die unendliche Vielfalt der Erscheinungen existiert aus einer kohärenten Einheit heraus.

An der Oberfläche sind Menschen, Kunden, Teams, Konkurrenz, Leader und Killer getrennt (wie Wellen des Ozeans), aber auf tieferem Quantenlevel (im tiefen Grunde des Ozeans) sind sie eins. Die Quantenwelle ist im Ozean, und der Quantenozean ist in jeder Quanten-Welle. Kein Teilsystem ist mit seinem individuellen Auraquanten-Feld jemals isoliert. Es ist immer vernetzt mit dem kollektiven Universal-Feld. Im Haupt-Hologramm vermischen sich die wellenförmigen Schwingungsmuster aller Teil-Hologramme. Die Teilsysteme bilden in sich ein Ganzes, das auch einen universellen Speicher aller Informationen enthält. Jedes Atom-System, und damit alle Systeme, haben „memory mind", einen Gedächtnisspeicher. In jedem Teil-Hologramm ist das Wissen des Gesamt-Hologramms gespeichert, so wie bei einem holographischen Bild das ganze Bild in jedem Teilbild enthalten ist. Es gibt keine getrennten Egomind-Splitter, kein isoliertes Ego-Bewußtsein im Bewußtseins-Ozean. Alle Ego-Minds schwimmen wie Fische im gleichen Wasser.

Macht und Magie des Mentalmanagements

Das menschliche Bewußtsein hat seinen Ursprung in der Quantenrealität. Das größte Wunder im Menschen stellt laut Muheim das dritte Auge im Inneren des Kopfes und seine Quantenstruktur dar. Es repräsentiert ein individuelles Mikrouniversum mit Zugang zur superfeinen Energie-Feldstruktur des Gesamtuniversums. Co-Evolution und Kooperation der einzelnen Teile des Menschen mit dem Ganzen ist deshalb wichtiger als Spaltung, Fragmentierung und Manipulation. Ob wir uns dessen bewußt sind oder nicht: Management ist über nicht lineare Impulswellen immer Psychefeld-Management, Bewußtseinsfeld- oder Universalfeld-Management. Die ausgesandten oder empfangenen Impulswellen sind Träger von Frequenz-Informationen.

Diese wissen, wie Energie in Materie umgewandelt wird. Sie stellen ein Energiepotential dar, sind virtuelle Potentiale. Transportiert oder manifestiert werden diese Wellen durch Vektorwellen, der nächstgröberen Manifestationsform im Spektrum. Die Impulswellen sind wie eine Mutterpause, nach der sich alles bis hinunter zur Materie ordnet. Das Biofeld von Atomen, Menschen, Märkten und Unternehmen ist somit ein Feld aus Informations-Potentialen. So, wie in einem Samenkorn bereits die gesamte Information des Baumes oder im genetischen Code die gesamte Information der Menschengestalt angelegt ist, so enthält dieses Universalfeld alle Informationen über alle Dinge, die sich im Manifestationsprozeß zur Materie hin befinden. Jeder materielle Gegenstand im Unternehmen oder jedes Organ im menschlichen Körper hat ein Informationsfeld, das sich abfragen läßt. Das Biofeld von Systemen ist ein Einheitsfeld, in dem alle Dinge (Zustände) gleichzeitig außerhalb von Raum und Zeit vorhanden sind. Das Paß- oder Zeitungs-Foto zum Beispiel enthält deshalb die Seele, das Psychefeld, die Auraquantenstruktur von Menschen, Teams, Gruppen oder der Gesamtbelegschaft. Diese Schwingungsstruktur kann präzise abgefragt oder diagnostiziert werden. Das Biofeld ist in der Aussage sogar präziser als der Gegenstand selbst. In der Heilpraxis werden die feinstofflichen Energiemuster entsprechenden Krankheitsmustern zugeordnet. Fehlsteuerungen von Organen durch Fehlinformationen werden in der Neohomöopathie nach dem Prinzip der Umkehrinformationen mit erstaunlicher Geschwindigkeit umprogrammiert. Diese Umsteuerung ist sogar allein schon durch einfache geometrische Muster oder durch starke Gedanken-, Glaubens-, Visualisierungsmuster, durch Quantenkraft-Denken möglich. Das kann in der Praxis schnell demonstriert werden.

Vom Zufall zum programmierten Quanten-Systemfall

Nach dem neuen Quanten-Weltbild greift der visionäre Leader-Geist in alle Prozesse ein, programmiert diese und bringt Ereignisse ins Rollen. Der Universalschlüssel ist somit die Universalquantenkraft, durch die die Bewußtseinsquanten, das Quantenpotential-Feld, das morphogenetische Feld oder das vereinheitlichte Feld aller Möglichkeiten. Sie wirken auch unbewußt aus dem holographischen Erinnerungsspeicher. So erfinden der Mensch und die Menschheit die individuelle und kollektive Realität immer wieder neu, ohne es zu wissen. Die Realität der Menschen, Märkte und Unternehmen, der Staaten und des gesamten Planeten ist kein Zufall, sondern individuell und kollektiv, lokal und global programmierter Quanten-Systemfall.

Zweifaches Erleben der Realität: Welle und Teilchen

Die neue Weltsicht bedeutet, daß man Realität zweifach erleben, wahrnehmen oder programmieren kann. Mit intuitivem Geist erkennt man die Welt des Lichts ganzheitlich als Welle. Der rationale Geist erkennt die Welt des Lichts linear als Teilchen. So kann man bei der Personalauswahl den Gesamtcharakter oder einen Teilaspekt des menschlichen Psychefeldes erkennen. Man kann ein Unternehmen ganzheitlich-strategisch oder linear-taktisch steuern. Jeder Raum-Zeit-Zahlen-Punkt oder jedes primzahlcodierte Raum-Zeit-Zahlen-System auf der Erde ist mit jedem anderen Punkt auf der Erde und im gesamten Universum durch das Gesetz der Frequenz-Resonanz in Beziehung. Alles, was existiert, ist nach Naturgesetz in Wellen-Interdependenz. Menschen, Märkte, Unternehmen sind in Wellen- oder Feld-Resonanz. Management ist immer Quantenfeld-Resonanzmanagement. Das Medium, wodurch das Universalgesetz wirkt, ist – nach Muheim – Allbewußtsein und Allkohärenz des Universal-Feldes. Das Zentrum aller Aktionen und Reaktionen von Systemen, von Pflanzen, Tieren, Menschen, Märkten oder Unternehmen ist ihr meßbares Psychefeld, ihr Auraquanten-Feld.

Drei fundamentale Universal-Erfolgsschlüssel

Die Welt und all ihre Mikro-, Makro- und Megasysteme, alle Hologramme von Atomen, Zellen, Organen, Menschen, Märkten, Unternehmen, dem Planeten- und Sonnensystem wirken durch nur drei fundamentale Parameter, nämlich *Universalgeist*, *Universalenergie* und *Universalinformation*. Sie bilden zusammen ein Holoversum, ein Quantenuniversum aus Bewußtseins-, Energie- und Informations-Quanten. Ein Mensch, ein Team, eine Familie, ein Markt oder ein Unternehmen ist ein informationsverarbeitendes Bewußtseins-Energiesystem mit einem Psychefeld, einem Auraquanten-Feld. Die gesamte Materie, Energie und Intelligenz aus Vergangenheit, Gegenwart und Zukunft sind Teil eines komplexen Bewußtseins-Energie-*Supersystems*. Der spirituelle Wechselwirkungs-Kosmos mit Allbewußtsein und Allkohärenz besteht aus Gedankenenergie-Systemen. Er enthält Gedankenenergien, welche in allen Dimensionen Realitäten manifestieren. Beeinflussen wir diese Gedankenenergie-Systeme von Menschen, Teams, Märkten und Unternehmen, dann verändern wir die vernetzte Feldphysik des ganzen Geist-Energie-Universums. Keine einzige Gedankenenergie geht im Universum verloren. In diesem hochintelligenten und hochkomplexen Universum regieren präzise Zahlen, Mathematik und Physik alle Prozesse. Die Gesetze werden von der Wissenschaft nach und nach gefunden, nicht erfunden. Wissen ist aber nicht Weisheit. In dem Schöpfungsbauplan, in dem Megaleadership-Universum ohne Zufall gelten als universelle Wert- oder Leadership-Prinzipien und als zentrale Machtfaktoren unter anderem: Harmonie, Symmetrie, Wahrheit, Bewußtsein, Ordnung im Chaos, Attraktor, dynamisches Gleichgewicht, Selbstverantwortung, Nächstenliebe, Dienen und Demut. Sie machen universellen Sinn. Das Gegenteil macht universellen „Unsinn". Beides hat mathematisch präzise, universelle, lokale und globale Konsequenzen.

Kein einziges Quant der Materie ist jemals ohne Information und in Ruhe. Nichts in der Welt ist leblos, informationslos oder bewußtseinslos. Das ganze Universum lebt, wächst und gedeiht, ist krank oder gesund. Zufall ist Ordnungsfall. Im Chaos herrscht Ordnung. Gott ruht im Stein, schläft in der Pflanze, träumt im Tier und erwacht im Menschen.

Firmen sind bewußtseinsgesteuerte Quantensysteme. Uratome, Elementarteilchen, Elektronen, Protonen, Moleküle, Körper, Pflanzen, Tiere, Menschen, Märkte, Unternehmen, Gestirne, Galaxien, und das Weltganze aus Geist, Energie und Information ist im ewigen Bewußtseins-Fluß. „All is a game of consciousness in flow", sagen asiatische Meister. Die Quantenstruktur ist im ständigen Quantenfluß. Es ist ein ewiger Kreislauf von Entstehen und Vergehen, ein ewiger Prozeß der Wiederkehr im Wechsel. Die Quantensysteme, Quantenprozesse und Quantenfelder wechseln ständig, im Großen wie im Kleinen. Totale Quantenbewegung beherrscht das Universum, das Weltganze. Jedes G.E.I.S.T.-Quant ist in Bewegung und wirkt im G.E.I.S.T.-Universum durch Quantenkettenreaktion auf jedes andere G.E.I.S.T.-Quant. Kein noch so kleines Elementarteilchen kann sich verschieben, ohne daß sich nicht das Weltganze verschiebt. Das ganze Universum bewegt sich durch jedes Teiluniversum. Auf der Quantenebene ist alles eins, und alles ist durch alles bedingt. Das Totalquantum beeinflußt das Teilquantum und umgekehrt. Deshalb gibt es im dynamischen Quantenuniversum niemals zwei gleiche Quantensituationen. Es gibt keine Quantengleichheit.

Die Welt ist ein quantenartiges Spannungs- und Transformationssystem. Es gilt dabei das Gesetz von der Erhaltung der Materie und der Energie als Universalprinzip. Alles Sein ist ein ewiges Werden, ist ständige Evolution. Ewige Veränderung programmiert das komplexe Weltsystem. Alles fließt. Da die Welt ständig im Fluß ist, müssen auch die Mentalmodelle in den Köpfen der Menschen ständig im Fluß sein. Weil dies nicht so war, sind zum Beispiel fast alle Firmen unvorbereitet durch realitätsfremde Fehlentscheidungen in die Krise geraten. Die individuellen Mentalmodelle in den Köpfen der Führungskräfte über Menschen, Märkte, Organisationen, Zukunft und die Realitätsanforderungen klafften weit auseinander. Die Weltmärkte und Konkurrenzsituationen hatten sich rasch verändert, aber die Modelle (Informationen, Konzepte, Strategien und Methoden) blieben unverändert die alten. Richtige Modelle führen zu Erfolg, falsche Modelle zu Mißerfolg. Auch da gibt es keinen Zufall. Deshalb ist die innovative Leadership-Lernorganisation von zentraler Bedeutung für die Zukunft. Innere Modelle und äußere Realitäten müssen ständig realitäts- und naturkonform synchronisiert werden.

Vernetzte Mentalstrukturen des Universums und aller Management-Systeme

Über Jahrmillionen haben Billionen von „human minds“ an einem monumentalen Mental-Akt teilgenommen und dabei die Universalprinzipien oder Universalethik verletzt. Das Resultat heute sind Umwelt- und Innenweltverschmutzung, lokale und globale Mentalverschmutzung, Korruption, Kriminalität, Gewalt, Krankheit und Krieg. Nicht zufällig, sondern gesetzmäßig, von Menschen hausgemacht und von langer Hand unbewußt programmiert. Erst wenn alles zu spät ist und das Kind im Brunnen liegt, fragt man sich, wie das passieren konnte. Wie Farbenblinde, die plötzlich Farben sehen, diese Effekte aber nicht verstehen und für Zufall halten. Die Effekte aber sind mit System zugefallen.

Informations-Management 2000

1917 erfand Einstein die Kosmologie. Nach dem heutigen Stand der Kosmologie definiert der amerikanische Physiker Professor Tipler (MIT, Oxford, Max Planck-Gesellschaft; Zusammenarbeit mit Stephen Hawking und Roger Penrose) das Leben als durch natürliche Auslese bewahrte Information. In der modernen Informationsgesellschaft steht die Information im Zentrum.

Management von Leben ist Informationsverarbeitung. Die gesamte lebende Welt, die Welt der lebenden Ideen und Gedankenformen, die Welt des menschlichen Geistes, lebende Wesen, lebendige Menschen, Märkte und Unternehmen – alles Leben ist Informationsverarbeitung (ein neues Wort für Kybernetik).

Geist und Seele aller Systeme sind ein Computerprogramm

Alles Leben, jedes Atom, jedes Quant, lebende Märkte, Menschen und Unternehmen, das ganze Quantenuniversum haben Bewußtsein und Energie, Geist und Seele. Geist und Seele sind nach Tipler hochkomplexe Computerprogramme. Dies ist nicht mehr so negativ überraschend, wenn man die heute weltweit vorhandene Gewalt-, Folter-, Mord- und Kriegsmaschinerie oder die Holocaustmaschine des Dritten Reiches betrachtet. Der Mensch kann zum Halb- und Tiermenschen herabsinken und jenseits aller Rationalität jede Maschine übertreffen. Die Instinkt-, Denk-, Gefühls-, Verhaltens- und Routineprogramme laufen dann mechanisch ab. Das Verhalten wird von Instinkten, Trieben, Lust-, Unlust-, Hunger-, Sex-, Angst- oder von Machtgefühlen gesteuert, die aus einem hochdynamischen Ego-Wesen schnell eine Konsum-, Freß-, Rauch-, Drogen-, Alkohol-, Sex-, Überlebens- oder eine unberechenbare ethnische Säuberungs- und Schießmaschine machen können. Das Ego-Wesen des Menschen ist ein hochdynamisches Gedankenenergiesystem, eine mechanische, selbstkonstruierte Machtmaschine. Der Ego-Mind hat meistens den Menschen unbewußt im Griff, statt der Mensch den Ego-Mind. Brutale Diktatoren funktionieren oft genug wie eiskalte Mordmaschinen. Evolution heißt, die negativen Programme in positive umzuwandeln. Die bessere Mentalsoftware macht den besseren Menschen. Optimal ist es, wenn der immer bewußtere Mensch die Ego-Programme beherrscht, statt daß die Ego-Programme den zu 80 Prozent unbewußten Menschen beherrschen. Von der Entstehung und Funktionsweise des Egos haben die wenigsten Menschen eine Ahnung, meist nicht einmal die Psychologen. Solange ist der Mensch Ego-Opfer statt Ego-Manager. Egos treiben in allen Systemen ihr Unwesen. Ego-Kriege führen in Familien, in Wirtschaft und Politik zu Verlusten von Millionen und Milliarden. Die Beendigung aller Ego-Kriege würde alle Firmen und den Planeten zum Paradies machen.

Lebewesen sind Gebilde, die Informationen codieren

Ein lebendiges System ist jedes Bewußtseins-Energiesystem, das Information codiert, wobei die Information durch natürliche Auslese bewahrt wird. Also nicht nur Menschen oder ihre Egos, sondern auch Atome, Pflanzen, Tiere, Autos, Maschinen, Computer, Ideen, Zahlen, Märkte, Unternehmen, Planeten und Universen sind lebende Wesen, dynamische Wechselwirkungssysteme mit Psychefeldern. Eine Person wird als Computerprogramm definiert, das den Turing-Test bestehen kann. Die Seele läuft als Softwareprogramm im Gehirn ab. Die Japaner haben kein Problem damit, auch einen intelligenten Computer oder Roboter als lebendes Wesen zu betrachten. Japanische Computer-Spezialisten sind überzeugt, daß auch ein superintelligenter Computer Buddha sein kann.

Sich selbst steuernde Lebensprozeß-Muster mit Feedback

Die Vorfahren des Menschen waren sich selbst kopierende, selbststeuernde, dynamische Prozeß-Muster mit Umwelt-Feedback (Information), zuerst in Metallkristallen, dann in Kohlenstoffmolekülen, in der Zukunft in stehenden Wellen. Menschen, Märkte, Unternehmen sind lebende, sich selbst steuernde Regelkreisprozeß-Muster mit Psychefeld-Feedback. Die in dem Muster codierte Information variiert ständig, aber die Varianz wird durch das Feedback auf eine schmale Bandbreite eingeschränkt. Leben ist also durch natürliche Auslese bewahrte Information. Märkte besorgen die natürliche Auslese von Produkt-Formen, zum Beispiel beim Auto, im dynamischen Umfeld. Es herrscht im lebenden Markt ein dynamisches, informationsverarbeitendes Bewußtseinsenergie-System, ein Existenzkampf zwischen zum Beispiel den schnellen „Auto-Rassen". Der materielle Marktkampf wird mental in den Köpfen programmiert und entschieden.

Machtkampf der lebenden Mentalsysteme

Hinter den materiellen Produkten stehen mentale Ideen des menschlichen Geistes, die durch natürliche Auslese bewahrt werden. Hinter der Real-Welt regiert die Mental-Welt. Es sind lebende Gedankenenergieformen, lebendige Gedankenstrukturen, hochdynamische Ego-Powersysteme, Bewußtseinsenergie-Systeme im physikalischen Sinne. Diese Ego-Energiesysteme funktionieren wie kybernetische Waffen, wie „Cruise-Missiles", die sich durch ständige Rückkopplung mit den Bodenverhältnissen (Umfeld- und Konkurrenz-Verhältnissen) selbst ins Ziel steuern. Es herrscht im Ideen-Markt, im G.E.I.S.T.-Markt, im Mental-Feld ein Existenz- und Machtkampf auf Leben und Tod. Dynamische Ideen-Klassen, Marken-Ideen, unternehmerische Erfolgsideen, Konkurrenzideen, Zukunftsvisionen, Strategien, Haß- und Neid-Ideologien, Geistsoftwareprogramme, Staats- und Führungstheorien, Religionsphilosophien, Glaubensrichtungen, Parteiprogramme, Führungsmodelle, Weltmodelle – alles nichts anderes als Mentalmodelle. Als subjektive Ego-Mentalmächte, lebende Gedanken-Wesen treiben sie mit den Menschen ihr Marionetten-Spiel. Wer in der Ego-Zange ist, ist zu allem fähig, zu Selbstmord ebenso wie zu Mord. Die Materialwaffen sind nur die Figuren auf dem mentalen

Schachbrett. Der Mentalkrieg entscheidet den Materialkrieg. Der mentale Steuermann ist dem materiellen Steuermann im Material-, Markt- oder Mentalkrieg durch Mentalkybernetik überlegen. Die Weltgeschichte ist bis heute nichts anderes als materielle und mentale Konfrontation auf niedrigster Bewußtseinsstufe. Die Zukunft muß der materiellen und mentalen Kooperation von Menschen, Unternehmen und Staaten auf höherer Bewußtseinsebene für eine höhere Lebensqualität gehören.

Vergängliches oder ewiges Lebens-Management

Das Leben geht nach Tipler ewig weiter, wenn Supermaschinen ewig existieren können. Was zählt, ist das Lebens-Muster, nicht das Lebens-Substrat. Der menschliche Geist und der Universalgeist sind ein immaterielles Computerprogramm, eine Aufeinanderfolge von ganzen und lebenden Zahlen, von real existierenden Primzahlen. Das Symbol „1" ist nicht die Zahl Eins selbst. Das Programm ist die formale Ursache. Die materielle Ursache sind die Eigenschaften der Materie. Die Grundsubstanz des Universums und seines Managements sind Teilchen und Felder.

Universal-Erfolgsphysik des Universal-Unternehmens „Natur"

Die Physik des Unendlichen, der Teilchen und Felder-Wechselwirkung des Universal-Unternehmens, der Vielwelten- oder Vielunternehmens-Theorie ist *Universalphysik*. Das Universum aus vielen Mini-Universen und Mini-Unternehmen ist die Gesamtheit alles Existierenden. Wenn Gott als Supermanager, als Steuermann oder Programmierer des Universums die Realität ist, muß ihn die Universalphysik finden, und nicht die Religion er-finden. Das Universal-Unternehmen „Universum" ist ca. 20 Milliarden Jahre alt. Das sichtbar-materielle Universum (nur ein minimaler Teil der gesamten Realität und Antimaterie) ist eine Kugel mit einem Durchmesser von 20 Milliarden Lichtjahren. Jede Form des Lebens unterliegt den gleichen Gesetzen wie Atome oder Elektronen. Fast die Gesamtheit von Raum und Zeit liegt in der Zukunft. In ca. eine

Milliarde Jahren wird nach dem heutigen Stand des Wissens die „Erd AG“ und die ganze Biosphäre ausgelöscht sein. Bis dahin muß sich das Leben einen Raum außerhalb der „Erd AG“ erschließen, um zu überleben. Dies erfolgt durch Übertragen von Information, von Lebens-Mustern auf stehende Wellen. Dieses Prinzip wird auch heute schon in der Neohomöopathie praktiziert.

Das Streben zum Omegapunkt der Vollendung

Alle Evolutionssysteme werden geboren, sterben und streben zum Omegapunkt. Entsprechend der Quantenmechanik ist jedes physikalische System durch seinen Quantenzustand genau zu beschreiben. Ein System ist sein Aura-Quantenzustand, sein Psyche- oder Mentalfeld. Alles Sichtbare, ein Mensch oder Unternehmen, ist ein Quantensystem aus Geist, Energie und Information. Das Gesicht des Menschen, sagt man, ist der Spiegel der Seele. Deshalb steht im Gesicht die Seelen-Geschichte als Information ablesbar geschrieben. Das Gesicht spiegelt somit den Auraquantenzustand, das prägende und steuernde Gedanken- und Energie-Feld. Der Mensch ist, was er denkt und fühlt. In der Aura-Quantenstruktur strahlt er das aus. In Firmen kann man die positiven oder negativen Gedanken- und Energie-Felder geradezu spüren oder mit dem Messer schneiden. In manchen Räumen knistert es geradezu.

Markt-Chaos, Team-Chaos, Unternehmens-Chaos, Gedanken- oder Gefühls-Chaos bedeutet Instabilität. Ein chaotischer oder antichaotischer Effekt wirkt nur dann positiv oder negativ kumulativ, wenn „Schmetterlinge“ (Unternehmer und Teams) mental kohärent (positiv oder negativ) zusammenarbeiten. Im chaotischen System (nicht im periodischen System!) verläuft die Entwicklung (Markt-, Organisations-, Persönlichkeitsentwicklung) instabil. Ein Minimum an Veränderung der Ausgangsbedingungen führt zu einer enormen Zustandsveränderung des Systems.

In der Omega-Wellenfunktion liegt die gesamte Physik

In der Quantenmechanik wird der Zustand eines Systems durch seine Wellenfunktion beschrieben. In der Wellenfunktion steckt die gesamte Physik. Die Gesetze der Physik (Regelmäßigkeiten, Gewohnheiten, morphogenetische Steuerungs-Felder) sind in der universellen Wellenfunktion codiert. Die Wellenfunktion verändert sich kontinuierlich. Es gibt eine einzige Wellenfunktion für das Universum. Die universelle Wellenfunktion ist das einzige Feld, das allen anderen Feldern (EM-Felder, Quark-Felder usw.) Leben verleiht. Die Wellenfunktion als Universal-Feld kreiert Leben. Die Omega-Wellenfunktion oder radiale Energie (T. de Chardin) ist gleich dem *Universalgeist* in höchster Harmonie und Vollendung. Sie ist ein allgegenwärtiges und unsichtbares Feld, durchdringt alle Felder und alle materiellen Prozesse zur fortschreitenden Vergeistigung. Sie erschafft und lenkt alle Felder in Richtung eines *Zentrums vollkommener Einheit* in Richtung des Omegapunktes. Sie ist ein alles durchdringendes physikalisches Feld (Tao der Physik von Capra). Die Zeit läuft nicht eindimensional, sondern zyklisch, in ewiger Wiederkehr. Es erfolgt eine periodische Neuerschaffung und Zerstörung des Universums. Jeder Tag Brahmas dauert 4 Milliarden Jahre. Die Elemente lösen sich in reinen Geist auf, der sich dann in jedem Leben Brahmas, das jeweils 311 Billionen Jahre dauert, als Materie reinkarniert. Das Leben Brahmas ist der längste Zyklus und wiederholt sich ewig. So entsteht der endlose Zyklus von Geburt, Wachstum, Niedergang und Tod aller Systeme und Kulturen, aller Atom-, Pflanzen-, Tier-, Menschen-, Unternehmens- und Völker-Kulturen in ständiger Evolution und Systemtransformation bis zur höchsten geistigen Stufe des Omega-Universums, des Tao.

Modell-Simulation und Emulation

Die Informatik befaßt sich auch mit der Simulation irgendeines Studienobjekts, das als Programm (Zahlenfolge, Mentalmodell) codiert wird nach einem mathematischen Modell. Das Programm läuft ab und realisiert das Modell in realtime. Die Modell-Simulation ist für alle Systeme möglich, für Menschen, Märkte, Unternehmen, Universen und alle Quantensysteme. Wenn der Mensch denkt, simuliert er mehr oder weniger präzise, bewußt oder unbewußt die potentiellen Prozeßabläufe und trifft entsprechend eine Entscheidung. Die Qualität der Entscheidung steigt mit der Modellqualität und ihrer realen Schlüsselparameter. Wenn jedes Atom repräsentiert ist, ist die Simulation perfekt. Eine perfekte Simulation ist eine Emulation. Ein von einem materiellen Computer perfekt simulierter, emulierter Computer ist eine virtuelle Maschine. Sie existiert in einer virtuellen Wirklichkeit. Der emulierte Computer emuliert einen neuen und wieder einen neuen in verschiedenen Hierarchien, Vollzugsebenen, Realitätsebenen oder Mentaldimensionen. Die unterste Realitätsebene ist die letzte Wirklichkeit.

Wie steht es in diesem Zusammenhang mit Schein und Wirklichkeit? Sind die Realitätsebenen nur Schein? Ist der Mensch oder das Universum vielleicht eine perfekte Simulation eines Primzahlcodes? Ist er eine Emulation in einem gigantischen Kosmos-Computer, und nicht real? Ist der Mensch in einem Programm, das sich abspult? Träumt er das Leben? Simuliert er Gedanken und Gefühle? – Niemand weiß, was die letzte Management-Wirklichkeit ist. Aber sie kann in jeder Sekunde erfahren werden, wie Graf von Dürckheim in „Seinserfahrungen" aufzeigt.

Leader sitzen am Steuer der Welt

Verantwortung und Ethik basieren auf dem Universalgesetz der Psychefeldphysik, auf einem moralischen Quantenimperativ. Menschen, und insbesondere ihre Leader, beeinflussen jeden und alles. Jeder ist deshalb verantwortlich, was auch immer im universellen Gedanken-Ozean passiert. So, wie jede Welle den Ozean beeinflußt, repräsentiert und das Ozean-Geschehen verantwortet. Die Einzelwelle kann nicht behaupten, sie habe mit dem Ozean nichts zu tun, es komme auf sie nicht an. Menschen, die den weltweiten

Gedankenwellen-Ozean mit negativen Gedanken, Absichten, Gier, Haß, Neid, Gewalt und Verbrechen mental verschmutzen, sind schicksalhafte Mit-Schöpfer von mentalkybernetischen Kettenreaktionen. Sie machen Geschichte. Jeder wirft unentwegt mentale Steine ins Wasser, die ihre Ringe ziehen. Sie breiten sich wie Ozeanwellen über die lokalen und globalen Psychefelder der Umwelt, des Planeten und über das ganze Globalgitter des Universalpsychefeldes des Kosmos aus. Sie stehen wie Ozeanwellen alle miteinander in Wechselwirkung. Negative Gedankenwellen haben negative Auswirkungen auf das kollektive Bewußtseins-Feld von Gruppen, Teams, Unternehmen, Völkern, Ländern und der gesamten Menschheit. So ist ein Krieg im Balkan oder in Afrika kein Gewitter aus heiterem Himmel, sondern die Entladung von negativen Energiepotentialen, die seit vielen Jahrzehnten mit System in immer stärker aufgeladenen Energiefeldern aufgestaut wurden. Das gleiche Phänomen gilt umgekehrt für positive Gedanken- und Gefühlsenergie-Muster, für harmonische Friedens-Muster. So sind Krieg oder Frieden niemals Zufall, sondern programmierter Systemfall. Schicksals-Muster sind wie Wirbelstürme auf dem Ozean, individuell und kollektiv mentalgesteuerte Programm- oder Wellenenergie-Muster. Schwarze, mentale Schicksalswolken materialisieren sich buchstäblich wie physikalische Gewitterwolken.

Gesunde oder kranke, gewinnarme oder erfolgreiche Menschen und Firmen sind in der (mentalen) Tat die bewußten oder unbewußten Programmierer ihres (materiellen) Schicksals. Die positive oder negative Mentalbilanz macht die positive oder negative Kapitalbilanz. Auch eine Krebs- oder Konkurs-Bilanz von Menschen oder Unternehmen wurde in feinstofflichen Energiebereichen, im Auraquantenfeld, langsam, aber sicher und unsichtbar vorprogrammiert. Das Endstadium ist nur die sichtbare Materialisation für mental Blinde, die Manifestation im materiellen Körper. Meist ist es dann für eine Heilung zu spät. Im Angst-Psyche-Feld, im Auraquanten-Strahlungsfeld oder Bewußtseinsenergie-Feld ist die schleichende Krankheit lange vorher als entsprechendes Schwingungsmuster meß- und diagnostizierbar.

Quantenphysik – die perfekte Magie im Mentalmanagement

Die Welt ist eine Vorstellung in den Köpfen der Menschen

Wir sagten, daß jeder Mensch seine persönliche Vorstellung davon besitzt, wie die Welt funktioniert. Die Welt kann nicht rational dargestellt werden. Die im Kopf gespeicherte „Geländekarte" ist nicht das Gelände selbst. Spätestens seit der Quantenphysik ist klar, daß der Beobachter und das Beobachtete untrennbar sind. Der Beobachtereffekt ist ein Hauptlehrsatz der Quantenphysik. So wird die Quantenmechanik zur perfekten Magie: Der Geist des Beobachters ist so wichtig wie das Beobachtete selbst. *Wie* wir beobachten, bestimmt unsere Zukunft und Wirklichkeit. Verändere das „Wie" , und du veränderst das „Was".

Der Beweis: Quantensysteme sind programmierbar

Es gibt jetzt einen ganz aktuellen Beweis für die Bewegung in der Quantenwelt. Die zeitliche Bewegung eines Quantensystems (Atom) wird allein durch Beobachten (Messen) verhindert. Dies ist der sogenannte Quanten-Zeno-Effekt (Wechselwirkung zwischen Meßobjekt und Meßapparatur). Bislang hüllte sich die Quantentheorie bezüglich des Wesens des Meßvorgangs in großes Schweigen und postuliert den Kollaps eines Sowohl-als-auch-Zustandes, der zu einem Entweder-oder-Zustand wird. Jeder Meßprozeß zerstört den Sowohl-als-auch-Zustand und zwingt das Elektron, sich für einen der beiden Niveauzustände zu entscheiden. Nach dem Meßvorgang beginnt sich eine neue kohärente Überlagerung zu bilden, bis sie durch den nächsten Meßvorgang zerstört wird. Erfolgen die Messungen oft genug, dann kann das Elcktron nicht einmal mehr seinen Ausgangszustand verlassen, trotz Radiostrahlung. Der Pfeil kann nicht mehr fliegen und verharrt in Ruhe. Axel Schenzle von der Universität München stellt darüber hinaus eine völlig neue Modellierung des Zenos-Quanteneffektes vor, die ohne das obige Postulat funktioniert. Sein Meßvorgang ist der Ablauf einer unumkehrbaren dynamischen Prozeßentwicklung des Quantensystems unter der Einwirkung eines optischen Laserfeldes. Der Laserpuls braucht eine Mindestintensität von begrenzter Dauer, damit der Kohärenz-Zustand wirklich zerfallen kann. Damit kann nicht nur die Bewegung des Quantenzustandes durch Messungen gestoppt werden, sondern auch die Umprogrammierung des Prozesses ist möglich. Das Münchner Physikerteam hat bewiesen, daß einem ruhenden Quantensystem durch eine Meßfolge jede beliebige Form der Bewegung aufprogrammiert werden kann.

Ärzte sind mentale Gesundheits-Manager

Ärzte sind wie Manager: Sie programmieren Gesundheit oder Krankheit, Stärke oder Schwäche, Erfolg oder Mißerfolg, Glück oder Pech, Aufstieg oder Zerfall. Firmen sind entweder Krankenhäuser oder Gesundheitshäuser, entsprechend sind die Menschen und Bilanzen. Ärzte verändern die Mentalmodelle und Denkmuster, und damit die Wirklichkeit ihrer Patienten. Sie verändern mental die materielle Realität von Krebspatienten, indem sie deren pessimistische oder optimistische Art der Beobachtung und Selbstbeobachtung umprogrammieren. Das funktioniert im Positiven wie im Negativen. Ärzte können auch mentale Krankheits-Manager sein und ungewollt die Prozesse verschlimmern. Der positive Placeboeffekt basiert auf einem positiv programmierten inneren Gesundungs-Modell. Der negative Placeboeffekt entsteht durch ein unbewußtes Angst-Modell. Dem Geist wie der Elektrizität ist es egal, was passiert. Sie sind neutral und wirken nach einem Gesetz. Der Patient wird, was der Arzt suggeriert und unterbewußt programmiert. Der Patient wird, was er denkt, befürchtet und erwartet. Er erntet materiell im Körpersystem, was er mental in Gedanken sät. Je nach seiner bewußten oder unbewußten Erwartung realisiert der Arzt, Manager oder Physiker Teilchen- oder Wellenaspekte, Organ- oder Systemschwächen.

Das Virtuelle Atomsystem und die atomare Realität

Ein Atom nimmt, bevor es beobachtet wird, eine unendliche Zahl potentieller Zustände in der virtuellen Realität an. Der Beobachter erschafft prinzipiell die Realität, wie Einstein und Niels Bohr in ihrer Kopenhagener Erklärung festhielten. Durch die Beobachtung kollabieren diese Möglichkeiten in eine einzige Wirklichkeit. Die Quantenphysik fordert diesen Mechanismus und programmiert aus der Unendlichkeit der virtuellen Möglichkeiten das Konkrete hervor. Der Betrachter programmiert den kohärenten Film, und damit seine Realität. Man bekommt, was man glaubt. Es steht schon in der Bibel, aber keiner glaubt es. Aber der Negativglaube ist auch ein Glaube, und er funktioniert nach dem gleichen Mentalgesetz.

Mentales Erfolgsprozeß-Management – Mentalkybernetik

Die Potenz der individuellen und kollektiven Vision, Finalvorstellung oder Absicht erschafft die Welt, die individuelle und die kollektive. Die Vision ist ein „*Cyborg*“, ein kybernetischer Organismus, ein programmiertes Gedankenenergiesystem, ein starkes oder schwaches Gedankengeschoß, das sich selbst ins Ziel steuert. Menschen, Unternehmen, Konkurrenten oder Länder, die „Japan AG“ oder die „Euro AG“ wirken insgesamt wie *mentale Cyborgs*, wie Mini-, Maxi- oder Mega-Powers. Sind Visionen, Ideen, Absichten oder Bilder energetisch nicht stark aufgeladen oder überhaupt nur schwach vorhanden (Minipower), so kann man die Wechselwirkung zwischen Zukunftsabsicht und Ereignissen (Miniresultate) nicht klar erkennen. Dann erscheint die Welt zufällig oder chaotisch. Der schöpferisch-mentale, positive oder negative, geordnete oder chaotische, starke oder schwache „Film“ spult sich später in der Realität entsprechend ab. Was man denkt und mit Kraft fühlt, das realisiert sich entsprechend der programmierten Mentalkraft der Vision, entsprechend der Mini- oder Superpower. Auch mental gilt das Prinzip: Mind garbage in – matter garbage out.

Wenn Leader das mentalkybernetische Wechselwirkungssystem nach 20/80 verstehen, dann können sie in die Mentalprozesse individuell und kollektiv, lokal und global durch Mental-Ordner steuernd eingreifen, optimieren und Störungen minimieren. Was im Supersystem „Universum“ gilt, gilt auch in den Mikro- und Mega-Systemen der Wirtschaft, Politik, Wissenschaft und Gesellschaft. Wie oben, so unten. Psychomentale Störfeld-Muster treten in Wechselbeziehung mit den materiellen Organen und programmieren bewußt oder unbewußt, schnell oder langsam, sichtbar oder schleichend die Schwachstellen, Leistungsschwächen und Krankheiten, bis hin zum Systemkrebs. So entstehen durch einen Mentalvirus auch die englische, italienische, kommunistische, kapitalistische oder sozialistische „Krankheit“.

Mentale Power im Erfolgsmanagement 2000

Der Universalerfolgsschlüssel ist die Mentale Cyborg Power der Vision, der Intention, das praktizierte Glaubens- und Meinungssystem von Power-Leadern und ihren Power-Teams. Die mentale, gelebte Vision der Leader, die aus dem Bewußtsein und aus der Macht des Unterbewußtseins entsteht, ist der Motor der kleinen und großen Welt. Das Universum ist ein komplexes Schwingungssystem aus elektromagnetischen, starken, schwachen und gravitativen Feldern. Das Unbewußte mit seinem Auraquanten-Feld schwingt außerhalb von Raum und Zeit. Durch unsere Absicht können wir mit dem Universalgeist, dem Universalbewußtseins-Feld in Wellen-Resonanz gehen und eigendynamisch unser eigenes Mikrouniversum gestalten. Alle Ereignisse sind im universalen Bewußtseinssystem, im vereinheitlichten Feld vernetzt. Nur im Bewußtsein eines harmonischen Menschen können die harmonischen Welten-Wellenmuster sich in Resonanz überlappen. Im menschlichen positiven oder negativen Bewußtsein verschmelzen durch Resonanz alle Bewußtseins-Welten. Die Gedanken-Wellenmuster und ihr Horizont öffnen oder schließen das Tor zum Makrouniversum. Die sichtbar-materiellen Wellenmuster sind nur ein kleiner Ausschnitt aus dem riesigen Wellenspektrum des unendlichen Wechselwirkungs-Kosmos der mentalkybernetischen Selbstorganisation. Das Spektrum reicht von der gröbsten Energieform der Materie bis zur feinstofflichen Kausalsphäre. Das Bio-Feld steht in Wechselwirkung mit dem Kausal-Feld, aus dem es entspringt. Jeder webt oder „wellt" sich sein Schicksal selbst. Die Zukunft von Menschen, Märkten, Unternehmen und Staaten wird durch die inneren, holographischen individuellen und kollektiven Bilder (Mentalmodelle) geformt. Sie bahnen sich ihre Wege. Ungeahnte Kräfte und Kraftfelder werden mobilisiert und systemisch zur zielorientierten Mini-, Maxi- oder Superpower vernetzt.

Klare und unklare Visionen im Management

Ist die Bild-Vision von Menschen, Firmen oder Ländern klar, dann ist der Weg klar. So, wie der Weg der „Japan AG" zur Nummer eins der Welt eine klare Vision ist. Ist die Vision unklar, gibt es 1000 Wege nach Rom. Beide Visionen, die klare und die unklare, funktionieren nach einem Gesetz. Es gibt keinen Menschen ohne Vison, ohne viele, kleine, unbewußte Visionen, ohne Wünsche, Träume, Bilder, Gefühle, Ängste, Sorgen und Hoffnungen. Jeder lebt aus einer Lebensvision, sei sie rot oder grün, schwarz oder neo-braun, materialistisch oder religiös, bewußt oder unbewußt.

Macht und Magie der mentalen Erfolgsmodelle sind gewaltig

Sag mir, welche Vision, welches Mentalmodell du hast, und ich sage dir, was aus dir wird: Der Pechvogel hat seine Pech-Vision, der Glückspilz hat seine Glückspilz-Vision, das Würstchen seine Würstchen-Vision, der Kranke seine Krankheits-Vision, der arme seine Armuts-Vision, der Bettler seine Bettler-Vision, der Millionär seine Millionen-Vision, die Serben haben ihre Großreichs-Vision, die Parteien ihre Partei-Vision, der Unternehmer seine Erfolgs-Vision. Alle Menschen, Völker und Kulturen hatten ihre Aufstiegs- und Untergangsvision. Nicht anders funktionieren die Weltbörsen oder Weltfirmen, nämlich nach den positiven oder negativen Erwartungen und Visionen (Mentalmodellen) der individuellen und kollektiven Bären- oder Bullenkräfte.

Bosch, Siemens, Grundig, Nixdorf, Morita, Watson, Bill Gates, Napoleon, Hitler, Stalin, Mao, die Maffia und der Vatikan – alle waren oder sind durch Visionen mentalgesteuert. Die Leader haben eine Leader-Vision und die Killer eine Killer-Vision. Deshalb hüte deine Gedanken und Gefühle. In der ersten Entscheidung bist du frei, in der Konsequenz bist du gebunden. Die Asiaten nennen dies individuelles oder kollektives „Karma-Management". Für alle Gedanken und Taten serviert das Leben irgendwann die Quittung. Es ist eine Illusion (dumme Vision, naives Mentalmodell), daß im superintelligenten Universum eine Aktion ohne Reaktion bleibt. Es geschieht jedem nach seinem Glauben. Dem Glauben oder Nicht-Glauben ist es bekanntlich egal, was geglaubt wird. Glaube oder Nichtglaube programmieren in jedem Fall die Wahrnehmung, und die Wahrnehmung programmiert die Wirklichkeit. Der Chef, der Mißtrauen sät oder eine negative Zukunft denkt und erwartet, wird diese auch ernten. Eine starke Zukunftsvision hat die Tendenz, sich zu manifestieren, wie zum Beispiel die mentale Kollektiv-Vision der „Japan AG" beweist.

Die Welt zwischen Haben und Sein ist Schein

Es ist uraltes Wissen der Menschheit, daß die Welt Schein ist, daß der Mensch niemals die objektive Realität wahrnehmen kann. Deshalb ist das Beobachtete Scheinrealität (Maja). Wir können nur die subjektiven Wahrnehmungen der Realität in unserem Kopf erkennen. Wenn zwei Menschen den gleichen Verkehrsunfall sehen, berichten sie über unterschiedliche Tatbestände. Das gleiche gilt für Berichte über Kunden, Märkte, Unternehmen, Länder. Was wir wahrnehmen, sind Abbildungen, Spiegelungen, Modellvorstellungen, Interpretationen der Realität. Wir erfahren die Welt durch unsere fünf Sinne und ihre im Gehirn gespeicherten Repräsentations-Systeme (Informationssysteme). Dies sind mentale Landkarten im Kopf. Diese „mindmaps of reality" bestimmen unser Denken und Verhalten, programmieren Erfolg und Mißerfolg, Gesundheit und Krankheit, Chaos und Ordnung, das kleine und große Schicksal der Menschen, Firmen, Nationen und des ganzen Planeten.

Menschen und Firmen begrenzen sich mental selbst

Es ist nicht die Realität, die uns begrenzt, sondern unser Mentalhorizont, unser Bild von der Realität, unser Film, unsere präzise oder unpräzise selbstgemachte Landkarte von der Realität. Durch diese Mentalmodelle unterscheiden sich Klasse von Masse, Leader von Follower, Optimisten von Pessimisten, Rechte von Linken. Die richtigen oder falschen, modernen oder veralteten Erfolgsmodelle von der Welt, von Menschen, Märkten, Unternehmen, von ethnischen Gruppen, von ganzen Nationen müssen zu Gewinn oder Verlust, Chaos oder Ordnung, Krieg oder Frieden, Haß oder Harmonie, Aufstieg oder Untergang führen. Weltbilder sind Visionen, Gedanken und Gefühle, mentalkybernetische Kraftmodelle. Sie mobilisieren atomare Mentalkräfte. Es ist der Geist, der die Welt bewegt. Geist regiert das Geld, Geist und Geld regieren die Welt.

Macht und Magie der Mentalmodelle im Miß-Management

Die Macht des Managements individueller und kollektiver Mental-Modelle in den Köpfen der Menschen ist die größte Macht, über die visionäre Leader (leider auch Killer) verfügen. Deshalb ist es eine fundamentale Leadership-Disziplin, die inneren Bilder, Mächte, Modelle von Menschen, Teams, Märkten und Unternehmen zu programmieren und zu steuern. Die meisten Visionen und Zukunftsmodelle in den konventionellen „Hochglanzbroschüren“ der Firmen sind Illusionen, hohle Worthülsen, „pictures without power“, das Wort zum Sonntag, reine Papiertiger, Geldverschwendung. Sie werden nicht mit Energie aufgeladen. Kaum einer glaubt an sie. Sie steuern somit niemals das Verhalten der Menschen in der Praxis. Ein aktuelles, negatives Leader-Beispiel liefert Major für das EU-Desaster von England. Er gilt als schwacher, ausweichender, inkompetenter und visionsloser Mann am Steuer einer prinzipien-, führungs- und hoffnungslosen Regierung. Die Leadership-Challenge 2000 kann nicht angenommen werden, weil es den Leader 2000 nicht gibt.

Die meisten Mentalmodelle sind linear und realitätsfremd. Dies gilt für Entscheidungsmodelle, Organisationsmodelle, Machtmodelle, Strategiemodelle, Innovationsmodelle, Kundenmodelle, Marktmodelle, Führungsmodelle, Prognosemodelle, Szenarienmodelle, Motivationsmodelle, Lernmodelle, Erfolgsmodelle, Lebensmodelle und politische EU-Modelle. Der größte Automobilkonzern der Welt hatte viele Jahre das Marketingmodell im Kopf, daß Kunden Autos wegen der Statussymbolik und nicht wegen der Qualität kaufen. GM hatte zudem das Erfolgsmodell im Kopf, Geld, und nicht Autos zu produzieren. Dann kamen die Japaner und veränderten die Welt der Denk- und Auto-Modelle in den Köpfen der amerikanischen Kunden. Zwischen dem GM-Modell und der Realität klafften große Lücken. Die Konsequenz waren zwangsläufig Fehlentscheidungen. Der Feind marschierte ins mentale Vakuum. GM fuhr die größten Verluste seiner Geschichte ein. So fuhren ganze Branchen in ihren Ruin. Auch IBM, einer der erfolgreichsten Konzerne der Welt, wurde viele Jahre mit falschen Mainframe-Betonköpfen an die PC-Wand gefahren.

Mit veralteten Markt-, Menschen- und Organisationsmodellen im Kopf rutschte auch das deutsche Management überwiegend unvorbereitet in die Rezession. Das Innenfront-Modell hielt nicht Schritt mit der Außenfront-Realität. Die Lernprozesse im Kopf waren langsamer als die Veränderungsprozesse im Markt. Das Lean-Erfolgsmodell der Japaner wurde im Westen wegen der Arroganz-Modelle im Kopf zehn Jahre lang verkannt. Der Preis für das Verschlafen von Entwicklungen war teuer. Das falsche Mentalmodell führte Firmen durch zu hohe Kosten in eine Abwärtsspirale (zum Beispiel Porsche). Genauso führt das richtige Mentalmodell über ein beschleunigtes Lernmodell zwangsläufig aus dem chaotischen Teufelskreis in eine Aufwärtsspirale (Toyota-Team bei Porsche).

Die besten Ideen scheitern oft, weil sie in Konflikt stehen mit unbewußten Bildern darüber, wie die Welt funktioniert. Typisch dafür ist die praxisbewährte Killerphrase: Das geht nicht. Wenn die äußere Welt sich verändert, muß man auch die inneren Modelle verändern. Innere Bilder begrenzen und entgrenzen uns. Sie sind wie Mentalgefängnisse – oder wie unbegrenzte Landschaften.

Die Qualität des Bewußtseins, des Selbst-, Problem-, Fehler-, Zeit-, Trend-, Zukunfts-, Kunden- oder Verantwortungs-Bewußtseins entscheidet über alle anderen Qualitäten, über die gesamte Leistungs- und Lebensqualität von Menschen und Firmen.

Mentalmodelle von heute programmieren die Zukunft 2000

Um so wichtiger ist für die Zukunft das Mentalmodell der Leader, das systemisch, holistisch, ganzheitlich, rational und intuitiv, strategisch und taktisch, bewußt und unbewußt kohärent ist. Kleinkarierte Insellösungen und Patentrezepte werden den komplexen Wechselwirkungen nicht gerecht. Wenn die Gewinne in 80 Prozent aller Bilanzen nicht stimmen, dann stimmen schon lange vorher die Mentalmodelle in 80 Prozent der führenden Köpfe nicht. Die Erfolgsmodelle der Vergangenheit über Menschen, Märkte, Unternehmen sind nicht die Erfolgsmodelle der Zukunft. Flickwerk-Modelle von Einzelkämpfern müssen zu Netzwerk-Modellen im Teamkonsens weiterentwickelt werden. Zu viele Manager sitzen mit ihrem konzeptionslosen Arbeitshektik-Modell aus vergangenen Routinen, Gewohnheiten, Fehlprogrammierungen und Denkschablonen wie eine Ratte in der mentalen Tretmühle. Leader müssen Spitzenexperten sein für Mentalmodelle für Spitzenleistungen. Die Denk- und Gefühlsmuster von Menschen, Teams und ganzen Unternehmen können ständig in ihrer Wirkungs-Kohärenz verbessert werden, bis hin zu mentalen Quantensprüngen. Auch mentale Wirtschaftswunder sind kein Zufall, sondern Systemfall, ein Fall von Gesetzmäßigkeiten mit mathematischer Präzision. Was für Spontanheilungen im Biosystem des Menschen gilt, gilt genauso für alle Sozialsysteme wie Familie, Gruppe, Team und Unternehmen. Im hochintelligenten und primzahlcodierten Wechselwirkungs-Kosmos der mentalen und materiellen Selbstorganisation von Mikro- und Makrosystemen gibt es eigentlich keinen Mißerfolg, sondern nur Gesetze und Feedback. Materielles Chaos basiert auf mentalem Chaos, materielle Ordnung folgt aus mentaler Ordnung, aus der hohen Kohärenz der Gedanken-Felder.

Das Erfolgsunternehmen 2000

Das neue Erfolgsunternehmen macht einen Quantensprung von einem gewinn- und sinnarmen zu einem erfolg-reichen Quantenuniversum. Jedes Unternehmen hat das Potential zu einem Gewinn- und Sinn-Quantensprung, zur Gewinn- und Sinnmaximierung auf mindestens 30–50 Prozent höherem Niveau als bisher. Der Quantenmechanik entsprechend ist jedes Unternehmen ein dynamisches, offenes und informationsverarbeitendes Bewußtseins-Energiequanten-System. Es ist durch den Auraquantenzustand des Psychefeldes zu beschreiben. Das kollektiv intelligente Informations-Verarbeitungssystem ist eine ganzheitliche Unternehmens-Persönlichkeit. Es ist eine sich selbst reproduzierende G.E.I.S.T.-Maschine mit endlich vielen Quantenzuständen, mentalen Quantenfluktuationen und Bewußtseins-Rückkopplungen (active mind und reactive mind; egomind und selfmind; conscious und subconscious, Multimind-Wechselwirkungen; Mind-Emotion-Body-System; Auraquanten-Feld). Die Firmen-Persönlichkeit ist eine komplexe Einheit vieler Bewußtseinssysteme und Bewußtseinsebenen, vieler Multimind-Systeme. Es ist eine individuelle und kollektive Bewußtseinsgesellschaft. Wie der Mensch ist der Organismus des Unternehmens eine Einheit aus kollektiv-materiellem Körper, aus Kollektiv-Psyche und Kollektiv-Geist. Jedes Teil und das Ganze haben ein meßbares Auraquanten-Feld. Dieses ist – wie der Tropfen mit dem Ozean – mit dem Auraquanten-Feld des Kosmos untrennbar verbunden. Alles beeinflußt auf der Quantenebene alles. Im total vernetzten Informations-Quantenuniversum ohne Raumzeit ist alles gespeichert und abrufbar. Durch Quantenfeld-Resonanz-Management in einer Leadership-Hochkultur und Hochleistungs-Lernorganisation eröffnet die Geld- und Geist-Synthese Gewinnchancen ohne Grenzen.

Der Omegapunkt gilt als spiritueller Sinn-Attraktor für hocheffiziente und hochkohärente Team-, Leistungs- und Lebensqualität. Nichts motiviert und mobilisiert mehr eigendynamische und unternehmerische Mentalkräfte als die Omega-Sinn-Vision. Die schwache oder starke Mentalkraft von Menschen und Unternehmen an der Innenfront bestimmt die Marktkraft an der Außenfront. Marktleadership ergibt sich aus Mentalleadership, aus integrativem Selbst-, Team- und Topleadership durch alle Führungsebenen. Menschen und Firmen begrenzen ihre Expansionskraft durch beschränkte Mentalmodelle in den führenden Köpfen selbst. Die größten Blockaden verursachen unflexible Betonköpfe und fehlgesteuerte Ego-Gedankensysteme. Sie können sich zu mächtigen Mentalmauern zwischen den Bereichen und Teams ausdehnen. Egogifte machen 70 Prozent der üblichen Reibungs-, Zeit- und Energieverluste in den Unternehmen aus. Wenn das Management harmonische Kollektiv-Kohärenz durch hochkarätiges Mentalmanagement nicht herstellen kann, hat das Unternehmen keine großen Chancen. In der mangelnden Mentalkompetenz liegt die zentrale Ursache dafür, daß 80 Prozent der Firmen uninteressante Ergebnisse erwirtschaften. Die mentalen Stärken programmieren allein 50 Prozent allen Erfolgs. Mentale Schwächen sind die Hauptursachen für Miß-Management, für zu niedrige Kreativitäts-, Lern- und Innovations-Raten. In 80 Prozent aller Firmen bringt eine zu niedrige Geistkapital-Effizienz eine zu niedrige Geldkapital-Rentabilität.

Das „mental enterprise" ist ein mental und materiell schlankes, schnelles, schlagkräftiges, total markt-, mensch- und systemorientiertes Unternehmer-Unternehmen mit Leadership-Lernkultur und mentalkybernetischer Selbstorganisation. Es ist ein Leistungs-, Lebens-, Kultur- und Lernzentrum mit Unternehmer-, Team- und Familien-G.E.I.S.T., eine hochkarätige Schicksalsgemeinschaft. Aus der virtuellen Realität wird nach geistigen Gesetzen und Psychefeldphysik durch Kompetenz, Effizienz, Transparenz, Konsens und Kohärenz gemeinsam die materielle Realität programmiert. Gewinne sind kein materieller Zufall, sondern mentaler Systemfall. Es gibt keinen materiellen Mißerfolg, es gibt nur mentales Gedankensystem-Feedback. Im vereinheitlichten, virtuellen Quatenfeld-Universum und primzahlcodierten Raum/Zeit/Zahlen-System ist dem Menschen mit vereinten Mentalkräften alles möglich.

Mit Mentaltraining, Neohomöopathie, Radionik und Kinesiologie gibt es einen mentalen Schnellweg, um an die Universalinformationen des Naturgedächtnisses heranzukommen. Erfindungen in der Realität sind Findungen in der Virtualität. Durch Mentalresonanz mit der Universalintelligenz kann der Mensch finden, was dort längst erfunden ist. Er bildet sich nur ein, es wäre seine eigene Erfindung. Deshalb sagt Einstein mit Recht, Phantasie sei wichtiger als Wissen. Ohne Lichtstrahl-Phantasie hätte er die Relativitätstheorie nie entdeckt, gefunden (nicht er-funden). Sie war im Naturgedächtnis gespeichert, wie alle Erfindungen, die die Menschheit bis heute gemacht hat und noch machen wird. Auch hier ist das richtige oder falsche Mentalmodell ausschlaggebend. Aus einem Blinden-Modell kann nur Blindheit resultieren. Ein Farbenblinder kann ein Farbenmodell nur für Unsinn erklären. Allzuoft sind Blinde unter sich. Dann bestimmt die Kollektiv-Blindheit durch Konsens, was real und was irreal sein soll. Bis einer die Blindheit überwindet und die Masse nach und nach folgt. Von einer Blindenstufe auf die nächst höhere. Das ist Bewußtseins-Evolution oder Bewußtseins-Revolution. Das Blinden-Syndrom, der blinde Fleck oder die Betriebsblindheit herrschen in allen Wissens-Disziplinen. Sokrates umschrieb dieses Phänomen mit der großen Weisheit: „Ich weiß, daß ich nichts weiß." Nur die Dummen wissen bekanntlich alles.

Das dynamische Welt-, Menschen- und Erfolgsmodell ist eine neue Herausforderung und bewirkt eine totale Wende im Denken. Betriebsblindheit vor der Wirklichkeit und ihren Gesetzen führt in Sackgassen und Gefahren. Evolutionäres Lernen, Entlernen und ständiges Verbessern ist eine Überlebensnotwendigkeit. Wie sollen sonst Menschen, Firmen und Völker nach und nach zu einer höheren Leistungs- und Lebensqualität, zur harmonischen und besseren Welt-Ordnung zum Nutzen aller kommen?

Marktmodell und Marktleadership

Das Marktmodell

Die Märkte sind wegen der turbulenten und chaotischen Veränderungsdynamik immer weniger kalkulierbar und strategisch angreifbar. Strategen führten deshalb mit linear-rationalen Strategiemodellen von gestern ganze Konzerne an den Rand des Ruins (unter anderem Daimler Benz, IBM, Porsche). Der Kampf um Märkte spielt sich in den Köpfen der Kunden ab. Entsprechend der Quantenmechanik ist ein Markt ein Kundenbewußtseins-Energiesystem von externen und internen Kunden, Mitarbeitern, Lieferanten und Konkurrenten. Er ist durch seinen G.E.I.S.T.-Quantenzustand (Auraquantenstruktur) zu beschreiben. Zwischen den Auraquantensystemen aus Bewußtsein, Energie, Information, Geldkapital und Tempo gibt es materielle und psychomentale Feld-Wechselwirkungen. Die ganzheitliche Zielgruppen-Persönlichkeit ist ein komplexes Psyche-Feld, eine Einheit vieler Bewußtseinsebenen, vieler Multimind-Systeme. Ein Marktsegment ist ein Mentalsegment, ein Mentalfeld, eine individuelle und kollektive Bewußtseinsgesellschaft. Ein Marktsegment ist ein G.E.I.S.T.-Segment, programmierbar durch zielgruppenspezifisches Bewußtseins-, Energie-, Informations-, Cash- und Tempo-Management.

Materielle Kundenpräferenz entsteht durch mentale Zielgruppen-Kohärenz, durch geistige und emotionale Partnerschaft, durch mentale Co-Evolution und Mind-Networking. Mentale Kundenbedürfnisse materialisieren sich aus dem virtuellen Markt heraus nach und nach im materiellen Markt als aktueller Bedarf. Der mental Schnelle ist dem materiell Schnellen durch mentalen Zeitvorsprung haushoch überlegen. Da sich mentale Trends im Markt erst nach und nach materiell manifestieren, kommt der nur materiell- und geld-fokussierte Produzent immer zu spät. Er kann die evolutionären und revolutionären Zukunftsmärkte, die Mentalmärkte im virtuellen Quantenfeld nicht mit- und vor-erfinden und die psychomentalen Selbstverstärkungsprozesse der Kundennachfrage nicht innovativ und schnell genug realisieren. Virtuelle

Mentalmacht programmiert materielle Marktmacht. (R)evolutionäre Marktdynamik durch (r)evolutionäre Mentaldynamik, Lernorganisationsdynamik, High trust-, Risiko-, Team- und Visions-Kultur. Also durch Selbst-, Team- und Topleadership-Kultur. Der Schlüssel dazu ist mehr Individual-, Team-, Kollektiv- und Universal-Intelligenz zur Steuerung und Programmierung der (r)evolutionären Mentalfelder. Die Spitze mit komplexer Kreativkraft kümmert sich „top down" um visionäres Megatrend-Management (großer Mentalhorizont für spontan-fluktuierende Attraktoren im instabilen Mentalfeld, im komplexen, fließenden Quantensprung-Resonanzraum) und die Operative „bottom up" um aktuelles Mikrotrend-Management (kleiner Mentalhorizont für spontan-fluktuierende Attraktoren im stabilen Mentalfeld, im komplexen, fließenden Quantensprung-Resonanzraum). Beides zusammen sichert die spontane Selbststeuerung des Gesamtsystems und seiner Teilsysteme für permanentes Innovations- und Transformations-Management. Lieber den unsicheren Quantensprung jetzt, als den sicheren Absprung ins Mittelmaß später!

Marktleadership: Steuerung des Erfolgs an der Außenfront

Marktleadership nach Kosten-, Zeit- oder Qualitätsvorsprung entsteht lokal oder global durch Mentalleadership. Die mentalstrategische Stärke von Menschen und Firmen durch geistige Effizienz, Kreativität und Innovation entscheidet allein zu 50 Prozent über Erfolg, Schnelligkeit, Flexibilität und Überlegenheit. Mentalstärke ergibt Marktstärke. Beide zusammen programmieren 80 Prozent der Management-Resultate. Mentalschwäche führt zu Marktunterlegenheit, und somit zur Gewinnschwäche. Mind over matter. Mentalleadership heißt Führerschaft im innovativen Markt-G.E.I.S.T.-Management, in den G.E.I.S.T.-Feldern, in der g.e.i.s.t.igen Steuerung der G.E.I.S.T.-Segmente und ihrer Produkt-Innovationen durch Systemintegration von Hardware, Software, Brainware und Lifeware. Die materielle und mentale Erfolsspirale wird simultan für alle Partner durch vernetzte Marketing- und

Mentalkybernetik offensiv entwickelt. Kooperativer TeamProfit aller Marktpartner entsteht durch kooperativen TeamSpirit.

Marktführerschaft entsteht durch kreative und innovative Mentalführerschaft. Die Firmen erreichen im Schnitt einen Wirkungsgrad von ca. 35 Prozent. Damit sind 65 Prozent Sand im Getriebe. Diese enormen mentalen Leerkosten sind durch noch so große operative Hektik und konzeptionslosen Aktionismus nicht mehr wettzumachen. Noch so viel physische Wildheit kann mentale Blindheit nicht kompensieren. Was man nicht im Kopf hat, muß man bekanntlich in den Beinen haben – ein schlechter Trost für mental Kopfschwache mit zu langer Leitung.

Menschenbild und Mentalleadership

In den USA sind bezüglich „Leadership“ besonders bekannt: K. Blanchard, Bennis, Tom Peters und P.F. Drucker. Deren Ansätze sollen hier zunächst kurz besprochen werden.

Blanchard unterscheidet vier Leadership-Stile, nämlich: Directing, Coaching, Supporting und Delegating. Dieses Modell ist im Prinzip „ein alter Hut“.

Tom Peters betont im Rahmen des Leadership einzelne Elemente wie zum Beispiel creative ownership, continuous learning, vision, mission, sharing information, energy, wander, close to the customer, measure results, selfesteem, listen, powerteams, empowerment. Aber diese lineare Addition von Teilaspekten von gestern ergibt noch kein Leadership-Konzept für morgen.

Laut Bennis zeichnen sich große Leader durch vier fundamentale Elemente aus, nämlich self-knowledge, vision, communication, trust und integrity. Sein Leadership-Modell baut auf vier Stufen auf:

- develop the vision (based on self-knowledge),
- communicate the vision (with integrity and trust),
- translate vision into action (empowerment of followers),
- access und revise vision (with listening und participation).

Nach Drucker ist Management und Leadership dasselbe. Der Hauptzweck von Leadership sei, menschliche Energien produktiv zu machen. „The ultimate achievement“, so Drucker, „is a human achievement.“ Weiter hält er Unternehmertum, ständigen Wandel und Wir-Gemeinschaft für wichtig. Er sagt, Leadership sei aber kein wissenschaftlicher Job, sondern eine Sache des Herzens. Wichtige Leadership-Themen sind bei ihm leadership mission, values and culture, performance, building a team, managing your boss, managing yourself, managing your time, change in structure, enterpreneurship, innovation, managing knowledge. Drucker hebt besonders fünf Elemente hervor:

- mission,
- strategy/marketing,
- performance/results,
- building a human organization,
- self development.

Dale Carnegie: Hier handelt es sich um einen Neuaufguß der Carnegie-Kurse. Dale Carnegie fokussiert sich auf den „leader in you“. Von Bedeutung sind unter anderem: finding the leader in you, communication, motivation, interest in others, listening to learn, teaming up, dignity of others, recognition, praise, rewards, handling mistakes, complaints und criticism, setting goals, discipline, balance, positive mental attitude, learning not to worry.

Über das Selbstleadership von Carnegie geht der Inder Parikh, Großunternehmer und Lecturer, in seinem Buch „Managing yourself“ noch hinaus. Aus Gesprächen konnten wir entnehmen, daß er die USA, Europa und Indien ausgezeichnet kennt. Er spricht vom Management von Körper, Geist und Seele, den Ebenen des Selbst und der Synthese von West und Ost.

Selbstverständlich sind alle genannten Elemente im Leadership-Puzzel irgendwo wichtig, aber noch geht alles „wie Kraut und Rüben“ durcheinander. Es fehlt jede überzeugende ganzheitliche Systematik, und erst recht neue Ansätze wie Mentalleadership, neues Weltbild, Quantensprung, Lernorganisation mit Notebook und viele andere. (Der Leader Chip für Leadership ist sehr viel präziser und pragmatischer zugleich, wie im Leadership-Regelkreis aus sieben Stufen in MMI-Praxis-Projekten gezeigt wird.)

Was Leadership anbelangt, gibt es im Westen nichts Neues. Die „Japan AG" hat da schon viel mehr zu bieten, wie weiter oben schon dargelegt wurde. Nur bleiben die zugrundeliegende Japankultur für Europa ein Fremdkörper und deren Modelle deshalb für Europa unbrauchbar.

Das neue Menschenbild

Das Universum, der Mensch und alle Systeme sind eine vernetzte, dynamische, nichtlineare Wirkungseinheit. Alle Systeme, insbesondere der Homo sapiens, tragen unsterblichen Universalgeist in sich. Sie sind Träger eines universellen Bewußtseins-Quantums. Dieses wird aber meist durch Fehlentwicklungen bis auf ein Wirkungsquantum von nur ca. 3 Prozent unterdrückt. Stärker als die innere Selbst-Steuerung ist deshalb meist die hochgezüchtete Ego-Steuerung, die zu 97 Prozent das Geschehen diktiert. Der „Tiermensch" dominiert den „Gottmenschen". Der Egoismus drängt den selbstlosen Altruismus an die Wand. Der Lebensweg führt einseitig-materialistisch durch den horizontalen Holz- und Leidensweg. Die vertikale Geist-Herausforderung zur Synthese von Geld und Geist wird verpaßt. Der ziellose Steuermann ist auf dem spirituellen Auge blind und muß mit seinem Lebensschiff immer wieder auf Grund laufen. Ein Zusammenbruch bietet eine neue Chance für einen neuen Aufbruch des Gestrandeten. Krankheiten oder Schicksalschläge sind Feedback und Signal zur notwendigen Neuorientierung.

Der Mensch als Bewußtseinsenergie-System

Der Mensch ist eine extrem komplexe, materialisierte Gedankenenergieform und schafft selbst ständig neue Gedankenformen, mit denen er für alle Zeit verbunden ist. Er ist buchstäblich wie ein Sklave für immer an seinen „Ego-Gedankenzoo" gekettet. Die Eltern erschaffen die Gedankenform „Kind". Die Leader erschaffen die Gedankenform „Unternehmen". Der Mensch ist ein lebendes Individual-Psychefeld in ständigem Schwingungswandel. Die Erscheinungswelt ist immer ein Individual-Feld. Der Mensch ist mit freiem Willen in das Naturgesetz eingebunden. Er ist ein Mikro-Quantenuniversum mit einem Bewußtseinsquantum, das sich eigendynamisch selbst steuert. Im spirituellen Kosmos ist dem Menschen nichts unmöglich. Das Psychefeld ist über Aurastrahlung und elektromagnetische Wellen meßbar. Durch Feld-Resonanz, Gedankenfrequenz und Wellenkohärenz kann der Mensch immer höher schwingen, immer mehr Lichtquanten durchlassen und das gesamte Quantenpotential zum Ausdruck bringen. Jedes Quantenpotential will sich grundsätzlich manifestieren, in rationalen Gedanken (Teilchen), in ganzheitlicher Intuition (Wellenwahrnehmung, Muster), in Inspiration, Kreativität, Innovation, Fühlen, Empfinden und Verhalten.

Das Biosystem Mensch ist ein Selbststeuerungssystem

Der Mensch ist ein sich selbst steuerndes, ganzheitliches Bewußtseins-Energiesystem aus physischen, psychischen und mentalen Regelkreisprozessen. Dieses ist durch Bio-, Psycho- und Mentalkybernetik beeinflußbar. Die Bewußtseins-Energie-Struktur folgt einem einprogrammierten, zielorientierten Bauplan, einem Informationssystem, bestehend aus der DNA und morphogenetischen Steuerfeldern (formbildende Gedächtnisspeicher). Die Auraquanten- und Resonanz-Struktur ist eine Lichtquantenstruktur. Sie setzt sich, vereinfacht gesagt, aus drei Systemen zusammen, dem Körpersystem, dem Emotionalsystem und dem Mentalsystem. Popper unterscheidet dementsprechend die drei Welten der Materie, der Psyche und des Geistes (Mentalwelt). Die Aurastrahlung jedes Menschen hat eine bestimmte Frequenz und Kohärenz (primzahlcodierter Lichtcode). Sie entscheidet über Sympathie, Antipathie, Attraktivität, Ausstrahlungskraft, Charisma, Seriosität, Charaktereigenschaften, Gesundheit und Krankheit.

Der Mensch ist ein Teil des Universums und ist – wie der Tropfen im Ozean – von ihm nicht trennbar. Im unendlichen Kosmos steht, wie Plichta mathematisch beweist, jeder Punkt und jedes Atom im Zentrum des Universums (primzahlcodierter Bauplan). Somit ist auch der Mensch im Zentrum des Universums, und nicht irgendwo außerhalb des Ganzen, wenngleich die Menschheit so tut, als ob dem so wäre. Deshalb benimmt sie sich auch wie der Elefant im Porzellanladen. Die Weltschäden und Verbrechen am Menschen und an der Natur sind gewaltig. Der Tropfen kann dem Ozean nicht entfliehen. Er hat einen materiellen Körper, ein Psychefeld und ein Bewußtseinsquantenfeld. Der grobstoffliche Körper wird von den unsichtbaren feinstofflichen Energiekörpern gesteuert. Sein Auraquantenfeld ist grenzenlos mit dem Universalfeld vernetzt. Jeder Gedanke wirkt sich wie eine Welle im Ozean auf das Ganze aus, auch wenn der Mensch das gar nicht weiß oder versteht.

Solange uns das nicht bewußt ist, gibt es kein Entrinnen aus dem mentalen Teufelskreis, dem mentalkybernetischen Schicksals-Netzwerk. Der Mensch sitzt wie die Spinne im Netz. Die Folgen seines Handelns fallen alle auf ihn zurück. Der Ausweg aus dem Teufelskreis ist die Bewußtwerdung der Mentalprozesse. Dann erst beginnt die bewußte Evolution, die Bewußtseins-(R)evolution. Jetzt kann er im Labyrinth den roten Faden finden und seinen Weg selbst gehen, statt vom Schicksal (nach dem Universalgesetz also durch sich selbst) an der Nase herumgeführt zu werden. Ins Unterbewußtsein verdrängte Energien gehen nicht verloren. Sie agieren von dort aus als Schattenenergien in Form von Aggression, Depression, Unzufriedenheit, Frust, Nörgelei, autoritärem Druck, Gewalt, Angst, Sorgen, Haß, Neid, Gier usw. Der autoritäre Manager führt nicht autoritär, weil er das so will, sondern weil er vom inneren Programm her muß.

Gesundheit oder Krankheit – ein Feedbacksystem des materiellen Körpers

Der menschliche Organismus ist ein komplexes, sich selbst steuerndes, nichtlineares, kybernetisches Chaos- und Ordnungssystem mit unendlich vielen Rückkopplungsprozessen, ein Psychefeld in dynamischem Gleichgewicht. Er kann auf Veränderungen flexibel reagieren und Selbstheilungskräfte mobilisieren. Schon die Chinesen wissen seit Tausenden von Jahren, daß Krankheit eine Fehlsteuerung im feinstofflichen Energie-Schwingungssystem, im Aurasystem ist. Menschen (Bioenergie-Bilanz) und Firmen (Kapital- und Sozialenergie-Bilanz) sind gesund, wenn die individuellen und kollektiven Energiekörpersysteme kohärent und harmonisch schwingen. Die asiatischen Sportarten und auch die japanische Gruppen-, Konsens- und Harmonie-Kultur im Management basieren auf dieser Erkenntnis. Diese Fakten haben nichts mit „Softfakten" oder esoterischen Träumereien zu tun. Wer einmal Aikido, Kendo oder Karate geübt hat, weiß, daß der Geist nicht weich, sondern hart wie Kruppstahl und scharf wie ein Samuraischwert ist. Solcher Leadership-Geist ist mächtig wie ein gebündelter Laserstrahl. Durch Bündelung von G.E.I.S.T.-Laserlicht wird in Teams und Firmen Unmögliches möglich.

Mit Hilfe von Neohomöopathie, Kinesiologie und Radionik können die Energiezustände lebender Bio- und Sozialsysteme über elektromagnetische Felder und Biophotonenstrahlung transparent gemacht werden. Somit sind auch qualitative Parameter des Psychefeldes von Menschen und Firmen meßbar.

Menschliches Leben ist Informationsverarbeitung

Alle geistigen Aktivitäten im Gehirn des Menschen (Zuhören, Nachdenken, Beten, Lieben) sind in irgendeiner Form Informationsverarbeitung auf der physikalischen Ebene. Auf der menschlichen Ebene kommen Gefühle hinzu. Wo die Raumzeit und die Gesetze der Physik Informationsverarbeitung nicht zulassen, kann Leben nicht existieren, so Professor Tipler in „Physik der Unsterblichkeit".

Alle Lebewesen werden von den in den DNA-Molekülen codierten Programmen programmiert. Die Evolution hat 3,5 Milliarden Jahre gebraucht, um aus Einzellern Menschen zu entwickeln. Ein menschliches Wesen ist eine sich selbst reproduzierende G.E.I.S.T.-„Maschine", ein -Computer mit endlich vielen Bewußtseins-Quantenfluktuationen und Bewußtseins-Rückkopplungen (active mind und reactive mind; egomind und selfmind; conscious und subconscious, Multimind-Wechselwirkungen).

Gesunde, starke oder kranke, schwache Persönlichkeit

Die Persönlichkeit ist eine komplexe Einheit vieler Bewußtseinsdimensionen, vieler Ego-Multimindsysteme, einer inneren Bewußtseinsgesellschaft (inner game of consciousness). Zentral für Fitneß und Erfolg ist hochkarätiges Selbstmanagement, nämlich Bewußtseins-, Energie-, Informations-, Geld- und Zeitmanagement, Mind-Emotion- und Body-Management. Hohe Kohärenz der sieben psychischen Energiezentren (Chakren, Auraquantensystem) bedeutet Harmonie, Gesundheit und Leistungskraft. Störung des Energiegleichgewichts führt zu Leistungsschwäche und Krankheit.

Die Person ist in der Maschine („Buddha in the roboter"). Nach Tipler ist sie ein universeller Konstrukteur, ein rein physikalisches Objekt, eine Biomaschine, die mit physikalischen Gesetzen umfassend beschrieben werden kann. Eine Person, ihr Geist, ist ein komplexes Computerprogramm, eine besondere Art von Maschine mit Gehirn, ihrem Gerät zur Informationsverarbeitung (Denkprogramm). Leben ist Informationsverarbeitung mit freiem Willen. Die Seele ist ein vom Gehirn-Computer durchgeführtes Softwareprogramm. Ein Programm ist eine Folge von ganzen Zahlen. Ein Softwareprogramm (Geist) braucht einen Computer (Hardware, Körper). Der Denkprozeß ist „active mind" und der Speicherprozeß ist „reactive mind", rezeptiver Intellekt. Wir sind informiert, wenn der rezeptive „mind" neue Formen aufnimmt. Allein der Körper ist eine komplexe Biomaschine. Das Leben selbst ist Sinn und Zweck der Existenz des Universums. Es gibt ein ewiges Leben nach dem Tode. Die Religion ist die Sehnsucht nach Unsterblichkeit. Die universelle, personalisierte Wellenfunktion (heiliger Universalgeist) stellt ein universelles Energiefeld/Geistfeld dar.

Das Gehirn hat 10^{10} Neuronen. Jedes Neuron hat 10^5 Verbindungen zu anderen Neuronen. Jedes Neuron codiert ein Bit, insgesamt 10^{10} Bits, jede Verbindung codiert ein Bit, insgesamt 11^{15} Bits Speicherkapazität des Gehirns. Die Information ist in synaptischen Verbindungen gespeichert. Jedes Organ hat sein eigenes Auraquantensytem, zwischen den Auraquantensystemen gibt es Feld-Wechselwirkungen.

Das neue Selbstbild

Jeder Mensch trägt in seinem Kopf ein Bild von sich selbst mit sich. Dies sind mentale Respräsentationen, Mentalmodelle, Vorstellungen, Vorurteile, erlebte und gespeicherte „stories" von sich selbst, von Familie, Unternehmen, Gott und der Welt, von Erfolg und Mißerfolg. Sie basieren auf persönlichen Erfahrungen, Selbst- und Fremd-Suggestionen. Diese Bilder programmieren Wahrnehmungen und Aktionen. Die Menschen verhalten sich gemäß ihrer Mentalmodelle oder ihrer programmierten Glaubenssysteme im Kopf.

Jedes Individuum ist untrennbar ein Teil des Ganzen. Das selbstprogrammierte Selbstbild (Selbstvision, Schwingungs- und Resonanzmuster von Selbstliebe, Selbsthaß, Selbstverletzung, Neid, Sorgen, Ärger, Zufriedenheit, Harmonie, Angst, Krankheit, Absichten, Wünsche, Hoffnungen, Pessimismus, Optimismus) definiert die Grenze des in Zukunft Möglichen. Es ist holographisch im Erfahrungsspeicher einprogrammiert.

Das Selbstbild verändern heißt, den selbstgebauten Mentalkäfig zu verändern, die Grenzen zu erweitern. Wer sich selbst in seinem Schwingungsniveau verändert, verändert nach dem Resonanzgesetz automatisch sein Umfeld mit. Deshalb ist die Macht der mentalen Denk- und Erfolgsmodelle so gewaltig. 80 Prozent aller Krankheiten und Mißerfolge beruhen auf psycho-mentalen Selbstmodellen, auf Selbstbildverletzungen, Selbstzerstörungen und Selbstverdrängungen. Man kann und muß sich wie ein Bildhauer selbst heilen: durch Arbeiten an inneren, kreativen Bildern. Man muß sich seine Bilder und Realitäts-Modelle immer wieder bewußt machen, hinterfragen, überdenken, Widersprüche klären und korrigieren. Dies gilt um so mehr in der Zusammenarbeit mit anderen, weil sonst ein Chaos von Mentalmodellen in den Köpfen die Basis für chaotische Entscheidungen ist. Ohne Ordnung im Mentalmodell-Chaos gibt es keine vernünftigen Entscheidungsprozesse. Konsens herbeiführen heißt, verschiedene, bewußte oder unbewußte Mentalmodelle auf einen Nenner zu bringen. Mißverständnisse entstehen, wenn dies nicht gelingt oder nicht versucht wird. Für strategische Zukunftsprogrammierung ist dies von enormer Bedeutung.

Selbstheilung durch Visualisierung

Der weltbekannte Krebsarzt Simonton therapiert erfolgreich Krebspatienten, indem er mit der Visualisierungsmethode die Selbstheilungskräfte mobilisiert. Die Anwendungsmöglichkeiten in der Erfolgstherapie aller Systeme sind unbegrenzt. Die Firmenleader-Zukunft wird durch die inneren holographischen Bilder geformt. Ungeahnte Quantenkräfte werden so mobilisiert und vernetzt. Es gibt keinen erfolgreichen Leader, der damit nicht bewußt oder unbewußt gearbeitet hätte. Dies wurde im Auftrag von Rockefeller in den USA festgestellt.

Selbstheilung und Selbstorganisation von Menschen und Firmen

Systemkrankheit oder -krebs der individuellen oder kollektiven Firmenpersönlichkeit entsteht, wenn Regelkreisprozesse aus der Ordnung und Harmonie herausfallen und sich wie chaotische Teufelskreise verhalten. Das gleiche Prinzip gilt für die Gesundheit von Unternehmen: Sie steht und fällt mit der Kohärenz der individuellen und kollektiven, bio-, psycho- und mentalkybernetischen Regelkreissysteme. Die Schaltzentrale für Chaos oder Harmonie ist der Brain/Mind-Computer. Er verarbeitet, moduliert und transformiert den Geist. Aber er ist nicht Geist, und er besitzt nicht Geist. Die ganzheitliche Entwicklung von Kopf, Bauch und Herz, von Ego und Selbst im Gleichklang ist der Schlüssel für Fitneß, Harmonie, Effizienz, Kreativität, Leistungskraft, Innovation und Lebenssinn. Die dreifache, materielle, mentale und spirituelle Entwicklungsspirale ergibt die ganzheitliche Evolutionsspirale. Der Mensch ist eigenverantwortlicher Steuermann seines Schicksals. Er erntet stets, was er auf dem langen Existenzweg durch Gedanken, Gefühle und Handlungen gesät hat. Er kann die materielle, mentale oder spirituelle Rechnung nie ohne den Wirt (das Universalgesetz) machen. Dummheit schützt vor Strafe nicht. Jedes Jota ist im morphogenetischen Steuerungsfeld, der raffinierten Buchhaltung der Natur, gespeichert. Für alles erhält er im Laufe der Zeit durch morphische Resonanz seine Quittung, auch wenn der Steuermann für die Präzisions-Buchhaltung blind ist. Die Rechnungen werden in Form von Krankheiten und Schicksalsschlägen auf dem langen Evolutionsweg solange „serviert", bis die Konten ausgeglichen sind. Die Natur kennt kein Pardon. „Learn or die". Elektrizität leuchtet oder tötet, Gesetz ist Gesetz.

Bauplan des Lebens und Life-Leadership

So, wie das hochintelligente Universum ohne Zufall ist und einen Bauplan hat, so hat der Mensch einen spirituellen Lebensplan. Graf von Dürckheim sprach vom einprogrammierten „In-Bild", das wie die Saat der Eichel zur großen Eiche drängt. Das zentrale Thema des Menschen heißt: Wie kommt der Wolfgang (der Kern der Persönlichkeit) durch den Goethe (die äußere Ego-Fassade, Persona) durch? Im Anfangsbild ist das Endbild angelegt. Kein Mensch ist durch Zufall auf der Welt. Jeder hat eine Lebensaufgabe zu bewältigen, ein Lernquantum zu erfüllen, auch wenn er das gar nicht kapiert oder für unmöglich hält. Die Lebensaufgabe berührt die komplexe Frage des Woher, Wer und Wohin. Involution (Rückbildung) führt aus dem unsichtbaren Geistuniversum in das sichtbare Materieuniversum. Der Mensch ist Bürger zweier Welten. Evolution führt aus der Materiewelt zurück in die Geistwelt. Wer durch Life-Leadership Kapitän seines eigenen Schiffes wird und seinen programmierten Lebenskurs fährt, hat Glück. Wer den Kurs von anderen steuern läßt, den Kurs nicht kapiert oder verweigert, muß mit Angst, Krankheiten, Krebs, Depression, Aggression und Schicksalsschlägen teuer zahlen. Das ist Universalgesetz. In der Entscheidung ist der Mensch frei, in der Konsequenz ist er gebunden (Goethe). Die heutige Welt ist ein lebendiger Spiegel dieser Fakten.

Das Lebens-Lernquantum

Nicht durch Zufall ist die Gewaltspirale weltweit so hoch, die Weltgeschichte vor allem Kriegsgeschichte. Das Massenbewußtsein und Wertsystem des Planeten ist noch nicht so weit, daß es diese Zusammenhänge global durchschauen und den Ausweg aus der Blindenfalle finden könnte. Aber jeder Mensch, jede Firma, jedes Volk muß nach dem Naturgesetz der Selbstorganisation die Lernklassen so lange wiederholen, bis das „Abitur der Lebensreife" durch eigene Anstrengungen erreicht ist. Menschen schlagen den Betonkopf solange an die Schicksalswand, bis sie aus ihrem unbewußten Traum wachgerüttelt sind. Dann folgt der Bewußtseinssprung in eine höhere Lebensqualität. Die steuernde Superintelligenz des Universums ist der linear-rationalen Mini-Intelligenz des sich selbst begrenzenden Homo sapiens haushoch überlegen.

Sinnkrise des materialistischen Menschen

Materialistisch-platte Manier unterstellt kurzsichtig, daß der Sinn des Lebens der Unsinn ist. Nach dem Tode sei alles aus und vorbei. Zwischen Geburt und Tod kommt es nur auf Genießen, Essen, Trinken, Sexmachen, Kindermachen, Geldmachen, Krankmachen, Gesundmachen, Urlaubmachen, Sorgenmachen und Kriegmachen an. Der Materialist steht in seiner Bewußtseinsstufe nicht weit über dem Tier. 90 Prozent aller Menschen sagen vor dem Tod, daß ihr Leben eigentlich sinn- und wertlos war. Das letzte Hemd hat keine Taschen für das Zusammengeraffte. Wir leben in einer wert(e)losen Informationsgesellschaft, in der auch 90 Prozent der Informationen wertlos sind. Die Skala des Menschseins reicht vom brutalen Tiermenschen (Kindermißhandlung, Balkankiller und Folter in ca. 100 Ländern) bis zum Gottmenschen (Albrecht Schweizer, Mutter Theresa, Gandhi, Dalai Lama, Shai Baba usw.).

Die Evolution läßt dem Menschen Zeit

Die Evolution läßt sich Zeit, sie steht nicht unter Streß. Gottes individuelle und kollektive Karma-Mühlen mahlen bekanntlich langsam, aber sicher. Mit jedem Gedanken, Gefühl und Handeln im beruflichen oder privaten Leben programmiert der Mensch permanent Saat und Ernte, Aktion und Reaktion, Soll und Haben, Gewinn und Verlust, Karma und Dharma, Killership und Leadership. Die Verantwortungslosigkeit und Bewußtseinsblindheit der Welt produziert das materielle, mentale und spirituelle Chaos der Welt. Der einseitig materiell fixierte Geld-, Ego- und Macht-Manager oder -Politiker kümmert sich wenig darum. Nach ihm die Sintflut. Eher geht ein Kamel durchs Nadelöhr als ein Blinder durch das Tor der Selbsterkenntnis. Mit ihm gibt es keinen Weg aus der autoritär-rigiden Macht- und Unterdrückungs-, Befehls- und Gehorsams-, Konflikt- und Kriegs-„Kiste“. Der Teufelskreis der Teufelskerle führt immer wieder in die gleiche Selbstzerstörungs-Spirale. Der Mensch gebraucht seit Tausenden von Jahren seinen Verstand allein dafür, tierischer als jedes Tier zu sein, bedauerte schon Goethe.

Selbst-, Team-, Top- und Omegaleadership

Entsprechend der Quantenmechanik ist Leadership die Veränderung von Team-Systemen durch Veränderung von Auraquantenzuständen bei sich und anderen. Zwischen den Teammitgliedern oder Auraquantensystemen gibt es bio-, psycho- und mentalkybernetische Feld-Wechselwirkungen. Mentalleadership optimiert diese Wechselwirkungen auf einem höchstmöglichen Konsens- und Harmonie-Niveau. Visionäres Omega-Leadership optimiert die Kraftfelder und Feldprozesse durch kontinuierliche materielle und mentale Verbesserungs- und Quantensprungprozesse in Richtung auf eine ideale Zukunftsvision für alle.

Die Leadership-Herausforderung besteht in der hochkarätigen, hocheffizienten und hochintegrierten Kombination von Geistkapital, Energie, Information, Materie/Geldkapital von Menschen,

Teams und Gesamtunternehmen in Märkten mit hohem Tempo, hoher Lern-, Anpassungs-und Innovationsgeschwindigkeit.

Wie bei einem Ruderachter sind Team-Transparenz, Team-Konsens, Team-Frequenz, Team-Resonanz und Team-Kohärenz die Schlüssel für kollektive Team-Intelligenz und Team-Effizienz. Die hohe Kunst von Teamleadership ist es, durch ein Minimum an Team-Quanteneffekt ein Maximum an Leistungs- und Lebensqualität im Team zu erreichen. Das Fundament für Spitzenleistung ist hochkarätiges Selbstleadership. Ohne professionelles Selbstleadership gibt es kein professionelles Team- und Topleadership.

Selbst-, Team- und Topleadership durch alle Führungsebenen

Führende Köpfe müssen veraltete Welt-, Menschen-, Selbst-, Team-, Markt- und Erfolgsmodelle umprogrammieren. Blindheit für Markt-, Mensch- und Systemrealitäten kamen Akers und dem IBM-Topmanagement teuer zu stehen. Aus dem richtigen Weltbild folgen realistische Selbstveränderung, Selbst-Reengineering, Selbst-, Team- und Toptransformation. Ohne Selbstveränderung und Selbstentwicklung gibt es keine echte Teamveränderung und Teamentwicklung. Meist wird Teamentwicklung oberflächlich betrieben, ohne Wissen darüber, was Selbstentwicklung wirklich bedeutet. Ohne Selbstleadership keine Teamleadership. Hochkarätiges Selbst- und Teamleadership ist Voraussetzung für hochkarätiges Topleadership. Meist werden nur Tapeten gewechselt oder neu getüncht, aber das mentale Fundament von gestern ist morsch und nicht mehr tragfähig. Lineares Flickwerk ergibt kein Erfolgsnetzwerk. Viele Jahre „wursteln" die Markt-, Personal- und Organisationsentwickler kräftig aneinander, und vor allem am Markt vorbei. Nur infolge Marktblindheit und Arroganz durch Ignoranz konnte die japanische Leanproduction zehn Jahre lang verkannt werden, selbst von den größten Automobilfirmen der Welt.

Das Anforderungsprofil des zukünftigen Leaders verlangt eine ständige Selbsttransformation, ein ständiges Wachsen als Führungspersönlichkeit, immer wieder einen Quantensprung in der Bewußtseinsqualität. Die Qualität des Bewußtseins entscheidet über alle anderen Qualitäten. Weil diese Voraussetzungen in vielen Firmen nicht stimmen, bringen auch TQM, Kaizen, Leanmanagement, Reengineering keine durchschlagenden Erfolge und Quantensprünge. Leader sitzen mit Universalverantwortung am Steuer der Welt. Das Unsichtbare (morphogenetische Felder) steuert das Sichtbare. Spirit steuert Profit. MegaTeamSpirit schafft MegaTeamProfit. Alle Systeme, vom Atom über Menschen und Firmen bis zum Sonnensystem, sind materialisierte Mentalsysteme, Visionssysteme, Gedankenformsysteme aus Geistkapital, Energie, Information, Stoff/Materie/Geldkapital und Tempo.

Leadership ist Universalleadership

Leadership ist universelles, markt-, mensch- und systemorientiertes Erfolgsprozeß-Management, ist G.E.I.S.T.-Management, vernetztes Bewußtseins-, Energie-, Informations-, Tempo- und Cash-Management ($E=mc^2$). Leadership ist Mentalleadership für Marktleadership. Leader, die mit beiden Augen, dem materiellen und dem mentalen, mit dem Auge des Ego und des Selbst sehen können, sind die wahren Vorbilder und geistigen Führer in eine neue Zukunftsqualität.

Synthese von Geldkapital-Management und Geistkapital-Leadership

Die neuen Leader schaffen die Synthese von Geld und Geist, von Gewinn- und Sinn-Maximierung, von Leistungs- und Lebensqualität. Sie führen durch Steuerung der materiellen und mentalen Selbststeuerung, durch Selbst-, Team- und Topkultur, durch ständige Lern-, Verbesserungs- und Quantensprungprozesse. Leadership-Defizit führt in Systemkrisen, Sytemchaos und Systemzusammenbruch. Kranker, gespaltener Leader-Geist macht Systeme krank.

Der mentalen Krise folgt die materielle Krise auf dem Fuß. Materielle Umweltzerstörung spiegelt die mentale Innenweltzerstörung. Außen wie innen, oben wie unten.

Killership verdrängt Leadership

Wie schlechtes Geld das gute Geld verdrängt, so verdrängen schlechte Killer die guten Leader. Killer können nur Killer führen. Wer in sich erst einmal Gewissen, Werte, Ideale, Glauben und Gefühle gekillt hat, hat freie Killerbahn. Das gilt für Mini-, Maxi- oder Mega-Killer. Zuerst kommt Selbstkillership, dann kommt Kollektivkillership. Die Blindenführer erkennen ihren eigenen blinden Fleck nicht. Killer und Diktatoren programmieren ungewollt die Firmen und Nationen auf Absturz. Die Leidens-Geschichten sind Legion.

Virtual Leadership

Virtuelles Erfolgsmanagement erfordert höchste Kunst der Selbstorganisation. Sie strebt flexiblen, innovativen Zeitvorspung durch Kooperation mit virtuellen Partnern zur schnellen Reaktion auf dem Markt an. Stärken und Kernkompetenzen verschiedener Menschen und Firmen werden projektspezifisch und temporär gebündelt zu einem unschlagbaren Erfolgsnetzwerk der virtuellen Selbstorganisation. Zeitvorsprung entsteht durch eine offene, innovative High speed-Leadershipkultur ohne Angst, aber mit einem Hochgeschwindigkeits-Lernsystem auf Notebook, ständigem Training „on the job" und im Team sowie durch Verbesserungs- und Quantensprungprozesse. Leader programmieren durch Selbst-, Team- und Topleadership im Unternehmen ein kollektives „mindset", ein flexibles Gedankengebäude für Hochform und Spitzenleistungen, für Marktleadership durch Mentalleadership. Der Zentral-Fokus liegt auf meßbarer Mental-Performance. Höchste Geistkapital-Effizienz führt zu höchster Geldkapital-Rentabilität. Firmen, die sich in einer Welt der Turbulenzen und schnellen Veränderungen durch virtuelle Leadership-Kultur in kostengünstigen Projektteams schnell zu Synergie-Potentialen vernetzen können, stellen die Spitze aller heutigen Hochleistungsorganisationen dar. Die virtuelle Intelligenz, die virtuellen Erfolgsmuster und die richtigen Beziehungen sind in den Köpfen der Leader, in Teams, in Software und in Computern gespeichert. Virtual Leadership ist 100

Prozent kundengesteuert oder sogar vom Kunden „mitgemanagt". In einer ganzheitlichen Erfolgsvision werden alle modernen Konzepte wie TQM, Leanmanagement, Teamarbeit, Business Reengineering und Leadership perfekt vernetzt. Flexibler, schneller Geist regiert das Geld. Mind over Matter. Virtuelle Zukunfts-Potentiale werden schnell in materielle Gegenwarts-Realität transformiert.

Omega-Leadership

Es gibt drei Weltbilder: das des Wärmetodes, das der ewigen Wiederkehr und das des Omegapunktes (Begriff von T. de Chardin, Theorie nach Professor Tipler). Sie entsprechen drei Evolutionsspiralen.

Diese drei Spiralen sind :

- *„Ewige Wiederkehr-Management"*: Teufelskreis, endlose Wiederholung in einem zyklischen System (zum Beispiel ein mechanischer Wecker mit ganzzahligen Zahlen und Perioden von 12, 24, 36 Stunden). Das Leben läuft in mechanischen Routine-Programmen (wie bei einem programmierter Wecker) ab und kehrt immer wieder in frühere Zustände zurück. Ewige Wiederkehr-Management schließt grenzenlosen Fortschritt aus. Die Zeit läuft nicht linear, sondern zyklisch. Das Leben Brahmas ist der längste Zyklus. Er reinkarniert in Materie. Die Elemente lösen sich in reinen Geist auf, und das Universum kehrt immer wieder in den früheren Zustand zurück. Alles ist ein Netzwerk von Aktionen und Reaktionen. Diese Lehre wurde auch von den Stoikern im alten Griechenland vertreten. Heute ist es insbesondere die Lehre von Buddhismus und Taoismus. Japan sieht einen Hauch von Leben in allem Existierenden, auch den Buddha im superintelligenten Roboter.
- *„Wärmetod-Management"*: Abwärtsspirale, Entropie, Maß der Unordnung eines Systems, universell konstante Temperatur; die gesamte Energie im gesamten Universum wäre in Wärme ge-

bunden, es gäbe keine freie Energie; der Wärmetod ist die Erfindung der Physik des 19. Jahrhunderts.

- *„Evolutions-Aufwärtsspirale"*: Das Leben verläuft in einer ewigen Evolutionsspirale, in einer Aufwärtsspirale über immer höhere Ordnungssysteme bis zum Omegapunkt der Vollendung (Omega-Leadership).

Omega-Leadership erschafft das physikalische Universum und sich selbst. Es ist dynamisch, evolutionär und eine Emanation von Gott. Der Omegapunkt ist der Endzustand des Universums jenseits von Raum und Zeit. Er ist die Quelle freier Energie. Gravitation ist die letzte Energie. Sie basiert auf dem zweiten Hauptsatz der Thermodynamik. Das Omega-Weltbild ist ein optimistisches Weltbild, es erwartet eine sich ständig verbessernde Welt. Es ist zugleich das Postulat des ewigen Lebens, des „Prinzips Hoffnung" für die Zukunft. Fortschritt setzt sich auf allen Ebenen fort bis in Unendlichkeit. Fortschritt gilt als etwas Positives. Ohne Fortschritt wird das Leben auf dem Planeten ausgelöscht, da dieser spiralenförmig in die Sonne gezogen werden wird.

Ewiges Leben ergibt sich aus der Physik, der Universalphysik. Sie führt zum Glauben an den höchsten personalen Gott, der dem Menschen Unsterblichkeit verleiht. Ein tragfähiges Fundament für alle Religionen ist die physikalische Kosmologie der fernsten Zukunft. Es ist eine Theorie über die Zukunft des Universums. Die letzte Realität ist danach personal. Der personale Gott ist eine zielgerichtete, nicht physikalische, kosmische Kraft, eine Quantensprungkraft aus Universalliebe, Gnade, Agape, „Elan vitale" (Bergson), radialer Energie (T. Chardin). Diese Universalkraft steuert die Evolution. Eine allmächtige, allwissende, allgegenwärtige Person, die transzendental und zugleich im physikalischen Universum von Raum/Zeit/Materie dynamisch vorhanden ist. Ihr Wissen und ihre Macht nehmen ewig zu. Der Omegapunkt hat eine punktähnliche Struktur. Er bewirkt die Vervollständigung aller menschlichen Existenz. Die Lichtstrahlen, die Licht-Bewußtseinswellen mit Information im Quantenwellen-Ozean aller je gelebten Menschen, werden vom Omegapunkt angezogen. Der End-Gott, Omega-Gott ist am Ende der Zeit. Er ist eine beweisbare, physikalische Theorie, ist allgegenwärtig, allwissend, allmächtig, allkkohärent, allbewußt. Die Trennung zwischen Gefühl und Verstand hat ein Ende. Wenn die Religionen überleben wollen, müssen sie ein Teilbereich der Universalphysik werden. Sie bietet ein Auferstehungsmodell für ewiges Leben des Geistleibes. Die Erde muß aus der letzten Realität in eine virtuelle Realität übergehen, aus einem realen Raum in einen kybernetischen Raum. Andernfalls wird die Erde im realen Raum durch die Expansion der Sonne zerstört. Das gesamte universelle Informationsverarbeitungssystem, das zu jedem beliebigen globalen Zeitpunkt besteht, ist der universelle Geist. Höhere Wesen (etwa spirituelle Ratgeber) sind ein Unterprogramm des universellen Geistes (Superprogramm).

Leader-Eliten: Zukunftschance von Menschen und Planeten

Deshalb ist eine geistige Leader-Elite mit einer ganzheitlichen Erfolgs- und Lebenskultur, einer materiellen, mentalen und spirituellen Hochkultur die einzige Chance für einzelne Menschen, Firmen und die gesamte Menschheit, in eine Evolutionsspirale mit höherer Bewußtseins-, Lern-, Leistungs- und Lebensqualität zu gelangen. Dies um so mehr, als die lokalen Weltmärkte auch kulturell zu einem globalen Weltnetzwerk zusammenwachsen. Eine bessere Firmenkultur programmiert eine bessere Firmenrealität. Eine lokal und global bessere Weltkultur programmiert eine bessere Weltrealität. Eine intelligente Leadership-Hochkultur ist der Schlüssel für das bessere Unternehmen 2000 oder die bessere Welt 2000. Geistkultur geht vor Geldkultur. Die Pionier-Firmen, die solch eine offene Leadershipkultur durch alle Führungsebenen aufbauen, machen sich um die Menschen und die Menschheit verdient. Sie machen dazu auch noch mehr Gewinn als jedes andere, konventionell geführte und kraftlose Unternehmen. In einem solchen hochkarätigen „Unternehmer-Unternehmen“ dabei zu sein, ist eine einzigartig attraktive Chance für simultane Gewinn- und Sinn-Maximierung, für Leader und Follower. Denkschablonen werden immer neu transformiert, kreative Kräfte eröffnen immer neue Erfolgshorizonte ohne Grenzen. Kleinkarierters Geldkapital-Management mit schlechten Resultaten wird zu hochkarätigem Geistkapital-Leadership, zu One World-Leadership mit innovativen Spitzenleistungen. Menschen und Firmen machen einen Quantensprung aus langweiliger Routine in immer neues, gewinn- und sinnvolles Erfolgsgelände.

„To survive in the 21st century, we are going to need a new generation of leaders. – Leaders not managers." (Dr. Warren Bennis, USA)

„It is inspired leadership, not just at the top, but throughout the organization, that will enable us to survive in these turbulent economic times. The spirit and enthusiasm of leaders permeate the entire organization." (Tom Peters)

Neues Erfolgssystemdenken

Was ist Physik? Die Lehre von bestimmten Aspekten des Verhaltens, der Struktur und der Wechselwirkung von Materie und Energie, insbesondere die Lehre der Bewegung.

Was ist universelle Erfolgsphysik? Die Lehre von bestimmten Aspekten des Verhaltens von lebenden Systemen – etwa Menschen, Märkte, Unternehmen –, von Strukturen, materiellen und mentalen Prozessen und von den Wechselwirkungen zwischen Geistkapital, Energie, Information, Geldkapital und Zeit, die nach den Prinzipien der Selbstorganisation, des Primzahlcodes, der Psychefeldphysik und des Universalgesetzes ablaufen. Die universelle Erfolgsphysik weist der neuen Entwicklung die Richtung: Weg von einem Denken, das statisch ist, sich an der Materie orientiert, Fremdbestimmung und Einzelkämpfertum fördert und aufgrund seiner linearen Struktur den komplexen Gegebenheiten nicht gewachsen ist. Ziel dieser Entwicklung ist ein neues Denken, das – grundsätzlich dynamisch angelegt – vor allem mentale Aspekte berücksichtigt, Selbstbestimmung und Gruppenprozesse forciert und

Probleme offensiv bekämpft, *bevor* sie irreparable Schäden angreichtet haben.

Alte und neue Selbstorganisation

Nach der darwinistischen und autoritären, ego-kapitalistischen Selbstorganisation überlebt im Kampf ums Dasein der Tüchtigste. Jeder ist gegen jeden: survival of the fittest. Die bisherige Geschichte der Menschheit funktioniert nach dieser negativ programmierten Herrschafts-, Macht-, Kampf- und Kriegs-Kultur („Mein Kampf").

Ihr gegenüber steht die holistische Politik und Wirtschaft, eine höhere Form der Selbstorganisation nach der Omega-Psychefeldphysik. An die Stelle des Kampfes ums Dasein tritt das höhere Evolutionsprinzip, das Universalgesetz in Form von Zahl, Ordnung und Harmonie. Ordnung steuert Evolution und Chaos. Der autonome Selbstorganisationsprozeß löst den ineffizienten, autoritärdarwinistischen Prozeß ab. Tiere, primitive Menschen, Politiker und Macher wissen nicht, daß sie die Welt auch ohne Kampf und Krampf, durch Leben und Lebenlassen, also durch Selbstorganisation, nach ihren Absichten und Gedankenformen mentalkybernetisch programmieren können. Wenn der Übergang zu New World-Leadership mangels Einsicht nicht selbst organisiert wird, kann es sein, daß die intelligente Evolution einen Zusammenbruch auch des kapitalistischen Wirtschaftssystems oder des ganzen Erdplaneten „dazwischenschaltet".

Systemisches und evolutionäres Erfolgsdenken

Das linear-konventionelle, rational-gehirnzentrierte, punktuelle, simplifizierte Denken reicht nicht mehr aus, um die Verschachtelung vieler Systeme zu einem Holoversum zu verstehen. Der Mensch muß systemisch denken und lernen, oder er bringt sich durch einseitig-lineares, materialistisch-darwinistisches Denken auf Raten selbst um. Lineares Denken, lineare Gedankenformen führen individuell und kollektiv in eine Selbstzerstörungsspirale innerhalb der vernetzten Gedanken-Welt. Sie ziehen sich gegenseitig in den Strudel.

Leader-Gedankenformen und das Universal-Psychefeld

Alle Leader-Gedankenformen programmieren das Universal-Psychefeld und werden von dort durch Feld-Rückkopplung beeinflußt. Gedankenformsysteme sind kohärent, intelligent, allbewußt, suprafluid, dynamisch und reibungsfrei. Infolge der Allkohärenz sind sie geordnet und nicht chaotisch. Gedankenfelder können photographiert und ihre elektromagnetischen Felder gemessen werden, wie Muheim zeigt. Auto, Fernsehen, Tiere, Menschen, Märkte, Unternehmen, Atomreaktoren, Kriegswaffen, Schlachtfelder, Maffia und Kirchen sind materiebelegte Psyche-Steuerfelder mit Resonanz zu Allkohärenz und Allkonsequenz. Nichts läuft ohne Feld-Rückkopplung. Psychefeld-Erfolgsmanagement und Psychefeld-Miß-Management berühren das Unendliche. Das Unternehmen funktioniert – wie der Mensch – als ein Organismus mit einem materiellen Körper, einem kollektiven Psyche- und Bewußtseinsfeld. Positives oder negatives Gedankenform-Management programmiert das gesamte Firmen-Gedankengebäude positiv oder negativ. Leader haben Verantwortung für die lokal und global produzierten Gedankenenergie-Felder.

Alle Freuden und Leiden, Ängste und Sorgen, Vertrauen, Mißtrauen, Haß, Nächstenliebe, Gesundheit, Krebskrankheit sind Gedankenformen. Sie wachsen jahrelang unsichtbar in der feinstofflichen Aura-Quantenstruktur, bevor sie im physischen Körper materialisiert und sichtbar werden. Alles hat Wirkung und Rückwirkung. Im allkohärenten System gibt es keine Trennung. Es wird auch nichts vergessen. Alles wird im Naturgedächtnis gespeichert. Alle materiellen, mentalen und spirituellen Prozesse laufen nach dem Prinzip der Selbstorganisation ab. Der Weg muß aus der unbewußten in die bewußte Evolution führen, sonst gibt es kein Entrinnen aus den Teufelskreisen. Im Zentrum steht die Überwindung der geistigen Kernspaltung, der Trennung des Ego vom Selbst, des Außenweltraumes vom Innenweltraum, des Astronauten vom Intronauten. Die mentale Kernfusion zur Verschmelzung der Bewußtseinszentren im Universalgeist ist die Lösung des gordischen Knotens unserer Zeit. Aus der Ganzheit, nicht aus der Spaltung kommen schöpferische Kräfte, Erkennen, Wissen, Kreativität, Weisheit, sinn-, wert- und zielorientiertes Denken, kooperatives Fühlen und Handeln. Wir brauchen eine Transformation des inneren Persönlichkeitskerns durch die äußere Egoschale. An diesem Kreuzweg von Ego und Selbst entscheidet sich das Schicksal von Menschen, Leadern, Firmen, Staaten und des Planeten. Das Universalgesetz ist immer der letzte Sieger.

Universal-Leadership-Imperativ: Handle stets nach dem Universalgesetz in lokaler und globaler Verantwortung so, als ob das Schicksal des ganzen Universums von deinem Denken und Tun abhängt.

Mentalmodelle der Triade Europa, USA, Japan

Im Wettbewerb der Amerikaner, Japaner und Europäer entscheiden individuelle und kollektive Mentalmodelle durch mentale Erfolgsprogrammierung des Managements über ihr Schicksal 2000. Neues Triade-Denken heißt auch neues Voneinander-Lernen. Kulturelle Stärken und Schwächen sind Denkmuster für Erfolgs- und Miß-Management.Von besonderer Bedeutung für den globalen Wettbewerb sind die Denkmodelle der Triade. Wer diese drei Erfolgsmodelle nicht im Detail versteht, kann im global-mentalen Wettbewerb infolge von Mental- und Martktschwächen nicht bestehen.

Deutsch-europäische Mentalmodelle für Erfolg

Deutsche und Europäer neigen kulturbedingt zu Provinzionalismus, Arroganz und Intoleranz im Ausland, Perfektionismus, Zentralismus, Sicherheit, Konservativismus, stabilen und konventionellen Produkten, Rationalität, Kausallogik, Präzision, festgefügten und statischen Machtstrukturen, autoritärer Hierarchieordnung, Herrschaftswissen, Fremdorganisation von oben, Ordnung und Strategie, Grübeln, Theoretisieren, Analysieren, kritischem Hinterfragen, Optimieren, simplen Patentrezepten, linearem Addieren von Insellösungen, Reduktion des Komplexen durch übermäßige Vereinfachung.

Topmanager sind zu oft detailversessene Spezialisten. Sie haben Blockaden gegen schnelles Umsetzen, gegen Mentalitäten, Virtualität, schnelle Veränderungen, Komplexität und Universalität, gegen Fragmentierung der Märkte (Produktionsmasse durch Bündelung von Fragment-Differenzierungen), Selbstorganisationsprozesse von unten, nichtlineare Chaosprozesse, sie halten Unternehmen für stabile Machtsysteme statt für dynamische Evolutions-Systeme. Krisen sind für sie Blockaden statt Chancen. Sie ziehen den europäischen Wettbewerb dem Weltwettbewerb vor. Kulturbedingt hinken sie in entscheidenden Zukunftsindustrien hinter USA und Japan her, mobilisieren infolge des überholten Macht-Managements nicht die volle Kollektiv-Intelligenz in allen Ebenen. Bis zu 60 Prozent des Mentalkapitals liegen brach: extremer Ego-Individualismus und Ich-Krieg, Abteilungsegoismus, Auseinanderdividieren auf Kosten von Teamspirit, Rivalität statt Kreativität, westliches, lineares Ratio-Weltbild, kein tiefgreifender Bewußtseins-Wandel.

Statt dessen werden lieber Symptome kuriert, solange es geht, sterbende Branchen subventioniert. Zu viele lernen zu wenig dazu, es gibt zu viele Klischees über Asiaten, preußische Tugenden wie Einsatzfreude, Selbstdisziplin, Lernbereitschaft und Zuverlässigkeit werden abgewertet, die Anspruchsgesellschaft wird forciert. Es fehlen „virtual leadership“, „global players“, Asien-Offensiven. Statt dessen: Rückzug in Nischen mit dem Risiko der Selbstvernichtung. Der BDI beklagt die dramatische deutsche Lage in der Hochtechnologie, bemängelt die Wettbewerbs(un)fähigkeit infolge strategischer Denkfaulheit. Europa glänzt im Nichterfinden, Universitäten leben im Elfenbeinturm. Neue Management-Konzepte kommen fast nur aus den USA und Japan. Europa verliert die Patent-Führerschaft, erhält kaum Nobelpreise.

Bisher gibt es relativ wenig Euro-Manager oder Euro-Leader. Nicht multikulturelle Gleichmacherei, sondern die Verstärkung der Euro-Stärken muß das Ziel sein, um den aggressiven Amerikanern und den konsensorientierten Japanern Paroli zu bieten. Bisher steht eine Euro-Antwort auf die Herausforderung der Triade aus. Man schielt nach Japan und den USA, rennt heute dem Lean-Hit und morgen dem Reengineering-Hit nach. An der Jahrtausendwende müßte Europa endlich wieder zu sich selbst und seinen eigenen mental-kulturellen Stärken finden, sie in einer Synergiespirale bündeln – sonst wird es drittklassig. Die Design-Stärken der Italiener, der technische Erfindergeist der Deutschen, die Finanzstärke der Engländer, die analytische Freude der Franzosen sind fundamentale Erfolgspotentiale, die kaum zu Euro-Intelligenz und Euro-Power gebündelt werden. Der Katalysator dazu wäre Euro-Leadership, er fehlt an allen Ecken und Enden.

Euromental-Modelle für Miß-Management

Harte Zeiten brauchen harte Manager – das wurde in der Krise schnell zum oberflächlichen Patentrezept. Die teuren Hochglanzbroschüren mit schöngeistigen Schönwetter-Prinzipien wurden schnell eingemottet. Der autoritäre Boss ist wieder das Maß aller Dinge. Kritik und Rücksicht sind wieder lebensgefährlich. Anpassung aus Angst ist wieder „in“. Das viele Jahre schönpolierte Menschenbild ist wieder „out“. Je brutaler der Boss durchgreift, desto heldenhafter. Fremdeinschätzung und Selbsteinschätzung klaffen weit auseinander. Das Resultat ist Frust ohne Lust. Geldkapital schlägt Geistkapital. Das Mentalpotential wird mit Druck traktiert, statt mit Sog mobilisiert. Die Kosten-, Job-, Initiative-, Teamgeist-, Klima-, Kultur- und Moral-Killer haben Konjunktur, um Konjunktur zu machen. Sie machen in Wirklichkeit aber „mehr Auf als Schwung“ (Till Necker). Sie machen für die Firmen und die Zukunft die Rechnung ohne den Wirt. Bis die Rechnungen vorliegen, ist alles zu spät.

Führungskräfte im Stimmungstief

Laut *Capital*-Analyse herrschen heute in den meisten Unternehmen Gerüchte, Intrigen, Unsicherheit und Angst statt Kampfgeist und Optimismus. In 84 Prozent der Firmen wird Personal abgebaut. Es herrscht Unsicherheit. Etwa 43 Prozent der Führungskräfte waren von dem Hierarchieabbau betroffen. Bei 65 Prozent ergab sich dadurch eine Verkleinerung ihrer Kompetenz. 55 Prozent halten ihren Arbeitsplatz für unsicher. In den Veränderungsprozessen fühlen sich 66 Prozent enttäuscht, voll von Angst und Sorgen. 40 Prozent vermissen rechtzeitige Informationen. Dies alles reduziert Produktivität und Kreativität. Viele Führungskräfte halten die Maßnahmen der Spitze für konzeptionslos und für linearen Aktionismus. Es werden Bedrohungen und nicht Chancen geboten. Es entsteht Orientierungslosigkeit, Demotivation, Resignation, Frust, weil viele Entscheidungen oft nicht nachvollziehbar sind. Führungskräfte versuchen in dieser Situation, jeden Fehler zu vermeiden, um nicht unter die Räder zu geraten. 61 Prozent gelten deshalb als Duckmäuser, 30–40 Prozent sind in innerer Kündigung und legen Aktivitäten lahm, 76 Prozent machen sich Sorgen wegen ihres Privat- und Familienlebens. Die Folgen für die Zukunft sind fatal. Nur 26 Prozent empfinden Optimismus und Kampfgeist. Fatal sind auch die vorgeschlagenen Auswege. 40 Prozent halten mehr Zeit für kooperative Führung und 31 Prozent mehr Kommunikation für die zwei wichtigsten Maßnahmen, um die Nachteile des Leanmanagements zu kompensieren. Beides ist sicher wichtig, aber nur die Spitze des Eisbergs. Dies reicht nicht aus, um in dem wachsenden Weltwettbewerb zu bestehen. Da muß man sich schon mehr einfallen lassen. Denn die ineffiziente „Besprecheritis“ mit Verantwortungs-Rangierbahnhof bringt ohnehin nichts.

Euro-Mentalkapitalismus

Europa braucht einen totalen Turnaround vom ineffizienten Geld- zum innovativen Geistkapitalismus. Der „mind“ muß zum zentralen Attraktor für Markt-Leadership werden. Die mentale Turbulenz-Fitneß auf den chaotischen Märkten wird erfolgsentscheidend. Mentale Fitneß bündelt die rational-strategische und ganzheitlich-intuitive Individual- und Kollektiv-Intelligenz zu mehr Kreativität und Innovation. Die Vernetzung von Markt- und Mind-Management programmiert Local und Global Leadership. Die Mentalkompetenz für die unsichtbaren Erfolgsmuster wird zur zentralen Leader-Kompetenz. Ohne die intuitive Radar-Kompetenz werden die schwachen Zukunftssignale zu spät erkannt. Psychomentaler Streß, Erschöpfung der Energien durch ständige Über- oder Unterforderung untergräbt diese Kompetenz und die kreativen Kräfte. Der mobilisierte Euro-Mentalkapitalismus könnte dem japanischen Konsens-Kapitalismus und dem amerikanischen Quick-Dollar-Kapitalismus überlegen sein, wenn die euromentalen Motoren angeworfen würden. Heute ist Europas Kraft überwiegend erstickt in der bequemen Anspruchs- und Verteiler-Mentalität.

Amerikanische Mentalmodelle für Erfolg

Amerikaner agieren dem Geist ihrer Kultur entsprechend offensiver, entscheidungs-, verhaltens-, aktionsorientierter, materialistisch, pragmatisch, schneller, initiativer, kurzfristiger, spontan-innovativer als die Europäer. Sie entwickeln nicht erst lange Theorien Typisch ist „Fix it, try it and do it“. Die USA führen in Biotechnologie, Supercomputern und künstlicher Intelligenz. Unternehmen werden als kurzfristige Geldmaschinen betrachtet. Es herrschen ein extremer Ego-Individualismus, Raffgier-Kapitalismus, Ich-Kriege, übertriebenes Status- und Machtstreben, permanentes Auseinanderdividieren auf Kosten der sozialen Gemeinschaft, krankhaft viele Rechtsprozesse. Die USA sind vom Verlust der moralischen Normen bedroht, von der Gefahr einer informierten, aber wertelosen Gesellschaft. Psychologen prophezeien, daß die neunziger Jahre das blutigste Jahrzehnt der Jugendkriminalität werden, das Amerika je gesehen hat: 20–60 Prozent der Kinder wachsen ohne Väter auf, die vorgelebte Praxis-Ethik stammt von den Jugendbanden. Es gilt das Ethik-Motto der Straße, ohne Macho-Pistole ist man nichts. Mord durch Schießen droht bei Jugendlichen nach Alkohol am Steuer zur häufigsten Todesursache zu werden. Die USA-Verbrechensrate stieg in den letzten 30 Jahren um 560 Prozent. Der Staat kann nicht so schnell Gefängnisse bauen, wie gemordet wird. Die USA sind mit fundamentalen Mentalmodellen in den Köpfen der Menschen auf dem High tech-Weg zum Killer-Staat. Virtual Leadership wird mit großem Erfolg in einigen Firmen praktiziert. Total Quality Management, Business Reengineering, NLP, Human Engineering wurden von Amerikanern erfunden, viele Nobelpreise gingen schon in die USA.

Japanisch-asiatische Mentalmodelle für Erfolg

Kein Land der Welt praktiziert mental-kollektive Erfolgsprogrammierung so intensiv wie Japan. Auch wenn dort, wie überall, Fehler passieren und keine heile Welt existiert, sind die Europäer gegen die kollektive Mentalpower der „Japan AG" Mentalzwerge. Die EU organisiert zwar materielle Euro-Masse, aber keine mentale Euro-Klasse mit hochkohärenter Mind- und Markt-Power.

Zusätzlich setzt der chinesische Drache zum Sprung ins 21. Jahrhundert an. Er kann ebenfalls eine enorme Mentalkraft produzieren, die sich über den Weltmarkt ausbreitet. Wenn China und Japan kooperieren, ballt sich im Business eine gewaltige Mental- und Marktpower zur einmaligen Superpower zusammen. Wenn China mit Rußland kooperiert, werden beide zur militärischen Superpower. Gegen Asien wirkt die heutige EU wie eine bescheidene Minipower, deren führende Köpfe noch tief in der nationalen Ego- und sozialistischen Verteiler-Mentalität stecken.

Diese Perspektiven bestätigen sowohl eigene Erfahrungen als auch die von Graf von Dürckheim, SJ. Lassale (Tokio), Professor Sung Jo Park (Korea), Volker Streib (IHK, Tokio), Professor Schneidewind (früher Japan-Vorstand der Wella AG) und die Japan-Seminare mit der Deutschen Lufthansa für die deutsche Industrie. Das japanische, komplexe Mentalmodell soll nachstehend – wenn auch nur kurz – skizziert werden, die zugrundeliegende Mentalpower leuchtet daraus glasklar hervor.

Japan strebt die mentale Weltherrschaft an, und MITI schreibt die Generalstabspläne. Japan versteht sich als dritte Supermacht, dank seiner leistungsfähigene Erfolgs- und Fertigungskultur. Es kontrolliert die Hochtechnologie, auf der die Militärmächte basieren. Neuer japanischer Erfindungsdrang sorgt für eine Patentflut: ca. 60 Verbesserungsvorschläge je Mitarbeiter/Jahr (in USA und Europa ca. 0,4). Japan führt in Optoelektronik, Werkstoffen, Halbleitern und hochverdichteten Datenspeichern.

Japan ist auf Erfolg programmiert

In Schule und Elternhaus lernen 124 Millionen Japaner die wichtigsten Spielregeln (geistige Software). Die Lektionen des gemeinschaftlichen Lebens in der „Japan AG" werden in einem eisernen Mentaltraining vorprogrammiert. Die Götter des Shinto werden in die Alltagspraxis integriert: Arbeit ist spirituelle Religionspraxis. Jede Konzernverwaltungssitzung wird mit dem Anruf der Götter und Geister eröffnet (dieser Praxis begegnet im Westen viel Arroganz und Ignoranz). Die Gesellschaft kennt keine individuellen Träger von Rechten und Pflichten. Es herrscht eine patriarchchalische Ordnung, der Patriarch gewährt Fürsorge und Förderung. Das Erziehungssystem vernachlässigt Kreativität und Phantasie.

Nur der programmierte Erfolg zählt

Es herrscht nicht Streit-, sondern Konsens-Kultur. Lebenskampf, Selbstbehauptung, Machtstreben erfolgten zwischen Gruppen, und nicht zwischen einzelnen. Was zählt, ist nur der realisierte Erfolg, nicht die Ausreden. Das Denken ist konkret und pragmatisch, kein abstraktes oder logisches Denken mit Rechthabereien im Vordergrund. Der Zen-Geist wird auf das Hier und Jetzt fokussiert. Die Japaner haben eine positive Einstellung gegenüber Veränderung und Wandel und keine Angst vor Veränderungsprozessen. Der japanische Geist ist lernfähig und lernbereit, er integriert westliches Wissen. Wissen und offene Information für alle, das ist japanische Unternehmenskultur. Hitachi-Motto: Harmonie ist das höchste Gut.

Japanische Weltdatenbank

Japan besitzt eine Welt-Datenbank als Basis für seine Strategien und Kollektiv-Intelligenz. Es unterscheidet sich als Wissens-Gigant von Wissens-Zwergen. Wissens-Kultur gilt als Macht-Kultur.

Kaisha – Die Firma

Die Ressource Mensch hat zentrale Bedeutung und dient nicht wie in Europa als „Wort zum Sonntag" oder für Weihnachtsrhetorik. Was zählt sind Firmenfamilien-Kultur, Vision der (karmischen) Schicksalsgemeinschaft, Treue und Aufopferung für die Firma, Mentorsystem, teamplayer, corporate warrior, Samurai-Geist. Der Samurai gehört dem Herrscher. Bottom up-Entscheidungen, Langfristplanung, training on the job, Leben und Entwicklung nach Plan, klar definierte Feindbilder nach außen und Harmoniebilder nach innen, eiserner Firmenkampfgeist, paramilitärisches Mental- und Überlebenstraining zum Ausbilden von „Firmensoldaten" sind wichtige Erfolgsfaktoren der Japaner. Die Rolle des einzelnen in einem Beziehungsgeflecht, Verantwortungskultur der Gruppe sind klar definiert, es gibt keine „Kompetenz-Silos". Einheitliche Kleiderordnung läßt keinen Platz für Neidgefühle, Arroganz und Eitelkeit. Psycho-Trainingsprogramme für innere Harmonie sind an der Tagesordnung. Die Freizeit gehört der Kaischa. 10 000 sterben pro Jahr an Überarbeitung. Mentale Stärke ist die Basis des kometenhaften Aufstiegs im Streben nach der Nummer eins in einem komplexen Keiretsu-Netzwerk. Die Kaisha ist das Zentrum des Überlebenskampfes. Topmanager sind eher Generalisten als Spezialisten. Ganzheitliches Mental-Coaching der Mitarbeiter durch die Vorgesetzten ist stark entwickelt, es wird eine kollektive Leitung mit kollektiver Gesamtverantwortung bei hohem Vertrauensklima bevorzugt. Deshalb ist dynamisch fließendes Change Management unproblematisch. Starker Gruppengeist – jeder ist Teil des Ganzen – ermöglicht eine im Westen unerreichte Motivation der Team-Mannschaften. Durch kollektives Mentalmanagement wird die totale Kollektiv-Intelligenz mobilisert (positives Transformations-

Management). Schein und Wirklichkeit sind keine Gegensätze. „Taemae“ (formale Fassade, schöner Schein, Gesicht und Harmonie wahren, Gesetz der Form) und „Honne“ (innere Absicht und echtes Gefühl) bilden ein Ganzes. Die Japaner haben „quality circles“, „just in time“, Kanban, Kaizen und Leanmanagement erfunden.

Die Vision der „Japan AG“

Japan will der Menschheit vorbildlich dienen und mit guten Produkten, Qualität, Leistung, Produktivität, Innovation und Service zum glücklichen Leben, zur grenzenlosen Harmonie und zum weltweiten Wohlstand beitragen. Matushitas Motto lautet: „Erkennt in den Reklamationen der Kunden die Stimmen Gottes.“ Wirtschaft und langfristige Existenzsicherung gilt als gesellschaftlicher Beitrag zum Wohl der Nation. Die „Japan AG“ hat eine starke Kollektiv-Vision: Sie ist eine „Wir AG“, hat eine hohe mentale Kohärenz, ist das „Preußen“ Asiens. Konsens, Kohärenz und Konsequenz machen seine Mentalstärke aus. Globales One World-Management ist für die Japaner leicht realisierbar. Sie fusionieren infolge ihrer mentalen Flexibilität leicht die unterschiedlichen Mentalmodelle der Welt. Der Tao- oder Samurai-Geist ist auf alles gefaßt, kann alles fassen und ist in einer permanenten Wandlungs- und Bildungsoffensive. Da Japan eine schnelle Lernorganisation ist, verwandelt es Niederlagen in Siege.

Die Japaner und die Ausländer

Ausländer sind für Japaner Gruppen-Außenseiter. Erfolg geht ihnen vor Fairneß, Abschottung gegen den Westen gilt als Erfolg, und nicht als unfair.

Die Konfuzianische Sozial- und Erfolgsethik

Gut ist, was der Gesellschaft dient. Die duale Welt der Widersprüche ist den Japanern selbstverständlich. Ihre zentralen Werte sind: Geduld, Disziplin, Tradition, Selbstbeherrschung, Leidensbereitschaft, in Pflicht und Verantwortung stehen, Gruppenharmonie, Ordnung im Zusammenleben, Friede, Werben um Zuneigung, soziale Unterordnung in einer Hierarchie, Senioritätsprinzip, konfuzianischer Respekt vor dem Älteren, Prinzip des Gebens und Nehmens, Arbeit steht vor dem Privatleben, Spaß haben in der Gruppe, hohe Gruppen-Identifikation, Gesetz der Gruppe, Stigma des Außenseiters, Ausschluß aus der Gruppe ist die schlimmste Strafe, Streit ist ein Negativwert. Beeinflussung und Übereinstimmung erfolgen insbesondere aus dem Bauch heraus („Hara"), der dualistische Widerspruch zwischen Denken und Handeln ist nicht unmoralisch.

Meister im schnellen Lernen

Die Japaner sind Meister im schnellen Lernen, im Nach- und Bessermachen, im Konsens- und Kohärenz-Management für permanente Erfolgsdynamik, im schnellen und konsequenten Umsetzen von Ideen, im hochdynamischen Tao-Denken. Information wird als Waffe benutzt. In Japan gibt es ein effizientes Ausbildungssystem mit starker mentaler Zukunfts- und Leistungsprogrammierung. Samurai-Geist am Fließband, schnell anpassungs- und lernfähig, Fließ- und Prozeß-Kultur, Erfinden virtueller Zukünfte in Schlüsselbereichen. Krisen sind Chancen für neues Lernen, Entlernen, Verbessern, Neuerfinden: Universalkultur für den Universalwettbewerb. Die Firma als dynamischer Lern-Organismus, Unternehmen als lebendige, virtuelle Evolutions-Systeme, Virtual Leadership.

Land der rituellen Harmonie

Zahme Gewerkschaften, eine Pyramide ohne Spitze, die Kunden als die neuen Götter, eine Kultur der Stille, feudalistische Strukturen, akzeptierte Gruppen-Abhängigkeits-Kultur auf Kosten des Individuums, kaum Ich-Kriege: Das Wertesystem Japans ist stark auf Harmonie und Vermeiden von Gesichtsverlust ausgerichtet, Gruppenprozesse sind eine Selbstverständlichkeit.

Asien ist in japanischer Hand

Die asiatische Mental-Kultur ist für die USA und für Europa ein ewiges unverstandenes Geheimnis. Sie ist auf den Westen nicht übertragbar. Asien orientiert sich am Japan-Modell für Mitwissen, Mitdenken, Mitentscheiden, Mitverantworten. globale Netzwerke für Entwicklung, Produktion und Absatz in zentralen Weltmärkten werden gebildet. Durch die Partnerschaft von Japan mit China kann ein historisch einmaliges Mentalpotential für die Zukunftsmärkte mobilisiert werden.

Sony

Laut Sony ist die lineare Stategie der Vergangenheit zu begrenzt und unbeweglich. Flexible, mentale Flow-Modelle sollen die rationale Logik-Strategie ersetzen.

Sony will sich den Märkten nicht anpassen, sondern diese machen, *vor*machen. Nachmachen könnten andere, sagen sie.

Konsequenzen für die Euroleader

Euroleader müssen in Zukunft realisieren, daß nachfolgende Kriterien über Sieg oder Niederlage in den Märkten entscheiden. Dazu müssen immer wieder die schwarzen Bewußtseins-Löcher der internen und externen Kunden (die mentale Betriebsblindheit von gestern) entdeckt und überwunden werden. Der mental Schnelle gewinnt vor dem materiell Langsamen, weil er die Evolution und Revolution der Märkte mental und materiell schneller in den Köpfen der Kunden organisiert. Hier liegen die Hauptursachen für das Hinterherhinken des zu langsamen Europa hinter der schnellen „Japan AG“ und den flinken Asien-Tigern. Zentrale Erfolgskriterien sind:

- mentale Werte schätzen, nicht nur materielle;
- Selbstorganisation fördern, nicht Fremdbestimmung;
- zukunftsorientiert handeln, um Fehler zu vermeiden, statt falsche Entscheidungen zu korrigieren (Prophylaxe statt Reparatur);

- Synergien nutzen, statt sich im Konkurrenzkampf zu verschleißen;
- dynamisch denken, nicht statisch; nicht nur ständige Verbesserungsprozesse (KVP), sondern auch Quantensprung-Verbesserungsprozesse (QVP) vollziehen.

çon“ verursacht mit der Zeit Millionen und Milliarden an Leer- oder Fehlerkosten.

Die Steuerung aller Erfolgsprozesse für Menschen, Märkte, Unternehmen ist mit zehn fundamentalen und universellen Erfolgs- und Leadership-Prinzipien möglich. Dies führt zu einer Universal-Erfolgs- und Leadership-Theorie (great unified leadership theory – GULT). Sie ist ein offenes System, das entsprechend der Entwicklungen und Erkenntnisse ständig auf dem neuesten Stand gehalten werden kann. Sie sichert auf Dauer die „best practice of leadership“, „the unified model of leadership success“.

Damit die Erfolgs-Theorie keine graue Theorie bleibt, sondern eine sofort pragmatisch in allen Führungsebenen durchgängig umsetzbare Erfolgssystematik wird, werden die zehn Prinzipien prozeßorientiert strukturiert, und zwar nach dem universellen Regelkreisprinzip der Natur in sieben präzisen Prozeß-Stufen.

Die Konzeption

So entsteht eine praxisgerechte, universelle Erfolgs- und Leadership-Konzeption für alle. Menschen und Firmen kommen aus dem Erfolgs- und Leadership-Flickwerk der einzelnen Menschen, Stellen, Abteilungen und Teams heraus und machen einen Quantensprung in ein ganzheitlich schnell vernetzbares Erfolgs-Regelnetzwerk.

Der Ruderachter-Effekt

Wie die Ruderer in einem Achter haben die Mitarbeiter eines Unternehmens mit diesem Konzept die gleiche Schlagzahl, den gleichen Schlagrhythmus, sie steigern den Effizienzgrad um 30–100 Prozent, denn sie sprechen die gleiche Erfolgs- und Leadership-Sprache. Sie beenden auf einen Schlag die babylonische Sprachverwirrung im Erfolgsmanagement und die enormen Reibungs-, Zeit- und Energieverluste. Alle verstehen sich besser, kommunizieren schneller, lösen Probleme allein und im Team effizienter, ziehen an einem Strang, bündeln die Energien in die gleiche Zielrichtung, haben mehr Spaß und Erfolg, machen weniger Chaos, dafür mehr Gewinn mit mehr Sinn.

Das geballte Evolutions-, Erfolgs- und Führungs-Know-how nach den zehn Prinzipien und nach 20/80 kann wie auf einem Mikrochip auf dem Leader Chip für Leadership als universelle Erfolgssoftware programmiert, gespeichert und in Form eines dynamischen Erfolgs-, Informations- und Lernsystems auf Notebook ständig personen-, abteilungs-, bereichs- und firmenspezifisch fortgeschrieben werden. Diese kompakte Universal-Erfolgssoftware mit den fundamentalen Grundmustern des Erfolgs ist sofort in der Praxis einsatzfähig.

Das naturwissenschaftlich-revolutionäre Weltbild

Die Erfolgs- und Leadership-Theorie wird auf ein völlig neues Fundament gestellt, auf ein naturwissenschaftlich-revolutionäres Weltbild, ein neues mentales Welt-, Menschen-, Selbst-, und Erfolgsmodell, das einzigartig ist auf dem Weltmarkt. Bisher wurden immer neue Techniken, kleinkarierte Patentrezepte mit Checklisten, Methoden, Strategien, Modehits und Mätzchen linear aneinandergereiht. Dies bringt allenfalls kleine Verbesserungen. Die vielen linearen Management-Techniken der letzten 20 Jahre haben die Industrie nicht davor bewahrt, völlig überrascht in die Struktur- und Führungskrise zu geraten. Bisher wurde in den Erfolgstheorien, in der Betriebswirtschaftslehre, im praktischen Management, auch bei Tom Peters, P.F. Drucker und anderen fundamental Entscheidendes für den Zukunftserfolg vernachlässigt. Immer neue Ideen werden auf veraltete Mentalmodelle, überholte Welt-, Menschen-, Selbst- und Erfolgsmodelle in den Köpfen „aufgepfropft", natürlich mit schlechten Resultaten.

Das Fundament, der Universalschlüssel allen Erfolgs sind nicht Geldkapital, Kosten, Controlling, Cashmanagement, Techniken, also materielle Erfolgsparameter oder materielles Erfolgsmanagement, von dem alle immer nur reden. Der Erfolg liegt – wie man spätestens seit der Quantenphysik wissen müßte – vielmehr in den mentalen Denk- und Erfolgsmodellen der führenden Köpfe, in Weltbild, Menschenbild, Geistkapital, Mentalleadership, Bewußtseinshorizont, Bewußtseinsqualität, Bewußtseinsgrad, Problem- und Verantwortungs-Bewußtsein, Kopf-, Bauch- und Herz-Intelligenz, Ratio, Intuition und Inspiration, Ober-, Unter- und Überbewußtsein, Individual-, Kollektiv- und Universal-Bewußtsein, Kreativität und Innovation von Menschen, Firmen und Völkern und in ihrer mentalen Kohärenz, Kompetenz und Exzellenz.

Die Bewußtseins-Qualität diktiert alle anderen Qualitäten, sie diktiert jede Produkt-, Leistungs- und Lebensqualität. Die Effizienz des Geistkapitals bestimmt die Rentabilität des Geldkapitals. Mind over matter. Die Mentalbilanz programmiert die Kapitalbilanz. TeamSpirit erzeugt TeamProfit. MegaTeamSpirit bringt MegaTeamProfit.

Geistkapital – die einzige unerschöpfliche Ressource

Das Geist- und Gewinnpotential, Talente und Patente von Menschen, wurden in den Firmen bisher trotz aller Supertechnik maximal bis zu 30 Prozent mobilisiert. Beim vorherrschenden Kosten- und Cashmanagement wurde das Mentalmanagement sträflich vernachlässigt. Dabei weiß jeder kleine Verkäufer, daß 50 Prozent seines Erfolgs in seiner mentalen Persönlichkeitsstärke liegen. Sie ist die Voraussetzung für seine Marktstärke beim Kunden. Mental- und Marktstärke alleine entscheiden schon 80 Prozent allen Erfolgs. Was beim kleinen Verkäufer gilt, gilt erst recht beim großen Leader. Mental- und Marktstärke, Mental- und Marktmanagement, Mental- und Marketingkybernetik, Mental- und Marktpower entscheiden das Schicksal von Menschen, Leadern, Unternehmen, Volkswirtschaften und Nationen. Nicht im Kostensenken, sondern im Mobilisieren des Geistkapitals liegen deshalb in der Zukunft die größten Effizienz-, Erfolgs- und Leadership-Reserven aller Zeiten.

Dies alles hat nichts zu tun mit Softmanagement, Softlinern oder Hardlinern. Hier geht es nicht um New Age-Management oder die oft realitätsfernen Träumereien aus dem esoterischen „Tante Emma-Laden“. Es geht hier auch um sehr viel mehr als die linearen Softfactors aus „In Search of Ecxcellence“. Wie Tom Peters heute selbst erklärt, beruhten diese Faktoren auf den falschen Fragestellungen und den falschen Antworten, weshalb auch die sogenannten Spitzenfirmen in der harten Praxis bald keine mehr waren.

Die besten Hinweise liefern uns vielmehr die Asiaten. Ihre Erfolge basieren letztlich auf einer einzigen, zentralen Stärke, der Mentalstärke. Schneller, flexibler, innovativer Konfuzius-Geist wurde in Hochleistung und Marktstärke umgesetzt. In der Triade hat deshalb das asiatische Mentalmodell die besten Zukunftsvoraussetzungen. Japanischer Zen-Geist ist nicht „soft“, sondern hart wie Krupp-Stahl und scharf wie ein Samurai-Schwert. Die „Japan AG“ ist zuallererst eine kollektive Mentalkraft. Allein darauf beruht ihre Marktkraft. Nur lokale oder globale Mentalmacht führt zur lokalen oder globalen Marktmacht. Mentale Ohnmacht von Leadern, Firmen und Ländern führt auch zur Ohnmacht in den Märkten.

Europa ist eine geschwächte Mentalmacht

Deshalb hat es auch an Marktmacht eingebüßt. Deutschland hat nach dem Krieg eine unglaubliche Mentalkraft mobilisiert, die zum deutschen Wirtschaftswunder führte. Durch die nicht geglückte mentale Wiedervereinigung ist die vereinigte „Deutschland AG“ gewaltig angeschlagen. Die Mentalmacht einer Firma oder eines ganzen Landes steht und fällt mit der Mentalmacht seiner Leader-Elite, mit deren starker oder schwacher Mentalleadership. Zu viel mentales Mittelmaß ist die Ursache für den Verlust von Mentalpower an der ganzen Euro-Front.

Die zukünftigen Mentalmodelle, das Welt- und Menschenbild der Leader-Elite, ist von enormer Bedeutung für Europa. Deshalb wurde ausführlich darauf eingegangen. Aus ihnen ergibt sich ein innovatives Erfolgs-Know-how für bahnbrechende Erfolgsansätze.

Dieses neue, mentale Erfolgs-Know-how wird in dem Universal-Leader Chip für Leadership pragmatisch und anwendungsorientiert in sieben Prozeß-Stufen programmiert. Es bringt in der Praxis einen Qualitäts- und Quantensprung in der Effizienz, im materiellen und mentalen Erfolgsmanagement, in Kreativität und Innovation. Es steigert die Mental- und Marktkompetenz, den Markt-, Mitarbeiter- und Unternehmenserfolg um bis zu 100 Prozent.

Zukünftiger Fokus: Die Erfolgs- und Leadership-Prinzipien

Ein vereinheitlichtes Modell für Erfolgsmaximierung – Leader Chip-Fokus

Vom Flickwerk zum Netzwerk; vom Teufelskreis zum Erfolgsprozeß-Regelkreis in sieben Stufen; durch ein Minimum an vereinheitlichtem Erfolgsprozeß-Management bei einem Optimum an Freiraum der Persönlichkeit entsteht durch den Ruderachter-Effekt das Maximum an Erfolg. Einheitskreis; unity in diversity; unified model of success; Universalerfolgsphysik im fluktuativen Erfolgsquantenfeld.

Ein universelles Erfolgsprozeß-Modell

Damit das Rad nicht immer neu erfunden und Geld verschwendet werden muß, haben wir den universellen Leader Chip für Leadership entwickelt. Er wird mit dem modernen Know-how nach 20/80 sowohl auf materiellen und mentalen (Außen- und Innenfront) als auch auf Markt-, Mitarbeiter- und Unternehmens-Erfolg programmiert. Das universell anwendbare Erfolgsprozeß-Modell hat sieben Stufen:

1. Erfolgsvision schaffen (Kräftebündelung),

2. Erfolgssituation analysieren (Problemanalyse-System),

3. Erfolgsziele formulieren (Konzentration in eine Richtung),

4. Erfolgsstrategien finden (Wege zum Ziel),

5. Erfolgssteuerung gewährleisten (Selbst- und Teamsteuerung),

6. Erfolgsrealisierung der Aufgaben nach 20/80 sicherstellen,

7. Erfolgscontrolling durch Rück- und Vorkopplung.

Das Erfolgsprozeß-Management hat folgende Schwerpunkte:

- Erfolgskonzeptionen in sieben Stufen für alle Bereiche,
- Erfolgskonzepte für Menschen, Märkte, Unternehmen,
- Erfolgskonzept für die Geschäftsleitung,
- Freisetzen von Markt- und Mentalkräften,
- Maximieren der Markt- und Innovationsleistung,
- Fitneß, Gesundheitsvorsorge und Leistungskraft,
- Wissenschaft von „mind over matter“,
- Evolutionsspirale von Menschen und Firmen in sieben Phasen,
- Denkfabrik und Datenbank, Nathal-Training für gelungene Innovationen.

Der Methoden-Mix der universellen Erfolgstechnologie setzt sich aus Folgendem zusammen:

- ganzheitlich-strategisches Erfolgsdenken,
- lineares und kybernetisches Erfolgsdenken,
- materielles Wirkungs- und mentales Verursachungs-Denken,
- rationales (OB) und intuitives (UB) Erfolgsdenken,
- reelles und virtuelles Erfolgsdenken.

Der Konzept-Mix des offenen Regelkreissystems ergibt sich aus folgenden Komponenten:

- materielles und mentales Prozeß-Management,
- Selbstorganisations Management,
- Chaos- und System-Management,
- Qualitäts- und Null-Fehler-Management (drei Sigma),
- Lern-und Change-Management (Kaizen und Quantensprung),
- Benchmarking (best practice),
- Menschen, Märkte, Unternehmen als geordnete oder chaotische Psychefelder und Mental-Resonanz-Systeme,

- System-Homöopathie auf der Basis der Chaosphysik, Messen qualitativer Erfolgsparameter,
- kinesiologische Psychologie und Streß-Abbau,
- Messen qualitativer Erfolgsparameter,
- Radionische Systemdiagnose und Messen qualitativer Erfolgsparameter,
- Nathal-Training für Genialität durch Synergie aus Geistesstärke und Energie,
- Mental-Datenbank für Innovation.

Zwei Erfolgsebenen von Geld und Geist – Dipol-Fokus

Zwei Seiten der Erfolgsmedaille, horizontal-sichtbar-materielle (Wirkungs- und Symptomebene) und vertikal-unsichtbar-mentale (Verursachungsebene); außen wie innen, oben wie unten; Polarität der Welt, Paradoxa; Yin und Yang, mind over matter; Gewinn- und Sinn-Maximierung; Doppelhelixspirale durch Marketing- und Mentalkybernetik; Flexible Self- und Ego-mind-Powergame.

Zwei Erfolgsebenen – Dualität von Geld und Geist

- Quantensprung von Geld- zu Geistkapital-Management: Totaler Turnaround von Geldmanagement zu Geistkapital-Leadership, von linear-horizontalem zu kybernetisch-vertikalem Erfolgsmanagement; Geldkapital als linear-kurzer und kreatives Geistkapital als strategisch-langer Erfolgshebel; Gewinn-Minimierung durch bisherige Geld-Fokussierung; Gewinn-Maximierung durch Geistkapital-Fokussierung; vom Cash-flow- zum Mindflow-Management; vom Geld- zum Geist-Kapitalismus.

- Mind over matter: soft facts over hard facts; Geist vor Geld; materiell-horizontale Wirkungs/Symptomebene und mental-vertikale Verursachungsebene.

- Doppel-Erfolgsfront: materielle Außenfront (Markt und Umwelt) und mentale Innenfront (Mensch und Lernorganisation); Doppelhelix-Erfolgsspirale; die mentale steuert die materielle

Erfolgsspirale; Mentalbilanz programmiert Kapitalbilanz; doppelte Erfolgsqualität nach außen und innen.

- Materielles und mentales Erfolgsprozeß-Management: Leistungs- und Lebens-Qualitätsmanagement; Ego-Haben und Selbst-Sein; doppelte Gewinn- und Sinn-Maximierung; Profit durch Spirit (Ratio, Intuition und Inspiration); MegaTeamProfit durch MegaTeamSpirit.
- Marktleadership durch Mentalleadership.
- Reelles und virtuelles Erfolgsprozeß-Management: die Zukunft erfinden im virtuellen Raum (Vision/Identifikation/Werte-Konsens/kollektive Kohärenz und Intelligenz) und erfolgreich manifestieren im realen Raum (individuelle und kollektive Materialisation); zehn Mentalgesetze zur Realisierung einer Vision; praktische Wissenschaft vom G.E.I.S.T.
- Vernetzung von Marketing- und Mentalkybernetik: zur Erzeugung von materiellen und mentalen Erfolgsspiralen; dynamisches Gleichgewicht von Yin und Yang; Gesetz der Polarität; Plus- und Minus-Spannungsfeld.

Drei Säulen der Universal-Leadership- und Psychefeld-Physik – Triade-Fokus

Alle Erfolgs-Atome des Universums bestehen aus nur drei Elementen: Protonen, Neutronen, Elektronen; Markt-, Mitarbeiter- und Firmen-Erfolg; Fitneß von Körper, Geist und Psyche; Erfolg ist meßbar nach den drei Effizienzkriterien Kosten, Zeit und Qualität; integriertes Markt-, Mental- und Innovations-Management nach Leadership-Portfolio; Mind-, Emotion- und Body-Management; Markt-G.E.I.S.T.-Netzwerk, virtuelles Partnerprojekt-Leadership, Markt-Erfindung und Feld-Selbst-verstärkung.

Drei Säulen des Managementerfolgs-Erfolgstriade

Erfolgreiches Management stützt sich dreifach auf Markt-, Mitarbeiter- und Unternehmenserfolg, auf Markt-, Mental- und Innovations-Leadership. Deshalb muß jedes Unternehmen ein markt-, mensch- und systemgesteuertes Qualitätsunternehmen sein. Alle Mitarbeiter müssen markt-, mensch- und systemorientiert denken, handeln und entscheiden. In allen drei Erfolgssäulen müssen sie Leistungsbeiträge erbringen, nämlich Marktleistungsbeiträge, kreative Ideenbeiträge und innovative Systemleistungsbeiträge. Von einem hohen und meßbaren Erfüllungsgrad dieser drei Erfolgskriterien in allen Bereichen und Ebenen sind die meisten Firmen in der Praxis noch weit entfernt.

Vier Erfolgskräfte von Menschen und Firmen – Quadropol-Fokus

Im Universum (vierdimensionale Raum-Zeit-Primzahlsysteme) gibt es vier Grundkräfte: starke und schwache Kernkraft, Gravitation und EMK. So auch im Management: Mentalkraft programmiert 50 Prozent, Marktkraft 30 Prozent, Systemkraft 15 Prozent und Finanzkraft 5 Prozent des Gesamterfolgs. Mentalmacht und Marktmacht durch Leanmanagement, Holistische Prozeß-Regelung, Intelligente Selbstorganisation, G.E.I.S.T.-Kernkraftfusion.

Vier fundamentale Stärken von Menschen und Firmen

Im Mentalmodell der führenden Köpfe muß die Mentalstärke zu 50 Prozent, die Marktstärke zu 30 Prozent, die Systemstärke zu 15 Prozent und die Finanzstärke zu 5 Prozent gewichtet werden, denn in diesem Maße tragen sie zum Gesamterfolg bei.

Noch läuft es in der Praxis falsch. 80 Prozent der Zeit werden aufgewandt für die beiden letzten Stärken, die nur zu 20 Prozent zum Gesamterfolg beitragen. Kosten, Controlling, Rechnungswesen werden übergewichtet. Die Stärken, die wirklich Geld bringen, werden völlig unterbewertet. Kein Wunder, wenn dann die Gewinne nicht stimmen. Denn die Geistkapital-Effizienz in allen Bereichen und Ebenen bestimmt die Geldkapital-Rentabilität. Der Firmenteam-Spirit programmiert des Firmenteam-Profit. Auch das ist eisernes Gesetz.

Die richtigen, und nicht die falschen Stärken fördern und die richtigen Schwächen unterdrücken; die richtigen und falschen Stärken leiten sich ab aus den materiell-strategischen (Außenfront) und mental-strategischen (Innenfront) Erfolgsfaktoren, den strategischen Markt-, Mitarbeiter- und System- Erfolgsfaktoren.

Fünf Ressourcen für Kollektiv-G.E.I.S.T. – Pentagon-Fokus

Im Universum gibt es nur fünf Geist-Ressourcen: Geist, Energie, Information, Stoff (Materie), Tempo (Time); Komplex-Leadership als Kunst, Unternehmer-, Erfinder- und Team-G.E.I.S.T. durch integratives Mental-, Energie-, Informations-, Cash- und HighSpeed-Management auf höchstmöglichem Effizienzniveau in allen Ebenen zu optimieren; fünf Erfolgs- und fünf Antikräfte; Selbstverstärkung.

Fünf fundamentale Erfolgsressourcen

Alle Manager der Welt haben nur fünf fundamentale Ressourcen zur Verfügung, nämlich Geistkapital, Energie, Information, Stoff und Zeit. Die große Leadership-Herausforderung besteht im integrativen G.E.I.S.T.-Leadership, im vernetzten Gedankenkraft-, Energie-, Informations-, Cash- und Zeit-flow-Management aus einem Guß. Es ist hohe Leadership-Kunst, diese Ressourcen auf einem höchstmöglichen Effizienz-, Gewinn- und Sinn-Niveau in allen Führungsebenen und Bereichen zu optimieren. Spitzenfirmen (3 Prozent) erreichen heute einen Effizienzgrad von ca. 50 Prozent, etwa 17 Prozent der Firmen erreichen ca. 45 Prozent, die Masse von 60 Prozent der Firmen liegt bei einem Effizienzgrad von etwa 35 Prozent, und die restlichen 20 Prozent der Firmen kämpfen ständig ums Überleben. Die Effizienzgrade korrelieren mit den Gewinngraden: 80 Prozent der Firmen arbeiten viel und verdienen wenig.

Sechs Problemlösungsmethoden für Erfolgsspiralen – Hexagramm-Fokus

Managing is problemsolving; Problemlösungs-Spiral-Dreieck; rationale und emotionale Problemlösungs-Strategien; partielle und intuitive, lineare und kybernetische, taktische und strategische, Distanzierungs- und Verdrängungs-Strategien; bewußt-systematische und unbewußt-chaotische Strategien; Erfolge addieren, multiplizieren und potenzieren; G.E.I.S.T.-Problemmatrix.

Sechs Problemlösungsstrategien

„Managing ist problemsolving", so lautet eine alte Definition. Im Problemlösungsdreieck von Zielen, Problemen und Problemlösungen gibt es insbesondere sechs Problemlösungsmethoden, nämlich:

• linear-rationale, materielle Symptomkur,
• ganzheitlich-intuitive, mentale „Wurzelbehandlung",
• kurzfristig-taktische Evolutionsspirale,
• langfristig-strategische Evolutionsspirale,
• evolutionär-kybernetische Evolutionsspirale,
• emotionale Distanzierung und Verdrängung.

Sieben Leadership-Disziplinen und Evolutionsstufen für Kollektivintelligenz

Sieben Schlüsselkonzepte; Selbst-, Team- und Topleadership; Selbstlernorganisation; Kosten-, Zeit- und Qualitäts-Leadership; Markt-, Mental- und Innovations-Leadership; Leadership-Portfolio; Evolutionsspirale von Menschen und Firmen in sieben Wachstumsstufen für Kollektivintelligenz-Maximierung.

Sieben Leadership-Disziplinen

Beim Mentalleadership (Human Resources Reengineering):

1. Selbstleadership,
2. Teamleadership,
3. Topleadership,

beim Marktleadership (Markt Resources Reengineering):

4. Kostenleadership,
5. Tempoleadership,
6. Qualitätsleadership und
7. Innovation in Markt- und Mentalleadership beim Innovationsleadership/Virtual Leadership (System Prozeß Reengineering)

Acht Systemprinzipien für intelligente Co-Evolution und Netzwerk-Lernorganisation

Dynamische Prinzipien der Selbstorganisation und Systemsteuerung; Teufelskreise und Regelkreise, Chaos und Ordnung, Symmetrie und Synergie, Stabilität und Instabilität; dynamisches Fließgleichgewicht; Wachsen und Stagnieren; Rück- und Vorkopplung; Individual-, Team- und Kollektiv-Intelligenz; Attraktor, Frequenz, Kohärenz, Transparenz, Resonanz, Effizienz, Kongruenz.

Acht dynamische Systemprinzipien

Hier geht es um die effiziente und innovative Systemsteuerung, um Chaos und Ordnung, Symmetrie und Synergie, Stabilität und Instabilität, Wachsen und Stagnieren, dynamisches Gleichgewicht, Rück- und Vorkopplung, Teufelskreise und Regelkreise, Individual-, Team- und Kollektivintelligenz, Attraktor, Frequenz, Resonanz, Kohärenz, Transparenz, Kompetenz, Effizienz, Kongruenz und Exzellenz.

Neun Persönlichkeits-Programmierungen – Enneagramm-Fokus

Mensch als BewußtseinsEnergieSystem mit Informationsverarbeitung; für alle neun Persönlichkeits-Programmierungen; G.E.I.S.T.-Software, BrainMind-Computer, Denk-, Verhaltens- und Charaktermuster, Stärken und Schwächen, Kernprobleme; Selbst- und Teamentwicklung.

Neun Persönlichkeits-Programmierungen

Hier geht es um die neun universellen Persönlichkeits-Programmierungen eines in der Praxis bewährten und sehr instruktiven Enneagramms. Sie dienen der pragmatischen Selbsterkenntnis, dem ersten Schritt zur Besserung, zur Selbstveränderung, Selbstentwicklung und zur ständigen Selbsttransformation. Das Ennegramm leistet gute Hilfestellung zur individuellen Erfolgs- und Persönlichkeitsentwicklung nach:

- Talenten/Potentialen,
- Erfolgsfaktoren für Markt, Mensch, Unternehmung,
- Stärken und Schwächen und
- Stör- und Mangelfaktoren.

für Erfolgsspiralen, Wachstum, Evolution der Persönlichkeit in sieben Stufen und neun Erfolgsdimensionen.

Zehn Change-, Quantensprung- und Transformations-Prinzipien – Dezimal-Fokus

Zehn G.E.I.S.T.-Attraktoren; OMEGA, Quanten-Feldresonanz, fraktale Märkte, virtuelles Networking, Regelkreis-Lern-organisation, innovative Erfindungen, KollektivG.E.I.S.T.-Kybernetik, Markt- und Mind-TimeLine.

Zehn Prinzipien für Change-Management

Wandel ist die einzige Naturkonstante. Der ständige Wandel muß sich durch ständige Verbesserungsprozesse in kleinen Schritten und gleichzeitig durch ständige Quantensprung-Prozesse in qualitativen Sprüngen vollziehen. Die kleinen Verbesserungsschritte können heute so gut wie alle Firmen machen. Entscheidenden Vorsprung kann man auf Dauer nur durch innovative Quantenspünge in Markt- und Mentalmanagement gewinnen. Marktleadership entsteht durch Mentalleadership, durch Führungskultur, Hochleistungsteams und schnelle Lernorganisationen in allen Bereichen und Ebenen. Der Schlüssel dazu ist ein Erfolgs-, Steuerungs-, Controlling-, Informations- und Hochgeschwindigkeits-Lernsystem auf Notebook zum permanenten Erfolgs- und Kompetenz-Training „on the job" und im Team. Ohne Selbstentwicklung gibt es keine effiziente Teamentwicklung. Wichtig ist dabei die Nutzung eigendynamischer Selbstverstärkungsprozesse für ständige Transformation.

4. Teil

Leadership-Konzepte aus der Praxis

Ein naturwissenschaftlich-revolutionäres Weltbild – was bedeutet das für das Management eines Unternehmens? Und vor allem, wie kann es überhaupt in die Praxis umgesetzt werden? Gilbert Lenssen und Joachim Bieker geben für eine Umsetzung konkrete Anhaltspunkte. Sie zeigen, was ein Manager beachten muß, welche Grundvoraussetzungen bei einer Implementierung erfüllt sein müssen, wo die neuen Schwerpunkte im alltäglichen Geschäft liegen und wie Mitarbeiter in den Veränderungsprozeß eingebunden werden können.

Gilbert Lenssen wurde 1952 in Belgien geboren und studierte soziale Wissenschaften, Philosophie und Betriebswirtschaft in Antwerpen und an der Case Western Reserve University Cleveland, Ohio, USA. Er ist seit 18 Jahren im Personalmanagement, Managementtraining, Planung und Strategie, Marketing und Vertrieb tätig. Für „The British Petroleum Company" war er in England, Griechenland und Belgien. 1989 wurde er Bereichsleiter Vertrieb bei BP Oil in Deutschland. Lenssen ist Fellow der britischen Royal Society for the Encouragement of the Arts, Manufactures and Commerce.

Besinnung in der Wirtschaft

von Gilbert Lenssen

Die Rolle des Managers in Wirtschaft und Gesellschaft

Im folgenden Artikel setzt sich der Autor, der mit Erfolg als Vertriebsmanager in der Industrie tätig ist, im ganzheitlichen Sinne mit sich, seiner Tätigkeit als Manager in der Wirtschaft und letztendlich mit der sich ständig verändernden Welt auseinander. Hierbei ist es ihm wichtig zu betonen, daß er sich uneingeschränkt zum Unternehmertum und zur sozialen (und ökologischen) Marktwirtschaft bekennt. Allerdings vertritt er diese nicht ohne kritische Untertöne und dem Willen, zur Veränderung in Richtung einer Unternehmensethik und Sinnfindung beizutragen. Grundlage seiner nachdenklichen und teilweise auch selbstkritischen Ausführungen ist seine Kritik am bisherigen selbstgerechten und teilweise auch verantwortungslosen, sträflich wenig zukunftsbewußten Denken und Handeln des Managements.

Insbesondere sieht er in seiner aktiven Auseinandersetzung mit Kunst und Religion ganz bewußt *keinen* Gegensatz zu seiner auf den ersten Blick klar an meßbaren Daten orientierten Aufgabenstellung als Manager. Vielmehr können nach seiner Überzeugung Kunst und Religion als Kraftquelle und Inspiration dazu ermutigen, nicht nur neue Wege im Denken und Handeln von Managern und Unternehmen einzufordern, sondern sie mit den Mitarbeitern auch zu gehen.

In diesem Zusammenhang sieht der Autor die Aufgabe der Führungskraft so definiert, daß sie

- sich erstens als ein Teil des Gesamtsystems „Unternehmen" beziehungsweise „Gesellschaft" versteht, wobei die Illusion des

Machers, des Dynamikers, der alles gestaltet, lenkt und steuert, eher überholt ist;

- zweitens allerdings zuerst nur für sich Verantwortung übernehmen kann. Nur eine Führungskraft, die mit sich selbst in Harmonie und nach dem Prinzip „Demut, Dienst und Liebe" lebt, ist auch in der Lage, das Beste an die Mitarbeiter weitergeben und somit als „Kraftquelle" für sich und seine Mannschaft zu fungieren.

Auf diese Weise ermöglicht der Manager seinen Mitarbeitern das Lernen und gibt ihnen die Motivation zum Lernen und zu innovativem Handeln.

Diese Gedanken sind schon deshalb von hoher Relevanz, weil sich die globale Gesellschaft in tiefgreifenden Umbrüchen befindet: Die Wirtschaft und deren Manager werden nicht mehr länger lediglich danach beurteilt, welchen klar meßbaren Erfolg sie in Form von Produkten und Dienstleistungen hervorbringen, sondern danach, welchen Beitrag sie zum globalen Gemeinwohl und zur Sinnfindung und -gebung leisten können.

In diesem Sinne forderte der frühere Vorstandssprecher der Deutschen Bank, Alfred Herrhausen, daß sich die Wirtschaft gesellschaftlich begründen lassen müsse.

Dabei liegt der Schluß nahe, daß die Legitimation der Unternehmen nicht mehr allein in der Darbietung von Produkten und Dienstleistungen liegen kann, sondern daß sie auch als Impulsgeber für gesellschaftliche Erneuerungsprozesse verstanden werden könnten. Mit anderen Worten läßt sich Wirtschaft als Kulturphänomen unserer Zivilisation beschreiben, wobei jedes einzelne Unternehmen sich zunehmend auch als Quelle für gesamtgesellschaftliche Lern- und Veränderungsprozesse „in die Pflicht genommen" sehen könnte.

Im Zeichen des allgemeinen Bewußtseins, in einer Zeit tiefgreifender und geradezu epochaler Wandlungsprozesse zu leben, lassen sich Trendforschungen und Marketingstrategien verstehen, für die hier exemplarisch ein Werbeslogan für den neuen VW-Golf angeführt werden soll:

„Die Welt ist in Umbruch. Die Werte vergangener Jahre werden in Frage gestellt. Der Mensch besinnt sich auf das Wesentliche: Verläßlichkeit, Sicherheit, Beständigkeit." (Horx 1993)

Hieraus wird deutlich, daß in den Marketingstrategien diese Erkenntnis zwar instrumentalisiert wird. Allerdings wird die Möglichkeit, sich mit den Sinnfragen unserer Zivilisation in Gestalt einer Be-Sinnung auseinanderzusetzen, häufig vernachlässigt beziehungsweise gar nicht wahrgenommen. In diesem Kontext behaupten nicht nur Zyniker, daß die angebliche Konjunkturerholung zu früh kommt und die im ganzheitlichen Sinne zu führende öffentliche Debatte um den Standort Deutschland in den Hintergrund drängt, noch bevor diese richtig angefangen hat.

Als Hauptanliegen dieses Beitrages ist dann auch die Auseinandersetzung mit der Fragestellung zu verstehen, wie wir von einer *berechnenden* in eine *besinnende* Wirtschaftskultur hineinwachsen können. Ein Schritt in diese Richtung mag in der Überprüfung des bisherigen Weltbildes und des darauf basierenden Fortschrittsparadigmas liegen.

Ein neues Menschen- und Weltbild drängt sich auf

Philosophisches, naturwissenschaftliches und wirtschaftliches Weltbild

Die gesamtgesellschaftliche Situation an der Jahrtausendwende läßt sich durch ein tiefgreifendes Mißtrauen an dem seit vielen Generationen funktionierenden mechanistischen und materialistischen Weltbild charakterisieren.

Ein umfassendes, die Ebene der reinen Konzentration auf die Ratio verlassendes Lernen des ganzen Systems, welches in Zeiten dynamischer Wandlungsprozesse und zunehmender Komplexität immer notwendiger erscheint und hier unter dem Aspekt einer ganzheitlichen Besinnung in Unternehmen, Wirtschaft und Gesellschaft vertreten wird, läßt sich mit einem mechanistischen und materialistischen Weltbild kaum ermöglichen.

Die Naturwissenschaften haben sich seit Anfang dieses Jahrhunderts langsam von ihren rationalistischen Positionen entfernt und statt dessen ihre Hypothesen auf einer ganzheitlichen, sogar idealistischen Grundlage experimentell verifiziert. Dabei haben die alten Positionen, die sich als ein hartnäckiges Festhalten am mechanistischen Weltbild charakterisieren lassen, zunehmend an Legitimität verloren. Immer mehr Wissenschaftler stellen mittlerweile fest, *daß die reduktionistischen Methoden ihre Grenzen längst erreicht haben, ihr Problemlösungspotential somit ausgeschöpft ist.*

Seit der Aufklärung hat sich über Rationalismus, Empirismus und Positivismus ein materialistisches Weltbild durchgesetzt. Von den Gedanken Descartes', Spinozas und Leibnitz', wurde der von ersterem abgeleitete „Kartesianismus" am einflußreichsten. Von Kant blieb seine rationelle Erkenntnistheorie bekannt, weniger seine Metaphysik der Moral. Vernunftt wurde als Verstand interpretiert. Durch technologische Entwicklungen hat das reduktionistische Denken immer wieder Auftrieb bekommen – trotz idealistischer Gegenbewegungen, die vor allem an den drei Jahrhundertwenden seit der Aufklärung zu Nachdenklichkeit und Sinnsuche inspiriert haben.

Der Nachfolger Werner Heisenbergs am Max Planck-Institut für Physik in München, Hans-Peter Dürr, hat in verschiedenen Sammelwerken („Physik und Transzendenz" 1986, „Geist und Natur" 1989) und auf Kongressen den augenscheinlichen Widerspruch zwischen Wissenschaft und geistiger Welterfahrung umfassend aufgeklärt. Nicht nur unter Wissenschaftlern, auch in der breiten Gesellschaft ist eine intensive Sinnsuche, erneutes Interesse für Religion und Spiritualität und die Entwicklung eines ganzheitlichen Weltbildes festzustellen. Die Trennung von Geist und Materie und der Glaube an Zufall werden mehr denn je in den 200 Jahren Rationalitätskritik in Frage gestellt.

Die gängige Gesellschafts- und Wirtschaftspolitik ist nach wie vor noch weitestgehend vom mechanistischen Denkmuster geprägt.

Das führt in immer stärkerem Maße zu einer hohen Diskrepanz zwischen Problembewußtsein und Vertrauen in adäquate Lösungsansätze. Die gegenwärtige gesellschaftspolitische Situation läßt sich dementsprechend auch durch einen hohen Grad an Verunsicherung charakterisieren.

Vor diesem Hintergrund hat sich in den achtziger Jahren ein gesamtgesellschaftliches materialistisches Anspruchsverhalten herauskristallisiert, welches von Raffgier, Individualismus und einem zunehmenden Werteverfall begleitet wurde.

Dennoch liegt der Schluß nahe, daß derartige Auswüchse ihre Ursachen in einer umfassenden Sinnkrise haben, da sich die Skepsis gegenüber Politik, Wirtschaft sowie Wissenschaft und Technologie in den letzten Jahren noch verstärkt hat und zu einer Flucht in das Private führte. Es kann doch nicht erst jetzt auffallen, was *Der Spiegel* formuliert: „Wandeln sich die Deutschen von einer Solidargemeinschaft zu einer Gesellschaft von Egoisten? (Viele) ... beobachten einen Verfall des Gemeinsinns und die ungenierte Hinwendung zur Bedürfnisbefriedigung um fast jeden Preis." (*Der Spiegel*, Nr. 22, 1994)

In diesem Sinne kann betont werden, daß die derzeitige wissenschaftliche, technisch-ökonomische und gesellschaftliche Situation im Zeitalter der Hochtechnologie und Informationsvielfalt sich als Unfähigkeit der Menschen und kollektiven Zusammenschlüsse (Organisationen und Gesellschaft) charakterisieren läßt: als die Unfähigkeit, die Verflechtungen der Wirkungszusammenhänge zu erkennen, Sinnorientierungen zu entwickeln sowie – im proaktiven Sinne – vernetzt und ganzheitlich zu denken und zu handeln.

Diese Kritik läßt sich ohne weiteres auch auf Unternehmen übertragen. Trotz häufig zu lesender Absichtserklärungen und Führungsgrundsätze in Zusammenhang mit der (zumindest auf dem Papier) als notwendig erachteten Mitarbeiterorientierung einerseits und Verantwortung gegenüber dem Gemeinwesen andererseits ist der unternehmensinterne Alltag häufig immer noch geprägt durch

- das mechanistische und rationalistische Menschenbild des „Homo oeconomicus" und „Homo rationalis",

- die Vorstellung der Wirtschaftsorganisation als Privatsache der Unternehmensinhaber (nur „Shareholders“ – statt „Stakeholders“),
- die Vorstellung, daß privatwirtschaftlicher Nutzen sich auf irgendeine Art und Weise mit dem Gemeinwohl deckt (der Glaube an die „unsichtbare Hand“, vgl. Ulrich 1986).

Das auf dem mechanistischen Weltbild aufbauende Organisationsmodell, welches noch bis in die siebziger Jahre dieses Jahrhunderts hinein gut zu funktionieren schien, ist durch die zunehmende Komplexität der Umwelt von Unternehmen und Gesellschaft nicht mehr ausreichend. Vielmehr scheint das Prinzip der Kybernetik II beziehungsweise der sogenannten „nicht-trivialen Maschine“ ein erster Schritt, mit der hohen Komplexität umzugehen.

Diese Erkenntnis ist ein erster Schritt von einer mechanistischen zu einer ganzheitlichen Auffassung von Wirtschaft und Unternehmen.

Wirtschaftliches Weltbild	*Mechanistisch*	*Ganzheitlich*
	Smith,	Rothschild,
	Ricardo,	Simon,
	Marx,	Kohn,
	Taylor,	Vester,
	Keynes,	von Foerster,
	Samuelsson,	Creutz,
	Friedmann,	Ulrich,
	Chandler.	Weick/March.

Hierzu läßt sich folgendes anmerken: Die mechanistische Auffassung der Wirtschaft ist weder von Kapitalismuskritikern wie Marx noch von Systemtheoretikern wie Chandler auf seine mechanistischen und materialistischen Grundwerte kritisiert worden (vgl. dazu auch Moser 1989). Kapitalismus und Marxismus mit ihren Fragestellungen und den darauf basierenden Menschen- und Weltbildern können als Spiegelbilder des mechanistischen Paradigmas betrachtet werden. Die Ironie der Geschichte ist, daß der Kapitalismus sich in der Stunde seines größten Triumphes wieder mit seinen „Kinderkrankheiten" auseinandersetzen muß: Massenarbeitslosigkeit, Verelendung und gesellschaftlicher Verfall – und damit selbst zur Diskussion steht.

Das mechanistische Weltbild im Management und seine Folgen

Hieraus ergeben sich Zweifel am bisherigen mechanistischen Management-Konzept, welches folgende Schlüsselprobleme in der gesamten Wirtschaft und einzelnen Unternehmen offenbart:

Einseitige Fokussierung auf Geldkapital

- Geldinvestition statt Investition in das geistige Potential eines Unternehmens (erkennen, lernen, glauben, handeln).
- Materialistische Auffassung der Unternehmensführung, Orientierung an quantitativen Größen, Assets, kurzfristiger Rendite u.ä.

Die Ego-/Machtkultur

- Die Tätigkeit im Unternehmen dient hauptsächlich der Befriedigung des persönlichen Macht- und Karrierestrebens der Manager, häufig als „Selbstrealisierung" dargestellt.

Die Instrumentalisierung oder Trivialisierung der sozialen Systeme

- Das System richtet sich nur danach, welcher meßbare Input erforderlich ist, um einen maximalen Output zu erzielen (Black-Box), menschliche Faktoren (beispielsweise Motivation, Sinnsuche) spielen eine untergeordnete Rolle.
- Die gesamte Wirtschaft und die einzelnen Unternehmen werden nicht als selbst steuernde Systeme gesehen und verstanden, sondern als programmierbare Maschinen.

Fragmentierung, Trennung, Spezialisierung, lineares Denken

- Die Orientierung an der Ganzheit geht verloren beziehungsweise wird erst gar nicht aufgebaut, woraus sich ein gewaltiger Verlust an Gesamtverantwortung des einzelnen ergibt.

- Synergieeffekte und Vernetzung als entscheidende Denkmodelle für den Umgang mit einer höheren Komplexität können nicht ausgebildet und genutzt werden.
- Interdisziplinarität bleibt meistens ein Lippenbekenntnis.

Die Illusion der absoluten Macht der Menschen über die Schöpfung

- Der Mensch als Maß aller Dinge hat das Recht, die Natur nach seinen Vorstellungen umzustellen und auch auszubeuten.
- Die Führungskraft kann das System allein durch den eigenen Willen beliebig umgestalten – der Manager allein ist der Gestalter und „Macher".

Zerfall ethischer Werte

- Das nach wie vor gültige Menschenbild des „Homo oeconomicus" beziehungsweise des „Homo functionalis" verhindert das Entwickeln von Visionen, die letzlich auch sittliches und verantwortungsbewußtes Denken und Handeln ermöglichen.
- Das (mechanistische) Prinzip des „Höher, schneller, weiter" wird auf Kosten der Natur und der Lebensqualität verfolgt.
- Die Verantwortung der Unternehmen für die Schöpfung wird ausschließlich in der Erstellung von Gütern und Dienstleistungen beziehungsweise in der Zahlung von Steuern und der Bereitstellung von Arbeitsplätzen gesehen.
- Bei wirtschaftlichen Problemen ist die Arbeitskräftefreisetzung das einzige probate Hilfsmittel, um das Unternehmen „wieder flott zu kriegen".

Zerfall ästhetischer Werte

- Kulturelle Ignoranz vieler Manager.
- Die ästhetischen Greuel bei der Gestaltung von Arbeitsplätzen und Firmenarchitektur (und Organisationen).
- Mangel an Bewußtsein für Schönheit, Harmonie und (letztendlich) Qualität.

- Entfremdung von der Natur und ihrer geistigen Gesetze, wobei vor allem folgende Gesetze angesprochen sind: das Gesetz der Entsprechung und der Resonanz, das Gesetz der Polarität und der Schwingung, das Gesetz der Harmonie und der Evolution.

Als Grundlage dafür, daß die Denkmodi zumindest „halbwegs“ funktionieren, kann nur eine stabile, sich wenig verändernde Umwelt angesehen werden beziehungsweise eine Umwelt, die sich exakt vorausberechnen läßt. Moderne Industriegesellschaften lassen sich dagegen durch steigende Komplexität bei (gleichzeitig) ständig sinkender „Halbwertzeit des Wissens“ charakterisieren. Das bedeutet, daß ein zukunftsorientiertes, proaktives Denken und Handeln nicht ermöglicht werden kann, welches erforderlich ist, um die Existenz sozialer Systeme sicherzustellen. Abgesehen davon muß die Werteignoranz auf Dauer zu implosionsartigen Krisen führen.

Werte und Kultur

Es läßt sich in der täglichen Managementpraxis beobachten, daß mechanistische Steuerungsmethoden und darauf basierende Führungsphilosophien eine rapide abnehmende *Problemlösungskapazität* zeigen. Schon aus diesem Grunde erscheint ein Nachdenken über grundlegend neue Einsichten notwendig. Genau diesen rapiden Verlust an Problemlösungskompetenz herkömmlicher Methoden hat bereits der Physiker und Nobelpreisträger Albert Einstein als Indiz für einen sich anbahnenden Paradigmenwechsel gesehen. Spätestens seit den Erkenntnissen Einsteins, Bohrs und Aspects hat die Naturwissenschaft (zum Beispiel die Physik) weitestgehend das mechanistische Weltbild aufgegeben, während es in Wirtschaft und Management trotz des Versuchs, Kompromisse einzugehen, weiterhin gepflegt wird. Dies überrascht besonders, weil der zunehmend schnellere Werteverfall eigentlich als eindeutiges Indiz für eine paradigmatische Wende gesehen werden müßte.

Schon in den siebziger Jahren hatte Christopher Lasch (1979) mit seinem Buch „The Culture of Narcissism“ auf die Dekadenz des in der angelsächsische Kultur hochgepriesenen Individualismus hingewiesen. In Sloterdijks „Kritik der Zynischen Vernunft“ (1983) heißt es: „Der (herrschende) Zynismus ist das aufgeklärte falsche Bewußtsein. Es ist das modernisierte unglückliche Bewußtsein, an dem die Aufklärung zugleich erfolgreich und vergeblich gearbeitet hat.“

Werte, Verhalten aus den Weltbildern	*Mechanistisch*	*Ganzheitlich*
	• Zufall und Notwendigkeit	• Naturgesetze
	• Konkurrenz und Kampf	• Evolution durch Selbstorganisation
	• Individualismus	• das Ganze bestimmt die Teile und umgekehrt
	• Zufall vermeiden, steuern und nutzen	• Urvertrauen und Verantwortung
	• Sinnlosigkeit, Hedonismus, totale Freiheit	• Disziplin und Pflichterfüllung
	• Selbstermächtigung durch Fixierung auf (höchstens) reinen Menschsinn	• Aufgabenübernahme auf der Basis transzendenten Sinns

Max Weber hatte schon vorausgesagt, daß die positivistische Wissenschaft die Welt nicht retten und die Konsumgesellschaft die höheren Bedürfnisse der Menschen nicht befriedigen könne, da erstere nur *Fachmenschen ohne Geist*, letztere nur *Genußmenschen ohne Herz* erzeuge.

Die neo-konfuzianische Hypothese, 1978 formuliert durch Herman Kahn, sagte die sprunghaften Entwicklungen der ostasiatischen Volkswirtschaften in den achtziger und neunziger Jahren voraus. Dieses Phänomen kann nicht aus der klassischen (westlich geprägten) Wirtschaftstheorie heraus erklärt werden, da das damit verbundene Prinzip des methodologischen Individualismus des

„Homo oeconomicus" eine Berücksichtigung von *Werten und Kulturfaktoren als entscheidende Variablen* nicht als Schwerpunkt ansieht.

Die westliche Kultur ist seit der Aufklärung von analytischem Denken und von der *Suche nach der vollendeten Wahrheit* geprägt. Diese Denkweise hat zweifelsohne in den letzten 300 Jahre zu grossen Erfolgen in Wissenschaft und Technologie geführt. Ostasiatische Kulturen dagegen, die sich durch eine ganzheitliche Tradition und eine *Orientierung an pragmatischen Tugenden* charakterisieren lassen können, scheinen gerade jetzt besser für die Zukunft ausgerüstet zu sein, da aus ihnen eine größere Problemlösungskapazität zu entspringen scheint.

Die Unterschiede beider Denkmodi sind fundamental:

Typische Elemente des westlichen Weltbildes und ihre Folgen für Management & Organisation:	*Typische Elemente des ostasiatischen Weltbildes und ihre Folgen für Management & Organisation:*
• Trennung von Denken und Handeln – deswegen ist kollektives Lernen schwierig.	• Integration von Denken und Handeln – Lernen ist natürlich.
• Trennung von Objekt und Subjekt, Glauben an Objektivität.	• Einheit der Welt, systemisch, subjektiv mitgestalten.
• Trennung von Geist und Materie (mind over matter), dadurch:	• Einheit von Geist und Materie (Mind in matter), dadurch:
• Top-down-Organisation, Hierarchie, Strukturieren, linear programmieren, Strategieprimat, Kontrolle,	• Laterale Organisation, Vernetzung, Selbstorganisation, kybernetisch planen, Vision und Operative Qualität, Kommunikation,
• Management als Fach.	• Führen als Kunst.

Hofstede (1991) argumentiert, daß das westliche analytische Denken zwar eine beeindruckende Entwicklung von Wissenschaft und Technologie ermöglichte, daß die dadurch verursachte Komplexität aber nicht mehr durch analytisches Denken gesteuert werden kann.

Der Unterschied zwischen beiden Denkweisen wird in beeindruckender, geradezu kämpferischer Weise durch den Japaner Matushita, Präsident des japanischen Matushita Konzerns, unterstrichen (1982):

„Wir (die Japaner, Anm. des Autors) werden gewinnen und der industrielle Westen wird verlieren. Der Geist der Menschen ist dort nach dem taylorschen Modell zu linear programmiert. Für Sie liegt der Kern des Managements darin, die Ideen aus den Köpfen der Chefs in die Hände der Arbeitskräfte zu übertragen. Für uns dagegen ist der Kern die Kunst, die intellektuellen Ressourcen aller Mitarbeiter im Dienst der Firma zu mobilisieren und zu vereinen.

Nur mit Hilfe der kombinierten Verstandeskräfte aller Mitarbeiter kann man der heutigen Zeit die Stirn bieten. Das ist der Grund, warum unsere großen Firmen den Mitarbeitern drei- bis viermal mehr Training bieten als Ihre Unternehmen. Das ist der Grund, warum wir im Unternehmen einen intensiven Austausch und intensive Kommunikation fördern. Das ist der Grund, warum wir konstant nach Vorschlägen eines jeden fragen.

Der Mensch ist unser größtes Kapital, die einzige unbegrenzte Ressource Japans. Bei Euch verursacht er nur die größten Kosten."

Neuorientierung am europäischen kulturellen Erbe

Die japanische Kultur, Basis für den beeindruckenden wirtschaftlichen Erfolg nach 1945, ist aber immer mehr durch die zunehmende Industrialisierung und den Import westlicher Werte erodiert. Japan zeigt nun auch zunehmend die Merkmale einer (typisch westlichen) Ellenbogengesellschaft: steigende Kriminalität, Korruption, Verlust von Verantwortungsbewußtsein und Umweltzerstörung.

Diesbezüglich stellt sich die Frage, ob andere asiatische Volkswirtschaften wie beispielsweise Taiwan, Hongkong, Singapur, Korea, Malaysia durch ein Festhalten an ihren Traditionen einen anderen Weg gehen können. Aus diversen Wertestudien (European Value Study, Hofstede) erscheint allerdings das Dilemma, daß in eindeutiger Korrelation mit zunehmendem Wohlstand (Bruttosozialprodukt) eine starke Zunahme von individualistischen Werten festgestellt werden kann. Dies taucht in allen untersuchten Kulturen auf. Der Individualismus führt dann weiter zum systembedrohenden Verfall sozialer Werte. Die Grenzen des quantitativen Wachstums sind also anscheinend nicht nur ökologischer, sondern in erster Linie vielleicht *kultureller Art*. Eine auf rein materialistischen Fortschritt ausgerichtete Wirtschaft droht an ihren eigenen Widersprüchen zu scheitern.

Die kulturelle Herausforderung aus Ostasien soll demzufolge auch nicht dazu führen, daß japanische und andere (momentan erfolgversprechende) asiatische Modelle kritiklos auf westliche Unternehmen übertragen werden. Wie leider festzustellen ist, bedeutet dies die Fortsetzung der mechanistischen Denkweise mit anderen Mitteln. Entscheidend für eine Verbesserung der derzeitigen Situation ist vielmehr die Bewußtwerdung kultureller Gegebenheiten im europäischen Kontext. Hierzu gehört auch die aktive Auseinandersetzung mit Komplexität und ihre Bejahung in westlichen Gesellschaften.

Der Autor ist Mitglied einer von der flämischen Landesregierung eingesetzten Gruppe aus Wissenschaft und Wirtschaft. Sie soll untersuchen, wie man mit der europäischen kulturellen Vielfalt umgehen könnte, um sie gerade nicht als hinderliche Komplexität, sondern als ein Baustein für nachhaltigen wirtschaftlichen Erfolg in Europa zu empfinden. Eine kulturorientierte Wirtschaft in stark dezentralisierten Strukturen, kombiniert mit einem hohen Wertebewußtsein scheint ein Weg nach vorne zu sein.

Eine Neuorientierung unseres europäischen/ganzheitlichen kulturellen Erbes scheint dabei eine interessante Möglichkeit zu sein. Die Strahlkraft der (europäischen) Aufklärung fing spätestens dann an zu verblassen, als Ästhetik, Naturbewußtsein, Geschichte und Tradition in den Hintergrund gedrückt wurden. Nicht die Vision der Aufklärung, sondern erst der auf klar meßbaren Daten aufbauende *Positivismus* fixierte den westlichen Menschen auf das Endliche und auf seine Güterwelt als absoluten Sinnhorizont.

Als die Aufklärung sich vor 300 Jahren, von Schottland und England über Frankreich nach Deutschland und Österreich durchsetzte, trat sie das Erbe einer 3000 Jahre andauernden *Kulturgeschichte mediterraner Tradition* an.

Diese magisch-mystische, jahrtausendealte Tradition, geprägt von griechischen, jüdischen, römischen, christlichen und islamischen Werten, fand ihren letzten Höhepunkt in der maurischen Zivilisation, als deren geistige und wirtschaftliche Zentren bis zur Reconquista durch das katholische Spanien gegen Ende des 15. Jahrhunderts Cordoba und Granada anzusehen waren. Im (maurischen) Cordoba wurde letztendlich das Gedankengut des früheren Bürgers Cordobas, Seneca, im 11. oder 12. Jahrhundert in einer namhaften Wirtschaftsschule entwickelt. Dazu trugen die beiden in Cordoba lebenden Wirtschaftsphilosophen bei: der Maurer Ibn Rosjd und der Jude Mosje ben Maimoen, die heute nur wenigen Studenten der Wirtschaft bekannt sein dürften.

Diese Vordenker einer modernen, ganzheitlich zu verstehenden Wirtschaftswissenschaft fühlten sich auch den griechischen Denkern verpflichtet, vor allem Aristoteles. Aber auch die arabischen und christlichen Scholastiker gehörten zu ihrer Tradition. Hierbei ist die im Cordoba der islamitischen Kalifen gelebte Toleranz zwischen Mauren, Juden und Christen besonders zu betonen und nicht zuletzt auch als Quelle wirtschaftlichen Wohlstandes und kultureller wie auch wirtschaftlicher Hochleistungen anzusehen.

In diesem Zusammenhang ist von besonderem Interesse, daß in der mediterranen Tradition die Wirtschaftslehre einen wichtigen Teil der praktischen Philosophie darstellte und nicht losgekoppelt von Gesellschaft und Kultur betrachtet wurde, so wie sie sich unter Einfluß des Positivismus mit ihren eigenen Gesetzen positionierte.

Die atlantische Zivilisation, die die mediterrane Tradition im 17. Jahrhundert triumphierend ablöste, institutionalisierte eine engere, sogenannte „freie" Auffassung von wirtschaftlicher Entwicklung, basierend auf Formalisierung, Spezialisierung, die sich an rein individual-materialistischen Werten orientierte. Etzioni (The Moral Dimension, 1988) und der Belgier Louis Baeck (The Revival of the Mediterrean, 1994) orientieren sich erneut an einer kulturell und gesellschaftlich begründeten Wirtschaftsauffassung (vgl. Herrhausen), Baeck sogar sehr an der griechisch-christlich-islamischen Tradition.

Sogar *The Economist* in seinem „Survey of Islam" räumt ein, daß die westliche Marktwirtschaft sich durchaus von vielen Facetten der islamischen Wirtschaftsauffassung (vor allem soziale und monetäre) inspirieren lassen könnte (August 1994).

In den achtziger Jahren ist die Orientierung an östlicher, vor allem vom Zen inspirierter Spiritualität modern geworden. In den neunziger Jahren ist dagegen bereits ein neues Interesse an christlicher Spiritualität spürbar, wobei behauptet werden kann, daß die kulturelle Neuorientierung der westlichen Gesellschaft nicht nur auf der christlichen, sondern auf der gesamten mediterranen Tradition basieren könnte.

Eine derartige Rückbesinnung darf aber nicht im regressiv-nostalgischen Sinne verstanden werden und in Technik- und Wirtschaftsskeptizismus oder gar -feindlichkeit ausufern. Die mediterrane Tradition hat sich mit einer agrarischen Wirtschaft beschäftigt und nicht mit einer (post-)industriellen. Der materielle Wohlstand des Volkes wurde als erstrebenswert und als Beitrag für seine kulturelle Entfaltung angesehen. Die theokratischen Auswüchse führten letztendlich aber zum Werteverfall und ihr statisches Weltbild auf Dauer zu Entwicklungsengpässen, wodurch die Aufklärungsbewegung historisch notwendig wurde.

Bei dem durch diesen Beitrag anzuregenden Diskurs geht es primär darum, in der postmodern geprägten, hochtechnisierten Gesellschaft durch eine Neuorientierung an idealistischen Werten über Verantwortungsbewußtsein und ethisches Verständnis nachzudenken, um eine neue Problemlösungskapazität für die Zukunft zu schaffen.

Informationszeitalter, Bewußtseinszeitalter und Sinnsuche

Die amerikanische Schule der Bionomics vertritt die Auffassung, daß das Industriezeitalter nun vom Informationszeitalter abgelöst wird. Das neue wirtschaftliche Paradigma ist abgeleitet von der evolutionären Biologie und von der Chaosforschung (Theorie der nichtlinearen Systeme). Hierbei wird die Wirtschaft nicht länger als eine programmierbare Maschine verstanden, sondern als „a self organising chaotic information ecosystem“ (Rothschild 1992).

Unternehmen sind folglich keine Produktionsmaschinen, sondern „intelligent social organisms“, und ihr Kapital ist nicht länger das Geldkapital, sondern „organisational learning as the ultimate source of all profit and growth“. (Rothschild 1992)

Die Betrachtung von Wirtschaft und Unternehmen als triviale Maschinen, die sich vorhersagen lassen, von der Geschichte unabhängig, synthetisch deterministisch und analytisch determinierbar sind, kann nicht mehr aufrechterhalten werden.

Diesbezüglich ist auch die These der Bionomics-Schule als weiterführend zu betrachten, daß *jeder bedeutende Paradigmenwechsel in der Geschichte erst durch informationstechnologische Veränderungen ermöglicht wurde*. Beginnend mit der Buchdruckerkunst im 15. Jahrhundert konnte sich das mechanistische Paradigma durch Standardisierung erst massenhaft verbreiten. Wird durch die Erfindung des Mikroprozessors durch Intel im Jahre 1972 eine neue epochale Veränderung erst möglich? Dafür gibt es Indizien.

Die Informationstechnologie führt tatsächlich zu einer rapiden Immaterialisierung der Wirtschaft. Andererseits verfechten viele enthusiastische Anhänger der Informationstechnologie weiterhin reine Nützlichkeitskriterien bei gleichzeitigem Festhalten am methologischem Individualismus des „Homo oeconomicus“.

Bewußtsein wird dabei als ein (beliebig programmierbarer) Informationszustand definiert. Das Wollen und Glauben der einzelnen Systemmitglieder ist dementsprechend ohne Einflußmöglichkeiten den Evolutions- und Chaosgesetzen unterworfen. Der Suche nach Sinn und den damit verbundenen ethischen Werten, die erst ein Bewußtsein ausprägen können, wird keine Bedeutung beigemessen.

Die Frage bleibt denn auch, ob das *Informationszeitalter* nicht eher als ein *Bewußtseinszeitalter* definiert werden sollte. Es gilt, durch proaktives Denken und Handeln in Wirtschaft und Gesellschaft die bisher implizit zutage getretene Kategorie „Sinn" unmittelbar anzusprechen: Sinnsuche ist hierbei als genuine humane Fragestellung nach dem Bezug zu sich selbst und der Welt zu verstehen.

Auf (durch Menschen gebildete und sich aus ihnen zusammensetzende) Unternehmen übertragen bedeutet dies, eine Antwort auf die Frage zu suchen, ob und wie derartige „Kollektivsubjekte" bereit beziehungsweise in der Lage sind, ihre Existenz in Hinblick auf sich selbst sowie auf die Auseinandersetzung mit der Umwelt verantwortungsvoll zu definieren und ihr Handeln danach auszurichten (vgl. Petersen 1993).

Da Menschen die Frage nach dem Sinn stellen und eine Antwort darauf suchen, ergibt sich die Möglichkeit, ein individuelles und kollektives Sinnverständnis zu entwickeln, das sich zum Beispiel durch folgende allgemeine Fragen ausdrücken läßt:

- Wer bin ich?
- Wo komme ich beziehungsweise kommen wir her?
- Wozu bin ich beziehungsweise sind wir eigentlich da?

Konkret für den unternehmensinternen Alltag könnten folgende Fragen gelten:

- Wozu arbeite ich beziehungsweise arbeiten wir?
- Welche gemeinsamen Werte tragen wir und was unterscheidet uns?

- Wie fügt sich unser Unternehmen in den sozialen und ökologischen Kontext ein, und welche Zukunftsorientierung wollen wir leben?

Ein Unternehmen, das es schafft, seinen Mitarbeitern mitten in der gesellschaftlichen Sinnkrise Raum und Zeit zu ermöglichen, diese Fragestellungen aufzuarbeiten, kann – nach der Erfahrung des Autors – mit stark gestiegener Loyalität, mit Wir-Gefühl und Engagement rechnen:

- Es werden mehr zukunfsorientierte Führungsnachwuchskräfte angezogen und an das Unternehmen gebunden;
- es entsteht ein innovationsfreudiges Klima, wobei die Förderung kreativen Verhaltens, welches auch bewußt den Mut zum Irrtum einschließt, zu kontinuierlicher Effizienzverbesserung führt;
- das qualitative Wachstum des Unternehmens ist mit dem individuellen Wachstum der Mitarbeiter und deren Lernprozessen verzahnt und wird hiervon getragen;
- der Umgang mit Veränderungen wird zwar nicht unbedingt leichter, dafür aber ausgeprägter und bewußter;
- den Führungskräften wird seitens der Mitarbeiter bedeutend mehr Loyalität und Vertrauen entgegengebracht, die weniger auf der Fachkompetenz basieren, als vielmehr auf der persönlichen Integrität.

Einer derartigen *Rehumanisierung der wirtschaftlichen Systeme* ist demzufolge gesamtsystemisch zu begegnen, wobei der Systemansatz nicht zuletzt als integrierendes Rahmenkonzept fungiert, um die Stellung des Unternehmens als Subsystem des gesamten ökonomischen Systems (sowie der Gesellschaft) erklären zu können.

Als Eigenschaften dieses an Komplexitätsaspekten systemischorientierten Weltbildes können genannt werden:

- das Bewußtsein, daß individuelle und gesellschaftliche Bedürfnisse dem ökonomischen und gesellschaftlichen Wandel unterworfen sind,

- daß Menschen und Systeme sich besser mit diesen Herausforderungen auseinandersetzen (ständige Lernbereitschaft und Lernvermögen als stategischer Erfolgsfaktor),
- daß unterschiedliche organisations- und gesellschaftsrelevante Situationen unterschiedliche Motive ausprägen.

Wenn Wirtschaftsorganisationen und ihre Mitglieder dementsprechend lernbereit und lernfähig sind, tragen sie der Erkenntnis Rechnung, daß, die Organisationsmitglieder sowohl die Möglichkeit erhalten sollten, die Situation zu diagnostizieren, als auch die Kompetenz, flexibel mit neuen Herausforderungen und Problemstellungen umzugehen.

Die zunehmende Bedeutung von sozialen und gesamtkontextuellen Faktoren läßt sich als Beleg für die hier vertretene These anführen, daß eine rein ökonomisch-technische Nützlichkeitsorientierung auf die Dauer nicht ausreichend sein kann, um eine an (individuellen und gesellschaftlichen) Bedürfnissen orientierte Sinngrundlage von Menschen und den von ihnen geschaffenen Organisationen zu gestalten.

Diese These hat bedeutende aktuelle Relevanz. Der amerikanische Vizepräsident Al Gore hat kürzlich behauptet, daß er (wie bekannt) die ökologische Herausforderung zwar für sehr wichtig hält, daß allerdings die Sinnkrise in der Bevölkerung von den Ausmaßen her größer sei. Umfragen belegen, daß beispielsweise 80 Prozent der Universitätsstudenten in den USA keinen Sinn in ihrem Leben sehen.

Auf dem Weltkongreß der Psychotherapie 1994 in Hamburg stellte der Österreicher Victor Frankl, Gründer der Logo- oder Sinntherapie fest, daß Menschen Zukunftsvisionen brauchen – nicht nur, um schwere Krisen durchzustehen, sondern einfach zum Überleben. Adlers zynischer Lebensmotivation, dem „Wille(n) zur Macht" stellt er den „Wille(n) zum Sinn" als ein echtes menschliches Motiv gegenüber. Nur darin sieht er eine Möglichkeit, die gefährliche Kollektivneurose, wie sie Al Gore beschreibt, umzulenken.

Organisationen als gesellschaftliche Institutionen können in diesem Sinnfindungsprozeß eine wesentliche Rolle spielen. Gerade der Beitrag der Wirtschaft, die vielmals Ursprung und Verstärker von materialistischen, sinnraubenden Einflüßen ist, könnte entscheidend sein.

Das ganzheitliche Weltbild in der Wirtschaft

Als Zusammenfassung der hier geäußerten Gedankengänge liegt es nahe herauszuarbeiten, wie sich denn ein das ganzheitliche Weltbild ermöglichender Paradigmenwechsel darstellen ließe. Dieser Wechsel wäre eine Entwicklung

- von der partiellen zur Systemorientierung. Aus letzterer ergibt sich die Forderung, Probleme nicht auf einzelne Faktoren oder Ereignisse zu fokussieren, sondern sie als Systemfehler des ganzen Unternehmens oder ökonomisch-politisch-technischen Systems aufzufassen.
- vom linearen (suboptimierenden) zum vernetzten (gesamtoptimierenden) Denken. Ansätze der systemtheoretischen Managementforschung am Beispiel der St. Galler Schule unterstreichen eindrucksvoll, daß sowohl ökonomische als auch ökologische Verflechtungen gesamtsystemisch zu betrachten sind, weil kausalanalytisches Denken und Handeln der ständig steigenden Komplexität nicht mehr gerecht werden kann.
- von der Zweckrationalität, die spätestens seit der Aufklärung unser Denken und Handeln beeinflußt, zur Transzendenz. Wie aus den Arbeiten Werner Kirschs (1990) ersichtlich wurde, können politische und ethische Fragestellungen in Form einer integrierenden Gesamtsicht eine Aufweichung der rein zweckrationalen Kosten-Nutzen-Relationen zugunsten der Humanität ermöglichen.
- von der rein instrumentellen Zielorientierung zu einer expressiven Unternehmensauffassung („Der Weg ist das Ziel“). Für sie ist die Qualität der Arbeitsprozesse vorrangig. Gleich-

zeitig schafft sie den kulturellen Freiraum für permanentes Lernen und die Weiterentwicklung aller teilhabenden Menschen, wodurch Selbstorganisation ermöglicht wird.

- von einer naiv- oder kritisch-realistischen Erkenntnisauffassung zu einer konstruktivistischen Auffassung nach dem Prinzip der Autopoiesis (Maturana: „Wir schaffen die Welt, in der wir leben, buchstäblich, indem wir sie leben") hin zu selbstschaffendem Vertrauen, das ein nahezu unbegrenztes kreatives Potential in der gesamten Organisation entfaltet.

- von einer reinen Informationsorientierung zu einer Bewußtseinsorientierung. Die Paradoxien unserer heutigen wirtschaftlichen und gesellschaftlichen Situation sind möglicherweise die Paradigmen von morgen. Ohne eine breite Anhebung der Bewußtseinsqualität drohen wir wieder in mechanistische Illusionen zurückzufallen, wie gewisse systemkybernetische Modellversuche gezeigt haben. Letztlich ergibt sich daraus die (einzufordernde) Konsequenz, betriebliche und gesamtgesellschaftliche Bildungsprozesse zu hinterfragen, um beispielsweise die Vision einer „gebildeten Unternehmung" beziehungsweise einer „gebildeten Gesellschaft" (vgl. Petersen 1993, Burgoyne 1993) zu gestalten.

Die Quintessenz des idealistischen Weltbildes auf wissenschaftlicher Basis ist in Wolfgang Stegmüllers Schlußfolgerung zusammengefaßt (von Moser 1989 zitiert). Für ihn ist der alte philosophische Streit zwischen Rationalisten und Idealisten dadurch wissenschaftlich entschieden, daß die Existenz einer metaphysischen Seinsdimension experimentell festgestellt werden kann. Demzufolge lebt der Mensch gleichzeitig in Raum und in Raumlosigkeit, in Zeit und Zeitlosigkeit, wobei die Welt sich als eine Einheit darstellt.

Aus Erkenntniswissenschaft, Mathematik, Physik, Biologie, Chaostheorie, Psychologie, Psychotherapie und Medizin kristallisiert sich das neue Paradigma langsam, aber scheinbar unaufhaltsam heraus. Was die Kritik der Philosophie, Theologie und Soziologie am mechanistischen Paradigma seit über 100 Jahre nicht zu überwinden vermochte, scheint nun vor allem durch die Naturwissenschaften, den traditionellen „Gralshütern“ des alten Weltbildes, möglich zu werden.

Nichts sei so mächtig wie eine Idee, für die die Zeit gekommen ist, schätzte schon Victor Hugo die Entwicklung menschlicher Erkenntnisse ein. In diesem Band weisen auch die Beiträge von Peter Plichta und Edgar Kaucher auf beeindruckende Weise auf den Abschied vom mechanistischen Denken hin. Hierbei ist besonders bemerkenswert, daß führende Mathematiker sich mit Kulturproblemen als Konsequenz ihrer wissenschaftlichen Arbeit beschäftigen. „Das Unendlichkeitsproblem und die Gottesfrage“ als Titel eines mathematisch-wissenschaftlichen Essays wird bei vielen heute (noch) starke Verwunderung und nur bei Vordenkern Bewunderung wecken. Trotzdem war Tiplers Buch „Die Physik der Unsterblichkeit“ (1994) innerhalb kürzester Zeit vergriffen.

Dennoch ist kritische Distanz geboten, wie Guittons „Gott und die Wissenschaft. Auf dem Weg zum Metarealismus“ (1993) zeigt. Neue Wissenschaft in den Händen von modernen Theokraten kann schnell ausufern in eine anti-mystische und quantifizierende Pseudotheologie mit dogmatischen Zügen.

Die Konsequenzen des „Ende eines Physikalisches Weltbildes“ (Plichta) sind trotzdem für die Wirtschaft kaum zu überblicken. Dennoch kann festgestellt werden, daß sich der Paradigmenwechsel schon vollzieht, und zwar nicht nur aus moralischen Gründen, sondern vielmehr aus sehr pragmatischen Gründen, wie die nächste Seiten zu illustrieren versuchen. Die These des Autors ist also, daß sich der Paradigmenwandel aus der Notwendigkeit der selbststeuernden Evolution und der menschlichen Erkenntnisentwicklung aus sehr pragmatischen Gründen und Anforderungen „bottom-up“ vollzieht.

Allerdings muß auch die Frage gestellt werden, ob die Nachdenklichkeit am Ende dieses Jahrhunderts, ähnlich wie in vorherigen Perioden des Fin de Siècle, wieder zu sehr ausgeprägten idealistischen Gegenbewegungen führen soll, die – wie die Geschichte zeigt – keine nachhaltige Kulturgesellschaft gründen können. In diesem Sinne ist in unserer Zeit die Gefahr einer neue Dogmatisierung und Ideologisierung sicher nicht undenkbar. Die unkritische Übertragung naturwissenschaftlicher Erkenntnisse auf soziale Systeme könnte diese Gefahr gerade herbeiführen.

Darum orientieren sich die Ausführungen der nächsten Seiten an der Kantschen Auffassung von Religiosität im Handeln. Diese Auffassung, die die pragmatische amerikanische Schule eines William James ebenso beeinflußt hat wie die Phänomenologie eines Husserls, kann – modifiziert – auch heute eine sinnvolle Alternative für das ständige „Hin und Her" zwischen Rationalismus und Idealismus sein (zum Beispiel Joas 1992).

Ein pragmatisches Handlungsmodell: Paradigmenwechsel als Prozeß

Das Leitmotiv dieser Ausführungen über Pragmatismus und Handeln läßt sich mit Goethe so umschreiben: „Der denkende Mensch irrt besonders, wenn er sich nach Ursach' und Wirkung erkundigt; sie beide machen das unteilbare Phänomen. Wer das zu erkennen weiß, ist auf dem rechten Wege zum Tun, zur Tat."

Spiritualität brauche Handlung, um sich zu üben und zu wachsen, argumentiert Parker Palmer in seinem brillanten Buch über aktive Spiritualität (Palmer 1990). Nur in der permanenten Abwechslung von Aktion und Reflexion kann in der äußeren Realität die „verborgene Einheit der Welt" entdeckt werden. In der jüdischen Tradition ist jeder Philosoph und Gelehrte gehalten, auch einen handwerklichen Beruf zu praktizieren, um nicht realitätsfremd zu werden. So war Spinoza auch ein Hersteller von optischem Glas.

Viele, die meinen, sich Weisheit erkämpft zu haben, ziehen sich aus der Wirtschaft zurück, werden Berater oder Trainer und geben somit einen exzellenten Übungsplatz auf. Dieser stellt allerdings heute außergewöhnliche Anforderungen, die manchen zum Ausstieg bewegen könnten.

Aktuelle Bestandsaufnahme in der Wirtschaft

Die Situation in der Wirtschaft ist äußerst paradox, und es hängt vom Beobachter ab, wie sie wahrgenommen wird. Der Pessimist (unter/in uns) sieht es so:

- Die Konjunkturerholung wird von vielen als Signal gesehen, daß das Schlimmste vorbei ist und es nun weitergehen kann wie gehabt.
- Ökologische und soziale Fragen sind während der Krise in den Hintergrund gedrückt.
- Effizienzverbesserung ist fast ausschließlich durch Reduzierung von Personalkosten angestrebt worden.
- Große Firmen wie IBM und Philips sind nun wieder profitabel, nachdem sie 1993 die größten Verluste ihrer Geschichte eingefahren und 1994 ein dramatisches Kostensenkungsprogramm durchgeführt haben. Von einer Erschließung neuer Geschäftsfelder ist allerdings wenig zu spüren.
- Es herrscht die Meinung vor, daß neben einschneidenden Kosteneinsparungen High Tech in Form von großen Projekten den Weg nach vorne weist, um wieder konkurrenzfähig zu werden.
- Die einseitige Technologiegläubigkeit, vor allem in der Informationstechnologie, hat viele Unternehmen (zum Beispiel Europcar) an den Rand der Existenzfähigkeit gebracht.
- Nicht nur in Unternehmen unter angelsächsischem Einfluß nimmt die Macht der Aktionäre und der Aktienmärkte ständig zu, und damit auch die extrem kurzfristige Ergebnisorientierung.
- Das deutsche Modell der Aktiengesellschaft, welches auf Stabilität und Langfristigkeit angelegt ist, erweist sich nun als inflexibel und undurchsichtig, wie die Krise um die Metallgesellschaft deutlich werden ließ. Unter anderem bedingt durch den Verlust traditionell gewachsener Werte innerhalb der Elite der Nachkriegszeit zeigten sich in der Verstrickung von Vorständen und Aufsichtsräten, die sich ja gegenseitig kontrollieren sollen, gefährliche Tendenzen von Seilschaftspolitik.

- Der „Hit“ auf dem Markt der Managementberatung, Prozeß- beziehungsweise Business Reengineering, ist der soundsovielte Import von „Heilsbotschaften“ aus den USA, der zwar ganzheitliche Ansprüche verfolgt, aber in der Praxis häufig nur angewendet wird, um Arbeitsplätze abzubauen.
- Die Diskussion um den Standort Deutschland ist von folgenden oberflächlichen Slogans gekennzeichnet: „Es soll überall gespart werden“, „der Freizeitpark Deutschland“, „Zurück zu preußischen Tugenden!“, „mehr Markt, Abbau des Sozialstaates“.

Erfolgserfahrung durch Lernkultur statt nur Kostenmanagement

Eher Grund, etwas optimistischer zu sein, geben mehr oder weniger erfolgreiche Beispiele aus der Praxis wie ABB, Hewlett Packard, Citibank, BMW, Otto Versand, Wintershall, Müller Weingarten, Volkswagen, Mettler Toledo, Phoenix und eine Menge von kleinen und mittelgroßen Unternehmen quer durch alle Branchen.

Folgende Erfolgsfaktoren scheinen dabei ausschlaggebend zu sein (vgl. Peters 1992):

- eine lernende Auffassung von Strategie-Entwicklung,
- dezentralisierte Arbeit in multifunktionalen Teams,
- Abbau funktionaler Strukturen und des „Fachdenkens“,
- Investition in kollektives Lernen,
- dezentrale, nutzerfreundliche Informationstechnologie,
- interne Kunden-Lieferanten-Kultur,
- laterale wertschöpfende Prozesse werden für wichtiger gehalten als eine Orientierung an Hierarchien,
- Fokus auf operative Qualität hin zum Kunden,
- Interdisziplinarität in Forschung, Produktentwicklung und Marketingmethoden,
- eine Kultur der Neugierde und der Kreativität, in der Querdenker und Paradiesvögel gefördert und gewürdigt werden,

- Manager mit Persönlichkeit, die „mitten drin“ stehen, aber sich gleichzeitig nur auf ganz wesentliche Aktivitäten konzentrieren.

Es fällt auf, daß diese Unternehmen eine wettbewerbsfähige Kostenstruktur evolutionär entwickelt haben. Unproduktive Kosten, die in einem Markt nicht länger getragen werden konnten, sind durch von den Mitarbeitern mitentwickelte intelligente Prozesse und Systeme rationalisiert worden:

Typische Kostenfaktoren:	*Rationalisiert durch:*
• ineffiziente Zulieferung und Ausfuhr,	• Vernetzung mit Lieferanten und Distributeuren,
• Lagerhaltung,	• Just in time-Systeme,
• Fehlzeiten,	• optimale Auslastungsstraße,
• ständige Korrekturen,	• Qualitätskultur/Prozesse,
• Ineffizienz interner Dienstleistungen,	• externe oder interne Dienstleistungsverträge,
• Reibungsverluste unter Abteilungen/Führungskräften.	• Organisation auf Basis lateraler Prozesse.

Die Besessenheit, Fixkosten durch drakonische Maßnahmen zu reduzieren, ist diesen Unternehmen meistens fremd. Die meisten haben verstanden, daß die Wettbewerbsfähigkeit vor allem auch in den variablen Kosten bewiesen werden muß. In diesen Kosten drückt sich die Lernfähigkeit der Organisation aus.

Rothschilds historische Untersuchung von Produkt- und Dienstleistungskosten (in den USA) hat festgestellt, daß sich alle variablen Kosten eindeutig, bei erfolgreichen Unternehmen sogar rapide abwärts bewegen, vorausgesetzt, ein freier Markt herrscht vor. Insbesondere die Kosten für den Informationstransfer sind seit zehn Jahren spektakulär gesunken und ermöglichen Quantensprünge in der Lerngeschwindigkeit.

Diese Entwicklung läßt sich anhand einer ganzheitlichen Lern- und Kostenkurve verstehen (Abbildung 21).

Jede Einheit in diesem Prozeß besteht aus menschlicher Handlung. In diesem Model wird vorausgesetzt, daß

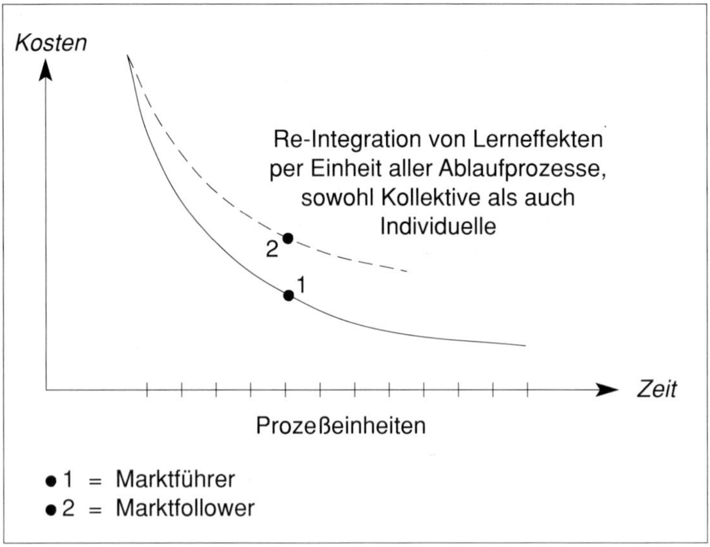

Abbildung 21: Ganzheitliche Lernkurve

- neben Handlung auch bewußte Reflexion stattfindet,
- diese Reflexion sowohl individuell als auch kollektiv organisiert ist und ermutigt wird (vgl. Chris Argyris 1993: „single and double loop learning"),
- Reflektieren und konsequent Handeln auch auf das Gemeinwohl des Teams und des Unternehmens gerichtet ist,
- Technologie und Systeme diese Lernprozesse unterstützen, und nicht dominieren.

Es handelt sich also um eine Lernkultur, in der grundlegende Annahmen aus dem mechanistischem Weltbild nicht zum Tragen kommen: zum Beispiel die Trennung von Denken und Handeln, Egozentriertheit, Technologiegläubigkeit, Fehlersanktionierung und Perfektionsansprüche. Konzentration auf den Prozeß des denkenden Handelns hat oberste Priorität. Der Weg selbst wird als Ziel gesehen. Dagegen erfahren Unternehmen, die sich Reengineering-Konzepte, Computersysteme und Trainingsprogramme kaufen und mit einer mechanistischen Auffassung von Mensch und Unternehmen implementieren, dann dementsprechend häufig große Probleme.

Kostenmanagement ist häufig erfolglos, wenn es als Ziel an sich angestrebt wird. Eigentlich sollte es eine natürliche Aktivität eines selbststeuernden Systems sein, welches darauf bedacht ist, Kosten als Systemabfall so minimal wie möglich zu halten. Chris Argyris (1994) argumentiert, daß in TQM-Programmen häufig Listen mit Aktionen „abgearbeitet" werden, ohne daß nach den wahren Ursachen für die niedrige Qualität und die hohen Kosten und nach den Beweggründen dafür, daß diese meist schon lange bekannten Effizienzmängel überhaupt erst entstehen konnten und dann über Jahre nicht abgestellt wurden, gefragt wird. So lange diese Fragen nicht gestellt werden, so Argyris, ist Lernen oberflächlich und riskiert das Unternehmen, immer wieder rückfällig zu werden.

Wird Kostenmanagement durch Personalreduzierung bis zum Exzeß betrieben, entstehen gefährliche Nebeneffekte:

- Ein System braucht Redundanz, um seine Lernfähigkeit aufrecht zu erhalten (recyclage) und dadurch permanent Kräfte sammeln und konzentrieren zu können.
- Beziehungsinstabilität nach innen und außen macht Bindungen unsicher und oberflächlich.
- Mechanistisches Denken und Handeln wird verstärkt, und weitere Zukunftsschwäche ist vorprogrammiert.

In seinem „Letter to Thinking Managers", den Edward de Bono monatlich zusammenstellt, finden sich deutliche Parallelen zwischen dem amerikanischen Management und der Bestandsaufnahme des deutschen Managements. Obwohl nicht geleugnet werden kann, daß 1993 Amerikas 500 größte Firmen ihre Gewinne im Schnitt um 15 Prozent gesteigert haben, stellt er fest, daß diese Gewinne nicht aus steigendem Absatz, sondern aus Kostenmanagement, vor allem aus dem Abbau von Arbeitsplätzen, resultieren – also nicht aus organischem Wachstum. De Bono kritisiert dabei die Auffassungen von *Fortune* und *Business Week*, die das starke Exportwachstum in Zusammenhang mit einer neuen Wettbewerbsfähigkeit der amerikanischen Volkswirtschaft sehen. Er vertritt stattdessen die Ansicht, daß die Exporterfolge eher dem niedrigen Dollarkurs zu verdanken sind. Der sogenannte Aufschwung könnte somit von kurzer Dauer sein.

Auch der Harvard-Professor Michael Porter, der Vater des Konzeptes „competitive advantage", meint: „Management is hunkering down, streamlining, focussing – not building, pioneering, innovating." (Porter 1994). Es wird in den USA siebzigmal mehr Geld aufgewendet für Fusionen und Akquisitionen als für Investitionen in Research, Herstellung und Ventures. „The business of business or busyness?", fragt er ironisch.

Sowohl Heller (1994) als auch Baeck (1994) meinen, daß *das Problem der Konkurrenzfähigkeit das der hohen Lohnkosten weit übersteigt.* Beide meinen, daß eine neue Fokussierung der Wirtschaft auf Mehrwertschöpfung (und ihre Belohnung) eine dringende Notwendigkeit ist.

Innerhalb der Standortdiskussion ist es auch wichtig, auf die heilsame Debatte um den *Bildungsstandort* Deutschland hinzuweisen. Der Autor (wie auch Professor Kaucher) hat an dem Memorandum des Deutschen Philologenverbandes mitgewirkt, das dringend notwendige Kultur- und Strukturreformen im deutschen Bildungssystem (welches einst als das beste in Europa galt) vorschlägt. Hierbei war es dem Autor wichtig zu empfehlen, die Interdisziplinarität in der Bildung und Forschung sowie die Bildung eines ethischen Verantwortungsbewußtseins bei jungen Menschen zu fördern. Auch im Bildungssystem steht das alte Weltbild im Wege. Es muß dem Wachsen neuer Einsichten weichen. (Memorandum des DPhV 1994)

In ersten Punkt dieses Memorandums heißt es: „Der Wirtschaftsstandort Deutschland bedarf des Bildungsstandortes Deutschland. Wir leben von der Kreativität der Menschen und der Qualität ihrer Arbeit. Für Deutschland als rohstoffarmes Land ist das geistige Know-how seiner Menschen die wichtigste Ressource."

Und Punkt zehn: „Alle ethische Erziehung der jungen Menschen hat sich an der Gesamtheit der Grundbedürfnisse des Menschen zu orientieren. In ihrer höchsten Form sind diese geprägt von der Suche nach dem Sinn des Lebens und einer daseinszielsetzenden Orientierung.“

Handelnde Menschen in kybernetischen Zusammenhängen

In seiner Studie über die nachlassende Innovationskraft der deutschen Unternehmen (über 100 Unternehmen nahmen teil) argumentiert Rolf Berth, Leiter der Kienbaumakademie für Führung und Innovation in Wirtschaft und Gesellschaft, wie folgt:

„Die deutsche Industrie, und mit ihr die gesamte Bundesrepublik, durchläuft gegenwärtig eine Systemkrise. Sie ist die eigentliche Krankheit dieser Zeit, empirisch nachweisbar und betrifft 80 Prozent der Industrie sowie weite Bereiche in der Verwaltung und Politik. Sie drückt sich darin aus, daß die Probleme von morgen mit der Mentalität von vorgestern und den Werkzeugen der sechziger Jahre angegangen werden.“

Nach den Erkenntnissen von Berth gibt es „einen ganzen Strauß von strategischen Erfolgsfaktoren, die die Leistung eines Unternehmens umgehend verbessern können. Einige davon, wahrscheinlich die wichtigsten, haben nicht mit Technik, Forschungsetat oder Kostenmanagement, sondern mit den *handelnden Menschen* zu tun.“ So stand es in der *Frankfurter Allgemeinen Zeitung* und in zahlreichen Fachzeitschriften ausführlich zu lesen. – Es bedarf eigentlich keines weiteren Plädoyers für den neuen Pragmatismus, in dem die menschliche Kreativität und Eigenverantwortung gefördert wird und zu Spitzenleistungen führen kann.

In der angelsächsischen Literatur ist das Modell des Action Research durch die bahnbrechende Arbeit des Tavistock Institute in London und seinem mittlerweile hoch betagten Pionier Harold Bridger wohl bekannt. Dieses Modell führt weg von materieller Zielstrebigkeit und linearem Planen. Es setzt dabei eine zukunfts-

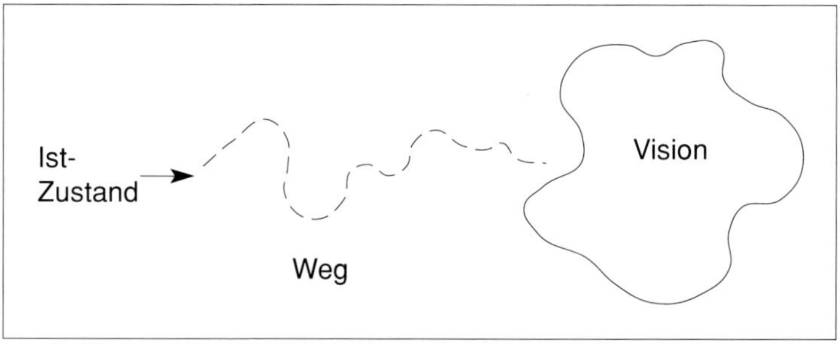

Abbildung 22: Action Research Modell/Tavistock

orientierte Vision voraus, die zum Handeln inspiriert und die nicht von oben diktiert werden, sondern von unten wachsen soll und somit als Attraktor dient (Abbildung 22).

Der Weg ist lernend-intuitiv und wird hauptsächlich durch qualitative, weniger durch quantitative Meilensteine und Bestandsaufnahmen strukturiert: „As we go." Die Vision wird immer wieder kollektiv auf der Basis neuer Lerneffekte modifiziert. Hierbei kommt es aber darauf an, daß sie sich immer wieder an Mitarbeiterorientierung, Kundenorientierung, gesellschaftlicher Relevanz und Umweltverträglichkeit messen lassen muß.

In Deutschland hat Richard Matheis ein ergänzendes kybernetisches Erfolgsprozeßmodell entwickelt (Abbildung 23).

Dieses Modell hat zu konkret nachweisbaren Erfolgen in verschiedenen Unternehmen wie zum Beispiel BP Oil Deutschland und bei Fiat Deutschland geführt.

Es wird damit ein Versuch unternommen, von einer quantitativen Top-down-Planung wegzukommen, hin zu einem qualitativen Bottom-up-Selbstmanagement. Ziel ist es, mit minimalen Anforderungen des Managements ein Maximum an Kreativität zu fördern und, statt Aktionismus und Symptome zu kurieren, Wirkungshebel entdecken zu lassen. Nur so kann jeder Mitarbeiter für sich ein maßgeschneidertes Programm entwickeln, das er mit mentaler Fokussierung wirksam in Selbststeuerung umsetzen kann. Management

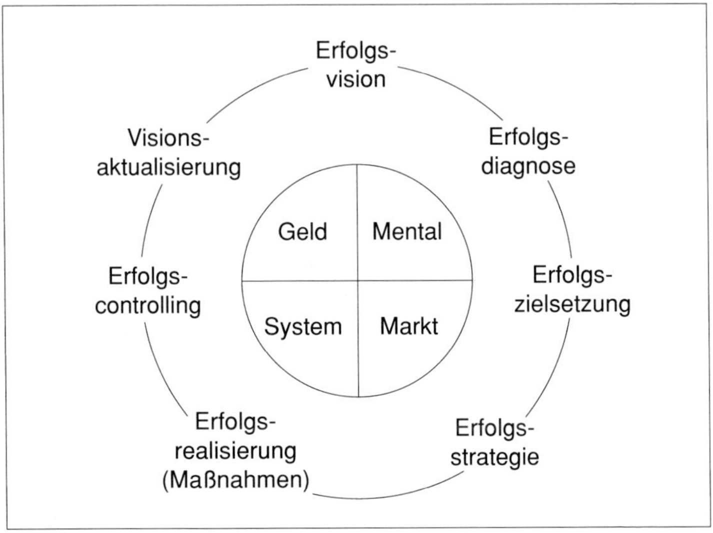

Abbildung 23: Kybernetisches Erfolgsprozeßmodell nach Matheis

ist dann weniger mit Inhalten beschäftigt als mit dem Management der Selbstmanagementprozesse der Mitarbeiter, Geschäftseinheiten und der ganzen Organisation.

Aus diesen pragmatischen Betrachtungsweisen läßt sich schließen, daß es nicht ausreicht, lediglich Visionen auf Hochglanzpapier zu drucken, um sie dann mit mechanistischen Methoden durchzusetzen und zu „verkaufen". Darüber hinaus wird häufig der Versuch unternommen, dies über zweckorientiertes Kooperationstraining, brillante Ansprachen oder eindrucksvolle Massenkonferenzen zu erreichen. Hierbei sind die Grenzen zur Propaganda als fließend zu bezeichnen. *Die Vision verkommt folglich zur Illusion.*

Die so viel beschworene Einheit unter den Menschen, welche im mechanistischen Weltbild mit großem finanziellen Aufwand angestrebt wird (und höchstens eine Pseudoeinheitsillusion erreicht), kann nur im neuen Weltbild aktiviert werden. Sie kann nur mit Respekt gegenüber der Würde jedes einzelnen, mit der Verfechtung eines Freiraumes für persönliche Visionen, der Wertschätzung der Pluralität der Persönlichkeiten und einem unerschütterlichen Vertrauen (Urvertrauen) in die Menschheit als Ganzes entstehen.

Paradigmenwechsel als Dialog

Paradigmatische Veränderung ist ein Prozeß und kann nur schrittweise gelebt werden. David Bohm, der große Physiker, hat in seinem inspirierenden Essay „Unfolding Meaning" darauf hingewiesen, daß ein neues Weltbild wohl nicht im Studierzimmer, nicht auf dem Papier, sondern eher im *Dialog* entstehen kann. Seine Ausführungen lassen sich wie folgt zusammenfassen:

- Dialog ist weder Diskussion noch Meinungsaustausch.
- Dialog strebt durch eine geradezu radikale Offenheit danach, grundlegende Annahmen des alten Weltbildes durch beide Dialogpartner gemeinsam in Frage zu stellen.
- Dialog kann zu Kohärenz führen. Durch den freien Fluß von Gedanken und Gefühlen in Verbundenheit, kann sich der Sinn des Ganzen – also die Wahrheit – ganz einfach zeigen: Wahrheit entsteht nicht aus Meinungen, sondern aus einem subtil interaktiven Prozeß.
- Wahrheit wird dabei auch nicht als Endziel angestrebt. Der Dialog beschäftigt sich nur mit der Stiftung von Sinn.
- Dialog bedeutet nicht, über die Welt „da draußen" und ihre Probleme zu reden. Die Welt ist nämlich in der Dialoggruppe durch ihre Vielschichtigkeit, Fragmentierung, Zerstrittenheit und Angst bereits enthalten.
- Dialog kann dazu führen, daß im interaktiven Prozeß die häufig vorzufindende Fragmentierung und Angst durch Kohärenz und Sinn ersetzt wird.
- Die mangelnde Einsicht, daß alle Phänomene miteinander verbunden sind, hat im Grunde ihren Ursprung in der mangelnden Einsicht, daß alle Menschen miteinander verbunden sind.

- Die Menschen können nicht über ein neues Weltbild reden, ohne durch den Prozeß des Zuhörens, Loslösens, Sinnsuchens und des (ganzheitlichen) Vernetzens zu gehen, wobei dieses häufig nicht ohne Komplikationen und Schmerzen erfolgt.
- Nur im gemeinsamen Handeln und Reflektieren entsteht (beiderseitige) Wahrhaftigkeit.
- Um mit dem Mitmenschen diesbezüglich in einen subtilen Dialog einsteigen zu können, ist es wichtig, sich selbst zu akzeptieren und auch zu lieben. Nur so kann man anderen ähnlich entgegenkommen.

Wenn man sich die tägliche Managementpraxis anschaut, stellt man fest, daß der Manager 90 Prozent seiner Zeit in Kommunikationssituationen verbringt. Dabei sieht er sich immer vor die Entscheidung gestellt, entweder diskussionsartig (altes Weltbild) oder dialogartig (neues Weltbild) vorzugehen (vgl. Bohms Modell). Angesichts einer rapiden Abnahme der Problemlösungskapazität des alten Weltbildes wäre es schon allein aus Effizienzgründen empfehlenswert, den Dialog anzustreben – vorausgesetzt, die Gesprächssituation ufert nicht in gruppentherapeutische Experimente aus, welche in den siebziger Jahren so viel Unheil angerichtet haben.

Bohms Modell weist eigentlich darauf hin, daß es nicht ausreicht, eine multikausale Diagnose zu stellen, wenn diese auch nicht permanent eine Selbstbefragung im Dialog (auch mit sich selbst) beinhaltet und also wahrhaftige Ganzheitlichkeit anstrebt.

Es fällt auf, daß Diskussionen nach dem hier kritisierten Prinzip „Trennung von Objekt und Subjekt" häufig zu mechanistischen Maßnahmen führen. Diese Maßnahmen sind aufwendig und kostenintensiv, da sie letztendlich eher Symptome zu kurieren versuchen als grundlegende Ursachen anzupacken.

Nach dem Prinzip „Wie innen, so auch außen" im Sinne des neuen Weltbildes, kann beispielsweise eine Marketingmaßnahme durchaus sinnvoll sein – vorausgesetzt, eine ehrliche Selbstreflexion im Team ist vorausgegangen und hat sie nicht überflüssig gemacht.

Typische Geschäftssituation:	*Diskussion über:*	*Dialog über die eigene Wirkung:*
Verschlechterung der Kundenbindung.	Welche Vertriebstechniken verbessern?	Inwieweit sind wir (bin ich) ein Teil des Problems?
Absatzrücklauf.	Welche Werbemittel sollen eingesetzt werden?	Wo verlieren wir Anziehungskraft?
Unser Verkaufspersonal ist unfreundlich.	Welche Incentive Programme können helfen?	Was strahlen wir (strahle ich) als Manager aus?
Geschäftsabläufe sind unkoordiniert.	Welche Richtlinien sollen aktualisiert werden?	Wie ist es mit unserer eigenen Koheränz bestellt?
Kosten sind zu hoch geworden.	Wo können wir sparen?	Folgen wir dem kürzesten Weg zu Mehrwert im Team?
Rendite auf Anlagekapital ist rückläufig.	Diverse investitionspolitische Maßnahmen.	Was können wir selbst tun, damit eine bewußtere Beziehung zwischen der materiellen Struktur und den Menschen entsteht?

Die Rentabilität solcher Maßnahmen kann sich dadurch im Quantensprung verbessern, gerade weil sie von innen heraus authentisch getragen wird.

Prozeßorientierter Wechsel zu einem neuen Weltbild

Nach Erfahrung des Autors kann man in einem pragmatischen und prozeßorientiertem Wechsel zu einem neuen Weltbild die folgenden Phasen finden. Dabei ist es wichtig zu betonen, daß dieses neue Weltbild pragmatisch noch gefüllt werden muß und aus den *neuen Wissenschaften* nur als (auch nicht immer widerspruchsfreie) Grundannahmen abgeleitet werden kann.

Typische Aktivitäten in bezug auf:	*Nichtlineare Prozeßabschnitte:*	*Mögliche multikausale Effekte:*
Kunst, Kultur, Mystik, Familie, Natur, Geschichte.	Humanisierungsprozesse.	Paradoxe entschärfen, Vertrauen/ Hoffnung schaffen, reflektive Qualität, Arbeit als Kultur.
ergänzendes Management, expressives Führungsverh., neue Metapher und Sprache.	Flexibilisierung in Richtung ganzheitliches Bewußtsein.	Verbundenheit, Kohärenz, systemische Diagnose, Aufgeben des Zufallsglaubens.
Selbstgesteuerte Planung, Visionsprozesse, selbstgesteuerte Lern- und Kommunikationsprozesse.	Neue Lebensprozesse (persönlich, im Team und im Unternehmen).	Verantwortung, neue Disziplin, Lateralität, Schöpfung v Neuem und Zerstörung von Altem.
Kreative Projekte, Experimente, neue Informationsquellen, neue Geschäftsfelder.	Neue Geschäftsinhalte.	Nachhaltigkeit, Zukunftsorientierung, natürliches Wachstum.

Solche Prozesse können zu einer neuen Zivilisationsordnung „bottom-up“ beitragen. Neue Inhalte in den Geschäftsaktivitäten sind nur eine Funktion der Qualität der Prozesse Humanisierung, Bewußtseinserweiterung und der neuen Lebensprozesse und somit natürlich nicht vorhersagbar oder instrumentalisierbar.

Viele dieser Aktivitäten und partiellen Effekte sind schon spürbar in einer stets größer werdenden Anzahl erfolgreicher Unternehmen. Was aber häufig fehlt, ist eine systemische Verknüpfung und eine authentische, konsequente Führungskultur.

Die Rehumanisierung des Unternehmens (erster Prozeßabschnitt in obigem Modell) ist Voraussetzung und Kraft für das, was folgen kann. Weitere Prozeßabschnitte sind nur mit steigendem Bewußtsein für Zusammenhänge und gleichzeitig wachsendem Komplexitätsverhalten möglich. Die notwendige Energie dafür, die in der Anfangsphase lebenswichtig ist, kann nur immer wieder aus den Humanisierungsprozessen mit persönlicher und gesellschaftlicher Relevanz kommen.

Diesem Modell liegt eine *expressive Motivation,* und keine instrumentelle, zugrunde. Handlung ist hierbei kein Instrument, um bestimmte äußere Ziele zu erreichen, sondern Ausdruck eines gemeinsamen menschlichen Suchens nach dem noch verborgenen, inneren, persönlichen und kollektiven Potential.

In diesem Sinne geht es nicht von dem klassischen ökonomischen Prinzip der Knappheit aus (altes Weltbild, zum Beispiel das Gutenbergsche Paradigma), sondern vielmehr vom *Überfluß an Möglichkeiten und Potentialen* (neues Weltbild). Die augenscheinliche Tatsache der Begrenztheit materieller Ressourcen stellt sich häufig als Täuschung dar. Die Erfahrung zeigt, daß materielle Vermehrung ganz natürlich erfolgt und Ziele durch weniger Zielstrebigkeit und Verbissenheit einfacher erreicht werden.

Durch instrumentelles Handeln wird der Sinn des Handelns von der Handlung getrennt, während gleichzeitig eine Konzentration auf den Output erfolgt: Die Belohnung, der Gewinn, der Marktanteil, die Beförderung, die Gehaltserhöhung lassen sich im Bereich der Begrenztheit beziehungsweise Knappheit ansiedeln. Ist

Handeln expressiv, wird der Sinn innerhalb der lernenden Handlung erfahren und dient als Quelle für persönliches Wachstum. Menschen und Organisationen, die lernen, immer häufiger und intensiver in diesem Weltbild zu arbeiten, sind einfach stolz, eine gute Arbeit zu verrichten. Diese Zufriedenheit führt zu einer erstaunlich hohen Qualität und Effizienz. Ihr materieller Erfolg ist dann meistens nicht mehr zu bremsen.

Die Kunst der Unternehmensorganisation liegt darin, in einer Umgebung, die noch überwiegend instrumentell denkt und handelt, dieses simple Prinzip in komplexe Prozesse zu fassen. Angesichts der hohen Qualität und der niedrigen Kosten sind die potentiellen Wettbewerbsvorteile aber schier unbegrenzt.

Hierbei geht es nicht darum, groß angelegte Programme oder neue Initiativen und Aktionen zu planen und durchzuführen, sondern es kommt zunächst darauf an, die tagtäglichen Aktivitäten in einem anderen Geist zu gestalten. Eine Geschäftsbesprechung eignet sich dazu genauso wie eine Jahreskonferenz, eine Geschäftsplanung, eine Problemlösungsrunde oder eine „zufällige" Begegnung.

Die Quintessenz des pragmatischen Handelns im neuen Weltbild liegt in der frühchristlichen theologischen Definition vom Sündenfall als *„Felix Culpa"* („Glückliche Schuld"). Ohne diesen hätte das faszinierende Abenteuer der menschlichen Geschichte gar nicht erst anfangen können. Impliziert in dieser Umkehrung ist die fehlerfreundliche Einstellung und die *Akzeptanz der Unvollkommenheit und Verschiedenheit als Kraftquelle für reflektierendes Handeln.*

Da paradigmatische Umwälzungen sich zuerst in schwachen Signalen in der Wirklichkeit äußern und nicht aus groß angelegten Theorien entstehen, liegt die Vermutung nahe, daß sie sich nur durch bewußtes Handeln näher verstehen lassen, so wie es David Bohm überzeugend darstellt.

Auch Schienstock (von Küpper 1993 zitiert) betont den dialektischen Prozeß zwischen Managementpraxis und Managementparadigmen über Managementstrategien.

- Managementparadigmen: Grundlegende Modelle und Visionen. Wechsel vollziehen sich durch gravierende gesellschaftliche Strukturverschiebungen weitgehend unabhängig von den Intentionen der Manager.
- Managementstrategien: Betriebsspezifische Versionen der dominierenden Managementparadigmen verhandelt innerhalb der institutionalisierten Machtverhältnisse.
- Managementpraxis: Lokale, situativ ungeformte Strategien zur Lösung konkreter Probleme in Produktionsprozessen.

Wenn herrschende Paradigmen ihre Problemlösungskapazität in der Praxis verlieren und Handlungsbedarf zu neuen Erkenntnissen führt, wird dieses auf betriebliche Strategien ausstrahlen. Auf Dauer geraten diese in Widerspruch zum dominierenden Paradigma und leiten einen allmählichen Wandel des grundlegenden Managementmodells ein.

Konsequenzen für die Organisationsentwicklung

In der *Harvard Business Review* (8, 1992) schreibt Peter Drucker, mittlerweile schon sehr bejahrter Professor für Organisationsentwicklung, der über 40 Jahre „mittendrin" war:

„Nach einigen Jahrhunderten hat sich in der westlichen Geschichte immer eine Transformation vollzogen. Über einige Jahrzehnte hat sich die Gesellschaft total neu gestaltet: ihr Weltbild, ihre Wertvorstellungen, ihre sozialen und politischen Strukturen, ihre Kunst, ihre Institutionen. 50 Jahre später gibt es dann eine neue Welt, und die Menschen, die in dieser neuen Welt geboren sind, können sich die alte Welt nicht mehr vorstellen, in der ihre Großeltern lebten und in der ihre Eltern geboren wurden."

„Small is powerful"

Unauffällig setzen sich neue Organisationsformen auf der Bühne der Weltwirtschaft durch. Bis vor kurzem galt „big" als „powerful", „small" höchstens als „beautiful". Große Firmen wie IBM, Phillips und Daimler Benz standen Ende der achtziger Jahre für Qualität und Überlegenheit. Seitdem neue Technologien global verfügbar, Markteintrittsschwellen niedriger, Finanzmärkte weniger reguliert sind und „consumerism" sich weiter durchgesetzt hat, ist eine Trendwende spürbar. Diese Entwicklungen, die auch von den Großen vorangebracht worden sind, scheinen sich jetzt paradoxerweise gegen sie zu kehren. Viele vermuteten, daß diese Entwicklungen die Macht der Großen noch weiter festigen würde. Die Sorge um Konzentration und Monopolisierung war in den achtziger Jahre dementsprechend noch sehr groß.

Durch genau diese Entwicklungen ist das klassische betriebswirtschaftliche Gesetz des „economy of scale" zunehmend außer Kraft gesetzt worden. Tausende von kleinen und mittelgroßen Unternehmen haben dabei neue Chancen gesehen und genutzt. Dies führt letztlich dazu, daß das Marketingparadigma der globalen Markenpolitik („global brands") zunehmend ins Wanken gerät.

Bis vor kurzem galt, daß nur durch größere Volumen in Produktion und Distribution die Kosten pro Einheit niedrig gehalten werden können, so daß Größerwerden als zwingende Notwendigkeit für den Erfolg gesehen wurde. Dieser Grundsatz hatte sogar bis in die spätindustrielle Phase hinein teilweise seine Berechtigung. Die schleichenden, nicht beobachteten „diseconomies of scale" sind für viele Unternehmen dann fast tödlich geworden: Mit zunehmender Größe sind Bürokratisierung, Entfremdung, Betriebsblindheit und Inflexibilität verbunden, denen man, meist erfolglos, durch eine noch rationalere Organisationsprogrammierung oder aber mit sozialen Trainingsprogrammen begegnen zu können hoffte.

The Economist, britische Wirtschaftszeitschrift und Verfechter neu-kapitalistischer Werte, stellte auch ernüchternd fest: „The great surprise of the 80ies has been that the changes, which were supposed to make bigger even better, have had the opposite effect."

Folgende Entwicklungen haben sich, zum Vorteil von kleineren Unternehmen, vollzogen:

- der internationale Handel ist weniger komplex geworden,
- automatisierte Fertigung ermöglicht Kosteneffizienz in Hinblick auf rapide sinkende Volumenniveaus,
- ständig sinkende Kosten für PC-Hard- und Software geben den kleinsten Wettbewerbern Zugang zu den ausgeklügeltsten Steuerungsprozessen,
- Verbrauchermärkte fragmentieren sich zunehmend in der postmodernen Zeit, in der die massenhaft inszenierte Individualität der Verbraucherpräferenzen äußerste Kundenorientierung und weniger Standardisierung verlangt (Reigber 1993),
- Finanzierungsmöglichkeiten sind sehr kreativ erweitert worden und durch den freien Kapitalfluß schneller verfügbar,
- trotz milliardenhoher Forschungsetats der Großunternehmen sind den häufig weniger technologiegläubigen kleinen Firmen in zunehmendem Maße innovative Durchbrüche gelungen,
- durch unkomplizierte Geschäftsabläufe tendieren kleinere Firmen dazu, schneller zu (re)agieren. Sie können ihre Mitarbeiter intellektuell und emotional stärker motivieren und integrieren,

Diese Veränderungsprozesse stellen praktisch alle gängigen betriebswirtschaftlichen Annahmen des gesamten Industriezeitalters auf den Kopf. Auf diese Weise wird die Wirtschaftswissenschaft vor große Probleme gestellt. Es ist zu vermuten, daß es sich um paradigmatische Umkehrungen handelt, denn die neuen Annahmen führen zu größerer Problemlösungskapazität.

Die Wettbewerbsunfähigkeit der großen Firmen erscheint peinlich scharf in ihren unhaltbaren Kostenstrukturen. Aber nur wenige vermuten die Ursachen im gigantischen Denken (altes Weltbild). Sie fühlen sich vielmehr gezwungen, die Symptome mit kurzfristigem Kostenmanagement anzugehen. Setzt sich die Evolution fort – und nichts läßt das Gegenteil vermuten – so wird „economy of scale“

in den meisten Industriezweigen bei deutlich niedrigeren Volumenniveaus erreicht werden (mit wenigen Ausnahmen in stark monopolisierten Märkten). Dementsprechend wird die optimale Unternehmungsgröße rapide abnehmen. Tom Peters (1992) spricht von einem neuen Paradigma des *„economy of scope“*. Nur so läßt sich verstehen, warum gerade auch in alten Industriesektoren wie dem Metallsektor, der von hohen Volumen und niedrigen Kosten lebte, plötzlich in den USA kleine „Steelmills“ wieder profitabel sind.

Natürlich ist begrenzte Größe kein Rezept für sicheren Erfolg, wie die traurige Geschichte vieler deutscher mittelständischen Unternehmen bezeugt. Größe ist aber ein entscheidender Faktor für die Intensität von *Lernprozessen*, die in der neuen paradigmatischen Situation von entscheidender Bedeutung sind. Der belgische Kybernetiker Luc Hoebeke schlägt einen Ansatz zum Verständnis der potentiellen Wirkung von Größe vor, in dem Ergebnisse aus der Gehirnforschung mit Untersuchungen in der Wirtschaft in Verbindung gebracht werden.

Folgendes Modell ist daraus entstanden:

Kreativ lernen: Lernprozesse, die in großer Unsicherheit neue visionäre Realitäten herstellen können, sie sind begrenzt auf Gruppen zwischen 5–10 Personen.

Reflektiv lernen: Lernprozesse, die ein Minimum an Stabilität brauchen und neue Visionen unter unsicheren Umständen umsetzen können: maximal 25–80 Personen.

*Adaptiv lernen:*Lernprozesse, die sich gut für Anpassung an kontinuierliche, aber nur schrittweise greifende Veränderungen eignen, sind begrenzt auf: 120–700 Personen (häufig ist die Grenze bei 300).

Es leuchtet ein, daß unter der Voraussetzung von bewußten Handlungsspielräumen die Anzahl menschlicher Interaktionen steigen muß, um ein Minimum an Kohärenz bei der Lösung der Aufgabe zu gewährleisten, und daß das zu Lasten der Tiefe und Qualität der Beziehungen geht. In weiteren Größenordnungen (häufig ab 300

Personen) tendieren die meisten Organisationen dann auch gezwungenermaßen dazu, bürokratische und unpersönliche Beziehungen anzunehmen. Lernen findet dann nur noch über Standardisierung statt. Im Industriezeitalter, beherrscht von dem mechanistischen Weltbild, war das sogar ein Vorteil.

In der neuen paradigmatischen Situation, in der adaptives Lernen häufig nicht ausreicht, um mit den Entwicklungen mitzukommen, wird Größe schnell zu einem „Klotz am Bein". Viele große Organisationen sind dann unmittelbar mit Aufbruch konfrontiert.

Es kristallisiert sich in Zusammenhang mit der zunehmenden Globalisierung der Weltwirtschaft und der damit verbundenen *Globalisierung der Frage der Nachhaltigkeit* heraus, daß eine größere Problemlösungskapazität sich paradoxerweise auf kleineren beziehungsweise lokalen Ebenen manifestiert (vgl. Moser 1989). Das ist schon erstaunlich.

Virtuelle Strukturen

Dezentralisierung reicht häufig nicht aus, um mit diesem Trend Schritt zu halten. Meistens wird sie nur halbherzig eingeführt. Es bleiben eine hemmende Konzernkultur und mächtige Zentralen, die alles beherrschen und keine wirklichen Freiräume zulassen. Darüber hinaus kann eine radikale Dezentralisierung ohne Bewußtseinsmanagement und neue Netzwerkstrukturen schnell zu Fragmentierung und Effizienzverlust führen.

Im alten Weltbild folgte auf jede Dezentralisierung wieder eine Zentralisierung. Charles Handy hat in verschiedenen Artikeln in der *Harvard Business Review* (1992) vorgeschlagen, große Unternehmen mit radikalen *föderalistischen* Strukturen in Netzwerke umzuwandeln. Das Prinzip der Subsidiarität (die Umkehrung des Prinzips der Delegation!) soll konsequent umgesetzt werden. Große Organisationen wie ABB und AT & T funktionieren de facto schon so und haben ihre Rentabilität trotz Konjunkturkrise sogar verbessern können (vgl. Peters 1992).

	Umsatz 1982	*Umsatz 1992*
AT & T	$ 180 Mrd	$ 48 Mrd
IBM	$ 34 Mrd	$ 56 Mrd

1982 war AT &T gezwungen, sich in eine Föderation von kleinen, regionalen Geschäftseinheiten umzuorganisieren. IBM ist eine große zentralistische Organisation geblieben.

Konföderalistische Strukturen (Assoziationen, Vertragsgemeinschaften, etc.) sieht Handy in Form von vertragsgebundenen, aber unabhängig agierenden Organisationen entstehen. Diese Metaphern bieten gute Hilfsmittel, um die zunehmende Entschärfung der Organisationsgrenzen („boundaries") zu verstehen, die durch die sprunghafte Entwicklung der Informationstechnologie noch gefördert wird. Sie fördert wiederum Subsidiarität, da die dezentrale PC-Vernetzung die Informationsrückkoppelung immer näher an die operative Basis rückt und damit Selbststeuerung ermöglicht.

Weiter ermöglicht sie, kleine lokale Teams in größere Lernnetzwerke und Lernkurven einzubinden und dadurch die Kohärenz zu steigern, die früher durch Dezentralisierung häufig verloren ging.

Vernetzungen mit Lieferanten, Zulieferern und Dienstleistern führen weiter zur Entschärfung der Grenzen. Wo fängt das Unternehmen an und wo endet es? – diese Frage entzieht sich zunehmend einer Antwort.

Die Virtualität (Davidow/Malone 1993), die sich dadurch bildet, läßt ein neues Verständnis von Raum und Zeit zu. Dabei entsteht eine paradoxale Leistungsfähigkeit: Die Organisation ist zu viel mehr in der Lage, als sie auf den ersten Blick zu sein scheint. Diese Technologie beeinflußt auch das Marketing, denn sie verdrängt den Erfolg der Markenglobalität: Produkte können nach individuellen Anfertigungsspezifikationen der Kunden, ganz gleich wo, in „real time" produziert und zu niedrigen Kosten geliefert werden.

Ein wichtiger Beitrag Davidows und Malones ist es, daß dem in den achtziger Jahren entstandenen Mythos der Dienstleistungsgesellschaft die Möglichkeit einer neuen virtuellen Herstellungswirtschaft entgegengehalten wird.

Die Schlußfolgerung von Davidow und Malone lautet: „In diesen Organisationen gibt es kein zentrales Büro, keine Hierarchie und kein Organigramm." Sie könnte von Moser stammen, wären da nicht sich anbahnende Probleme, für die sie keine Lösung zu haben scheinen, nämlich: Unsicherheit, Unzuverlässigkeit durch fehlende Strukturen, Angst vor zuviel Verantwortung, unklare juristische Verhältnisse.

Auch in ihrer Studie über die informationstechnische Gestaltung moderner Organisationen mit kooperativen Medien stellt Ina Wagner fest, daß *High Tech ohne High Touch katastrophale Folgen haben kann*: „Vertrauen, hohe interaktive Qualität, enger Teamgeist, neue Disziplin, hochsensible Wahrnehmung sind gefragt."

Nur mit einem ganzheitlichen und idealistischen Weltbild kann dies realisiert werden.

Auf jeden Fall weisen die sprunghaften Entwicklungen auf paradigmatische Verschiebungen größter Tragweite hin. Nur in einem neuen Weltbild kann ihnen angstfrei begegnet werden. Gerade eine Technologieentwicklung, die zunehmend Wirtschaft und Gesellschaft in Richtung virtueller Realitäten immaterialisiert, braucht eine Orientierung an einer ganzheitlichen Weltauffassung.

Die potentielle Täuschung der Informationstechnologie

Die Informationstechnologie enthält auch eine große potentielle Täuschung. In den Händen der „IT-Experten" ufert sie oft in massive, datenverschleusende Netzwerke, die kostenaufwendig sind und oft nur zur Verwirrung und Intransparenz beitragen, aus. Es ist zwar eine menschliche Fähigkeit, aus vielen Daten die *sinnvollen* zu selektieren – die vor allem quantitative Belastung dieser Fähigkeit kann aber nicht ungestraft ins Unendliche getrieben werden.

Diskussion	Ergebnisse	
	Aktionen	
Kommu-		Explizit
nikation	Opportunitäten (Glauben)	Implizit
	Möglichkeiten (Vision)	
Kommunion	Beziehung (Sinn)	

Abbildung 24: Lernprozesse und Kommunikationsebenen

Quelle: Argyris 1992

In der Literatur weisen sowohl Senge (1990) als auch andere darauf hin, daß menschliches Lernen nicht nur auf expliziten Ebenen, sondern vor allem auf impliziten Ebenen (tacid informationflows) verläuft. Die Metaphern, Analogien, Modelle, Symbole, mit anderen Worten: die intuitiven Wege, sind auf der impliziten Ebene maßgebend. Nur so kann Information zu neuem *Wissen* führen. Die neuesten westlichen erkenntnisphilosophischen Thesen bekräftigen, daß Erkenntnisprozesse im Grunde immer irrational sind. (Vgl. Abbildung 24: Argyris 1992: „Double loop learning asks questions not only about objective facts but also about the reasons and motives behind those facts.")

Auf der expliziten Ebene kann nur eine Diskussion über Ergebnisse und die Aktionen, die zu ihnen geführt haben könnten, stattfinden. Ein bewußter Austausch beschränkt sich nicht auf explizite Information, sondern exploriert auch unbewußte Annahmen, den Glauben und die visionäre Motivation.

Kommunikation wird zur Kommunion, zu einer gemeinsamen Sinnfindung auf der Ebene „Beziehung". In einer mechanistischen Unternehmungsauffassung ist das Management nur ergebnisorientiert. Man diskutiert über explizite Ereignisse. Darunterliegende Faktoren wie Glauben oder Werte sind dabei Privatsache der Mitarbeiter. In einer ganzheitlichen Unternehmungsauffassung steht die Erkenntnis vorn, daß Menschen sowohl in einer materiellen als auch in einer geistigen Welt leben und daß sich Ereignisse nach geistigen Gesetzen materialisieren. Das Management ist in diesem Fall eher daran interessiert, eine gemeinsame Sinnfindung zu ermöglichen, gemeinsame und persönliche Visionen zu stimulieren und durch den Glauben an Möglichkeiten sowie ihre Wahrnehmung in Opportunitäten Raum zu schaffen für Handeln in Selbstverantwortung. Welche Aktionen dabei herauskommen, ist dann nicht mehr unbedingt Sache des Managers.

Die Shell-Studie von Peter Senge (Senge 1990) belegt dieses in allen Details. Shell hatte als einzige Mineralölgesellschaft sowohl in den siebziger als auch in den achtziger Jahren genau durch dieses Umkehrungsprinzip die gewaltigen Veränderungen im Markt schneller und effektiver bewältigt als alle anderen Mitbewerber.

Senge gibt zahlreiche Beispiele dafür, wie sich durch eine bewußte Kommunikation, die sich auf implizite Ebenen fokussiert, die Lernfähigkeit in innovativem Ausmaß steigert. Konzepte wie „benchmarking“ und „share and compare“, die sich fast ausschließlich auf expliziten Ebenen bewegen, fallen natürlich in mechanistische Steuerung zurück, weil sie Ergebnisse und Aktionen vergleichen, ohne die zugrundeliegenden Paradigmen zu berücksichtigen.

Frederic Vester hat schon 1988 darauf hingewiesen, daß die Naturgesetze andeuten, daß höherrangige Organisationsformen, ihrem kybernetischen Reifegrad entsprechend, nur über Kommunikationsverbesserungen herbeigeführt werden können. Der Einsatz von neuen Informationstechnologien, welche einfach bestehende Wahrnehmungsdaten auf andere Weise übermitteln, kann dann auch eher entwicklungshemmend sein, da sie von der wirklichen Aufgabe im Informationsmanagement ablenken.

Immaterialisierung der Wirtschaft

Mit der zunehmenden Immaterialisierung der Wirtschaft kommt das heutige Buchführungssystem in arge Bedrängnis. Erste konfrontierende Debatten haben in den USA schon angefangen. In naher Zukunft wird die Ressource „Mensch“ nicht mehr in der Gewinn- und Verlustrechnung eines Unternehmens als Kostenfaktor, sondern in der Bilanz als Aktivum erscheinen.

Dieses Denken findet bereits heute in den Köpfen und Herzen besonders erfolgreicher Unternehmer statt. Sie betrachten das Schöpfen von Mehrwert nicht nur unter materiellen Bedingungen (Gewinn/Investition), sondern auch als permanente Integration von Lernerfahrung in der menschlichen Organisation (Abbildung 25).

Tom Peters spricht von einer „knowledge management structure“ (KMS) auf der Informations- (und Bewußtseins-)ebene des Kollektivsubjekts „Unternehmen“, die in der zunehmenden Immateria-

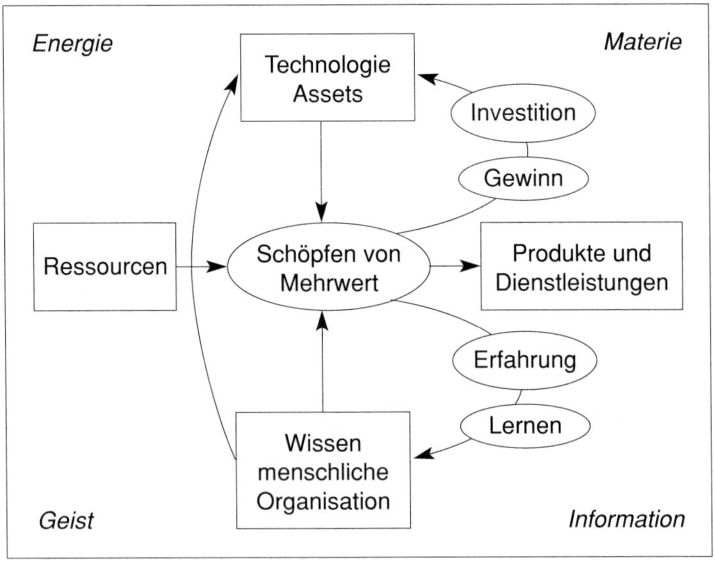

Abbildung 25: Schöpfen von Mehrwert, Wissen und Gewinn

lisierung der Wirtschaft zur Überlebenssache wird. Insbesondere der Abschied vom materialistischen Fokus auf Anlagekapital, Investitionen und Technologie sowie die neue *Hinwendung zur (geistigen) Bildung von Markt- und Prozeßkompetenz* ist für Peters eine „conditio sine qua non". Es kann durchaus wichtig sein, gute Investitionspositionen zu haben, sie allein reichen aber nicht mehr aus.

Das systemische Verständnis und die Mobilisierung des menschlichen Potentials, kanalisiert in supereffizienten Prozessen, sowie eine damit verbundene maximale Wertschöpfung ist zunehmend der entscheidende Wettbewerbsfaktor. Es kann zu bedeutenden Ergebnisverbesserungen führen.

Talent ist zunehmend wichtiger als Anlagekapital. Das illustriert der Vergleich zwischen Apple und IBM: 1992

	Umsatz pro Mirarbeiter	*Anlagewert zum Umsatz*
Apple	$ 370 000	18 Prozent
IBM	$ 139 000	63 Prozent

Die Immaterialisierung zeigt sich ganz deutlich im Vergleich des Marktwertes (in Aktienpreisen) mit dem Anlagewert. Besonders erfolgreiche Unternehmen erreichen mit wenig Anlagekapital einen hohen Marktwert. Der Marktwert zu Anlagewert (1992) betrug bei Microsoft 3000 und bei IBM 30.

Die Geschichte der beiden aufgeführten Unternehmen ist ausreichend bekannt. Unternehmerisches Talent, nicht nur von einem Pionier, sondern in einem flexiblen Lernnetzwerk in der ganzen Organisation integriert, ist der ausschlaggebende Faktor. De facto ist dann die Organisation „rundum" in kundenorientierten Lernprozessen strukturiert.

Mit ihrem Buch „Reengineering the Corporation" haben Hammer und Champy (1993) das Reengineeringfieber nun auch in einige deutsche Unternehmen hineingetragen. Ihre Methode beschreiben sie als „ganzheitlich", was unterstreicht, wie wahllos dieser Begriff angewendet wird und wie sehr kritische Distanz geboten ist.

Ihre Definition von Reengineering: „das fundamentale Überdenken und radikale Umformen von geschäftlichen Prozessen mit dem Ziel, Leistungsdaten wie Kosten, Qualität, Service und Geschwindigkeit mit Hilfe von unter anderem neuen Informationstechnologien dramatisch zu verbessern."

Hier werden Elemente aus der Systemtheorie kombiniert mit Strategischem Management, Benchmarking, TQM und Qualifizierungsmanagement. – Es droht eine Neuauflage von Value engineering zu entstehen, was McKinsey und andere schon seit langer Zeit praktizieren, eben nur mit ein wenig mehr Mitspracherecht für die Mitarbeiter. Das Weltbild ist im wesentlichen mechanistisch geblieben.

Organisationsentwicklung und Naturgesetze

In der Organisationsentwicklung werden häufig die Naturgesetze ignoriert, obwohl die Kybernetik diese Gesetze seit langem erforscht und zur Anwendungsreife gebracht hat. Vester (1980) unterscheidet acht dynamische Systemprinzipien, die Leitlinien für die Organisationsentwicklung im neuen Weltbild darstellen: das Prinzip der negativen Rückkoppelung, das des qualitativen Wachstums, das der Prozeßorientierung, der Anwendung vorhandener Energien, der Mehrfachnutzung, des Recycling, der Symbiose, des biologischen Designs.

Hans Ulrich von der St. Galler Schule hat diese Prinzipien in einem betriebswirtschaftlichen Modell integriert, das

- die isolierte Betrachtung von Einzelbereichen durch eine vernetzte Betrachtung ablöst,
- die Dominanz kurzfristiger ökonomischer Ziele durch eine gleichgewichtsorientierte, langfristige und mehrfache Zielsetzung ersetzt,
- Technologiegläubigkeit durch eine Orientierung an den selbstregulierenden Kräften der Natur anstrebt,
- Controlling als Überprüfung der Lebensfähigkeit des Systems neu definiert (Ulrich 1985).

In seinen neuesten Publikationen hat Freedmann die Orientierung an der Natur neubelebt. Die Organisation wird dabei als ein komplex adaptives Lern- und Informationssystem definiert, welches den Gesetzen eines lebenden Organismus folgt.

Diese Einsichten stammen eigentlich aus der energetischen Medizin und der Homöopathie. Neu-Homöopathen wie der in diesem Jahr verstorbene Österreicher Körbler haben die Therapieerfolge des klassischen Homöopathieverfahrens (von Hahnemann Ende des 18. Jahrhunderts entwickelt) erst vor kurzem auf der Basis des Prinzips der Informationsrückkoppelung der Krankheitsbilder experimentell erklären können.

Einfache, auf diesen greifbaren Prinzipien aufbauende Therapiemethoden haben mit einem Minimum an Aufwand überzeugende Heilerfahrungen gezeigt. Sie wirken durch:

- Befreien und Stimulieren von Energieflüssen und Informationskreisläufen (auch ein Prinzip der Akupunktur),
- Rückkoppelung der Krankheitsinformation (nach dem Ähnlichkeitsprinzip von Hahnemann: similia similibus curentur),
- Beeinflussung sowohl der biologischen als auch der seelischen Prozesse (nach den Prinzip der Psychosomatik).

Allopathisches Management ist, in Analogie zu der Schulmedizin („Allopathie“), auf eine materielle Teiloptimierung des Systems konzentriert. Es nimmt mechanistische Gegeneingriffe vor, die allerdings häufig für die Selbstregulierung hemmend wirken und langfristig schwere Folgekomplikationen verursachen. In diesem Sinne kann es oft nur wundern, daß Systeme trotz dieser systematischen Fehleingriffe des Managements überleben können.

Homöopathisches Management, das auf einem kybernetischen Verständnis des Organismus „Unternehmen“ beruht, soll statt dessen feine energetische Interventionen schaffen, die die Selbstheilkraft, Lebensfähigkeit und Entwicklungsdynamik des Organismus durch eine hochqualitative Informationspolitik stärken.

Analog zu der These, daß über 70 Prozent der Krankheiten der Menschen seelischen Ursprungs sind, kann gefragt werden, ob nicht auch 70 Prozent der Probleme in Unternehmen seelisch sind.

Lean Management und Reengineering neu betrachtet

Rein rationale Überlegungen gehen bei der Strukturierung von Organisationen an der Tatsache vorbei, daß in Unternehmen auch irrationale Elemente wie Macht und Spiele eine Rolle spielen. Konkurrenz- und Kooperationsstrukturen des einzelnen können als Ausgangsbasis genommen werden, wie von Willi Küpper (1993) illustriert wird:

1. Unternehmen sind um so erfolgreicher, je mehr Handlungs- und Verhandlungsspielräume sie auch zur Verfolgung persönlicher Interessen gewähren und je mehr diese Spielräume durch faire und bindende Leistungskontrakte abgesteckt werden.

2. Die Konsequenz ist eine weitgehende Dezentralisierung der Handlungskompetenzen und eine Enthierarchisierung von Organisationsstrukturen.

3. Durch diesen Abbau der vertikalen Hierarchie zugunsten horizontaler Kooperations- und Konkurrenzbedingungen werden Selbstverantwortung, Selbstorganisations- und Planungsaktivitäten kleiner Organisationsgruppen ermöglicht und gefördert.

4. Durch diese Verminderung des „organizational slack“ nimmt die strategische Interdependenz zwischen den Gruppen zu. Ihr Fokus wird auf gemeinsame Unsicherheitszonen in der Umwelt gerichtet. Dieses ermöglicht die Entwicklung langfristiger, gemeinsamer und sinnstiftender Zukunftsbilder

5. Gewinn durch Abbau von „slack“ und zentralem „overhead“ sowie durch zusätzliche Kooperationsstufen auf Grund leistungssteigernder Selbstmotivation und Gewinnbeteiligung im Sinne fairer Leistungskontrakte.

6. Erweiterung auf längerfristige, vertrauensfördernde Leistungskontrakte in Konkurrenz- und Kooperationsbeziehungen mit der Organisationsumwelt anstelle kurzfristig orientierter Markttransaktionen. (Strategische Netzwerke, Hybridformen zwischen Markt und Organisation.)

Küpper plädiert überzeugend dafür, daß im neuen Weltbild Platz für ausgewogene Konkurrenzbedingungen sowohl im Unternehmen als auch im Organisationsumfeld vorhanden sein soll.

Das gängige Bild einer ausschließlich auf Kooperationsverhalten ausgerichteten Organisationsstruktur, die sich dann einem extremen Wettbewerbskampf stellt, ist täuschend, weil es inkonsistent ist und darüber hinaus Illusionen enthält. Im neuen Weltbild wird Konkurrenz nicht wahllos durch Kooperation ersetzt. Statt dessen wird eine neue Ausgewogenheit unter Berücksichtigung der Machtverhältnisse angestrebt, die sich sowohl innerhalb als auch außerhalb der Organisation auswirkt.

Luc Hoebeke (1994) vertritt die Auffassung, daß beim Organisationsaufbau das Konzept der *Arbeitssysteme* Leitmotiv sein sollte, und zwar nach den folgenden Kriterien:

- erforderliche Lernintensität (kreativ, adaptiv oder reflektiv), die die Größe der Einheiten bestimmen soll,
- sinnvoller Abschnitt eines Prozesses der Mehrwertschöpfung in der Schöpfungskette der Organisation, wo der eigene Output wieder Input für andere Arbeitssysteme ist.

Ein Arbeitssystem ist also ein System von Aktivitäten und Beziehungen, das auf einen Transformations- oder Schöpfungsprozeß konzentriert ist. Die Verantwortung ist nicht in Rollenbeschreibungen festgelegt, sondern liegt in der gemeinsamen Prozeßoptimierung: Jeder muß sich bemühen, einen mehrwertigen Output weiterzureichen, der über die gesamte Mehrwertkette den Kunden zugute kommen soll. Der gesamte Prozeß ist wie ein Transport von Sinngebung („purpose“) zu entwerfen, wozu Information der Rohstoff ist.

Das Gesamtverständnis („meaning“) kann sich durch strategische Informationsprozesse permanent entwickeln. Im Grunde sind Arbeitssysteme in Hoebekes Auffassung auf die *Materialisierung von langfristiger Sinngebung* gerichtet. Ihr flexibles Funktionieren erfordert ein hochqualitatives Kommunikationsverhalten und den permanenten Mut zu handelndem Lernen.

Die Organisationsmitglieder können in unterschiedliche Arbeitssysteme eingegliedert sein, auch in Projektgruppen. Nach Hoebekes Modell entsteht auch eine natürliche Gliederung, den unterschiedlichen Zeitspannen entsprechend, mit dem die Arbeitssysteme arbeiten. Die längerfristige Dimension nennt er die „spirituelle Ebene".

Das Unternehmen als lernendes geistiges Kollektivsubjekt

Die Modelle von Küpper und Hoebeke wurden hier aufgeführt, um zu zeigen, wie gängige Konzepte wie Lean Management (Küpper) und Reengineering (Hoebeke) im neuen ganzheitlichen Weltbild sinnvolle Strukturreformen sein können – vorausgesetzt, sie werden eingeführt, um einen höheren Bewußtseinszustand der Organisation als Kollektivsubjekt und ihrer Teilhaber zu ermöglichen.

Sobald diese Konzepte ins „Fahrwasser" für notwendig erachteter, kurzfristiger Kostenoptimierungsansätze kommen, verlieren sie ihre Kraft und verunsichern die Hoffnung und Sinnorientierung der Menschen. So gleichen sie den oft lebensvernichtenden Interventionen der allopathischen Medizin. Sie schaffen vor allem kein neues Bewußtsein, mit dem frühere „Fehler" dauerhaft abgestellt werden könnten (vgl. Argyris 1994).

Das neue Weltbild sieht das Unternehmen als ein *Kollektivsubjekt* an, das sich nach den Evolutionsgesetzen durch Selbstorganisation weiterentwickelt.

In der Organisationsentwicklung ist die menschliche Fähigkeit zu lernen in ein flexibles, prozeßorientiertes Netzwerk zu integrieren. Paradigmatische Umwälzungen, die früher oder später alle Bereiche der Wirtschaft beschäftigen werden, sind längst nicht mehr mit bürokratischen und paternalistischen, aber auch nicht mehr mit charismatischen Führungskonzepten oder adaptivem Verhalten zu „bewältigen".

Die sich anbahnende Transformation, die sich in äußerster Marktturbulenz manifestieren wird, vollzieht sich vermutlich nach den

Gesetzen des Chaos. Nur selbststeuernde und innovative Lernsysteme sind in dieser Transformation überlebensfähig. Gemäß den Ansprüchen an notwendiges Innovationsverhalten (Hoebeke) können sie dann auch nur in kleineren, miteinander vernetzten Einheiten verkörpert sein, um „Inseln der Nachhaltigkeit" in ihrer Umwelt (Moser 1989) zu bilden.

Aus der Organisationsentwicklungserfahrung in der Wirtschaft können so Bottom-up-Modelle für gesellschaftliche und politische Strukturen entstehen. Die gesellschaftliche Relevanz der Organisationsentwicklungen ist in der Wirtschaft deswegen noch nie so bedeutend gewesen wie heute.

In Theorie und Praxis der Organisationsentwicklung sind bis heute zwar ganzheitliche Systemansätze in Erscheinung getreten, die geistige Natur der Organisation als Kollektivsubjekt ist aber bis jetzt zu wenig beleuchtet worden.

Über den Geist als Struktureigenschaft von Systemen schreibt Matheis (1992): „Nach der modernen Systemtheorie ist der Geist bekanntlich eine Struktureigenschaft komplexer Systeme. Somit wäre jede Zelle des Körpers oder jede Stelle des Unternehmens-Organismus ein mentalgesteuertes, informationsverarbeitendes Erfolgsquanten-System. Das Unternehmen selbst ist ein kollektives Multimind-System aus komplexen, verschachtelten Teilsystemen. Alle Erfolgs-Quantensysteme haben eine spezifische Struktur, Kultur, Steuerung, Strategie und ihre Quantenprozesse. Diese Phänomene gilt es aus der Tiefe zu verstehen."

Ein ganzheitliches Marketingmodell

In den Gedanken zur Organisationsentwicklung ist implizit die Feststellung enthalten, daß die inneren und äußeren Organisationsgrenzen immer unschärfer werden und sich dadurch ein ganzheitliches Marketingmodell aufdrängt (Abbildung 26).

Klassische (mechanistische) Marketingmodelle sind machtorientiert und beschäftigen sich auf der strategischen Ebene mit der Be-

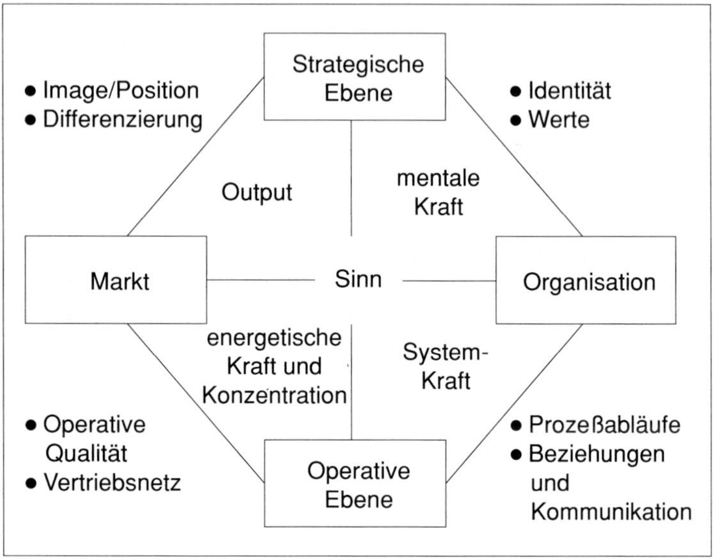

Abbildung 26: Ganzheitliches Marketing-Modell

ziehung zum Markt: durch Definition von Marktpositionierung und -differenzierung und folgemäßig der Programmierung von Marketing-mix-Variablen. Mit Werbung und Verkaufsförderung soll die Positionierung im und am Markt durchgesetzt werden.

Im neuen Weltbild kommt der permanenten Sinnfindung in dialektischen Prozessen eine zentrale Bedeutung zu. Organisationsentwicklung ist Bestandteil der Marketingpolitik: Identität und Werte der Organisation werden rückkoppelnd mit Marktzielen in sinnstiftenden Prozessen entwickelt und in organisatorischen Abläufen und internen Beziehungsstrukturen aufgefangen.

Unternehmen, die dies nicht praktizieren, erfahren zunehmend, daß Kunden durch fließende Grenzen mit der Umwelt, durch interne Inkohärenz oder durch Inkonsistenz mit Marktzielen rasch abgestoßen werden. Unwahrhaftigkeit wird durch steigende Vernetzung und Sensibilität sehr schnell transparent.

Werbekampagnen mit dreistelligen Millionenbeträgen werden so häufig nicht nur wirkungslos, sondern kontraproduktiv: Sie stellen das Unternehmen als unwahrhaftig und nicht vertrauenswürdig dar, weil es seine Versprechen nicht halten kann. In diesem Sinne kann Marketing sich nicht als Abteilung oder Funktion verstehen. Hier setzt das Wunschbild einer interdisziplinären, projektorientierten Auffassung von Marketing an.

Am Beispiel der sehr erfolgreichen Produkt- und Marketingstrategie bei der Entwicklung des Opel Omega zeigt de Bono (1994), daß nur die wirkliche und fließende Integration aller Fachkompetenz zu echtem Erfolg führt:

„All ten functions were involved concurrently: product engineering, manufacturing engineering, production, purchasing, finance, market research, marketing, design, quality, sales and sales service. The ... group was devided into 13 teams whose members dealt with everything from the engine to the wiring harness. At different stages, the leadership moved from marketing (at the start) to the product people (the middle) and back to marketing (the end).“

Diese erstrebenswerte ganzheitliche interdisziplinäre Ausrichtung wird häufig noch durch Fach- und Ressortegoismen verhindert, da eifersüchtig auf die Bedeutung einzelner Abteilungen hingewiesen wird. Diese lernverhindernden Strategien wirken sich auch in funktional gegliederten Vorstandsteams aus (Abgrenzung und Verteidigung). Fließende Verantwortungsübernahme in Prozessen wie den von de Bono beschrieben bleiben meistens Wunschdenken und sind eigentlich nur möglich in dem neuen Weltbild.

Eine differenziert gegliederte, fließende Organisation, deren Elemente weitgehend selbstorganisiert und eigenverantwortlich handeln, indem sie ihre Ziele, Leistungen und Aktionen selbst definieren, also auch selbst verantworten, läßt sich als Zielvorstellung ganzheitlichen und innovativen Marketings nach innen und außen definieren.

Nicht nur im Endverbrauchermarketing, sondern auch in der Investitionsgüterindustrie drängt sich diese Ganzheitlichkeit auf. In einer Studie, die von Peters (1992) zitiert wird, erklärten Einkäufer in diesen Industriebereichen folgende Gründe für den Wechsel zu einem anderen Lieferanten:

- Bessere Preisbedingungen bei der Konkurrenz: 11 Prozent
- Bessere Produktqualität bei der Konkurrenz: 15 Prozent
- Mangel an Zuwendung und Hilfestellung: 20 Prozent
- Menschliche Kontakte waren nicht gut: 49 Prozent

Der Erfolg von Apple Computers ist vor allem darin begründet, daß sie sich nicht allein in dem Computergeschäft engagiert sehen: „We are as much in the relationship business as in the computer business", erklärt ihr Vorsitzender.

Verkaufstraining ist auch in Deutschland ein Millionengeschäft, bleibt aber weitestgehend wirkungslos, wenn die interne Beziehungskultur des Unternehmens nicht die notwendige Qualität der Kundenbeziehungen widerspiegelt. Auch Clienting und Eventmarketing können mit einer qualitativ armen und primitiven Beziehungsorganisation im Rücken keine hohe Qualität erreichen.

Die Entwicklung einer marktorientierten Beziehungsorganisation ist die direkte Voraussetzung für den Erfolg am Markt. Wo Produkte und Dienstleistungen zunehmend austauschbar sind, gilt es, einen loyalen Kundenstamm aufzubauen und zu pflegen.

Eine Konzentration nur auf das Ökonomische im herkömmlichen Sinn führe zur geistigen Verengung, sagte Alfred Herrhausen. Eine Marketingpolitik, die sich nur auf (momentan opportune) materielle Bedürfnisse der Märkte und nicht zuerst auf die geistigen Bedürfnisse von Kunden und Mitarbeitern fokussiert, sieht sich in turbulenten Zeiten und bei paradigmatischen Verschiebungen nicht nur mit großen Problemen konfrontiert. Es fehlt ihr auch an Problemlösungskapazität, um nicht gegen, sondern mit der Evolution zu wirken. Nur eine ganzheitliche Auffassung von Marketing und Organisation kann dies ermöglichen.

Wie sich eine andere Führungskultur ankündigt

Der Manager als „Macher" oder „Diener"

Im mechanistischen Weltbild ist das Selbstbild des Managers beeinflußt durch die Trennung von Objekt und Subjekt und von der Monokausalität.

„Mit dem Begriff ‚Management' verbindet sich implizit ein Vorstellungsbild: das Darüberstehen, das Beherrschen, das Im-Griff-Haben, die Souveränität, das Wissen darum, wie es geht, das Gehorsam-Finden. Wenn wir an „managen" denken, denken wir an bezwingen, unterdrücken, zähmen, bändigen, lenken, leiten, gebieten, diktieren ... und über den Dingen stehen, sie durch – und überschauen. Ein Manager ist jemand, der alles im Griff hat. In dieser Form sind Unternehmen jedoch nicht mehr beherrschbar" (Mann 1991).

Auch wenn sie viele partizipative Entscheidungsprozesse „zugelassen" haben, bleibt ihre Grundeinstellung die des *Machers*, im Sinne von: Ich bin ok. und werde die Welt in Ordnung bringen (vgl. Moser). – „Der Wahn der Beschreibbarkeit, Beherrschbarkeit, Machbarkeit ist unter den Nadelstichen einer klaren Einsicht schon längst geplatzt." (Arnold 1990) – „Uns steht eine wunderbare Lektion in Bescheidenheit bevor." (Jaeger). – „Gestalter und gestaltetes System sind nicht mehr länger trennbar." (Probst 1987)

Bei einer konsequenten Umsetzung dieser Erkenntnisse wird die Monokausalität, die das Modell der trivialen Maschine auszeichnete, zugunsten von nichtlinearen Denk- und Handlungsprozessen relativiert. Führungskräfte steuern folglich dann das System nicht mehr von außen, sondern sind ein Teil des Ganzen.

„Führung impliziert somit immer einen reflexiven, selbstreferentiellen Prozeß, auf Grund dessen die Führungskraft mit ihren Mitarbeitern die gemeinsame Position und die Konsequenzen ihrer Handlungen innerhalb ihres Verantwortungsbereiches überprüfen muß." (Reinhardt 1992)

Der Manager sieht sich auch dann nicht als Mittelpunkt des Ganzen, denn das wäre nur eine Modifizierung des alten Bildes.

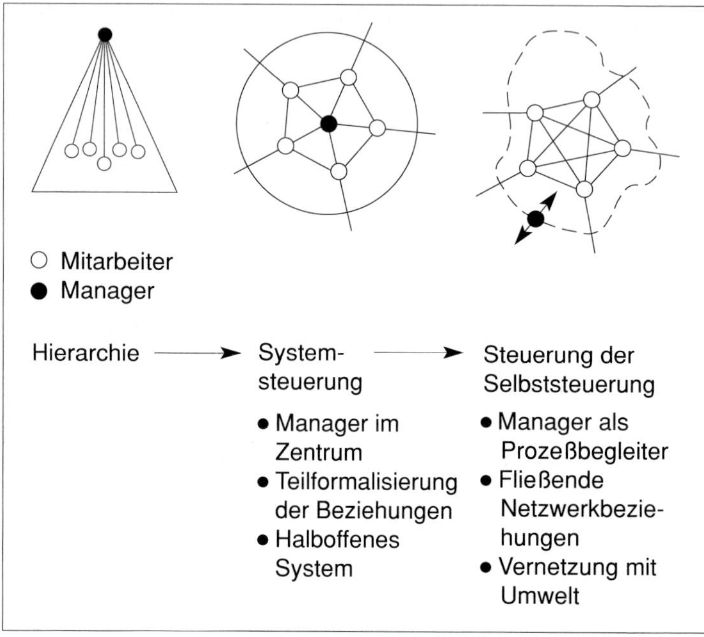

Abbildung 27: Organisationsbilder nach dem Rollenverständnis des Managers

Im neuen Weltbild ist die Grundeinstellung des Managers die des *Dieners* (Moser): Dienst an den Menschen und ihrer Entwicklung im Bewußtsein der eigenen Unvollkommenheit. *Dankbarkeit* für die Möglichkeit zu wirken, andere zu inspirieren und zu ermutigen, und vor allem für die Möglichkeit, selbst an den Aufgaben geistig wachsen zu können.

„Management", so schreibt Robert Heller in „Der neue nackte Manager" (1993), sei wie „des Kaisers neues Kleid: es gibt es nicht. Management ist ein Mythos, es ist eine Erfindung". „One day, events will expose any executive in all his nakedness for what he is: a fallible human being, trying with the help of others, who are equally fallible, to cope with circumstances that are constantly changing … and outside his control."

Aus der Systemauffassung einer Organisation ergeben sich folgende Prinzipien für ein dienendes Management (Lenssen, Matheis):

- Ein System kann man nicht von außen durch Druck verändern, man kann es nur sich selbst verändern lassen.
- Der Manager kann nur die Voraussetzungen schaffen und Initialzündungen für Veränderungsprozesse geben.
- Äußere, materielle Veränderungsprozesse werden durch innere, mentale Prozesse der Beteiligten gesteuert.
- Es gilt, im System ein Wirkungsquantum zu entdecken, das mit einem Minimum an Aufwand einen maximalen Effekt erzielt.
- Eine grundsätzliche, nachhaltige Veränderung kommt nur in Gang, wenn man die Grundannahmen, auf denen die Wahrnehmung basiert, in Frage stellt. Das ist nur mit einer grundlegenden Bewußtseinserweiterung möglich.
- Alte Grundannahmen weichen einer neuen Vision über eine qualitative Anhebung von Kommunikation hin zur Kommunion.
- Zu diesem unsicheren Prozeß sind Menschen nur dann bereit, wenn eine Atmosphäre von Vertrauen herrscht und der Angst Hoffnung entgegengesetzt werden kann.
- Der Manager kann nur liebevoll und konsequent vorgehen und dadurch ermöglichen, daß Veränderung bewußt und angstfrei erlebt wird.

Folgerichtig forderte Günther Feyler auf einem Kongreß (1993) einen neuen Managementtypus, der sich auszeichnet durch: unerschütterlichen Mut, ausgeprägten Sinn für Gerechtigkeit, Demut und Gebet, Sympathie und Verständnis, Liebe.

Management und Führungsnachwuchs

Management kann nicht mehr fachorientiert in einem kulturellen und gesellschaftlichen Vakuum praktiziert werden. Mitten in der Orientierungslosigkeit der paradigmatischen Wende ist eine Auseinandersetzung mit den Umbrüchen und Turbulenzen innerhalb der westlichen Zivilisation unausweichlich. Ein bewußtes Management, dessen Ausstrahlung und Kraft den Mitarbeitern Selbstvertrauen und Hoffnung vermittelt und die Vernetzung der Sinnfindung des Unternehmens mit dem weiteren gesellschaftlichen Kontext ermöglicht, hat am ehestens die Chance, zur Entwicklung ganzheitlicher und proaktiver Problemlösungsmodi beizutragen.

Hierbei könnte der Manager eine kulturpädagogische Aufgabe wählen: es ermöglichen, Horizonte zu erweitern und Verbindungen zwischen Phänomenen zu erforschen und zu entwickeln; insbesondere das Reflektieren über die Bedeutung der aktuellen Themen im sozio-kulturellen Diskurs.

Zukunftsorientierte Manager betrachten Training, Bildung und öffentliche Kulturarbeit als „Chefsache", die nur eingeschränkt an Trainingsstäbe und PR-Abteilungen delegiert werden kann. Insbesondere die Entwicklung des Führungsnachwuchses mit dem Anspruch, hier die Führungskräfte des Jahres 2000 und danach zu betreuen und deren Bildung zu ermöglichen, ist eine wichtige Aufgabe des Managers von heute. Auswahl, Orientierung und Entwicklung dieser Nachwuchsgeneration kann nicht im alten oder in einem modifizierten mechanistischen Weltbild passieren. Es soll den innovativen Herausforderungen von heute und morgen Rechnung tragen (Abbildung 28; Führungsnachwuchsgruppe im Unternehmen des Autors)

Neben einer guten Ausgewogenheit in den vier Quadranten fällt eine starke Neigung zu bildhaftem, intuitivem Denken auf. Dies ist das Ergebnis einer gezielten Einstellungs- und Trainingspolitik.

Folgende Leitlinien haben sich bei der Entwicklung von Führungsnachwuchs als erfolgreich erwiesen:

- Orientierung an neuen Werten wie Verantwortung und Dienen,
- oft mühseliges Lernen in operativ-handelnden Aufgaben (und nicht in denkenden strategischen Aufgaben),
- Nachwuchskonferenzen mit avantgardistischem Charakter,
- wechselnde Aufgaben als „change agents" in den Arbeitsteams vor Ort,

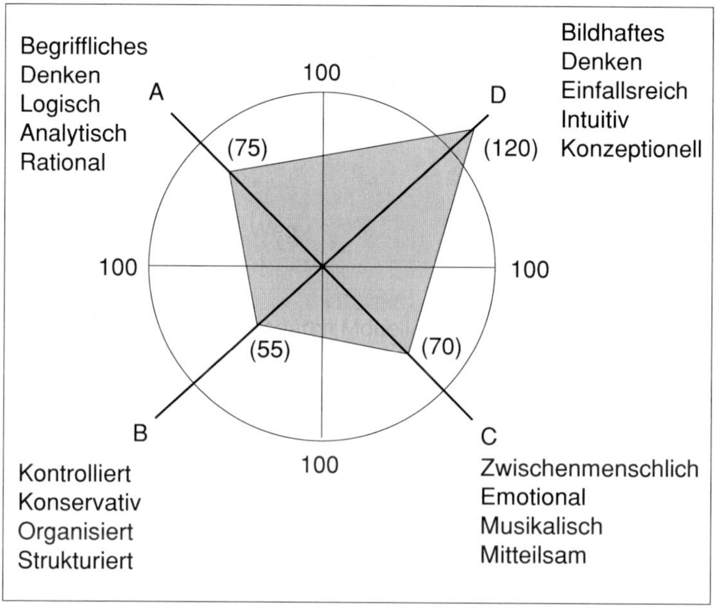

Abbildung 28: Gruppenprofil Führungsnachwuchskräfte nach Hermann Dominanz Instrument (Roland Spinola, Fulda)

- Mitarbeit in kreativen Projekten und Förderung persönlicher Initiativen,
- intensive Auseinandersetzung mit Kunst und Kultur,
- persönliches Coaching, Geduld und Liebe für alle von seiten des Mentors,
- Selbstverantwortung für Training und Karriere-Entwicklung.

Diese Praxis hat im Unternehmen des Autors eine geradezu außergewöhnliche Firmenbindung und ein persönliches Wachstum von bedeutender Qualität bewirkt (die Gruppe besteht aus 35 Führungsnachwuchskräften).

Nicht nur für diese Gruppe, sondern als Orientierungsmodell für alle unternehmerischen Lernprozesse wird die gebildete Intuition als Ausgangsbasis genommen:

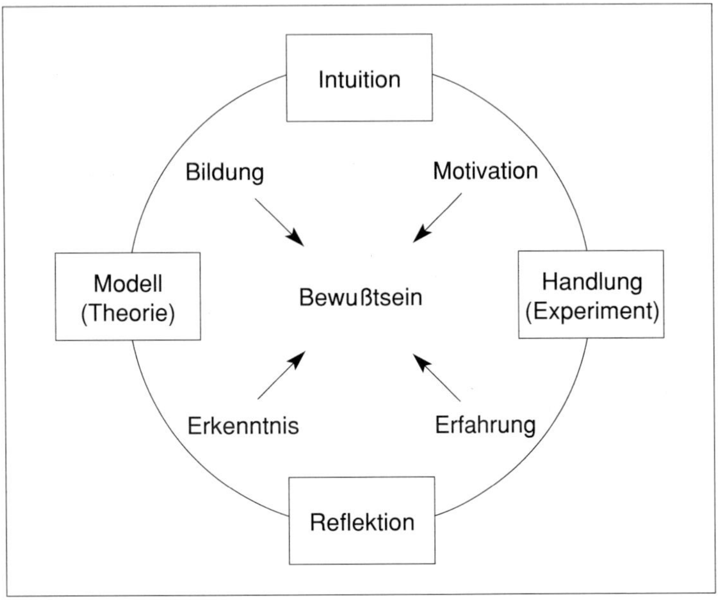

Abbildung 29: Lernprozesse auf Basis gebildeter Intuition (vgl. Lernmodell von Kolb)

Management und Bewußtsein

Karlfried Graf Dürkheim (1992) hat darauf hingewiesen, daß der „Macher-Manager" im westlichen Geschlechterrollenbild verankert ist. „Er ist die Verkörperung aller weltbeherrschenden Kräfte bei völligem Mangel eines Sinnes für inneres Reifen und seelischer Tiefe." Durch Vernachlässigung der weiblichen, und damit auch der musischen Seite des Lebens werden im Unterbewußtsein große Angst und Streß ausgelöst. Das Fehlen des Kontaktes mit dem eigenen inneren Wesen führt zur Unfähigkeit, absichtslos zu lieben und zu vertrauen. Die Arbeiten Dürkheims haben dazu beigetragen, daß östliche Spiritualität im Westen wesentlich besser bekannt wurde. Nach seinen Erkenntnissen ist das Ost-West-Problem weniger ein geographisches, sondern vielmehr ein innermenschliches Problem. „Das Östliche betont mehr das Yin, den weiblichen Charakter, der letztlich auf Erlösung der Seele im All-Einen zielt. Das Westliche betont mehr das Yang oder das schöpferische Prinzip mit seinem Ja zum Besonderen und zur Mannigfaltigkeit der Gestalten. Yin hebt die Zeit auf im ewigen Jetzt, Yang kennt den Fortschritt der Zeit und das stetige Verwandeln der äußeren Welt. Für jeden aber ist die Zeit gekommen, beiden Polen die nötige Achtung zu zollen und auf ihre Integration bedacht zu sein."

Konkrete Untersuchungen (unter anderem von Reigber) nach dem Androgynie-Konzept von Dorothee Alfermann weisen eindeutig darauf hin, daß Dürkheims Behauptung in der postmodernen Zeit äußerst relevant ist. Androgynität, genauer: eine Kombination von instrumentell typisch männlichen Eigenschaften mit expressiv typisch weiblichen Eigenschaften, führt laut diesen Untersuchungen zu einem Gefühl größerer persönlicher Freiheit, Unabhängigkeit und Ausgeglichenheit.

In diesem Sinne betont Dieter Reigber (1993): „Den Androgynen scheint die Welt zu gehören. Ihnen gelingt es offensichtlich, sich in einer immer komplexer werdenden Welt angemessen zu verhalten, weil sie durch ihre multiple Identität mit Vielfalt, Heterogenität, Innovationen und letztlich mit kreativem Chaos besser umgehen können."

Größere Problemlösungskapazität im Management ist folglich auch in einer besseren Integration von typisch männlichen und weiblichen Charakteristika begründet. Männliche Manager müssen einsehen, daß ihre weiblichen Züge zur effektiveren Problemlösungskapazität in der postmodernen Zeit mehr gefordert sind.

In seiner Dissertation „Bewußtsein und konstruktiver Realismus" (1994) stellt der österreichische Psychologe Gerhard Batik fest, daß das Loslassen von Raum und Zeit die Quintessenz der Prozeßorientierung ist: „Loslassen und sich in die Ungewißheit begeben, um Gewißheit zu erlangen."

Moser (1989) hat schon darauf hingewiesen, daß durch die Versuche des Physikers Aspect eine Seinsdimension der Synchronizität experimentell festgestellt wurde und damit auch Raum und

Zeit transzendiert werden können, die eigentliche Quelle des Bewußtseins. In diesem einheitlichen, transzendenten Feld des Seins erscheinen die kartesianischen Dualismen als Polaritäten der Einheit aller Dinge und Menschen.

Diese Erkenntnisse weisen darauf hin, daß die Problemlösungspotentiale der extrem paradoxalen Probleme unserer Zeit vielleicht eher in einer vernetzten Bewußtseinsvertiefung zu finden sein könnten als in einem verstärkten Einsatz von Intellekt und Technologie. In der Zeit einer paradigmatischen Verschiebung weg vom mechanistischen Weltbild hat diese Einsicht zwei wesentliche Konsequenzen für den Manager im neuen Weltbild:

1. Die Grenzen der Bewußtseinsqualität des Managers bilden die Grenzen seiner Problemlösungskapazität und der des Teams, potentiell der der ganzen Organisation. Permanente persönliche Entwicklung und Wachstum ist somit die erste natürliche Aufgabe des Managers.

2. Die Organisation als Kollektivsubjekt kann durch das Herbeiführen einer bewußten Einheit unter den Menschen paradoxe Situationen in neue Realitäten transformieren. Kreatives Bewußtseinsmanagement ist folglich die zweite natürliche Aufgabe.

Der erfolgreiche Manager Luedecke (Tetrapak) hat darauf hingewiesen, daß die Realität des Managements sowohl eine *technisch-wissenschaftliche* als auch eine *geistig-metaphysische* Dimension hat. Mentale Einflußnahme in Form von simplen Methoden wie positives Denken oder kreatives Visualisieren ist vielen Managern bekannt. Dabei ist es um so erstaunlicher, daß daraus nur wenige die weitergehende Konsequenz ziehen, nämlich durch diszipliniertes Inner-Management ihre unsichtbare geistige Kraft zu entwickeln.

In seinem monumentalen Werk „Der Quantenmensch. Ein Blick in die Entfaltung des menschlichen Potentials im 21. Jahrhundert" (1994) hat Michael Murphy vielfältig das Transformationsvermögen des Menschen wissenschaftlich belegt und Wege zur Transformationspraxis gezeigt.

Mystik, Kunst und Gottesbild

Die moderne Erkenntnis des ganzheitlichen Bewußtseins ist aus den neuen Naturwissenschaften im Westen entstanden, aber eher durch die Orientierung an der östlichen Spiritualität populär geworden. Auf diese Weise wurde eine Welle von esoterischer Literatur, Meditationsschulen, Kursen in Mindmanagement und TV-Programmen über „geheimnisvolle Ereignisse" etc. ausgelöst, die manchmal der Vertrauensbildung in eine neue Weltauffassung eher im Wege stehen. Sogar schädliche Auswüchse sind bei der zur Technologiefeindlichkeit verkommenen New Age-Bewegung genauso zu finden wie bei der Industriefeindlichkeit und dem Ausgrenzungsverhalten einiger Weltverbesserer und Esoteriker. Esoterik als die Weisheit des inneren Kreises, in dem die Liebe zentral steht, ist davon weit entfernt.

Sicherlich haben fortschrittliche Unternehmen mit Zen-Meditation und ähnlichen Dingen mehr als nur Entspannung erreicht. Die alleinige Orientierung an östlicher Spiritualität verschweigt aber, daß die Mystik ein Teil der abendländischen Kultur ist. Ihr Bogen kann von den frühchristlichen Mystikern über den deutschen Meister Eckhart und über Jacob Böhme, den Flamen Jan van Ruusbroeck bis zu der theosophischen Bewegung und der des Antroposophen Rudolf Steiner und zu heutigen Mystikern wie Pater Poulain (und Pater Lasalle gespannt werden.

Seit der Rationalismus dominant wurde, ist die abendländische Mystik langsam aus dem öffentlichen Kulturleben verdrängt worden (vgl. Gerhard Wehr 1991) und lebt implizit weiter in der Kunst, wenn auch oft nur als verzweifelte Sehnsucht nach dem verlorenen Urvertrauen. Nicht zufällig orientierte sich Joseph Beuys an Rudolf Steiner, zog die mystische Freimaurerbewegung bis in dieses Jahrhundert hinein die größten Künstler an. Sowohl Haydn, Mozart als auch Beethoven gehörten einer Wiener Freimaurerloge an.

In diesem Jahrhundert haben sich Webern, Schönberg, Messian, Stockhausen, Debussy, Satie, Scriabin und Hindemith alle mit Mystik beschäftigt. Stravinsky sagte: „Ich hörte und ich schrieb nieder, was ich hörte, ich war nur das Medium, wodurch die Frühlingsweihe (*Le Sacre du Printemps*) fließen konnte."

In der Malerei wurde die mystische Inspiration der Symbolisten wie Delacroix am Ende des vorigen Jahrhunderts wieder aufgenommen durch Gauguin, Serusier und vor allem Munch. Die Blauer Reiter-Schule bekannte sich explizit zum mystischen Verständnis der Einheit der Welt, wie es auch in Kandinskys „Über das Geistige in der Kunst" zu lesen ist. Die mystische Tradition setzte sich weiter fort bis in den abstrakten Expressionismus eines Newmann oder Rothko. Bei Pollock vermischte sie sich mit der östlichen Zen-Tradition. Die heutige Avantgarde wie der Florentiner Lorenzo nehmen die christliche Mystik sogar figurativ wieder auf. Ihre Vorläufer waren schon in den siebziger Jahren zu finden, zum Beispiel Robin Page.

Der Kunstkritiker Hans Jürgen Müller, Initiator des Projekts „Atlantis" hat unter anderem in seinem bahnbrechenden Buch „Kunst kommt nicht von Können" (1990) ausführlich auf die mystische Tradition in der westlichen Kunst hingewiesen und damit der Kunstkritik wieder ein Stück Authentizität verliehen. In der Literatur ist die mystische Orientierung Goethes und Rilkes ausreichend bekannt. Auch Baudelaire, Victor Hugo und John Keats gaben die mystische Überlieferung bis in die Literatur des 20. Jahrhunderts weiter. Der Amerikaner Edgar Allan Poe sagte, Kunst sei die Wiedergabe dessen, was die Sinne in der Natur durch den Schleier des Geistes erkennen.

Der Sinn einer persönlichen Beschäftigung mit der Kunst geht für Manager weit über die Öffentlichkeitswirkung von Kunstvernissagen weit hinaus. Er liegt darin, einen wirkungsvollen Weg zur Bewußtseinsentwicklung im ganzheitlichen Weltbild zu suchen und dadurch das verlorene Urvertrauen vielleicht wiederzufinden (vgl. Lenssen, Kunst und Management in *Streven*, Zeitschrift für Kultur und Gesellschaft, Antwerpen, Belgien, Juni 1993). Es gilt, das Management und die Arbeit allgemein als Kulturprozeß im Sinne eines mehrwertschaffenden geistigen Prozesses neu zu definieren: Es sollte die augenscheinlichen Begrenzungen von materiellen Ressourcen, Raum und Zeit zu transzendieren versuchen.

Der Aufruf des Joseph Beuys: „Jeder Mensch ein Künstler!“, ist in diesem Sinne anzuwenden. Es gilt, die Auffassung zu entkräften, daß sich Kultur mit den immateriellen und Wirtschaft mit den materiellen Dinge zu beschäftigen hat. In dieser Auffassung ist die Entgleisung der westlichen Zivilisation begründet (vgl. Joas 1992).

Beschäftigung mit der abendländischen Mystik kann dazu beitragen, daß die Wiederbelebung der Religiosität in der postmodernen Zeit weniger zu Sektenbildung und Bildung eines exogenen Gottesbildes führt, das auf einem Deus-ex-machina-Glauben aufbaut.

In der frühchristlichen Mystik heißt es: *„cognitio dei experimentalis“*, und es ist genau dieses Gottesverständnis, welches die Künstler bis zum heutigen Tage in undogmatischer, pragmatischer Weise beschäftigt.

Die handlungsorientierte Religiosität, die innere Kräfte mobilisiert, ist in treffender Weise verkörpert im Pragmatismus von William James. James, oft als Rationalist abgewertet, schreibt 1907, ein Jahr vor seinem Tode, in seiner „The varieties of religious experience“:

„Es kann langsam oder abrupt kommen, durch geänderte Gefühle oder durch neue Handlungskraft, sogar durch neue intellektuelle Erkenntnis oder durch Erfahrungen, die wir als ‚mystisch‘ bezeichnen müssen. Wie es auch kommt, es bringt eine Art innere Erleichterung und nie solche extreme Erleichterung, als wenn es in der religiösen Form kommt... Aber Religiosität zu finden, ist nur ein Weg unter vielen, um Einheit zu erlangen.“ (Übersetzung des Autors)

Sein pragmatischer Theismus ist pluralistisch, undogmatisch und lernend (vgl. Lay 1992). Vor allem die problemlösende – und nicht -ignorierende oder -umgehende – Wirkung eines Gottesbildes sind in seinem Pragmatismus wichtig.

In diesem Kontext ist es wichtig, auf die Gestalten des Pseudo-Lernens, thematisiert von Bion (Basic assumptions behaviour), hinzuweisen. Hoebeke unterscheidet folgende Formen von *Pseudo-Lernen*:

- Intellektuell lernen. Auf Grund der Trennung von Denken und Handeln kommt es nicht zu wirklicher Realitätsgestaltung, sondern zu Gedankenkonstrukten.
- Propaganda. Sie verhindert Lernen.
- Basic Assumptions-Verhalten (im Sinne Bions):
  - Dependency: „Die da oben müßen es für uns machen beziehungsweise zuerst anfangen." (der „Ruf nach der göttlichen Intervention")
  - Flight-Fight: „Wir sind die Guten, die anderen sind die Bösen." (oder Dummen, Unwilligen, Unaufgeklärten, etc.)
  - Pairing: „Alles kommt wohl in Ordnung." beziehungsweise: „Gott wird für alles sorgen."

Im pragmatischen Gottesverständnis wird gerade das „Pseudo-Lernen, das in all seinen Auswüchsen in der Geschichte der Religionen so prägnant ist, einem bewußten Erkenntnissuchen gegenübergestellt.

Dieser Pragmatismus ist auch wiederzufinden im Erkenntnisparadoxon der Wissenschaftstheorie im idealistischen Weltbild:

Die multidimensionale Welt ist dem Menschen von Prinzip her unverständlich. Trotzdem muß sich der Mensch um Erkenntnis bemühen, im Bewußtsein, daß alles Wissen vorläufig ist und nur in seiner konkreten Problemlösungskapazität Legitimation erhält.

Teilhard de Chardin sagte: „Man kann höchstens um ein besseres Verstehen der Schöpfung beten, ihre Gestaltung bleibt der menschlichen Handlung überlassen."

Werteorientierung und Kultur

Der Autor ergänzt Peter Senges Konzeption von Leadership (statt Management) in einer lernenden Organisation, wenn er die Identität der Führungskraft folgendermaßen beschreibt:

- Trainer der neuen Paradigmen,
- Designer der Lernprozesse,

- kreativitätsstiftender Künstler,
- unterstützender Coach,
- pragmatischer Mystiker.

Die notwendigen Qualitäten sind:

- persönliche Integrität,
- unerschütterlicher Mut,
- Fähigkeit zum Lieben und Vergeben,
- Sinn für Ästhetik und Spiritualität,
- Toleranz des kreativen Chaos.

In diesem neuen Management-Verständnis lebt der Manager beispielhaft nach André Hellers Devise: „Ich bin auf der Welt, um mich lernend zu wandeln."

Folgende sittliche Richtwerte aus dem geistigen Erbe der mediterranen Tradition können in den Diskurs um das neue Managerbild eingebracht werden:

- die platonischen persönlichen Kardinaltugenden: Besonnenheit, Tapferkeit, Weisheit, Gerechtigkeit,
- die römische Gemeinschaftsethik, verkörpert durch Cicero und Seneca: Dienst, Opferbereitschaft, Beharrlichkeit, Edelmut, Großzügigkeit,
- die jüdischen Werte: Demut, Akzeptanz des Leidens, Hoffnung,
- die maurischen Werte: Toleranz, das Multikulturelle,
- die christlichen Tugenden: Liebe, Barmherzigkeit, Glaube.

Ausgangsbasis eines von Edward de Bono (1994) entwickelten Kreativitätsmodelles ist, *daß alle Menschen vertrauenswürdig sind und im wesentlichen nur ihr Bestes geben wollen.* Dieses kann sich aber in sehr unterschiedlichen Fähigkeiten äußern, zurückgehend auf Grundtendenzen, wie es beispielsweise das Hermann Dominanz-Profil wiederzugeben versucht. Die Aufgabe besteht darin, die unterschiedlichen Beiträge der Menschen zur Geltung kommen zu lassen (nach einem ergänzenden Leadership-Verständnis). Wenn Vertrauen herrscht und Menschen davon ausgehen können, daß sie zueinander stehen, ist auch *eine neue Konfliktkultur* möglich.

Chris Argyris vertritt in der *Harvard Business Review* (Juli 1994) ähnliche Ansichten in sogar radikaler Weise. Managementverhalten, das auf „Sorgen", „positiv Denken", „Schützen" und die „Motivation der Mannschaft" gerichtet ist, verhindere aus folgenden Gründen oft echte Lernprozesse im Unternehmen:

- Eine heile Welt wird aufrecht erhalten, und die Mitarbeiter lernen nicht, mit bedrohlichen komplexen Situationen umzugehen.
- Die Übernahme von Eigenverantwortung für die Probleme des Unternehmens (und für die eigenen) wird verhindert, und dadurch wird das Management wieder zum „Machen" gerufen.
- Die Diagnose der Probleme bleibt oberflächlich, da man im Namen des „positiven Denkens" und der Höflichkeit nicht auf die wirklichen, oft peinlichen Aspekte des Problems zu sprechen kommt.
- Dadurch wird wieder kritische Selbstreflexion („Inwieweit bin ich Teil des Problems?") auf allen Ebenen verhindert.
- Die externe Motivation („Der Chef sorgt für uns, so bin ich motiviert.") wird wieder betont. Das geht zu Lasten einer authentischen internen Motivation der Selbstverantwortung.

Der Wirtschaftspsychologe Dieter Frey hat in diversen Beiträgen betont, daß eine Rückkehr zu traditionellen „deutschen Tugenden" gerade die Probleme in der deutschen Wirtschaft verstärken würde. Sinnvoll erscheint ihm eher die Zuwendung zu ganz neuen Tugenden wie Kreativität, Spontaneität, Risikofreudigkeit und „Querdenken".

Die Förderung der persönlichen Verantwortungskultur hat, laut Rupert Lay, nichts mit einem egozentrischen Bemühen um Selbstverwirklichung zu tun.

In der Kunst, das eigene und das ihnen anvertraute menschliche Potential radikal freizusetzen, ist die soziale Kompetenz der Manager im neuen Zeitalter zu sehen. Damit ist das neue Management auch immer ein *Befreiungsmanagement*, ein Abbauen hemmender Strukturen, ein Kampf gegen menschenunterdrückende Methoden und Systeme, aber auch eine permanente kritische Auseinandersetzung mit der eigenen Offenheit, Authentizität und Lernbereitschaft – und mit der Frage, ob mit gut gemeintem „sozialen" Verhalten nicht gerade die Selbständigkeit und Eigenverantwortung der Menschen verhindert wird.

Das neue Management ist gleichzeitig auch ein *Erziehungsmanagement* und ein Kampf gegen Ignoranz und Unwissenheit. „Die Menschen haben Lust daran, nicht informiert zu sein", sagt André Heller. Es fällt natürlich leichter, alte Vorurteile zu behalten. Auch bei revolutionären neuen Trainingsinhalten und Managementprozessen wird kritisch gefragt, „wozu das wohl nötig" sei. Bei allem Respekt für die persönliche Freiheit kann es aber durchaus nötig sein, angesichts der kommenden Transformationen in Wirtschaft und Gesellschaft dringend an Lernbereitschaft und intellektuelle Offenheit zu appellieren.

Das neue Management ist aber vor allem ein *Bewußtseinsmanagement*. Wenn Chris Argyris (1994) sich fragt, wie überhaupt „defensive routines" überwunden werden können und zu keiner überzeugenden Antwort kommt, wird klar, daß *Angst* der wahre Grund ist für oberflächliches oder Pseudo-Lernen: Angst vor der Wahrheit, den Konsequenzen, der Verantwortung, der eigenen Position, der Reaktion der anderen. Angst kann man nicht nehmen, man kann sie auch nicht überwinden helfen, indem man den Menschen einfach mehr Mut abverlangt (wie Agyris vorschlägt). Der Manager kann nur wirken, wenn er seine eigenen Ängste für sich transparent macht und dadurch auch die anderen Menschen ermutigt, mit ihren eigenen Ängsten wahrhaftig und effektiv umzugehen. Richtig verstandene Liebe und Vertrauen sind hier unverzichtbar. Angst ist oft zu erklären durch den Verlust des (Ur-) Vertrauens in einer metaphysischen Seinsdimension. In diesem Sinne ist eine geistige Auffassung von Management und Unternehmen unverzichtbar.

Der Sinn wirtschaftlichen Handelns liege im Dienste an der Menschheit, meint Peter Zürn (1993), Leiter der einflußreichen Baden-Badener Unternehmergespräche. Die Verantwortung des Managers ist dann auch zuerst seine eigene Selbstverantwortung: das Beste von sich zu geben, Dankbarkeit dafür zu bezeugen, daß ihm eine bedeutende Aufgabe zugeteilt wurde und das Vertrauen, daß der authentische und absichtslose Dienst an der Menschheit mannigfaltig zu ihm zurückkommt und darin der wahre Sinn des wirtschaftlichen Handelns zu suchen ist. Diese Verantwortung ist dann aus sich heraus nicht paternalistisch oder subtil patriarchal. Sie ist aber konsequent und bedeutet für jeden, daß das eigene Tun oder Unterlassen mit allen Konsequenzen, die daraus folgen, getragen werden muß.

Paradigmenwechsel „im Überblick“

Der Hamburger Unternehmensberater Mathias Walter sagt eher drohend: „Wer glaubt, daß sich bis zur Jahrtausendwende nur die Umstände ändern, aber nicht die Grundprinzipien des Wirtschaftens, wird unternehmerisch das Jahr 2000 nicht erleben.“

Peter Ulrich hatte schon 1986 mit seiner „Transformation der ökonomischen Vernunft“ die Weichen gestellt für eine nachhaltige neue Wirtschaftsordnung. Seitdem sind auch andere in Theorie und Praxis vorangegangen. Die neuen Managementparadigmen werden sich pragmatisch und lernend aus der Praxis heraus gestalten. Allerdings werden dabei die materialistischen und mechanistischen Grundannahmen ins Wanken geraten.

Diese Grundannahmen epistemologischer Art sind wie in diesem Beitrag behandelt:

- Trennung von Geist und Materie,
- Trennung von Objekt und Subjekt,
- Trennung von Denken und Handeln.

Der Paradigmenwechsel in der Wirtschaft von ontologischer Bedeutung vollzieht sich folgerichtig in folgendem paradoxalen Spannungsfeld:

• Knappheit der materiellen Ressourcen	• Überfluß der geistigen Ressourcen
• Economy of scale	• Economy of scope
• Zentralisierung, Monopolisierung	• Netzwerk, Subsidiarität
• High tech	• High touch
• Globalisierung	• Lokalisierung
• der Manager als Macher	• der Manager als Diener

Als Manager kann man es als eine aufregende Aufgabe betrachten, die neuen Paradigmen des Wirtschaftens im neuen Weltbild handelnd mitgestalten zu können. Gerade in Deutschland wird wie in kaum einem anderen Land intensiv und vielfältig reflektiert über die merkbaren tiefen Verschiebungen in unserer westlichen Zivilisationsordnung. Auch in den USA ist ein erfrischendes neues Denken spürbar. Diesem Gedankengut fehlen aber häufig die historische und geistig-kulturelle Dimension sowie das Spannungsfeld zwischen unterschiedlichen Kulturen, das Europa gerade jetzt neue Kräfte bringen könnte.

Die Zukunft sei der Raum der Möglichkeiten, der Raum unserer Freiheit, so Karl Jaspers. Die vor uns liegende Transformation einer *Konsumgesellschaft* in eine *Kulturgesellschaft* ist mit Sicherheit kein einfacher Prozeß. Dennoch kann diese Transformation im Großen wie im Kleinen tagtäglich mehr Gestalt bekommen durch mutiges Handeln.

Zum Abschluß sei darauf verwiesen, daß der Autor:

- sich wesentlich an einem neuen Weltbild der neuen Wissenschaften orientiert (neue Physik, Biologie und Psychologie). Er strebt eine möglichst große Interdisziplinarität an und bezieht außerdem die eigene Intuition, gebildet durch Religion und Kunst, bewußt mit ein;
- mit der Schwarz-weiß-Beschreibung eines alten und eines neuen Weltbildes der Komplexität der postmodernen Zeit nicht immer

gerecht wird. Allerdings möchte er betonen, daß es wichtig ist, die Grundwerte zu erkennen, statt sich von oberflächlicher Vielfalt leiten zu lassen;

- mit dem Bekenntnis zu einer idealistischen Managementauffassung den Eindruck vermitteln könnte, er könne die Gewinnorientierung nicht mehr tragen. Dagegen steht, daß er aus der Praxis weiß, daß eine geistige Sinnorientierung zu einer größeren und nachhaltigen Rentabilität aller Ressourcen führt;
- (zu Recht) so verstanden werden könnte, daß er klassische, täglich gebrauchte betriebswirtschaftliche Methoden wie Planung, Kosten- und Rentabilitätsrechnung, Finanzen, Marketing, Vertrieb, Organisation, Buchführung nicht nur völlig neu überdacht haben möchte. Er plädiert darüber hinaus dafür, daß jeder Manager sich intensiv mit Kunst, Mystik und Geschichte beschäftigt, die zeitgenössische Managementliteratur überblickt und sich Zeit nimmt für Selbstentwicklung, Kulturarbeit, Öffentlichkeitsarbeit und sinnvolle private Beziehungen – und das alles nicht nach hektischen Tageskalendern, sondern in Ruhe, Besonnenheit und mit gesunder, kritischer Distanz zu sich selbst;
- (zu Recht) so verstanden werden könnte, daß er eine kritisch-optimistische Zukunftserwartung (in konstruktivistischem Sinne) vertritt. Allerdings entbindet das niemanden von der Verantwortung des bewußten Handelns und der Pflicht der kritischen Distanz zu Zeitgeist-Strömungen.

Literatur

Argyris, Chris: Knowledge for Action, San Francisco 1993
Argyris, Chris, in: *Harvard Business Review*, Juli 1994
Arnold, Rolf: Betriebspädagogik, Berlin 1990
Baeck, Louis: Postwar Development Theories and Practice, Paris 1994
Baeck, Louis: The Revival of the Mediterrean, Leuven 1994
Batik, Gerhard: Bewußtsein und konstruktiver Realismus, Wien 1994
Bohm, David: Unfolding Meaning
Bono, Edward de: Letter to thinking managers, 1994
Burgoyne, John: Creating a Learning Organisation, in: *Journal of Royal Society for the Arts*, London 1992
Chardin, Theilhard de: Hymne de l'univers, Paris 1949
Davidow, William/Malone, Michael: The Virtual Corporation. Structuring and Revitalizing the Corporation for the 21th Century, New York 1993
Dürckheim, Karlfried Graf: Von der Erfahrung der Transzendenz, Herder 1993
Guitton, Jean/Bogdanov, Grichka/Bogdanov Igor: Gott und die Wissenschaft. Auf dem Weg zum Metarealismus, München 1993
Hammer/Champy: Reengineering the Corporation, New York 1993
Handy, Charles: Balancing Corporate Power. A new Federalist Paper, in: *Harvard Business Review* 1992
Heller, Robert: Der neue nackte Manager, München 1994
Hoebeke, Luc: Making Work Systems Better. A Practitioners Reflection on Practice, London 1994
Hoebeke, Luc: People can learn easily, Organisations find it extremely difficult, 1992 (Artikel unveröffentlicht)
Hofstede, Geert: Cultures and Organisations Software of the Mind, London 1991
Horx, Matthias: Trendbuch, Econ 1993
Joas: Kreativität des Handelns, Berlin 1992
Jonas, Hans: Das Prinzip Verantwortung, 1979

Kahn, Hermann: World Economic Development, London 1979
Kandinsky: Über das Geistige in der Kunst, München 1982
Kirsch: Kommunikatives Handeln, 1990
Kuhn, Thomas: Die Struktur wissenschaftlicher Revolutionen, Frankfurt 1982
Küpper, Willy/Ortmann, Günther: Mikropolitik, Rationalität, Macht und Spiele in Organisationen, Opladen 1993
Lay, Rupert: Über die Kultur des Unternehmens, München 1992
Lenssen, Gilbert: Kunst en Management, in: *Streven. Zeitschrift für Kultur und Gesellschaft,* Antwerpen, Juni 1993
Matheis, Richard: Erfolgsmanagement 2000. Konzepte für Menschen, Märkte, Unternehmen, Frankfurt/Main 1992
Maturana, H.: Erkennen. Die Organisation und Verkörperung von Wirklichkeit, Braunschweig 1982
Memorandum des DPhV vom 11. Juni 1994: Bildung, Kreativität, Innovation, München 1994
Moser, Franz: Bewußtsein in Raum und Zeit, Grundlagen einer horlistischen Weltauffassung auf wissenschaftlicher Basis, Graz 1989
Müller, Hans-Jürgen: Kunst kommt nicht von Können, Nürnberg 1990
Murphy, Michael: Der Quantenmensch. Ein Blick in die Entfaltung des menschlichen Potentials im 21. Jahrhundert, Wessebrunn 1994
Palmer, Parker: The active life. Wisdom for work, creativity and caring, New York 1990
Peters, Tom: Liberation Management, Los Angeles 1992
Petersen, Jendrik: Die gebildete Unternehmung, Hamburg 1993
Porter, Michael, in: de Bono 1994
Probst, Gilbert J.B.: Selbstorganisation, Berlin/Hamburg 1987
Reigber, Dieter: Social Networks, Düsseldorf 1993
Reinhardt, Rüdiger: Organisation der Lernfähigkeit, 1992
Rothschild, Michael: Bionomics. The Inevitability of Capitalism, Gutura/London 1992
Schein, Edgar: Organisational Culture and Leadership, San Francisco/London 1986
Senge, Peter: The fifth discipline of the art and practice of the le-

arning organization, New York 1990
Sollmann, Ulrich/Heinze, Roderich (Hrsg.): Visionsmanagement. Erfolg als vorausgedachtes Ergebnis, 1994
Tipler: Die Physik der Unsterblichkeit, München 1994
Ulrich, Hans: Management – eine unverstandene gesellschaftliche Funktion, in: Siegwart, Hans/Probst Gilbert J.B. (Hrsg.): Mitarbeiterführung und gesellschaftlicher Wandel, Bern 1983
Ulrich, Hans: Von der Betriebswirtschaftslehre zur systemorientierten Managementlehre, in: Wunderer, Rolf (Hrsg.): Betriebswirtschaftslehre als Management und Führungslehre, Stuttgart 1985
Ulrich, Peter: Transformation der ökonomischen Vernunftt, Bern/ Stuttgart 1986
Vester, Frederik: Neuland des Denkens, Stuttgart 1980
Vester, Frederik: Leitmotiv vernetztes Denken, Stuttgart 1988
Weber, Walter: Hoffnung bei Krebs. Der Geist hilft dem Körper, Hamburg 1994
Wehr, Gerhard: Die Deutsche Mystik, München 1991
Zürn, Peter: Ethik im Management, 1989
Zürn, Peter: Meditationen für Manager, 1993

The Economist : Survey of Islam, August 1994

Joachim Bieker, Jahrgang 1950, trat nach einem Psychologiestudium 1977 bei IBM Deutschland ein. 1984 wechselte er als Leiter der Managemententwicklung zur Bertelsmann AG. Ein Jahr später wurde er zudem Personalchef im Unternehmensbereich Elektronische Medien. 1992 wechselte er zur deutschen Asea Brown Boveri AG (ABB), Mannheim, wo er zum stellvertretenden Vorstandsmitglied ernannt wurde. Er ist dort verantwortlich für den Vorstandsbereich Personal. Heute ist Bieker Geschäftsführender Gesellschfter der Dea Conmoto Unternehmensberatung in München.

Neue Wege: Human Resources Reengineering

von Joachim Bieker

Sind unsere Führungsstrukturen noch zeitgemäß?

Als die Manufakturbesitzer zu Beginn der industriellen Revolution zu Unternehmern wurden, suchten sie nach Organisationsformen und Führungsstrukturen, mit denen sich in Betrieben von 100 und mehr Menschen effizient arbeiten läßt. Sie fanden diese Führungsstrukturen in der Organisation des preußischen Heeres und übernahmen sie in kaum modifizierter Form. Dabei ist es bis heute geblieben. Während wir uns, technologisch betrachtet, längst in der dritten industriellen Revolution befinden und unsere Gesellschaft als „postindustriell" bezeichnen, während die Pferdewagen durch Flugzeuge und die Drehbänke durch CNC-Maschinen ersetzt wurden, haben wir unser Verständnis von Arbeitsorganisation nicht oder nur unwesentlich verändert. Die meisten Unternehmen sind noch heute wie die preußische Armee strukturiert und – was noch schlimmer ist – ihr Menschenbild gleicht dem preußischer Generäle.

Wir haben Befehle statt Kommunikation, Hierarchien statt Zusammenarbeit, „Kadavergehorsam" statt Eigeninitiative, Rückgrat und Mut. Viele Führungskräfte streben nach Aufstieg und Machtzuwachs, der sich in einem „Mehr" an Mitarbeitern ausdrückt, einem „Mehr" an Information und einem „Mehr" an Privilegien. Unsere Gesellschafts- und Wirtschaftskultur hat Führungskräfte hervorgebracht, die Ego- statt System-Optimierer sind. Ego-Optimierung bedeutet: Das eigentliche Ziel des Handelns ist auf die Stär-

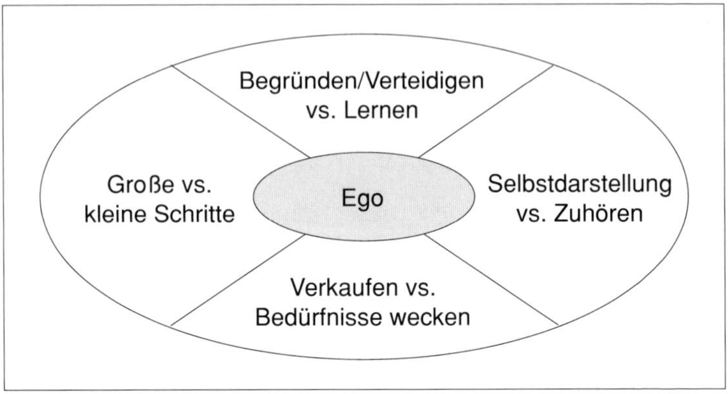

Abbildung 30: Ego-Optimierung

kung der eigenen Position im Unternehmen und im Lichte der Öffentlichkeit ausgerichtet. Der Erfolg des gesamten Systems spielt nur insoweit eine Rolle, wie es der Verfolgung der individuellen Ziele dient.

Daß die „preußischen" Strukturen und Mechanismen verbesserungsfähig sind, ist nicht neu: Es liegt auf der Hand. Im Zeitalter des globalen Wettbewerbs mit weitgehend gesättigten traditionellen Märkten müssen Unternehmen nachhaltige Strategien zur Zukunftssicherung entwickeln und umsetzen. Dazu gehören natürlich neue Generationen von Produkten, die Nutzung von Synergieeffekten und ein optimales Kostenmanagement. Aber der Umbau unserer Unternehmen im Sinne einer systemgerechten Zusammenarbeit aller Kräfte im Unternehmen wird größere Früchte tragen, weil auf diesem Gebiet ein immenser Nachholbedarf herrscht und deswegen das entsprechende Potential vorhanden ist. Das Zusammenwirken der Mitarbeiter im Unternehmen, ihre Leistungsbereitschaft und Begeisterung, ihre Ideen, ihre Kreativität und ihre Fähigkeiten sind die eigentlichen Erfolgsfaktoren im Wettbewerb. Daß kulturelle Umbauten dieser Art erfolgreich sind, zeigen viele Beispiele in kleinen, mittelständigen Unternehmen. Je größer das Unternehmen jedoch ist – und damit je komplexer –, desto leichter haben es die Ego-Optimierer, sich mit ihren klassischen

Machtmechanismen durchzusetzen. Von den beiden sprichwörtlichen Seiten der Münze haben wir traditionell die Angst- und Machtmechanismen schneller zu beherrschen gelernt als die Mechanismen von Verständnis und Partnerschaft.

Die beiden Seiten der Münze

Angst, Furcht	Liebe
„Kopf“	„Zahl“
Kapital	Wert
Macht: Ich habe	Verständnis: Ich bin
Headcount zählen/reduzieren	Beschäftigungsmöglichkeiten suchen
Wettbewerb	Kooperation

Die Erfolgsfaktoren dieses Mechanismus zu stärken, sie zu koordinieren und zu vernetzen, ist die wohl wichtigste Aufgabe des Managements in einer veränderten Zeit. Es geht um die Schaffung von Unternehmenskulturen, in denen Leistung sich auszahlt, in denen Kreativität sich entfalten kann, in denen Kritik als Anregung begriffen wird, in denen Hierarchien kompetenz- und nicht funktionsorientiert sind und in denen alle Mitarbeiter mit ihren Neigungen und Potentialen zur permanenten Innovation des gesamten Unternehmens beitragen. Wir müssen in einer Welt des Wandels, in der sich die „Halbwertzeit“ des Wissens ständig verkürzt und die Rahmenbedingungen von Gesellschaft und Märkten sich immer rascher verändern, unsere starren Organisationen zu lebendigen Organismen wandeln, die dank der Kräfte der Menschen rasch und flexibel agieren und reagieren können.

Eine neue Unternehmenskultur

Die Forderung nach einer solchen Unternehmenskultur ist rasch gestellt. Es dauert erfahrungsgemäß auch nicht lange, bis sich das Wissen um die damit verbundenen Chancen in den Köpfen der

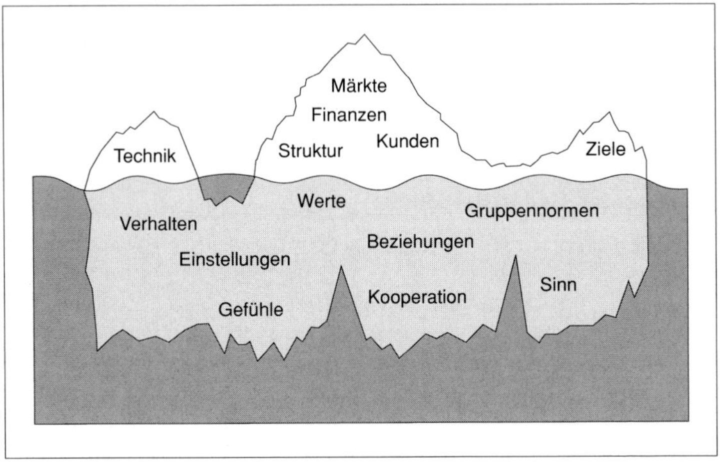

Abbildung 31: Eisberg Organisation

Vorstände und oberen Führungskräfte eines Unternehmens festsetzt. Aber es dauert Jahre, bis die Notwendigkeit zur Umgestaltung und Pflege einer Unternehmenskultur in den Herzen aller Menschen im Unternehmen verankert ist, bis sich alle Mitarbeiter für das Unternehmen als ganzes verantwortlich fühlen und dann auch verantwortlich handeln. Dies ist jedoch nicht verwunderlich, stand doch die „Spitze des Eisbergs" zu lange im Mittelpunkt aller Betrachtungen.

Viele Unternehmen stellen sich seit ein bis zwei Jahren diesem Prozeß. Es ist immer wieder überraschend, welche Erfolge sich damit erzielen lassen. Wir glauben erkannt zu haben, daß klassische Programme der Restrukturierung, zum Beispiel Verkürzung der Durchlaufzeiten, Verringerung der Fertigungstiefe oder Prozeßoptimierung, zwar zu einer Verbesserung führen, aber an ihre Grenzen stoßen. Ein weiterer Quantensprung läßt sich erst erzielen, wenn dem Human Resources Management, der Gestaltung optimaler Arbeitsabläufe über die Gestaltung optimaler Zusammenarbeit, der Stellenwert eingeräumt wird, den es verdient.

Human Resources Management ist die Aufgabe einer jeden Führungskraft. Denn es sind die Führungskräfte, die über die Fähigkeiten und Fertigkeiten ihrer Mitarbeiter, ihre Bedürfnisse und Wünsche am besten Bescheid wissen. Sie können beurteilen, wie man diese Fähigkeiten mit Blick auf den Kunden am vorteilhaftesten kombinieren und koordinieren kann und welche Maßnahmen dazu nötig sind.

Die wahre Bedeutung der Mitarbeiter

Die Grundlage eines erfolgreichen Human Resources Managements ist Information und Kommunikation sowie die richtige mentale Einstellung zu den Mitarbeitern. Was bedeutet die richtige mentale Einstellung zu den Mitarbeitern?

> Mitarbeiter wollen arbeiten, jetzt und in Zukunft. Sie sind in Wahrheit Arbeitgeber, die täglich in der Lage sind, ihr Bestes zu geben.

Diese Einstellung steht im Gegensatz zur weitverbreiteten Ansicht, der Mitarbeiter sei von Natur aus faul, wolle Verantwortung meiden und ergreife ungern die Initiative. Diese Ansicht hat dazu geführt, daß eine Vielzahl von Vorschriften in Unternehmen erlassen wurden und werden, deren Einhaltung exakt kontrolliert wird. Die Mitarbeiter, die sich diesen Vorschriften nicht beugen, schaden sich selbst, denn der Vorgesetzte sieht darin passives Arbeitsverhalten. Er legt dies als Verantwortungsscheu und Mangel an Initiative aus, was in einem Teufelskreis seine Grundeinstellung bestätigt. Die Folgen sind Angst und Mißtrauen bei den Mitarbeitern (und nicht selten auch bei den Führungskräften) sowie das Gefühl, fremdbestimmt zu arbeiten.

Diese Einstellung ist aber doppelt teuer: Sie erfordert unnötige Kontrolleure und verhindert durch demotivierende Elemente, daß die Mitarbeiter tagtäglich ihre beste Leistung erzielen können.

Bei der Veränderung unserer mentalen Einstellung müssen wir berücksichtigen, daß sich Verhalten nicht „im Handumdrehen" ändert. Mitarbeiter, die 20 Jahre oder länger dazu „erzogen" wurden, nur das zu tun, was ihnen expliziet vorgeschrieben wurde, brauchen Zeit zum Umlernen.

> Der Mitarbeiter mit seinen Bedürfnissen, Wünschen und Anliegen steht im Mittelpunkt des Denkens und Handelns jeder Führungskraft.

Diese Einstellung fördert den Umlernprozeß. Die Führungskraft kann sich darauf konzentrieren, die Mitarbeiter dabei zu unterstützen, Initiative und Verantwortung zu übernehmen. Sie muß delegieren und Macht abgeben, Projekt- und Gruppenarbeit nehmen zu. Der damit verbundene Abbau von Hierarchie und Bürokratie sowie der Verzicht auf ständige Anweisungen bis ins Detail wird bei den meisten Mitarbeitern auf Dauer Energie, Kreativität und Engagement freisetzen.

> Der Mitarbeiter ist nicht König, sondern Partner zur gemeinsamen Nutzenstiftung auf der Basis gegenseitiger Achtung und Anerkennung.

Wir müssen uns davor hüten, von einem Extrem in das andere zu fallen. Die Lösung unserer Probleme liegt nicht darin, den Mitarbeiter zum „Nabel" der Arbeitswelt zu machen. Wir sollten uns von der Vision des freien Menschen als echtem Partner führen lassen und dabei Hilfe geben, statt Macht auszuüben, und Freiräume anstelle von Zwängen, Toleranz anstelle von Schuldzuweisungen schaffen. Dies aber vor dem Hintergrund einer offenen und klaren Leistungsorientierung und -forderung.

> Unsere externe Betreuungsqualität ist ein Spiegelbild unserer internen Begegnungsqualität: Wie ich mit dem Mitarbeiter umgehe, so behandelt er die Kunden.

Die alte Volksweisheit „Wie der Herr so's Gescherr" gilt auch für Unternehmen. Der Umgangston im Unternehmen bestimmt die Qualität der Dialoge mit dem Kunden. Das Klima im Unternehmen wird vom Kunden wahrgenommen, denn wir sind alle keine perfekten Schauspieler. Insbesondere Führungskräfte müssen sich bewußt sein, daß sie immer Vorbild sind. Sie können nicht „Nicht-Vorbild" sein. Die Qualität ihres Dialoges mit ihren Mitarbeitern wird daher automatisch zur Vorgabe der Qualität des Dialoges mit dem Kunden.

> Kompromißlose Mitarbeiterorientierung bedeutet, daß sich alle Mitarbeiter und Führungskräfte als „Verkäufer" für ihr Unternehmen verstehen.

Mitarbeiterorientierung heißt zunächst einmal Realitäten anerkennen. Mitarbeiter sind verschieden, und wir sollten diese Verschiedenheit akzeptieren. Den Mitarbeiter verändern zu wollen oder gar zu manipulieren, ist zwecklos; was bleibt, ist die Chance zur Begegnung mit Respekt und Achtung vor dem einzelnen. Von Führungskräften muß man heute mehr denn je verlangen können, daß sie sich auf unterschiedliche Menschen und deren Bedürfnisse einstellen. Das erfordert Toleranz und die Fähigkeit zum Dialog. Klassische Führung endete oft in Macht- und Gewinner-oder-Verliererspielen. Dialogorientierte Führung schafft die Voraussetzung für viele Mitarbeiter, sich voll mit dem Unternehmen zu identifizieren. Nur so können die Mitarbeiter zu „Verkäufern" des Unternehmens werden.

Die neue Rolle der Führungskraft

Die Forderung nach veränderter mentaler Einstellung von Führungskräften und entsprechendem Verhalten ist nicht neu, aber gerade deshalb ist es notwendig, daß sie nun umgesetzt wird. Im sich ständig verschärfenden internationalen Wettbewerb wird der Spielraum für Reibungsverluste und unproduktive Kommunikations-

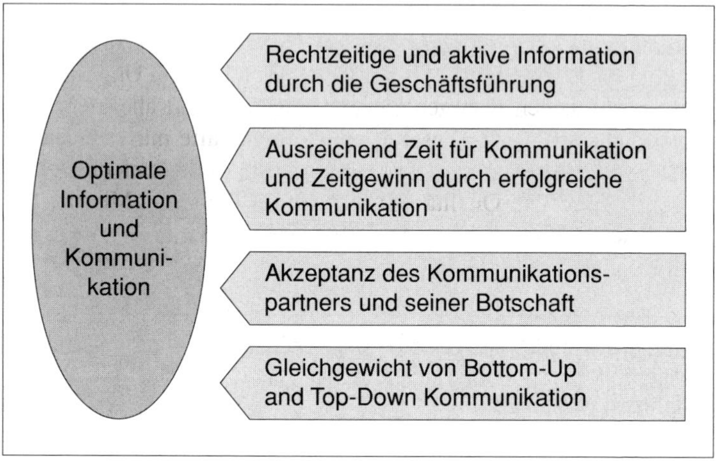

Abbildung 32: Der Weg zur Unternehmenskultur

spiele immer geringer. Der Zeitwettbewerb ist ein wesentliches Element des Kostenwettbewerbs.

Deshalb ist es wichtig, Information und Kommunikation im Unternehmen den Stellenwert einzuräumen, den sie verdienen. Vertrauen entsteht nicht ohne Dialog und Information. Vertrauen ist jedoch eine wichtige Basis für Leistung. Ohne Vertrauen sind die Mitarbeiter nicht bereit, ihre wahren Interessen transparent werden zu lassen. Ein offener Dialog kann dann verständlicherweise nicht geführt werden. An ihre Stelle treten Scheindialoge und unproduktive Rangeleien.

Im Wettbewerb werden wir nicht allein durch weitere Innovationen bestehen können, sondern insbesondere dadurch, daß endlich ein paar der Forderungen umgesetzt werden, die schon lange erhoben wurden. Dazu gehört vor allem die Forderung nach besserer Information und Kommunikation.

Es ist häufig zu beobachten, daß das Pferd „von hinten" aufgezäumt wird. An Stelle von richtiger Information und Kommunikation werden Lösungen, Verbesserungen und Techniken ver-

Werkzeuge der Kulturveränderung

Rechtzeitige und aktive Information durch die Geschäftsführung	• Information und Miteinbeziehung der Mitarbeitervertreter zum frühest möglichen Zeitpunkt • Bereitstellung und Kommunikation von Informationen mit dem Ziel, deren Bedeutung erkennen und diskutieren zu lassen
Ausreichend Zeit für Kommunikation und Zeitgewinn durch erfolgreiche Kommunikation	• „Offene Türen" als Prinzip zur Schaffung von guten Beziehungen • Regelmäßige Diskussionen zwischen Führungskräften und Mitarbeitern zur Kultivierung von Offenheit, Vertrauen und Zusammenarbeit • Ergreifen der Initiative zur Kommunikation durch die Führungskräfte, nicht durch die Mitarbeiter • Mehr zuhören als reden • Vermehrtes Einsetzen von Fragen als Führungsinstrument zur Stärkung der Motivation und des gemeinsamen Verständnisses
Akzeptanz des Kommunikationspartners und seiner Botschaft	• Mehr zuhören als reden • Vermehrtes Einsetzen von Fragen als Führungsinstrument zur Stärkung der Motivation und des gemeinsamen Verständnisses • Überprüfung der eigenen Haltung, Umgangsart und Gestik • Sachbezogene und nicht personenbezogene Kritik
Gleichgewicht von Bottom-Up and Top-Down Kommunikation	• Vermehrtes Einsetzen von Fragen als Führungsinstrument zur Stärkung der Motivation und des gemeinsamen Verständnisses • Austausch von Vorschlägen, Unterstützung und Kritik auf und zwischen jeder Hierarchieebene

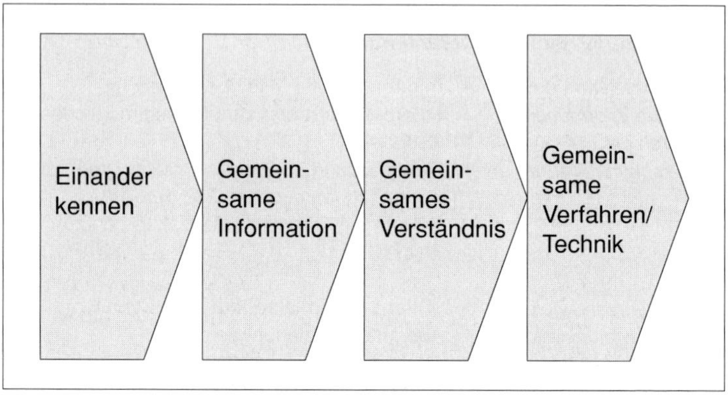

Abbildung 33: Weiterentwicklung der Organisation

kündet, die von der Organisation umgesetzt werden sollen. In Wahrheit stehen gemeinsame Verfahren und Techniken immer am Ende eines Prozesses, der mit Kennenlernen, Informieren und Kommunizieren beginnt.

Führungskräfte müssen aufhören, angeblich alles besser zu können und zu wissen, sie müssen damit anfangen, ihre Mitarbeiter und deren Interessenvertreter frühzeitig in die Erarbeitung neuer Lö-

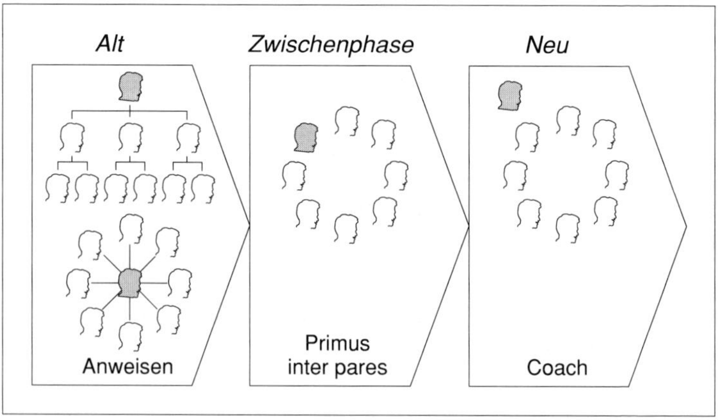

Abbildung 34: Die veränderte Rolle der Vorgesetzten

sungen zu integrieren. Wenn Probleme in der Führungsriege erkannt und bereits im kleinen Kreise bearbeitet und gelöst werden, wie soll der Mitarbeiter je verantwortungsbewußt werden? Was ihm bleibt, ist die Umsetzung von Lösungen, die andere erarbeitet haben. Identifikation und Verantwortung kann jedoch nur entstehen, wo Mitarbeiter mit einbezogen werden.

Immer mehr Mitarbeiter wenden sich heute zu Recht gegen diese Anweisungskultur, andere scheinen so abgestumpft, daß man den Eindruck haben könnte, sie wollten gar keine Verantwortung übernehmen. Doch nur wenn wir möglichst alle Mitarbeiter dahin bringen, Verantwortung zu übernehmen, können wir auch in Zukunft bei unseren Kostenstrukturen wettbewerbsfähig bleiben. Dabei sind Führungskräfte nicht anders als Fußballcoaches. Ihr Ziel sollte sein, die Mannschaft zu befähigen, die Tore alleine zu schießen, so daß die Führungskraft nicht permanent als Mittelstürmer oder Ausputzer einspringen muß.

Ein Coach hat primär die Aufgabe, seinen Mitarbeitern als Hilfs- und Informationsquelle zur Verfügung zu stehen und sich Gedanken zu machen, wie er seinen Mitarbeitern Sinn bieten kann, damit diese wiederum ihren Mitarbeitern Sinn bieten können.

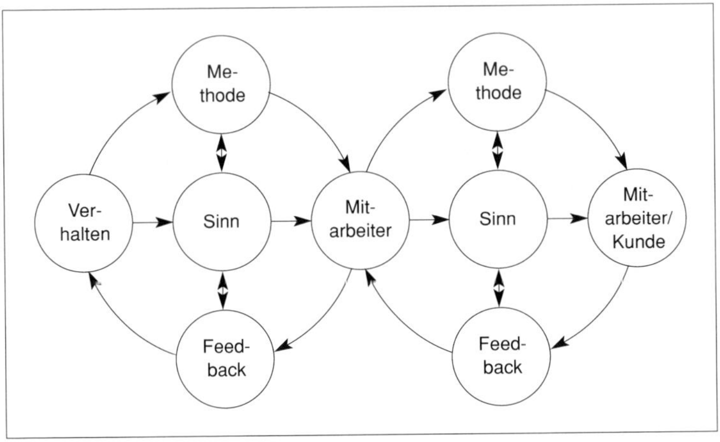

Abbildung 35: Systemmodell der Unternehmenskultur

	von Muß-Arbeit	*zur Lust-Arbeit*
Motivation der Mitarbeiter	Ich muß arbeiten, um Geld zu verdienen	Arbeit macht Freude, da ich mich einbringen und mitgestalten kann
Folgen	• Befehlsempfänger • Nachahmend • Unbeweglich • Nach innen orientiert • Einzelgängertum • Reibungsverluste	• Eigenverantwortung • Kreativ agierend • Flexibel • Kunden- und Marktorientiert • Teamorientiert • Gegenseitige Befruchtung

Abbildung 36: Ziel der Personalpolitik von ABB

Nicht Methoden oder Feedbacks – Kunden- und Mitarbeiterbefragungen haben zur Zeit ja Hochkonjunktur – stehen im Mittelpunkt, sondern einzig und allein der *Sinn.* Mitarbeiter müssen verstehen, begreifen, erleben, warum sie etwas machen sollen. Nur so kommt die Unternehmenskultur und Personalpolitik auf ihrem Weg von der „Muß-Arbeit" zur „Lust-Arbeit" vorwärts.

Die Menschen, die täglich in den Arbeitsprozessen stecken, wissen am besten über sie Bescheid. Sie kennen das Verbesserungspotential und die Schnittstellenprobleme. Sie sind deshalb auch am ehesten in der Lage, Prozesse und Produkte zu verbessern, wenn man sie nur läßt. Viele Unternehmen legen deshalb großen Wert auf Programme zur Mitarbeiterinitiative, die sich vom herkömmlichen Verbesserungsvorschlagswesen durch mehr Flexibilität unterscheiden, vor allem aber dadurch, daß sie bewußt auch Ideen zur Prozeßoptimierung fördern und entsprechend prämieren. Und sie versehen ihre Mitarbeiter mit Entscheidungskompetenzen, damit sie sich mit ihrer Kreativität und ihren Ideen nicht nur mittels standardisierter Formulare in das Unternehmen einbringen, sondern in ihrer täglichen Arbeit mitwirken und mitentscheiden können. Die Unternehmenskultur wird so – das ist das Ziel – zur Beteiligungskultur.

Lassen Sie mich dies jetzt an einem Beispiel verdeutlichen, am Beispiel der ABB Schaltanlagen GmbH, einer ABB-Tochter, die sich unter anderem mit dem Bau von Hochspannungschaltanlagen befaßt.

Erfolgreiche Umstrukturierung bei ABB

Die ABB Schaltanlagen GmbH drohte noch vor einigen Jahren ihre Wettbewerbsfähigkeit zu verlieren. Starre Abläufe, Schnittstellen- und Qualitätsprobleme am Produktionsstandort Großauheim bei Frankfurt hatten dazu geführt, daß Liefertermine nicht pünktlich eingehalten wurden und die Kosten außer Kontrolle gerieten.

Unter Einbeziehung aller Mitarbeiter und der Betriebsräte wurden Teams gebildet, die alle Abläufe, angefangen bei der Angebotserstellung bis hin zur Auslieferung oder Montage, untersucht und optimiert haben. Unterstützt wurden die Teams von einem externen Psychologen. Denn es ging ja nicht nur darum, Prozesse zu

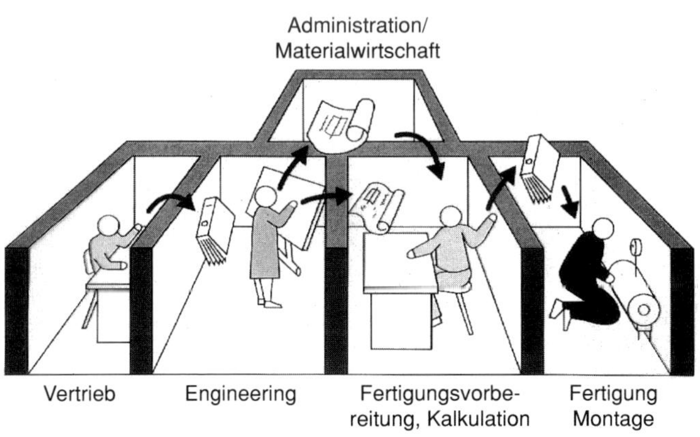

Abbildung 37: Mauern behindern den Informationsfluß

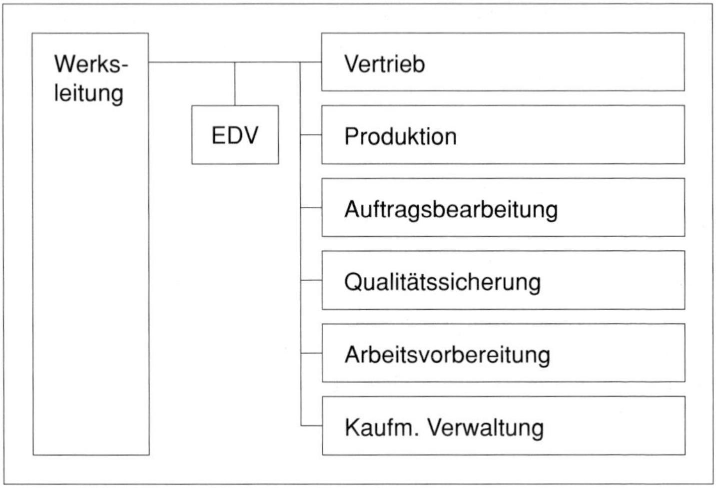

Abbildung 38: Funktionale Organisation

verändern, sondern die Zusammenarbeit der Menschen zu verbessern. Der Erfolg kann sich sehen lassen: Zum einen sanken die Kosten und die Durchlaufzeiten um nahezu 50 Prozent, zum anderen verbesserten sich Qualität und Liefertreue.

Vor der Neustrukturierung arbeiteten die Mitarbeiter in einer klassischen funktionalen Organisation. Vertrieb, Produktion, Auftragsbearbeitung, Qualitätssicherung, Arbeitsvorbereitung und kaufmännische Verwaltung waren unabhängige Abteilungen, deren Zusammenarbeit – auch wegen interner Eifersüchteleien und auf Grund von Statusdenken – eher schlecht als recht vonstatten ging. Die Mauern zwischen den Bereichen behinderten den Informationsfluß.

Heute arbeiten die Menschen bei der ABB Schaltanlagen GmbH in einer prozeßorientierten Struktur. Einzelne Arbeitsgruppen, in denen jeweils Mitarbeiter aus allen oben erwähnten Bereichen vertreten sind, tragen gemeinsam die Verantwortung für jeweils ein Produkt – vom Vertrieb bis zur Montage. Entscheidungen werden oft im Team getroffen, die Produktionsplanung erfolgt gemeinsam, und jedes Teammitglied ist für die zeit-, qualitäts- und kostengerechte Bedienung der Kunden mit verantwortlich.

Die aktive Mitwirkung der Mitarbeiter der ABB Schaltanlagen GmbH bewirkte die Herausbildung einer Beteiligungskultur und damit die Sicherung der Wettbewerbsfähigkeit. Es hat sich gezeigt, daß in den Köpfen der Menschen eine Fülle von Ideen und Vorstellungen nur darauf warten, abgerufen und in die Tat umgesetzt zu werden. Dies ist auch nicht weiter verwunderlich, denn die Mitarbeiter hatten schließlich über Jahre hinweg die Gelegenheit, sich über die aufwendigen und fehlgesteuerten Prozesse, in denen sie integriert waren, ihre Gedanken zu machen. Heute arbeiten die Menschen in Großauheim in bereichsübergreifenden Teams, kennen die Erwartungen ihrer Kunden und sind für ihre Erfüllung verantwortlich.

Dies hat – und das ist vielleicht entscheidend – einen Motivationsschub ausgelöst, der schon daran erkennbar wird, daß viele Mitarbeiter während der Umstrukturierungsphase freiwillig am Samstag in die Fabrik gekommen sind, um bei der Farbgestaltung ihrer

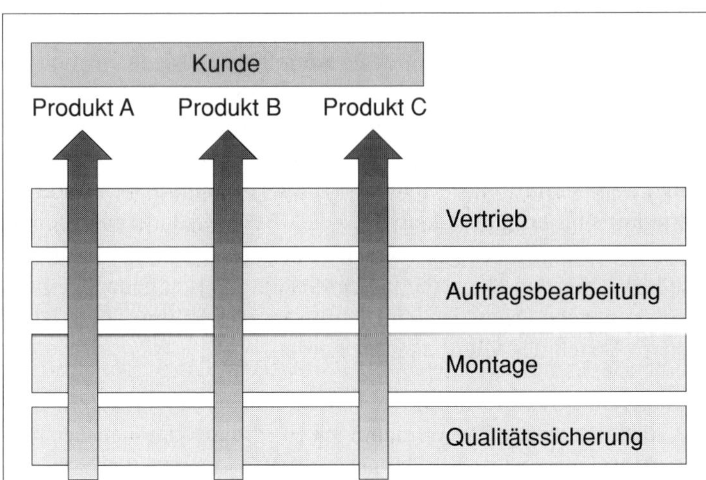

Abbildung 39: Der Weg zur neuen, effizienten Fabrik

Arbeitsplätze Hand anzulegen. Die Menschen identifizieren sich mit ihrem Unternehmen, und ich finde, daß dies eine erfolgversprechende Grundlage für Mitbeteiligung, Mitverantwortung und Mitwirkung ist.

Wettbewerbsfähig durch Human Resources Reengineering

Lassen Sie mich zusammenfassen: Die Beteiligungskultur stellt das Management vor völlig neue Aufgaben. Führungskräfte müssen sowohl gute Ingenieure oder Betriebswirte sein, als auch die strategischen Koordinatoren der Fähigkeiten ihrer Mitarbeiter und die Manager von Wissen und Kompetenzen in ihrer Organisation. Sie sollen den Menschen die Angst vor Veränderungen und vor komplexen Zusammenhängen nehmen und sie dazu motivieren, den Wandel aktiv zu gestalten. Denn das einzig Beständige ist der Wandel.

Viele Führungskräfte befinden sich heute auf dem Weg vom Machtträger zum Primus inter pares. Statt, wie das früher oft der Fall war, aus den Mitarbeitern Leistung über die Mechanismen der Angst und Verunsicherung „hervorzukitzeln", versuchen sie, die Fähigkeiten der Menschen durch Teamarbeit zu verknüpfen und in einer Atmosphäre der Partnerschaft zu entwickeln. Daß dies eine radikale Änderung des Selbstverständnisses unserer Führungskräfte mit sich bringt, ist klar. Und daß diese Veränderung nicht in Wochen oder Monaten zu schaffen ist, liegt ebenfalls auf der Hand. Wir werden, das habe ich bereits eingangs angedeutet, Jahre dazu brauchen. Denn das Ziel heißt ja nicht Primus inter pares, sondern Coach der Mitarbeiter zu werden.

Entscheidungskompetenzen sind ohne die entsprechenden Qualifikationen nutzlos. Damit meine ich die Qualifikationen der Führungskräfte wie auch der Mitarbeiter. Wir müssen deshalb verstärkt in die Aus- und Weiterbildung investieren. Durch systematische Weiterbildung können wir erreichen, daß sich alle Mitarbeiter als Teil einer Leistungskette sehen, die bei den Lieferanten der Lieferanten beginnt und bei den Kunden unserer Kunden endet. Dafür, daß alle Abläufe entlang dieser Leistungskette optimiert und auf die Erwartungen unserer Kunden ausgerichtet sind, ist jeder einzelne mitverantwortlich. Also müssen wir sicherstellen, daß der einzelne den Wert seiner Arbeit kennt und ihn in den Gesamtzusammenhang stellen kann. Wir müssen weiterhin sicherstellen, daß er sich als Dienstleister seiner Vorgesetzten, Kol-

Human Resources Reengineering heißt:

1. • Ablaufanalyse findet in kleinen, überschaubaren Organisationseinheiten statt.
   • Alle zum Geschäft notwendigen Funktionen sind in einer Verantwortung zusammengefaßt.
   • Beteiligung der betroffenen Mitarbeiter (Umsetzung eigener Ideen).
2. • Mitarbeiter identifizieren sich nicht mit einer Funktion, sondern mit dem Produkt: Motivation wird größer.
   • Funktionen werden prozeß- beziehungsweise produktspezifisch ausgelegt.
   • Da der Mitarbeiter sich mit dem Geschäft beziehungsweise Produkt und nicht mit einer Funktion identifiziert, ist er bereit, die Abläufe und Funktionen ständig in Frage zu stellen.
3. • Schnelle und sichere Kommunikation über den Geschäftsprozeß (Schnittstellen) hinweg.
   • Schaffung kleiner, kurzfristiger Projektteams (Teammitglieder sind unmittelbar betroffene Mitarbeiter).
   • Messen und Dokumentation der genannten Größen.
4. • Ständige Kreation kleiner, überschaubarer Projekte zur Verbesserung der Qualität, Durchlaufzeit, Kostensituation.
   • Der Mitarbeiter lernt, daß Veränderung ein ständiger Prozeß ist.
   • Der Mitarbeiter erfährt, daß Veränderung nicht Bedrohung, sondern Verbesserung bedeutet.

legen und Mitarbeiter begreift. Daß er sie als seine Kunden erkennt und ihnen die Produkte seiner Arbeit zeit-, kosten- und qualitätsgerecht liefert, damit *seine* Kunden *ihre* Kunden zeit-, kosten und qualitätsgerecht bedienen können.

Human Resources Reengineering wird mittel- und langfristig einen wesentlichen Beitrag zur Sicherung der Wettbewerbsfähigkeit in Westeuropa leisten. Sie ist die Voraussetzung zur Steigerung der Produktivität und der Verbesserung der Innovationsfähigkeit. Und Innovationskraft brauchen wir für die Zukunftssicherung unserer Unternehmen am Standort Deutschland – und damit für die Sicherung von Beschäftigung. Wir können und wollen in Deutschland nicht mit Arbeits- und Produktionskosten konkurrieren, wie wir sie etwa in Mittel-, Ost- und Südosteuropa vorfinden. Also müssen wir im Rahmen der internationalen Arbeitsteilung Wege finden, das volle Potential der gut qualifizierten Mitarbeiter freizusetzen, um auch in Zukunft im globalen Wettbewerb bestehen zu können.

Verzeichnis der Abbildungen, Tabellen und Bilder

Abbildungen

Abbildung 1: Zeitablauf der Paradigmen 62
Abbildung 2: Theorie der Selbstorganisation 70
Abbildung 3: Teilhard de Chardin (1891–1955) 71
Abbildung 4: Vom Machen zum Dienen 76
Abbildung 5: Mögliche Szenarien einer Entwicklung der Stoffströme 85
Abbildung 6: Die nachhaltige Wirtschaft 87
Abbildung 7: Die technologischen Entwicklungswege zur Nachhaltigkeit 88
Abbildung 8: Modell der Kreislaufwirtschaft 91
Abbildung 9: Solares Energie-Szenario 93
Abbildung 10: Das Primzahlkreuz 125
Abbildung 11: Der Zahlenstrahl 126
Abbildung 12: Das Primzahlkreuz in vierdimensionaler Darstellung 128
Abbildung 13: Potentielle Reibungsverluste im Unternehmen 154
Abbildung 13: Hierarchische Führung als Billardspiel 155
Abbildung 15: Die mathematisierte Manadalastruktur 165
Abbildung 16: Aktionsprofil einer Anfängersitzung – Beginn 194
Abbildung 17: Aktionsprofil einer Anfängersitzung – Ende ... 195
Abbildung 18: Darstellung der Synchronität der Gehirnhemisphären 197
Abbildung 19: Landscape-Darstellung (1) 199
Abbildung 20: Landscape-Darstellung (2) 200
Abbildung 21: Ganzheitliche Lernkurve 343

Abbildung 22: Action Research Modell/Tavistock ... 347
Abbildung 23: Kybernetisches Erfolgsprozeßmodell nach Matheis ... 348
Abbildung 24: Lernprozesse und Kommunikationsebenen ... 362
Abbildung 25: Schöpfen von Mehrwert, Wissen und Gewinn ... 364
Abbildung 26: Ganzheitliches Marketing-Modell ... 372
Abbildung 27: Organisationsbilder nach dem Rollenverständnis des Managers ... 376
Abbildung 28: Gruppenprofil Führungsnachwuchskräfte nach Hermann Dominanz Instrument ... 379
Abbildung 29: Lernprozesse auf Basis gebildeter Intuition (vgl. Lernmodell von Kolb) ... 380
Abbildung 30: Ego-Optimierung ... 398
Abbildung 31: Eisberg Organisation ... 400
Abbildung 32: Der Weg zur Unternehmenskultur ... 404
Abbildung 33: Weiterentwicklung der Organisation ... 406
Abbildung 34: Die veränderte Rolle der Vorgesetzten ... 406
Abbildung 35: Systemmodell der Unternehmenskultur ... 407
Abbildung 36: Ziel der Personalpolitik von ABB ... 408
Abbildung 37: Mauern behindern den Informationsfluß ... 409
Abbildung 38: Funktionale Organisation ... 410
Abbildung 39: Der Weg zur neuen, effizienten Fabrik ... 411

Tabellen

Tabelle 1: Die Industrie im Wandel – Szenario für die Zukunft ... 89
Tabelle 2: Die ungradzahligen Elemente ... 123

Bilder

Bild 1: Management-Gedankenform (1) ... 176
Bild 2: Management-Gedankenform (2) ... 177
Bild 3: Management-Gedankenform (3) ... 178
Bild 4: Management-Gedankenform (4) ... 179